复旦文史专刊之十三

复旦大学文史研究院 编

东亚文化间的比赛

——朝鲜赴日通信使文献的意义

中华书局
ZHONGHUA BOOK COMPANY

图书在版编目（CIP）数据

东亚文化间的比赛：朝鲜赴日通信使文献的意义／复旦大学文史研究院编. —北京：中华书局，2019.2
（复旦文史专刊）
ISBN 978-7-101-13306-6

Ⅰ.东…　Ⅱ.复…　Ⅲ.①朝日关系-国际关系史-文献-研究-古代②东亚-历史-研究-古代　Ⅳ.①D831.209②K310.2

中国版本图书馆 CIP 数据核字（2018）第 128567 号

书　　　名	东亚文化间的比赛——朝鲜赴日通信使文献的意义
编　　　者	复旦大学文史研究院
执行编者	朱莉丽　王鑫磊
丛 书 名	复旦文史专刊
责任编辑	孟庆媛
出版发行	中华书局
	（北京市丰台区太平桥西里 38 号　100073）
	http://www.zhbc.com.cn
	E-mail：zhbc@zhbc.com.cn
印　　　刷	北京市白帆印务有限公司
版　　　次	2019 年 2 月北京第 1 版
	2019 年 2 月北京第 1 次印刷
规　　　格	开本/710×1000 毫米　1/16
	印张 20¼　插页 2　字数 353 千字
印　　　数	1-1500 册
国际书号	ISBN 978-7-101-13306-6
定　　　价	98.00 元

目　录

序

从 15 世纪到 19 世纪，唯一与日本有正式外交关系的朝鲜，曾六十多次派遣使团赴日，这些使团中的文人留下了约四十种类似出使日记的文献及相当数量的笔谈、唱酬和绘画。这一庞大的文献资料，当然是研究朝鲜与日本近世政治、文化、经济关系的重要史料，长期以来在日、韩学界很受关注，研究论著很多。可遗憾的是，这些文献资料在中国学界并没有得到充分关注。在我们开始整理这批文献的时候，我在网络上反复查询，发现中国大陆学界提及这些通信使文献的论著寥寥无几，而且大都是泛泛而论，或者只是浮光掠影，和日本、韩国庞大而且深入的研究相比，水准相差太大。这让我想到，也许最重要的问题是，我们必须做一个解释：这些看上去只是记录日、朝之间往来的资料，对中国学界的意义究竟是什么？

撰写这些文献的人是朝鲜的通信使，朝鲜的通信使去访问的国家是日本，他们在日本记录的是朝鲜和日本的往来交涉，往来中谈及的也主要是朝鲜或日本的历史人物，那么，这些记载如何与中国的历史与文化相关？古人说："吹皱一池春水，干卿底事？"说的是原本不相干，却无端乱关心。中国学界去关注这些文献是否也算"咸吃萝卜淡操心"？在日本与韩国学界，这些朝鲜与日本之间外交使节的记录，长期以来只是被作为日朝文化交流史、日朝政治外交史或日朝经济贸易史方面的资料。从中村荣孝（1902－1984）、三宅英利（1925－　　）、姜在彦（1926－2014）以下，日韩两国学者有过很多研究，但大体不出这几个领域。因此，在日本学界和韩国学界，确实有人会觉得这些资料似乎与中国关系不大。那么，在中国研究、整理和出版这些文献做什么呢？朝鲜通信使汉文文献的选编过程，现在回想起来，真是有一些意味深长的地方。自从复旦大学文史研究院与越南、韩国合作,整理出版了越南、韩国两种燕行文献之后,我们一直在探讨,有没有可能与韩国或日本学校或研究所,继续合作出版通信使文献,但始终没有得到积极的回应,这使得我们无法像前两种文献一样,拿到最好的版本直接影印,只好根据现在能够得到的版本进行标点排印。

不过,恰恰是因为标点排印,参加标点的各位学者和博士研究生,可以深入细致地阅读这些文献,并按照要求写出详细的内容提要。而收在这本文集中的各篇论文,大多就是他们标点之后写的内容提要基础上修改而成的。这些提要或论文不仅可以帮助读者迅速了解各种通信使文献的内容,也在某种程度上表达了中国学者对于朝鲜通信使文献的理解和解说。我们可以看出,这些文献记载的虽然只是朝鲜与日本之间的记录,但它们一方面呈现了这几个世纪日本与朝鲜的政治关系与文化比赛,另一方面也让我们看到,在近世东亚的政治与文化上“中国”的存在。因为在日朝之间的交往中,无论在政治领域的名分、礼仪、文书上,还是在文化领域的衣冠、风俗、学问、艺术上,现实的“明清”虽然缺席,但历史的“中国”却始终在发生影响。因此在朝鲜通信使文献中,不仅看到日本与朝鲜之间的交往,也可以看到明清中国在东亚仿佛是一个“不在场的在场者”。

现在,《朝鲜通信使文献选编》已经出版,我们也围绕着这个主题,召开了第二次“从周边看中国”的学术讨论会,收录在这里的就是这次会议的若干论文。我希望通过这一文献和论集的出版,推动我们的同仁讨论几个问题:

第一,中国历史与文化的研究,如何拓宽史料边界?因为只有新史料,才会带来新问题和新领域,通信使文献可以作为中国历史与文化研究的新资料吗?

第二,在东亚的文化史研究中有很多重要话题,中国学者是否也应当参与,并且积极与日本、韩国学者进行对话?

第三,即使是关于中国的历史与文化研究,是否也可以放在东亚甚至更大的背景中去重新审视,这样是否可以发现很多新的内容?

2016 年 5 月 8 日

中世派往日本的朝鲜通信使

关周一(日本　宫崎大学)

本报告考察的是 15 世纪朝鲜王朝向日本(中世日本)派遣的外交使节。因为这个时代的朝鲜使节名目繁多,并不限定于叫"通信使",所以在本报告中将其总称为朝鲜使节。

一般来说,在朝鲜王朝时代后期、日本的江户时代(近世),朝鲜派遣的通信使是广为人知的,在日本有大量的研究成果。与之相对的是,在朝鲜王朝前期、日本的室町时代(中世后期)朝鲜派遣的使节,知道的人就没有那么多,研究成果也少。

在日本中世后期,从南北朝后半期到室町时代,具体来说从 1366 年到 1443 年的约八十年间,外国的使节到访首都京都的次数,是远超近世的朝鲜通信使的。在这些外国使节中,以高丽和朝鲜王朝的使节为多,而明朝和琉球的使节也到过京都。

本报告在第一章介绍朝鲜使节的相关文献,在第二章通过宋希璟的《老松堂日本行录》检讨朝鲜使节对日本怀有怎样的认识,在第三章从同样的视点出发,考察朴瑞生的复命书,重点看一下文化交流的方面。

一　中世朝鲜使节的相关文献

(一)朝鲜王朝前期——室町时代的朝鲜与日本关系

朝鲜王朝之所以要积极地开展对日本的外交,其最大的目的是为了镇压 14 世纪后半叶在朝鲜半岛和中国大陆肆虐的倭寇(日本研究者称之为前期倭寇),并使其不再发生。为此,朝鲜王朝与有能力抑制倭寇的室町幕府和明朝保持了交涉,相互之间都有使节往来。

因为日本派往朝鲜的使节被允许在朝鲜进行贸易,所以除了室町幕府,博多的九州探题(今川了俊与涉川氏)、山口的大内氏(在博多也有其势力基础)和对马的宗氏等也频繁地向朝鲜遣使。田中健夫对此的评价是,日朝关系是多元化的通交关系,有异于存在于明朝皇帝与日本国王之间的一元化的日明关系。(田中 1975)

朝鲜承认对马的宗贞盛有向对马岛及对马岛以外派遣至朝鲜的人员发放文引的权力。这是朝鲜王朝对来自日本的通交人员的规制措施。1443年,对马与朝鲜之间缔结了"癸亥约条",规定每年派遣贸易船(称作岁遣船)50 艘。岁遣船有由宗氏直接经营的直营型和其他类型,同时也被其家臣所利用,但是会受到限制。在最大的贸易港口博多有众多的商船入港,不仅日本和中国,朝鲜、琉球和东南亚的宝货都云集于此。实际从事这些贸易的博多商人和宗氏等,经常会派出名不副实的伪使去朝鲜。

在商人和原是倭寇的人中,来朝鲜进行贸易的人很多。其中也有"归化"朝鲜王朝的人,在朝鲜被称为向化倭人。在向化倭人中,还有得到朝鲜王朝赐给官职的受职人。日本船(朝鲜称"倭船")被允许进入乃而浦(今荠浦)、富山浦(今釜山)和盐浦(今蔚山)三浦,在这些地方出现了长期居住本地的恒居倭。此外,以对马岛民为主的日本渔民在三浦的周边海域和孤草岛(被比定为全罗道巨文岛)等渔场捕鱼。宗贞盛在 1441 年和朝鲜缔结了"孤草岛钓鱼禁约",对对马渔民的捕鱼活动进行管理。还有兴利倭船(乘员叫兴利倭人)运载鱼盐前往朝鲜交换大米。(长 2002)

(二)朝鲜使节

为了和室町幕府交涉而造访京都的朝鲜王朝使节,从 1397 年的朴惇之到 1443 年的"日本通信使"朴孝文,一共有 14 次。1397 年,被派往大内义弘处的"回礼使"(又称"日本通信官")朴惇之来到京都与将军足利义满进行了交涉,这是朝鲜王朝和室町幕府之间最初的交涉。此后,朝鲜王朝便一直以"通信官"、"回礼使"和"通信使"等名义向日本派遣使节。

再往后,1459 年派遣的"日本国通信使"宋处俭等人在海上遇难,1479年派遣的"日本国通信使"李亨元刚到对马岛就染病,在归国途中逝于巨济岛。通信使再次造访京都已经是在 1590 年的事了,通信使黄允吉和副使金诚一在聚乐第谒见了丰臣秀吉。

与多元化的通交关系相对应,朝鲜不仅向室町幕府派出过使节,而且也向大内氏、宗氏和壹岐的志佐氏等派遣过使节。但其中以与对马宗氏的交涉为目的的使节为多。这些使节在从朝鲜国内被派出时,大多会被授予临时性的文官职"敬差官"之职。

(三)私人著作

有关朝鲜王朝前期朝鲜使节的文献未必能说有很多。日本的史料,如《满济准后日记》、《看闻日记》和《建内记》等公家日记中,能够看到对他们在京都的行动的记述,但是,不存在有体系的记录。

朝鲜使节在日本的见闻记录留存在了朝鲜,可以在私人著作和正史《朝鲜王朝实录》当中看到。关于朝鲜使节留下的著作,笔者将对宋希璟所撰的《老松堂日本行录》以及申叔舟所著的《海东诸国纪》进行说明。

首先想来讲一下宋希璟和他的《老松堂日本行录》。

作者宋希璟讳希璟,字正夫,号老松堂,在高丽朝末年的1376年生于忠清道连山县竹安坊筊亭里。父亲玄德,本贯在新平(忠清道洪州牧的属县)。妻子郑氏是东莱郑氏郑允孝的女儿。

1402年,他在27岁那年科举及第,此后历任司谏院、艺文馆等处的职务。1411年36岁时,他作为圣节使书状官被派往明朝,此后又在1417年被派往明朝,并从北京返回。1415年,担任忠清道知锦山郡事的宋希璟在40岁时,为向国王太宗奉献丁香和干肉而行猎。他在狩猎时杀了两名企图私吞猎物的郡吏,而被处以杖责一百的刑罚。翌年,他以郡吏乃是病死为由进行申辩,但未被采纳。他的职牒被没收,以赎其一百杖责之刑。晚年的宋希璟隐居在全罗道的潭阳,于1446年71岁时去世。此后,他的子孙就在当地定居下来。

1419年,倭寇袭击了朝鲜半岛西海岸(随后又侵犯了明朝),朝鲜王朝遵照前任国王太宗的命令,为了打击这些倭寇的根据地,对对马发动了进攻。这在日本被叫做"应永外寇",在韩国被称为"己亥东征"。为了打探朝鲜的真实意图,室町幕府假托求取《大藏经》的名义,将无涯亮倪等人派到了朝鲜。第二年,朝鲜在赐予《大藏经》的同时,又派文臣宋希璟为回礼使与回国的无涯等人同行。希璟闰正月十五日从汉城出发,在四月二十一日抵达京都。六月十六日,他在谒见将军(室町殿)足利义持之后,于同月二十七日从京都起身,于十月二十五日回到汉城。他用五言、七言汉诗和散文序的形式将其在九个多月使行过程中的活动与见闻记录了下来。复命之后,他将这些记录整理成册,便有了《老松堂日本行录》这本书。

《老松堂日本行录》除了流传在日本的抄写于 1556 年之前的古抄本(井上周一郎藏,重要文化财)之外,还有朝鲜在 1800 年刊刻的古活字本(藏于京都大学附属图书馆谷村文库)。其中的古活字本由小川寿一以《校注老松堂日本行录》为题出版发行(太洋社,1933 年。由续群书类丛完成会在 1968 年重版)。《日本庶民生活资料集成》第 27 卷和《三国交流志》(三一书房,1981 年)上刊登了由进藤晋一所做的古活字本的日语转读。

中村荣孝在《朝鲜学报》第 45 辑(1967 年)和 46 辑(1968 年)上刊载了井上本的影印照片。接着,村井章介对井上本的文本加以校注的活字本《老松堂日本行录:朝鲜使节所见之中世日本》亦付梓刊行〔岩波书店(岩波文库),1987 年〕。

本报告就是在岩波文库本(第 3 次印刷,2000 年)的基础上展开探讨。岩波文库本将由题、序、诗构成的一段称为节,本报告在引用时会先标明是在哪一节,再介绍材料具体的位置。

接着要介绍的是申叔舟和《海东诸国纪》。

作者申叔舟(1417—1475)讳叔舟,字泛翁,号希贤堂,亦称保闲斋。历仕世宗、文宗、端宗、世祖、睿宗和成宗六朝,遍历京官和外官之要职。

1443 年,他与通信正使卞孝文和副使尹仁辅一道,作为书状官前往日本的京都。在对马岛,他还参与了和宗贞盛缔结癸亥约条的交涉。

1452 年,他作为书状官随同谢恩使首阳大君(后来的世祖)出使中国。1455 年,驱逐端宗、实行反正的首阳大君刚即位(是为世祖),即派叔舟为奏闻使再赴北京请求承认。如此,叔舟乃受世祖知遇,因其襄赞反正之功而被授予功臣之号。他的官职从都承旨经艺文馆大提学,在 1458 年升任右议政,受封高灵府院君。1460 年为江原、咸吉道都体察使,对毛怜卫女真(满洲的女真人,译者按:明代属建州女真)进行了讨伐战。1462 年升至最高官位的领议政。1468 年世祖去世之后,他从睿宗朝到成宗初年作为院相的一员,在国政中尽到了元老的职责。1475 年六月二十一日,申叔舟在 59 岁时去世。

《海东诸国纪》是申叔舟遵照朝鲜成宗国王的命令编纂的,成书于 1471 年。对朝鲜王朝而言,此书不仅是关于日本和琉球等"海东诸国"的研究著作,还起到外交实用书的作用。这部书由地图和正文构成。地图方面,书内收录了与日本、琉球相关的"海东诸国总图"、"日本本国之图"、"日本国西海

道九州之图"、"日本国壹岐岛之图"、"日本国对马岛之图"和"琉球国之图",
以及"熊川茅浦之图"、"东莱富山浦之图"和"蔚山盐浦之图"这些倭人停泊
的三浦的地图。

顺便提一下此书的刊行情况。该书木活字本的影印本由国书刊行会在
1975 年出版。而田中健夫的译注版是在 1991 年由岩波书店(岩波文库)出
版的。

(四)《朝鲜王朝实录》中可见的来自于通信使的日本情报

《朝鲜王朝实录》(《李朝实录》)是记载朝鲜王朝历代国王史事的编年体
史书的总称。从太祖到纯宗的二十七朝(1392—1910 年)共编纂了三十一
种、一千九百四十六卷。从 1409 年编纂《太祖实录》开始,在每代国王驾崩
后进行编纂。在日本殖民统治下的 1935 年,《纯宗实录》的编纂完成宣告了
《李朝实录》修纂的终结。

从《太祖实录》到《仁祖实录》负责编纂工作的是春秋馆,从《孝宗实录》
到《宪宗实录》负责编纂的是实录厅,最后的《高宗实录》和《纯宗实录》的编
纂是在日本吞并朝鲜之后,由李王职(日本殖民时期设立的管理李氏王族的
家政机构)承担的。编纂所用的基本史料是史官记录的《史草》(家史)和撰
集自官厅重要文书的《时政记》。

面对实录的保存问题,朝鲜王朝采取了制作副本、分别存放的方针。自
1473 年以降,手抄本 1 部与印刷本 3 部被分别存放到了中央的春秋馆史库
和忠州、全州和星州三个地方史库。然而,由于丰臣秀吉对朝鲜的侵略("唐
人"),全州以外三史库的实录损失殆尽。战后,以全州史库实录为底本,重
新印刷了三部。这三部和校正印刷本加上原本(旧全州史库本),总共五部
实录被分别存放在春秋馆、妙香山(后在赤裳山)、太白山、五台山和江华五
个史库中。

日本吞并朝鲜之后,五台山史库本(校正印刷本)被赠送给了东京帝国
大学,但在 1923 年的关东大地震中大半被烧毁。当时,只有被史料编纂所
借出的《成宗实录》的一部分逃脱了厄运,被收藏在了东京大学附属图书馆
中。2006 年 7 月,东京大学将这部分实录以赠送形式移交给了首尔大学。
而赤裳山、太白山和江华史库本在当时则被集中保存在了京城(汉城,今首
尔)。

在 1929—1932 年间,位于殖民地朝鲜京城(首尔)的京城大学以太白山
史库本(部分为江华史库本)为底本,出版了从《太祖实录》到《哲宗实录》的

所有实录的写真缩印本,包括总目在内一共有889册。这套实录一共重印了30部,被发给了日朝两地的官立和公立大学的图书馆。这套实录被进一步缩印之后,从1953年开始,在日本由学习院大学东洋文化研究所出版,成为56册《李朝实录》。

在韩国,从1955年起,国史编纂委员会出版了全49册(含索引1册)《朝鲜王朝实录》,《高宗实录》和《纯宗实录》则另以全3册《高宗纯宗实录》的形式刊行。韩国和朝鲜都完成了《朝鲜王朝实录》的谚译。韩国国史编纂委员会更对实录全文进行了电子信息化处理,在互联网上公开了实录的原文、谚译和影印照片(http://sillok.history.go.kr/main/main.jsp),还可以进行检索。

在日本,从《朝鲜王朝实录》中辑出的有关日本和琉球关系的记载,汇编而成12卷的《中国、朝鲜史籍中的日本史料集成》(《李朝实录》之部),收录范围到宣祖二十九年(1596)十二月为止,由国书刊行会(1976—2007)陆续出版。

那么,《朝鲜王朝实录》是如何记述通信使的见闻的呢?

朝鲜使节包括正使、副使、书状官和从事官等。笔者认为,从事官负责记录沿途的所见所闻(这一点在1439年高得宗在出发前向国王提出的事项中,承诺让从事官逐日记录途中见闻,回国后向国王汇报这件事情上得到了反映。见《世宗实录》卷86,世宗二十一年七月己酉条)。而使节在返回朝鲜之后,会在从事官日记的基础上作成记述交涉经过和日本情况的复命书,提交给国王。

《朝鲜王朝实录》中收录了包括原封不动引用复命书在内的,各式各样的"归朝报告"。"归朝报告"有以下三种类型。

(a)使节从日本归国后,报告交涉经过和日本情报的文书——复命书。

(b)刚刚归国,或者归国后不多久,在与朝鲜国王的召对中所报告的日本情报。

(c)归国后经过相当长的岁月,回忆叙述曾经渡行日本的经历(不以与国王召对的形式)。

如果严格地从"归朝报告"的定义来考虑的话,只有(a)的复命书是符合的,但是(b)和(c)这两类中也有许多包含丰富信息的例子,所以应该和(a)放在一起来加以考察。

二 宋希璟《老松堂日本行录》中所见的日本

本章谈的是宋希璟《老松堂日本行录》所记载的有关15世纪(相当于室

町时代)的日本。这本书记载的全部都是 1420 年(明朝永乐十八年、朝鲜世宗二年、日本应永二十七年)的事情。

(一)外交

1. 围绕对马岛归属的交涉

与朝鲜方面的期待相反,针对对马岛的己亥东征并没有能收其全功。虽然有过再征的议论,但最终朝鲜王朝中止了这种议论,转而采取招谕之策,向宗氏提出对马岛民"卷土来降"的要求,即要让以宗氏为首的岛内领主层和对马岛民迁居朝鲜,企图使对马岛变成一座空岛。

前任国王太宗命兵曹判书赵末生向对马岛守护宗贞盛送去书契(日朝间所使用的外交文书样式),要求"卷土来降",书契中写道:"对马为岛,隶于庆尚道之鸡林(庆州之雅称),本是我国之地,载在文籍,昭然可考。"(《世宗实录》卷 4,元年七月庚申条)

接着,都都熊丸(つつくままる、宗贞盛幼名)的使人自称时应界都者,自对马来到朝鲜。时应界都提出了让对马岛民迁居巨济岛,仿朝鲜国内州郡之例决定对马的州名,以及请朝鲜赐给"印信"等愿望(《世宗实录》卷 7,二年闰正月己卯条)。

朝鲜方面接受了请求,决定将对马作为朝鲜的属州。闰正月二十三日,世宗命礼曹判书许稠作成给都都熊丸的书契,决定在给与他的印上使用"宗氏都都熊丸"的名号(《世宗实录》卷 7,二年闰正月壬辰条)。宋希璟就是以上述决定为前提去和对马方面交涉的。值得注意的是,关于对马岛是属于朝鲜还是属于日本这个问题,朝鲜的交涉对手并非京都的室町幕府(将军),而是对马岛的实权人物。下面,来看一看《老松堂日本行录》的记述。

世宗二年(1420)二月二十一日,宋希璟宿于对马岛东边的船越(对马市小船越)。此时,对马岛主宗贞盛因为年幼,实权一度掌握在倭寇头目早田左卫门大郎(太郎)手里。早田左卫门大郎携酒进谒宋希璟,言语中表达了其对朝鲜的至诚之情(39 节)。

二月二十八日,早田左卫门大郎的态度陡然一变。左卫门大郎向朝鲜派去的使节刚刚返回。左卫门大郎向希璟的同伴抗议道:"朝鲜去年行兵于对马此岛,今此岛又属于庆尚道。其文前日来也。此岛乃小贰殿(少贰氏)祖上相传之地也。贰殿若闻之,则虽百战死争之不已矣。"他来到希璟的船上,告诉希璟:"此书贰殿见之,则官人去留皆不得矣。送于贰殿乎? 置此而使贰殿不知乎? 官人决之。"这份"来书"即礼曹发给都都熊丸的文书。

希璟对此的回答是："此岛，我国得其地无以居，得其人无所用。唯汝等所送人（时应界都）愿属我国，请之不已。故上召政府、六曹曰：'马岛之人以其岛愿属国家，若不听，不仁。乃属于庆尚道耳。'今日汝等之意，上若知之，则必不属也。予以此启闻以上前矣。"

左卫门大郎大喜，回应说："然则，此书吾藏置不使贰殿知之，又出吾舟楫送于朝鲜，则必无事矣。"希璟表示同意后，便于翌日出发了。

希璟对左卫门大郎的意思作了这样的判断：

朝鲜出兵对马之后，左卫门大郎向"本国"（朝鲜）派去的倭人，或是怕死，或是疑心会被拘留，想活着回国，因此编造了想让对马岛归属朝鲜，自为朝鲜之民的假话。这并非少贰殿和左卫门大郎的意思。

接着他赋诗一首，云："瘠地顽民无所用，古来中国厌寒胡。渠今慕义自求属，非是朝鲜强籍图。"（46 节）

左卫门大郎主张的根据是对马岛乃少贰殿相传之地这一点。对马岛是武士代代相传的领土这一点是基于日本国内的原则来讲的，算不上对外主张此地是日本的一部分。在镰仓时代，出任对马守护和地头的是武藤氏。因为武藤氏世袭大宰少贰之职，故又称少贰氏。宗氏作为少贰氏的地头代驻岛内，承担岛上行政。仅从左卫门大郎的主张来看，可以发现少贰氏当时对对马的影响力依然很强。

希璟接受了左卫门大郎的主张，约定在回国后向世宗提请撤回将对马岛归属庆尚道的决定。并且，他断定时应界都的提案不是代表对马的少贰满贞和左卫门大郎的意思。

2. 室町幕府准备的住所

室町幕府指定的宋希璟在京都的住所是深修庵。这座庵堂与被称为"花之御所"的室町殿（将军）居所相距 1 朝里（《世宗实录》卷 10，世宗二年十月癸卯条内尹仁甫所述为 30 里），是一座竹林之中的尼姑庵（118、120节）。"王"（足利义持）将庵内的尼姑迁走，用以接待希璟。有个倭人解释说："此庵，朝鲜回礼使来则所接之处也。"

但是，仅从日本方面的史料来看，深修庵第一次被使用是在这个时候。关于使用什么样的设施来接待高丽、朝鲜使节，桥本雄做过如下的整理（桥本 2011）。

　　　　高丽使节
　　　　1367 年　　金龙：天龙寺
　　　　朝鲜王朝使节

　　　　1420 年　　回礼使宋希璟：魏天宅、深修庵、松月庵
　　　　1424 年　　回礼使朴安臣：深修庵
　　　　1443 年　　通信使朴孝文：景云庵（东山双林寺边）
　　无一例外的都选择了京都以外的居所。

　　根据伊藤幸司的整理，在接待明朝使节时，从一开始，使节便直接前往将军所在的北山殿和花之御所谒见，住宿在京都之内。

　　1401 年明朝派遣的天伦道彝和一庵一如等人在京都的法住寺下榻。法住寺也称"北山法住寺"，乃是仁和寺之一下院，位于京都北面，住的是禅僧。

　　1434 年，与足利义教恢复开通的遣明船同行，明使雷春来到了日本。虽然幕府原本决定让明人下榻在仁和寺法住寺，但雷春等先在六条法华堂等道场寄住了几日，在将军接见之后住进了大宫猪熊道场（伊藤 2000）。

　　在明朝都城北京，外国的使节住在紫禁城南的会同馆。在朝鲜王朝的都城汉城（首尔），也有日本使节下榻的倭馆东平馆和西平馆。在日本古代，平城京和平安京都设置了鸿胪馆。与之相对，在中世的京都，没有迎接外国使节的专用建筑。原本中世的京都就不同于古代日本和中国、朝鲜的都城，不能想当然地认为会有迎奉外国使节的事。

（二）宋希璟遇见的中国人

　　1. 对马的"唐人"

　　在前往日本的途中，宋希璟在对马近海遇见了一个"唐人"，其经过如下。

　　看见希璟的船，一个倭人（老人）靠了过来。那个倭人乘着小船，干着捕鱼的营生，想卖鱼给希璟一行人。希璟看到渔舟中有一位僧人跪地乞食，就把粮食给了僧人，并询问他的境遇。僧人回答："我是江南台州小旗，去去年被虏来此，削发为奴，不胜辛苦，愿随官人去。"说完，黯然泪下。倭人插话说："给米则吾当卖此僧。"希璟向僧人询问他在岛上住所的地名。僧人答道："吾来转卖随此人二年矣。如此浮海而居。故不知地名也。"一番对话过后，希璟吟出下面这首诗："被虏唐僧跪舟底，哀哀乞食诉艰辛。执筌老贼回头语，给米吾当卖此人。"

　　这首诗生动地描写了被虏中国僧人引人哀愁的境遇和"倭人老贼"的形象。

　　按照川越泰博的说法，"小旗"是明代军制中的职务。明代实行卫所制度，1 名小旗率领 10 名士兵。所以，这个"唐人"应是隶属台州卫的军人。

并且,金山卫及其周边地区在 1418 年曾经遭到过倭寇的袭击(《明太宗实录》卷 200,永乐十六年五月癸丑条)。川越推论他是在这个时候被俘虏的。所以,这位中国僧人本是台州卫的小旗,在 1418 年倭寇入侵时被俘,然后被转卖。

可以看出,他被渔夫囚禁,帮助捕鱼。在为"奴"之时,他被剃掉了头发,变成了僧人模样。另外,使唤他的渔夫是浮海(在船上)为生的,愿意用他来交换大米。这里的被虏人虽是僧人外表,实际上却是在海上渔业活动中被使唤的"奴",从能用米来转卖这一点上也可以说是商品。

2. 通事魏天

四月二十一日,宋希璟进入了目的地京都,当晚宿于室町幕府的通事魏天家中。

魏天虽然是中国人,但幼年时就被掠到日本。后来,他渡海去了高丽,给李子安(高丽末期的文人)为奴,又跟随高丽派往日本的回礼使再次来到日本。这次的使节可能是高丽在 1366 年派遣的金龙一行。当时恰好江南(明)使节来到日本,遇到他,因为其是中国之人,就把他夺回,带到江南。这位明使可能是 1370 年来日的赵秩。洪武帝召见了魏天,又将他送回了日本。

后来,魏天当上了幕府的通事,娶妻并生了两个女儿。他受到了足利义满的宠爱,积累了丰厚的家产。宋希璟来日之时,魏天已经超过 70 岁,听说朝鲜回礼使(宋希璟)来了,十分欢喜,携酒来到"冬至寺"(等持寺)迎接,并将其迎至自己家中盛情款待。魏天对朝鲜语("我言"和"我语")也是十分通晓的。

魏天在自家招待宋希璟的时候,又把陈外郎找了过来。陈外郎是渡海到日本的陈延祐的儿子,也是与宋希璟同行来日的平方吉久之父。他曾奉足利义满之命,跟随遣明使赴明,带回了秘药灵方丹。此后,他在幕府旁边修建了家宅,活跃在幕府的外交和医疗领域。异国之人和华裔一同相会,摆酒设宴。这里的接待费用不是由幕府支出的,而是魏天用自己的"私钱",也就是个人钱财办的。希璟这晚就在魏天家里落了脚(107 节)。

魏天在中国、日本和朝鲜之间辗转往复的不幸人生中,语言能力得到认可,成为通事。像这样的通事的例子,还能见到若干,但几乎仅限于中国人,无法确认有朝鲜人的例子。中国人做通事的理由应当是当时外交上的通用语言是华语(汉文)。在这一点上,反映出与被虏朝鲜人的明显差异(关2002)。

(三)海贼

宋希璟在京都完成与室町幕府的交涉之后,取道濑户内海航海归国。

七月二十二日,希璟一行从尾道出发,途中经过了海贼的据点高崎(161节)。

同日申时(下午 4 点左右)到泊安艺国蒲刈(广岛县吴市)。

此地是"群贼"(海贼)所居,为"王令"(将军的命令)所不及,因为无人管辖,所以也就没有护航的船只。一行人对海贼都疑惧不已。偏巧夜幕降临,无法通过这个地方,因此,只好对着贼穴停泊了下来。

当地有东西两股海贼。由东向西航行的船上如果搭乘一名东贼的话,西贼便不会袭击。同样的,从西向东航行的船上搭乘一名西贼的话,东贼也不会袭击。从濑户内海的东边向西边航行的宋希璟一行让一名东贼上了船,宗金(译者按:博多商人)付了七贯钱。

这个贼乘小船而来,他说:"吾来此。愿官人安心焉。"(162 节)

上面是关于海贼上乘的有名的记录。根据村井章介《老松堂日本行录》的注释,艺予群岛中的上蒲刈岛和下蒲刈岛隔海相望,向浦正对着三之濑,可以认为东贼的老巢在向浦,西贼的老巢在三之濑。

蒲刈周边海域是室町幕府管辖不到的地方。因此,海上秩序并非由幕府而是由海贼的自立救济来维持。海贼分别控制着东西两边的上乘权,对经过船只进行保护并征收保护费(警固料)。在到这里以前,宋希璟一行是有护送船护航的,但在这里则没有了护送船,要由海贼上乘来保护他们的安全。

(四)性风俗

宋希璟对日本的性风俗作了若干记述。(高桥 1987)

1. 室町殿的御成(巡幸活动)

室町殿(将军、御所)频繁地进行着访问大名等家臣和寺社的御成活动。其中规模大的有南都下向(巡幸奈良)和东寺御成,此外有日常性地对京都的大名宅邸和寺社所作的访问。御成活动含有明确室町殿与大名间的主从关系,以及显耀室町殿是寺社的外护者的政治意义,此外,因为大名和寺社会向室町殿进献许多贡品,所以也起着填补幕府财政的作用。

对御成的实况,宋希璟有如下的记载:"六月十三日,王(足利义持)归甲斐殿(译者按:甲斐氏,管领斯波氏家臣)家。殿设馈奉物。"

接着,他对御成的习俗作了如下的解说:"日本此法乃(上一年定好)来年某月某日王归某殿家。其殿别构迎王之堂。其奉王之物,弓剑、鞍马、钱物,别求备畜,又求水陆之味,争相胜。其日,王归其第。主人率妻出庭迎之。王率武卫、管领等二、三人而来,主妇迎王上堂馈饷。夫于堂外接对宾客。王许人,然后乃入。王醉后入于浴室,主妇随入,去王身垢。此日本子孙相传之法也。"

由此可知,御成的日程是在前一年定好的,迎奉室町殿是家臣们竞相争取的差事。还有,家臣之妻作为接待的主角发挥的作用很大。

希璟还记下了魏天下面这段话:"今王以此法归于神堂(佛堂)直僧仇问珠家,如此饮浴,通其妻。还宫,入其妻为妃,生一子,使其僧改娶他妻也。"

造访某座寺社的室町殿,在和接待僧人的妻子发生关系、生下孩子之后,会把这个女人纳为侧室,让那个僧人另娶其他女性。

在此希璟赋诗一首,云:"修篁处处似名园,甲斐堂深设酒筵。迎主劝觞最奇事,扶桑风俗子孙传。"(128 节)

宋希璟把如此的御成习俗当做"最奇事",认为这会作为扶桑的风俗子孙流传。

2. 日本奇事,游女与男色

宋希璟对自己观察到的作为"日本奇事"的性,有着如下的记述。

首先是对游女的记述:"日本之俗,女倍于男。故至于路店游女迨半。(中略)店女见行路之人,则出于路而请宿。请而不得,则执衣而入店。受其钱,则虽昼从焉。盖其州州村村皆边海缘江,孕其江海之气,故其生女颇有姿色。"

对于倾城(游女),在申叔舟《海东诸国纪》中可以看到下文这样极其相似的记述:"富人取女子之无归者,给衣食、容饰之,号为倾城。引过客留宿,馈酒食而收直钱。故行者不赍粮。"(《海东诸国纪》国俗)

回到《老松堂日本行录》,接着来看看希璟对男色的记述。"男子二十岁以下学习于寺者,僧徒髡去眉毛,以墨书眉,于额上涂朱粉。面蒙、被斑衣为女形而率居焉。"这段是关于稚儿的记述。稚儿指寺社、公家和武家等使唤的少年,希璟对寺院内被僧人当作男色对象的少年是如此记载的:"王(室町殿、御所)尤好少年,择入宫中,宫妾虽多,犹酷爱少年。国人效之,皆如王之好少年焉。其风土如此,故闻而记之。"

宋希璟称室町殿最好少年,而日本人尽皆同然。对此,他作了下面这首诗:"清江处处水为乡,游女争妍满道旁。且问王宫谁第一,涂朱粉面少年

郎。"(137 节)

3. 喝食

宋希璟在深修庵中遇见两个美貌的喝食。据"深修庵二小娥"一诗,年龄大概 10 岁上下。希璟是这样记述"日本之法"的:"日本之法,童男女上寺不削发,着僧衣而吃肉,谓之可乙只(喝食)。其年至十四五,乃削发也。其土风,人生男女,则择善男女各一为僧尼也。"(146 节)

喝食本是禅寺在斋食之时,向众僧高声报告用斋次序的小童,也叫喝食行者。后来,转而指代稚儿。

4. 全念寺的僧尼

回程之中,宋希璟曾因风大而暂时滞留在赤间关。在此,希璟再次探访了全念寺(去程时对全念寺全无记载)。他对全念寺有下面这样一段解说,是关于寺内僧尼的。"一寺内,僧东尼西而居。殿内尼西僧东而坐。常时念佛,夜则隔置经函而宿焉。"(井原 2009)

从念佛这一点来看,全念寺像是时宗寺院的样子。村井章介先生在替《老松堂日本行录》校注本作注时,据《游行上人缘起绘》中"为避男女之爱之烦恼,于僧尼两者间置十二箱"这段文字,指出这经函是时众所持物品中的"十二光箱"。宋希璟记录了僧尼用它们将佛殿分隔为东西两边睡觉的情形。

希璟观察完寺院的样子便回到了船上。不多久,来了一个叫做三甫罗(三郎)的人。这个三甫罗系居住在全念寺门前的朝鲜人。

希璟向三甫罗询问寺里的内情:"此寺僧尼乃于佛殿内常时同宿,其年少僧尼无乃相犯乎?"三甫罗笑答:"尼孕儿则不居,归其父母家,产后还寺,卧于佛前。三日后,众尼来请,还入本坐矣。"寺内同住的僧尼之间是有发生性关系的,尼姑怀孕后回到本家生产,产后再回到寺里,恢复出家生活。希璟对此的解说是,"称念佛寺、阿弥陀寺如此寺,则处处皆僧尼佛宇内同宿焉"。

随后,希璟吟了下面这首诗:"击铮念佛经,开户见人家。尼室昏灯挂,僧窗晓月斜。天秋来岛屿,海曙出云霞。桑域多奇事,津留上汉槎。"(168节)希璟此诗的上阕咏颂的是全念寺的情景,并述怀道:"桑域多奇事。"

三 朴瑞生的复命书与文化交流

朴瑞生字汝祥,号栗亭,1407 年在科举考试中合格,历任兵曹佐郎、集贤院副提学、工曹参议和判安东府事等职,世宗十年(1428)十二月,被任命为日本通信使,与副使李艺一同来日。他们此行的目的是要吊问在1428年逝世的室町殿足利义持并庆贺新任将军足利义教即位。世宗十一年(1429)六月,瑞生在京都晋见义教之后,于十二月归国。这次,足利义教向瑞生传达了请求朝鲜代为转奏日本希望遣使入贡大明的愿望,但朝鲜方面并没有这么做。

瑞生在归国后向世宗提交了一份有15条的长篇复命书(《世宗实录》卷46,十一年十二月乙亥条)。这里面不仅详细地记载了朴瑞生所观察到的日本社会,还包含了朴瑞生基于滞日体验向世宗提出的建议。秋山谦藏曾经注意过这份复命书,并对其做过介绍。(秋山1935)笔者想对这份复命书的部分内容做一介绍。

(一)钱的普及和市场

朴瑞生对钱在日本的普及给予了高度的关注。例如,他介绍说,在日本从国都(京都)到沿海地带,钱的流通胜于米、布,纵使行千里之路,若带缗钱(さしぜに)则无携粮之需,路边客栈竞相招揽过客。他还指出:"至于土田舟车之税无不用钱,故使钱之术广而人(旅客)无负重(米、布)致远之劳矣。"

申叔舟在《海东诸国纪》的日本"国俗"之项也提到,在路边茶铺花一文钱便能喝一碗茶及市、店之事。他还记录了"故行者不赍粮",即"旅行之人无须携粮,只须有钱便可"这样钱在当时的普及情况。

日本中世使用的主要货币是从中国来的渡来钱。中央开有四方形的钱孔,其周围刻有四字钱铭的圆形铜钱,1枚钱是1文。渡来钱中最多的是北宋钱。

钱货在原则上以缗(さし、钱串)的状态使用。用绳子从钱洞穿过,大概以每100枚(100文)为标准串成一串使用。但以97文当100文使用的所谓省百在当时属一般情况。一文价值大概和当今的一枚一百日元硬币相当。

另一方面,随着钱货流通的扩大,日本对中国钱的需求增加,钱的绝对数量变得不足。为此,日本用输入的中国钱翻成钱模,开始使用模铸钱。在14世纪前半叶之后,模铸钱在全国范围流通起来,其中也有没有文字的无文钱。这些模铸钱会和精钱中国钱串在一串使用。

瑞生关心日本钱的流通情况的背景是,1423年朝鲜王朝开始铸造取代楮货(纸币)的朝鲜通宝。但实际上,朝鲜通宝并没有流通过,朝鲜仍然和以前一样用布匹作为基准货币。(须川2001)因此,瑞生在观察了钱在日本的流通进展情况之后,向世宗提出了以下这些使钱流通起来的施政意见。

(二)桥

在与钱的普及相关的事物当中,朴瑞生注意到了"关梁"也就是桥。

"关梁则大江设舟桥,溪涧设楼桥。其傍居者掌其桥之税,今(经)过客人纳钱十文或五文,酌其桥之大小而纳之,以为后日修补之资。"

所谓舟桥是用多艘舟船浮在水面,在横梁(桁)上铺上桥板架成的桥。对于舟桥的架法,瑞生作了以下的解说:"以竹为大索系于两岸,削全木为舟镫于竹索下,于舟上立柱,架梁排板成桥。"

他还记载了"津吏"从过桥的人那里征收"过涉之税",充作将来桥梁损坏时候的修补之用。

在日本中世,朝廷和幕府等公权力对桥梁的整修是不完全的。为此,僧侣常进行劝进,从许多人那里募捐,用这笔资金来整修桥梁。从瑞生上面的记述可以看到,虽然公权力的参入并不明确,但却存在以征集桥梁修筑费用的名目向过桥的人征税的机制。瑞生指出的"桥税"可能就是在《大乘院寺社杂事记》中记载的"狛桥赁"和"宇治桥赁"[文明十七年(1485)七月十一日条,后者见于明应六年(1497)正月二十八日条]这样的"桥赁"。(相田1943)

根据日本的这些情况,瑞生向世宗提议在朝鲜的汉江和临津江上像日本一样架桥征税,作为桥梁损坏时的修理费用,从而使钱的流通活性化。这里,朝鲜王朝的意图是把桥梁的整修和征税的事情掌握在国家的手中。在以国家主导为意图这一点上与日本的情况形成对照。

(三)市

接着,来看一看瑞生关于市场的记录。"日本街市之制,市人各于檐下用板设层楼,置物其上。非惟尘不及污,人得易观而买之市中。食物无贵贱,皆买食之。我国之市,则干湿鱼肉等食物皆置尘土,或坐或践。"

瑞生提出了仿日本之例,在汉城的街市上构檐置棚,把商品置于其上等建议。由此可见瑞生积极地想要把日本市场的优点引进朝鲜的态度。可有的使节虽同样观察过日本的市场,却作出了和朴瑞生迥异的评价。

加入1443年通信使卞孝文一行来日的李仁畦在1479年接受国王成宗关于日本社会风俗的询问时候,对市场和交易作了如下的说明:"市肆颇类我国,然土瘠民贫,所贸之物不过海错。其妇女被发为饰,涂以冬柏油,昼聚为市,夜则淫奔,以资生业。"

值得注意的是,李仁畦把在市场贩卖海产品当成日本贫穷的表征,还注意到了聚集在市场中的游女。

对于成宗"有水牛乎"的提问,仁畦的回答是:"无之。其国无物产,凡物多贸于南蛮而用之。只有黄金,其直与我国无异也。"(《成宗实录》卷101,十年二月丙申条)

如此,虽然李仁畦和朴瑞生一样看到了日本的市场,可是强调的都是其不好的方面,完全感觉不到有什么想要学习日本的态度。各使节由于关心不同,观察的内容和评价便大异其趣。

(四)水车及其造法

朴瑞生还注意到了日本的水车。"日本农人,有设水车斡水灌田者。使学生金慎审其造车之法。其车为水所乘,自能回转,挹而注之,与我国昔年所造之车因人力而注之者异矣。但可置于急水,不可置于漫水也。水硙亦然。臣窃料之,虽漫水,使人踏而升之,则亦可灌注矣。今略造其形以献,乞于各官可置之处,依此造作,以助灌溉之利。"

朴瑞生所见到的日本水车是自转扬水车(后引朝鲜史中作"自斡之车"),利用水流使水车旋转,将水汲上,导入装在水车上部的水管(樋)中的设施。可以认为,这和《徒然草》第51段中的引取龟山殿池水的水车,以及《石山寺缘起绘卷》中描绘的水车是同一种装置(宝月1943、今谷1992)。恐怕金慎是在日本绘成水车图,然后带回朝鲜的。

对于瑞生条陈的建议,世宗国王命令礼曹让议政府和各曹进行讨论。他们认为,应在各道尝试造置水车(《世宗实录》卷46,十一年十二月乙亥条)。

朝鲜虽有用人力驱动的水车,但却没有像日本那样用水流驱动的水车。因此,世宗想将其引进朝鲜,但没有取得想象中的进展。世宗认为"上自中国,下至倭邦,皆受水车之利,岂于我国独不能行",于是下令选任担当官员,派往各道进行调查(《世宗实录》卷52,十三年五月庚辰条)。

此后,成为工曹参议的瑞生再次就水车的问题提出建言。其要点有:①日本的"自斡之车"既优于中国的水车,也优于朝鲜的"踏升之车";②虽然令工人制造了"自斡之车",但因为工人无法完全理解学生金慎的话,所造之水车不能用;③向世宗说明了"自斡之车"的造法;④于是,世宗下达了上述内容的谕旨,又给金慎下令,希望他改进水车的造法。世宗命令瑞生和金慎,令工曹匠人造作水车,进行试验(《世宗实录》卷 52,十三年六月乙未条)。

由于朴瑞生的上述建言,在各地都造出了倭水车,但未能收到预期的效果。1433 年,左承旨金宗瑞对此发表了自己的见解:"本国土性粗疏,泉水污下。虽百倍其功,一日所灌,不过一亩,而功辍则渗漏。"在实际的调查中,使 80 余人整日操作水车,其所灌溉的田地还不到一亩,而且水全都渗漏进了地下。于是,世宗召还了各道的敬差官,废止了所有的人力水车,只保留了"自激水车"。结果,朴瑞生提议引进的日本水车(倭水车)在朝鲜未能得到普及。

结　语

最后,笔者想对以上有关朝鲜王朝向中世日本派遣的使节的论述来做一下概括。

(1)有关中世朝鲜使节的主要史料是朝鲜史料。其中的私人著作有宋希璟《老松堂日本行录》和申叔舟《海东诸国纪》。在《朝鲜王朝实录》中收有以朝鲜使节的复命书为主的"归朝报告"。

(2)对于在宋希璟《老松堂日本行录》中所能看到的中世日本的各种情况,笔者着眼于外交、日本、海贼和性风俗这四个方面。外交方面,围绕对马岛的归属来和朝鲜交涉的不是室町幕府,而是对马的实力人物早田左卫门太郎。希璟抵达京都后,被幕府勒令寄宿在京都郊外的深修庵内。希璟还在海上遇见了被渔夫使唤的被虏中国人,在京都受到了中国人通事魏天的接待。关于海贼,希璟记述了上乘的习惯,由此可知,在室町幕府管辖不到的海域,海上的秩序不是由幕府,而是由海贼的自由救济来维持的。在性风俗方面,希璟注意到了将军御成、游女与男色、喝食、住在全念寺佛殿中的僧与尼。

(3)对于朴瑞生的复命书,在关注其文化交流的方面同时进行探讨。朴瑞生对在日本流通的中国钱给予了深切的关心。他指出在日本存在以桥梁修理费用的名目向过桥者征税的机制。他向世宗提议在朝鲜的汉江和临津江上架桥征税,在桥损坏的时候用修桥费用的办法使钱的流通活性化。他也注意到了日本市场的优点,建议在汉城的街市上"构檐置棚",在上面放置商品等等。他还注意到了日本的自转扬水车,向世宗提议将其引进朝鲜。尽管世宗下令在各地建造日本水车,但对其的推广失败了。

参考文献（按姓氏发音的字母顺序排列）

（A）

相田二郎：《中世的关所》（『中世の関所』），畝傍书房，1943。

秋山谦藏：《朝鲜使节对中世日本商业和海贼的观察》（「朝鲜使節の観たる中世日本の商業と海賊」），秋山谦藏：《日中交涉史话》（『日支交涉史話』），内外书籍，1935。

（H）

桥本雄：《中华幻想：唐物与外交的室町时代史》（『中華幻想　唐物と外交の室町時代史』），勉诚出版，2011。

宝月圭吾：《中世灌溉史研究》（『中世灌溉史の研究』），畝傍书房，2009。

（I）

井原今朝男：《增补中世寺院与民众》（『增補中世寺院と民衆』），临川书店，2009。

今谷明：《集英社版日本的历史⑨　日本国王与土民》（『集英社版日本の歷史⑨　日本国王と土民』），集英社，1992。

伊藤幸司：《中世后期外交使节的旅程与寺院》（「中世後期外交使節の旅と寺」），中尾尧编：《中世的寺院体制与社会》（『中世の寺院体制と社会』），吉川弘文馆，2000。

（K）

川越泰博：《明代异国情报研究》（『明代異国情報の研究』），汲古书院，1999。

（O）

长节子：《中世　国境海域的倭与朝鲜》（『中世　国境海域の倭と朝鮮』），吉川弘文馆，2002。

（S）

关周一：《朝鲜王朝官人的日本观察》（「朝鲜王朝官人の日本観察」），《历史评论》（『歷史評論』）第 592 号，1999。

关周一：《中世日朝海域史的研究》（『中世日朝海域史の研究』），吉川弘文馆，2002。

关周一：《明帝国与日本》（「明帝国と日本」），榎原雅治编：《日本的时代史 11　一揆的时代》（『日本の時代史 11　一揆の時代』），吉川弘文馆，2003。

关周一:《〈朝鲜王朝实录〉中的日本关系史料》(「『朝鲜王朝实录』の日本関係史料」),北岛万次、孙承喆、桥本雄、村井章介编著:《日朝交流与相克的历史》(『日朝交流と相克の歴史』),校仓书房,2009。

关周一:《"中华"的再建与南北朝内乱》(「『中華』の再建と南北朝内乱」),荒野泰典、石井正敏、村井章介编:《日本的对外关系4　倭寇与"日本国王"》(『日本の対外関係4　倭寇と「日本国王」』),吉川弘文馆,2010。

关周一:《对马与倭寇》(『対馬と倭寇』),高志书院〔高志书院选书〕,2012。

关周一:《朝鲜人所见之中世日本》(『朝鲜人のみた中世日本』),吉川弘文馆〔歴史文化ライブラリー〕,2013。

关周一:《中世的唐物与传来技术》(『中世の唐物と伝来技術』),吉川弘文馆,2014。

须川英德:《朝鲜前期的货币发行及其逻辑》(「朝鲜前期の貨幣発行とその論理」),池享编:《钱货》(『銭貨』),青木书店,2001。

（T）

高桥公明:《外国人所见之中世日本》(「外国人の見た中世日本」),村井章介、佐藤信、吉田伸之编:《境界的日本史》(『境界の日本史』),山川出版社,1997。

田中健夫:《中世对外关系史》(『中世対外関係史』),东京大学出版会,1975。

（神奈大学　张子平　译）

朝鲜时代的对日使行和对马岛

韩文钟(韩国 全北大学校)

一 序 言

　　为了解朝鲜时代的韩日关系,对日使行的研究是非常重要的。因此,许多研究者从各种各样的视角上对此做了研究,也阐明了很多事情。[1] 既存的研究尤其集中在对日使行的交流来往、相互认识以及文物交流方面,但现在的实际情况是,有关朝鲜时代对日使行的派遣实况和构成、派遣目标、使行时间、使行的经费、使行的护送等方面的具体研究尚有不足。而且既存研究的重点都集中在朝鲜前期或者后期的某一个具体时段上,所以在综合把握朝鲜时代对日使行的情况上存在局限性。

　　因此,本研究在先前研究成果的基础上首先将朝鲜时期的对日使行分前期和后期进行考察,整理各时期的具体特点。接下来对朝鲜前期和后期的对日使行进行具体和实证性的比较分析,以期考察两个时期使行的异同之处。最后以对马岛为主体,旨在阐明朝鲜时代的对日使行中对马岛的角色以及对马岛担任此角色的原因。笔者认为这些研究的重要性是不言而喻的,而且可以说为明确对马岛的位置以及阐明朝鲜时代复杂韩日关系问题

---

[1] 关于朝鲜时代朝日之间使节往来的研究成果,参见韩文钟:《朝鲜前期韩日关系史研究的回顾与展望》、闵德基:《朝鲜后期的回顾与展望》,收于《韩日关系史研究的回顾与展望》,国学资料院,2002 年;孙承喆:《通信使研究的起始和现状》,收于《朝鲜时代史学报》第 27 集,2003 年;张顺纯:《朝鲜时代对马岛研究的现状和课题》,收于《东北亚历史论丛》第 41 集,2013 年。

提供了一个新的视角。

二　对日使行的派遣实况

（一）朝鲜前期对日使行的派遣

李成桂建国朝鲜后施行了多样的倭寇对策，同时又于 1392 年 11 月将僧人觉锤派遣至室町幕府的足利义满处，作出了要求禁压倭寇的外交上的努力。足利义满为此命令九州节度使今川贞世（源了俊）禁压倭寇并招还被虏之人。①

1403 年，朝鲜太宗和日本的足利义满得到明朝皇帝的册封，被列入明朝的朝贡制度。就在第二年（1404 年）日本以"日本国王源道义"的名义向朝鲜派遣使臣，②自此朝鲜和日本之间的外交关系开始建立。以此为契机，朝鲜承认日本幕府将军在政治和外交上的主体地位，将其与朝鲜国王同等对待，于是便产生了朝鲜国王和日本幕府将军之间持有对等敌礼关系的交邻外交，之后的使节往来也变得越发活跃。与此同时，朝鲜展开与以对马岛主为首的日本地方豪族之间的羁縻关系的交邻外交，开始派遣使者往来。

朝鲜前期的对日使行自 1392 年起至发生壬辰倭乱前的 1592 年间，共派遣了 65 次。将这些使行按照派遣时间和派往对象整理如下表 1 所示。

表 1　朝鲜前期对日使行的派遣时期和派往对象③

派往对象 ＼ 在位国王	太祖	定宗	太宗	世宗	端宗	世祖	成宗	燕山	中宗	明宗	先祖	小计
幕府将军	1	1	5	7		1	2				1	18
九州节度使	3											3
大内殿	1		2									3
壹岐岛主			2	2								4
对马岛主	2	1	11	6	2	3	4	1	2	1		33
其他（未详）			4									4
小计	7	2	24	15	2	4	6	1	2	1	1	65

①绝海中津撰明德三年壬申答朝鲜书，收于瑞溪周凤编《善邻国宝记》上。这是朝鲜政府首次与幕府将军进行的外交交涉。但日本方的回答书并非以幕府将军而以绝海中津为名义，由此可见当时幕府将军足利义满在日本国内还未掌握外交权力。

②《朝鲜太宗实录》卷 8，七年七月三十日。

③韩文钟：《朝鲜前期对日外交政策研究：以与对马岛的关系为中心》，全北大学博士学位论文，1996 年，第 139 页。

通过表 1 我们可以看出朝鲜前期对日使行的几个特点。第一,对日使行的 65 次中有 48 次集中在朝鲜初期的太祖到世宗时期。特别是太宗时期共派遣了 24 次,是这之中最多的,故可以反映出这个时期的对日外交非常积极。但是亦可以看出,到 1443 年癸亥约条签订之后,朝鲜的对日使行次数开始有了急速下降的倾向。这是因为朝鲜初期施行了多种倭寇对策之后,随着倭寇的消减和文引制度、癸亥约条等倭人统制策的完备,对日外交的必要性已经有所下降。

第二,对日使行的对象从幕府将军到九州节度使、大内殿、壹岐岛主、对马岛主等,范围非常分散。这体现了朝鲜前期对日交涉的对象多元化的特征。外交上的交涉对象如此多元化的原因是幕府将军还没能将统治力量延伸至地方势力。朝鲜通过对日使行获得的信息判断出幕府将军并没有禁压倭寇的能力,所以将外交交涉对象扩大到能够实际禁压倭寇的对马岛主等九州地方的势力。随着对马岛征伐的结束,倭寇问题得以安定,朝鲜政府在完备了书契、图书、文引等倭人统制制度的同时签订癸亥约条,外交的交涉对象变成了幕府将军和对马岛主的二元化态势。总的来说就是从端宗到壬辰倭乱之前的 17 次对日使行中有 13 次派往对马岛主,4 次派往幕府将军。但是派往幕府将军的使行只有 1590 年的一次到达了京都,剩余的使行都因途中遭遇台风或者疾病而被中断。

第三,对日使行的派往对象主要集中于幕府将军和对马岛主。也就是说朝鲜前期对日使行中的 65 次里有 18 次派往幕府将军,33 次派往对马岛主。由此可见,对日使行中有一半以上是派往对马岛主,这个事实意味着朝鲜前期是非常重视与对马岛之间的外交的。

表 2　朝鲜前期对日使行的名称[①]

使行名称＼在位国王	太祖	定宗	太宗	世宗	端宗	世祖	成宗	燕山	中宗	明宗	先祖	小计
通信使				3		1	2			1	1	8
通信官			3									3
回礼使	4	1	1	4								10
回礼官			4									4
报聘使		1	4									5

①韩文钟:《朝鲜前期对日外交政策研究:以与对马岛的关系为中心》,第 140 页。

（续）

使行名称＼在位国王	太祖	定宗	太宗	世宗	端宗	世祖	成宗	燕山	中宗	明宗	先祖	小计
客人护送官			1									1
招抚官				1								1
赐物管押使				1								1
体察使				1								1
敬差官				1	3	1	2	1		1		9
致奠官·致赙官						1			1			2
垂问使									1			1
宣慰使（官）								1	3			4
未详	3		10	2								15

表3　朝鲜前期对日使行的派往对象①

使行名称＼派往对象	幕府将军（日本国王）	九州节度使（九州探题）	大内殿	壹岐岛主	对马岛主	其他（未详）	小计
通信使	7				1		8
通信官	1				1	1	3
回礼使	5	3	1		1		10
回礼官			1	1		2	4
报聘使	3		1		1		5
客人护送官				1			1
招抚官				1			1
赐物管押使					1		1
体察使					1		1
敬差官					9		9
致奠官·致赙官					2		2
垂问使					1		1
宣慰使（官）					4		4
未详	2			1	11	1	15
小计	18	3	3	4	33	4	65

---

①韩文钟:《朝鲜前期对日外交政策研究:以与对马岛的关系为中心》,第141页。

表 2 和表 3 是将朝鲜前期对日使行按照时期对使行名称和派往对象进行整理的结果。以上表格体现了如下特点。第一,对日使行有通信使、通信官、回礼使、回礼官、报聘使、客人护送官、招抚官、赐物管押使、体察使、敬差官、致奠官、致赙官(致慰官)、垂问使、宣慰使(官)等多样的名称。

第二,根据派遣时期的不同,使行的名称也在发生变化。即在太祖和定宗时期派遣了大量回礼使。使行名称在太宗时期开始变得多样化,包括通信官、回礼使(官)、报聘使、客人护送官、敬差官等。此外这个时期有很多无法知晓使行名称的情况,这也许是因为当时的对日外交体制还不是很完善。世宗时期的通信官、回礼官、报聘使等使行被中断,出现了招抚官、赐物管押使、体察使等新的名称。但是自癸亥约条签订以后,使行的派往对象二元化为对马岛主和幕府将军,派往幕府将军的使行名称变为通信使,派往对马岛主的使行名称变为敬差官、宣慰使。整个时期派遣了很多回礼使、敬差官、通信使。

第三,根据派往对象的不同,使行的名称略有变化。首先派往幕府将军的是通信使、通信官、回礼使、报聘使等,回礼使和报聘使主要是在癸亥约条签订之前,通信使主要是在癸亥约条之后被派遣的。[①] 反过来,派往九州节度使(九州探题)的是回礼使,派往大内殿的是回礼使、回礼官和报聘使,派往壹岐岛主的是回礼官、客人护送官、招抚官等,包括通信官、通信使、回礼使、报聘使、赐物管押使、体察使、敬差官、致奠官、致赙官、垂问使、宣慰使(官)在内的使行等被派往对马岛主。其中的敬差官、体察使、宣慰使(官)是朝鲜地方派出的临时性使节的名称。而且赐物管押使和体察使是在癸亥约条签订以前,致奠官和致赙官、垂问使、宣慰使是在之后被派遣的,敬差官在之前和之后都有派遣。其中的敬差官是朝鲜后期派往对马岛的问慰行的初期形态。

在癸亥约条签订之前,朝鲜向以幕府将军为首,其次是九州节度使、大

① 在朝鲜前期朝鲜政府向幕府将军派遣的十八次使行当中,使团抵达京都完成使命的只有十次,其他有三次留有派遣的记载,使行途中中断有五次。尤其在抵达京都并完成使命的十次使行当中,除了在 1590 年(宣祖二十三年)向丰臣秀吉派遣的使行之外,之前的最后一次使行则是 1443 年(世宗二十五年)由卞孝文率领的。可见,在 1443 年之后朝鲜政府以对马岛为主要对象而展开对日交涉。在 1522 年(中宗十七年)朝鲜朝廷谈论派遣通信使的事宜时,领议政与朝廷大臣反对派遣:一是因为从朝鲜初期开始只有三次向日本派遣通信使,其中唯有申叔舟率领的使团完成使命并安全回国,原因在于海路艰险,二是由于三浦之乱(《朝鲜中宗实录》卷 44,十七年二月一日)。虽然这一条夸大了事实(其实,在 1522 年前共有六次派遣通信使,其中有三次完成使命),但从中可以窥见朝鲜政府对通信使派遣保持很慎重的态度。

内殿、壹岐岛主、对马岛主派遣了多种使节。但是在癸亥约条之后,转变为派遣通信使至日本国王处,①而派遣敬差官、宣慰使到对马岛主处。通过以上的事实我们可以看到,朝鲜时期的对日外交以癸亥约条的缔结为转折点发生了较大的变化。

另一方面,如果查看从日本派往朝鲜的使节情况,幕府将军派遣使节共70次,②以对马岛主为首的地方豪族派遣使节达 4800 余次。对马岛派遣的使节尤其多,以 2385 次占了 49.3%,紧随其后的肥前州和壹岐州以 1166次占了 24.1%。③

(二)朝鲜后期对日使行的派遣

壬辰倭乱结束后,东亚的三个国家都为了构建对外国际秩序而努力摸索新模式。明朝因参战壬辰倭乱动用了过多的军事力量而无法在满洲继续抑制女真(金)的发展,故而最后被清王朝所取代。另外,朝鲜的国土在倭乱中被日本蹂躏,于是召回被日本掳走的本国国民等成为战后最为紧迫的任务,同时还不得不备战已经在北部成长起来的女真。曾经的侵略者日本新成立的德川幕府正在努力压制国内丰臣秀吉残存势力,为国内政治的稳定而心烦的同时也不得不担忧朝鲜对本国侵略行径的报复。尤其是对马岛因战争而导致断粮,能否成功恢复其与朝鲜之间的交流和贸易活动成为关系到对马岛生存的重大问题。

德川家康希望改善与朝鲜关系,于是指示对马岛努力促成朝鲜和日本讲和,为此德川幕府同意其通过刷还壬辰倭乱时的俘虏等主动示好的手段与朝鲜进行讲和交涉。1603 年六月德川家康向朝鲜派遣使者并邀请回派信使。④ 对马岛通过努力促成了朝鲜回答兼刷还使一行在 1607 年抵达日

---

① 在朝鲜前期,除向幕府将军外,还向对马岛、日本地方势力、琉球、女真派遣使节,均以通信使为名义。不止于此,这些地方向朝鲜派遣的使节也命名为通信使、信使。因此,在朝鲜前期的东亚世界当中,通信使这一称号不仅是指朝鲜国王向日本派遣的使节,而是朝鲜与除中国外周边国家互相往来的使节。可是到了朝鲜后期,通信使仅限于朝鲜政府向日本幕府派遣的使节。张顺纯:《朝鲜前期通信使的概念与性质》,《全北史学》第 37 集,2010 年,第 40—46 页。

② 在朝鲜前期,幕府将军向朝鲜派遣使节多达 70 次。按朝鲜国王进行分类,正宗在位时有 1 次、太宗在位时有 12 次、世宗 10 次、文宗 1 次、世祖 7 次、成宗 9 次、燕山君 4 次、中宗 12 次、仁宗 1 次、明宗 9 次、宣祖 5 次,以太宗、世宗、中宗时为多。韩文钟:《朝鲜前期日本国王使的朝鲜通交》,《韩日关系史研究》第 21 集,2004 年,第 15 页。

③ 参照韩文钟:《朝鲜前期对日外交政策研究:以与对马岛的关系为中心》,第 27 页,表 1。

④《朝鲜宣祖实录》卷 136,三十六年六月十四日。

本,并促成了 1609 年己酉约条的签订。[①] 自此,日本与朝鲜之间的交流和贸易便重新开始。由此,因战争中断的朝鲜与日本之间的国际关系得以恢复,朝鲜国王和幕府将军之间的关系在之后重新进入曾是朝鲜前期外交体制的"敌礼交邻"模式,使节往来亦由此展开。

朝鲜在 1607 年首次派遣回答兼刷还使之后,又于 1617 年和 1624 年派遣了两次。三次刷还使行中只有 1607 年的目的地是京都,其余两次均是江户。自 1636 年开始,回答兼刷还使改名为通信使,当时是为了祝贺关白的承袭而派遣的。通信使从 1636 年到 1811 年共派遣了 9 次,而 1811 年的最后一次通信使行不是在江户而是在对马岛进行了"易地聘礼"。

如上,虽然通过 1607 年回答兼刷还使的派遣,朝鲜国王和幕府将军之间的外交得以恢复,但是朝鲜与对马岛之间的关系却仍未复原。朝鲜朝廷通过 1607 年派遣的回答兼刷还使带来的信息了解到与对马岛主的外交关系在整个朝日关系中所处的地位之后,[②]在 1609 年与对马岛主签订了己酉约条。己酉约条是对马岛规范对朝鲜的贸易交流的条约,可以说是综合了朝鲜前期签订的如癸亥约条、壬辰约条、丁未约条等各种条约的内容。通过己酉约条的签订,对马岛以"臣子之礼"与朝鲜展开贸易交流,曾在朝鲜前期施行的羁縻关系交邻外交体制重新复活。[③]

对此,朝鲜亦采取基于羁縻关系交邻外交体制的政策向对马岛派遣问慰行。问慰行是东莱府使派往对马岛主的外交使节,他们是被正官任命的

---

① 在壬辰倭乱结束后,德川家康于 1600 年取得关原之战的胜利并建起江户幕府。之后,德川家康致力于重建与朝鲜外交,命令对马岛主与朝鲜政府进行外交交涉。朝鲜方面为了探知国情,于 1605 年派遣惟政以探贼使身份前往日本。德川家康在京都会见惟政之时,强调自己在壬辰倭乱当中在关东,并未派兵侵略朝鲜,强力请求重建外交关系。朝鲜方提出重建外交的两个条件,一是德川家康先为致书,二是缚送犯陵贼。之后在 1606 年,日本派遣带有德川家康国书的使团前往朝鲜,并缚送两个犯陵贼,由此完成朝鲜提出的重建外交的两个条件。朝鲜在北方民族逐渐形成威胁局面的情况下,出于避免与日本打仗的想法,与日本重建外交关系,并于 1607 年派遣回答兼刷还使。

② 对马岛由于在 1604 年惟政往来日本时付出的努力与贡献,被幕府政府承认了与朝鲜通交的独占权。德川家康承诺对马岛主每三年参勤,并赐予领地,巩固其在与朝鲜外交中的独占权及地位。洪诚德:《朝鲜后期韩日外交体制与对马岛的角色》,《东北亚历史论丛》第 41 集,2013 年,第 143—149 页。

③ 至于己酉约条的内容与意义,参见孙承喆:《朝鲜时代韩日关系史研究》,首尔:京仁文化社,1994 年,第 145—155 页。

倭学译官,可被称为问慰译官使或者渡海译官使、译官使等。① 外交的特性
使得能够对两国语言进行口译的译官角色变得异常重要。派遣回答兼刷还
使之时,译官分赴日本各地寻找朝鲜俘虏并带回,而且在派遣通信使行之前
负责进行外交性的实务交涉。

问慰行在 1632 年被首次派遣,到 1860 年为止共有 54 次。② 问慰行是
在对马岛主从江户还岛时或者前来通报岛主或关白的庆吊的差倭有所邀请
时派遣的。如果说通信使是为了庆祝日本国王——幕府将军(关白)的继位
而派遣的,那么问慰行就是为了祝贺对马岛主的承袭,并借此一并慰问将军
家以及对马岛主家的庆吊。此外还可以解决诸如通信使的使行节目的确
定,与对马岛之间条约的制定,朝日之间有关外交纷争的调停,探知日本国
内情势等两国间外交关系上出现的问题。③ 尤其是在 1811 年通信使行被
中断之后,问慰行成为从朝鲜派往日本的唯一使节,在维持两国外交关系上
起着非常重要的作用。

如上可知,朝鲜后期继承了前期的外交体制,在对待幕府将军的层面上
引入了敌礼关系的交邻外交而派遣通信使,而对对马岛主的外交上引入了
羁縻关系的交邻外交而派遣问慰行。从这意义上可以说朝鲜后期的对日外
交和前期同样是二元化的外交关系。

现将朝鲜后期通信使和问慰行的派遣实况整理如下表 4 作为参考。

表 4　朝鲜后期对日使行的派遣实况

在位国王 区分	先祖	光海	仁祖	孝宗	显宗	肃宗	英祖	正祖	纯祖	宪宗	哲宗	小计
通信使	1	1	3	1	0	3	2	0	1	0	0	12
问慰行	0	0	4	5	5	17	9	4	4	3	3	54

①以译官为头领的问慰行,需要满足以下五个条件:一是向对马岛主派遣的使行,二是以送对马岛
　主还岛、问慰岛主家或幕府将军家的红白喜事、其他外交事宜为目的的使行,三是当上官与当下
　官要任命倭学译官,最后一定要有对马岛主的邀请才能派遣。洪诚德:《朝鲜后期韩日外交体制
　与对马岛的角色》,第 170—171 页。
②韩国学者洪诚德认为,向对马岛主派遣的问慰行始于 1632 年,一直到 1860 年共有 54 次。(洪诚
　德:《朝鲜后期韩日外交体制与对马岛的角色》,第 171 页)然而,大场生与认为问慰行始于 1606
　年,一直到 1860 年共有 58 次。(大场生与:《近世日朝关系中的译官使》(『近世日朝關係におけ
　る譯官使』),庆应大学大学院硕士论文,1994 年)
③洪诚德:《关于朝鲜后期问慰行》,《韩国学报》第 59 集,1990 年,第 138—151 页。

另外,日本在朝鲜后期向朝鲜派遣使节共 1076 次。其中以关白告讣差倭,关白承袭告庆差倭,通信使请来差倭,通信使护行、护还差倭,岛主承袭告庆差倭,陈贺差倭,图书请改差倭等为首的大差倭共 109 次,以岛主告还差倭、漂人领来差倭、吊慰差倭、裁判差倭等为首的小差倭共 869 次。其他与贸易和倭馆相关的带有一般性外交目的的使行有 98 次。^① 其中漂人领来差倭尤其多,共有 626 次,占所有对朝鲜使行的 58.2%。这可以说反映了朝鲜后期漂流至日本的朝鲜人很多,而两国间并没有建立起送还漂流民的体制。^②

三 朝鲜前、后期对日使行的性质比较

(一)对日使行的派遣次数和派遣目的

朝鲜前期的对日使行共有 65 次,其中派往幕府将军的有 18 次,派往对马岛主的有 33 次。剩下的则是派往九州节度使、大内殿、壹岐岛主等。朝鲜前期派往对马岛主的使行尤其多,占了半数以上。而朝鲜后期对日使行中的 66 次有 12 次派往幕府将军,54 次派往对马岛主。后者占了所派使行总数的 81.5%,可以说次数是非常多的。那么相较于朝鲜前期,朝鲜后期的使节派遣对象主要集中在对马岛主的理由是什么? 到 1443 年癸亥约条签订之前,朝鲜对日交涉的对象是日本国王和对马岛主、九州节度使、大内殿等多元化对象。但在癸亥约条之后开始重视对马岛主的作用,除幕府将军之外的与地方豪族之间的交流都集中在对马岛主身上,但同时与幕府将军之间的外交交涉并没有像朝鲜后期那样全部交托给对马岛主。

与前期相比,幕府将军为了恢复壬辰倭乱以后中断的外交关系,并未直接与朝鲜进行外交交涉,而是通过对马岛主恢复两国的外交关系。对马岛的角色在这个过程中得到重视,这种情况即使到了恢复国交之后也是如此。再加上日本在处理 1635 年的"柳川事件"之后,确立了"大君外交体制",朝鲜于 1636 年正式派遣通信使,两国之间经历了新型关系的形成和重组过程。壬辰倭乱之后,对马岛主宗氏为了恢复对朝鲜的贸易,不

---

① 洪诚德:《朝鲜后期韩日外交体制与对马岛的角色》,第 172 页。
② 至于朝鲜后期漂流民及其刷还状况,参见李珣:《朝鲜后期漂流民与韩日关系》,《国学资料院》,2000 年。

惜以篡改国书的手段,致力于恢复与朝鲜之间的外交,但是交涉上的不可控最终导致了"柳川事件"的发生。宗氏的不正当行为被幕府得知,幕府为了防止此种不正当的操作再度发生,于 1635 年提出了"以酊庵轮番制",将京都五山的僧侣派往对马岛的以酊庵以监管其与朝鲜间的外交,对马岛欲私下处理朝日之间贸易外交的情况变得不可能。最后对马岛被编入幕藩体制,岛主宗义智被幕府任命为从四位下侍从对马守。但是对马岛作为朝鲜的受图书人(被授权的官员),得到岁遣船和岁赐米豆的特权,而且可以通过倭馆贸易获取利益,就这点而言,朝鲜后期对日外交体系下的多元或者二元体制相较于前期还是有所变化的。但总体而言对马岛对朝鲜外交的垄断性虽然相对被强化,但由于处在幕府的直接监管之下,其独立性也有所削弱。①

朝鲜并不希望频繁地直接与幕府将军进行外交交涉,而是更多地希望通过对马岛主间接解决外交问题,反过来幕府将军同样也如此。可以说正是这个原因,比起朝鲜前期,朝鲜后期向对马岛主派遣了更多的使节。在朝鲜时代的韩日关系里,相较于前期,对马岛的重要性在后期得到了提升。

朝鲜前期向幕府将军派遣使节的目的包括回礼、报聘、对将军辞世的吊慰和新将军继位的祝贺,此外还有解决倭寇问题、俘虏招还、求请大藏经之时的赐给事宜等。派往对马岛主的使行目的是解决倭寇问题以及完善倭人统制策、招还俘虏、搜集日本国内情报。也就是说,朝鲜前期的对日使行主要因朝鲜的需要而派遣,主要以解决政治、外交难题为目的。从这一点可以说,在朝鲜前期的对日外交关系上,朝鲜是积极主动的一方。

与前期相比,朝鲜后期虽然也曾以回礼和招还俘虏为目的派遣了回答兼刷还使,但从 1636 年开始就变成了为祝贺幕府将军的继位而派遣。这类通信使是在日本报知朝鲜朝廷新的幕府将军继位并邀请派遣通信使之时才会派遣。同样的,派往对马岛的问慰行也只是在对马岛主完成参勤交代返回对马岛之时或者前来通报岛主或关白的庆吊的差倭有所邀请时才派遣。派遣问慰行的目的是慰问关白及岛主的庆吊、确定通信使行、侦查倭政和进行贸易交流等。也就是说,通信使和问慰行都是在幕府将军或对马岛主邀请派遣使节之时才会派遣,这一点说明朝鲜后期的对日外交与前期相比变得消极和被动。

---

①张顺纯:《朝鲜前期通信使的概念与性质》,《全北史学》第 37 集,第 38—39 页。

（二）对日使行的构成、人员及使行时间

因为资料的缺乏,我们无法知道朝鲜前期派往幕府将军的对日使行的构成和人员的确切信息。但是可以知道的是,1459 年（世宗五年）通信使宋处俭的使行团有 100 余人,从釜山分乘 3 艘船出发前往日本,[①]1479 年（成宗十年）通信使李亨元的使行团约有 90 名到 100 名成员。[②] 由此可以推测朝鲜前期派往幕府将军的使行团规模在 90－100 人之间。[③] 另一方面,朝鲜后期派往幕府将军的通信使有 460－500 余人,[④]比朝鲜前期的使行人员增加了 4－5 倍。那么朝鲜后期对日使行人员大幅增加的理由是什么呢?这也许和朝鲜后期对日外交的性质有着密切的关系。朝鲜前期向幕府将军派遣使节的主要目的是维持两国的和平关系、要求禁压倭寇、回礼、报聘、求请大藏经时的赐给等政治和外交问题。与此相比,朝鲜后期的通信使是为了祝贺幕府将军的袭职以及进行文化交流,因而在使行团中加入了以制述官和马上才等为代表的各种技术人员。

另外,朝鲜前期派往幕府将军的对日使行的构成可以从 1479 年派遣通信使李亨元时所写的"日本通信使事目"大略得知。[⑤] 有关朝鲜后期通信使的构成和人员情况在《通信使誊录》、《增正交邻志》等资料中都有具体的记载,故可以把握全貌。以下表 5 是对 1479 年通信使行和 1682 年通信使行的构成和人员情况的整理。

---

① 《朝鲜世祖实录》卷 19,世祖六年正月三日。

② 据 1479 年通信使派遣而成的《日本国通信使事目》,通信使团大致为 90－100 名,包括正使、副使、书状官。（《朝鲜成宗实录》卷 100,成宗十年一月一日）在 1477 年成书的《使行节目》当中,唯一有格军的人数减少,其他与上一条记载一致。（《朝鲜成宗实录》卷 75,成宗八年一月一日）

③ 日本史料《康富记》嘉吉三年五月六日、六月十九日条有载,1443 年卞孝文率领的通信使只有 50 名。之所以这次使行人数如此之少,有可能因为只有抵达京都的使节人数得到记载。

④ 在 12 次的使行当中,1617 年回答兼刷还使的人数最少,共有 428 名,1711 年使行的人数最多,共有 500 名。大致而言,通信使团的人数在 460 到 500 名之间,只有 1811 年的通信使行未达江户,而在对马岛行异地聘礼,因此使行人数却比较少,共有 328 名。（孙承喆:《朝鲜后期脱中华的交邻体制》,《讲座韩日关系史》,首尔:贤音社,1994 年,第 363－364 页)但在《增正交邻志》卷 5 所载的 1682 年通信使团之人数则为 577 名。

⑤ 《朝鲜成宗实录》卷 100,成宗十年正月一日。

表 5　朝鲜时代对日使行的构成和人员

1479 年日本通信使事目(《朝鲜成宗实录》)	1682 年通信使(《增正交邻志》)
正使 1,副使 1,书状官 1,通事 3,押物 2,医员 1,领船 1,伴倘 5,工人 3,指路倭 2-3,船匠 2,冶匠 2,火筒匠 2,吹螺赤 2,军官若干名,螺匠 4,执膳官奴 2,格军 55	正使 1,副使 1,从事官 1,堂上官 1,上通事 3,制述官 1,良医 1,次上通事 2,押物官 4,写字官 2,医员 2,画员 1,子弟军官 5,军官 12,书记 3,别破陈 2,马上才 2,典乐 2,理马 1,伴倘 3,船将 3,卜船将 3,陪小童 19,奴子 52,小通事 10,都训导 3,礼单直 1,厅直 3,盘缠直 3,使令 18,吹手 18,节钺奉持 4,炮手 6,刀尺 7,沙工 24,形名手 2,钁手 2,月刀手 4,巡视旗手 4,令旗手 6,清道旗手 6,三枝枪手 6,马上鼓手 6,铜鼓手 6,大鼓手 3,三穴铳手 3,细乐手 3,铮手 3,风乐手 18,屠牛匠 1,格军 270
91-2+若干名	477 名

上表反映出几个特征。第一,三使的名称在朝鲜前期是正使、副使、书状官,但到了朝鲜后期,书状官变成了从事官。[1] 第二,朝鲜前期有熟悉路途的 2-3 名指路倭负责带路,而朝鲜后期并没有指路倭。笔者认为这是因为朝鲜后期通信使行的护送已经由对马岛全权负责的缘故。第三,与朝鲜前期相比,朝鲜后期有包括制述官、写字官、马上才、炮手、乐工等在内一系列技术人员加入使团,以三使为首的使团成员所带的陪小童和奴子以及格军也大量出现。特别是格军,从 55 名一跃增加至 270 名。这种现象的出现是因为朝鲜后期的通信使除了为祝贺将军袭职之外还带有文化使节的性质。[2] 从这一点上说,朝鲜后期的对日使行比起朝鲜前期更加仪式化和形式化。

另外,我们同样无法准确把握朝鲜前期派往对马岛的使行规模,但可以推测出约有 30-40 名。而朝鲜后期派往对马岛的问慰行的规模比朝鲜前期也要大一些,约有 60-90 名。[3]

朝鲜前期派往幕府将军的使行时间根据气象状态、路程距离、是否遭遇

①从 1607 年的回答兼刷还使起,三使中的书状官改名为从事官。出自《增正交邻志》卷 5。

②与向江户幕府参勤交代的大名相比,经过大阪的朝鲜通信使团非常之华丽而盛大,经过淀川时两侧有大量观众欢呼。1711 年担任制述官的申维瀚所撰《海游录》里记载道:许多日本学者、商人、老百姓为了得到朝鲜使节的诗文书画,不惜动用一切的方法,围堵在通信使住的地方,这导致使者们吃饭睡觉都成了问题。朴和镇、金炳斗:《江户时期的通信使——以 1711 年辛卯通信使行为中心》,首尔:Hanwul Academy,2010 年,第 11 页。

③至于向对马派遣的问慰行,少则 45 名,多则 154 名,总使行期间大致为 4 个月。除了派遣译官两名的双渡海之外,问慰行派遣的人数大致为 60-90 名,平均为 75 名。洪诚德:《关于朝鲜后期问慰行》,《韩国学报》第 59 集,第 129-130 页。

海盗、外交交涉情况的不同而有所差异,但大体上在 8 个月到 12 个月之间。[1] 派往对马岛的使行则从 2 个月到 5 个月不等,派往九州节度使、大内殿的使行需要 5 个月到 8 个月左右。

朝鲜后期派往对马岛的问慰行的使行时间不固定,约需要 1 个月到 4 个月的时间。[2] 派往幕府将军的通信使行大体需要 6 个月到 10 个月的时间。[3] 朝鲜前期的通信使行到达目的地为京都,包括水路和陆路共有 4600 里。如果考虑到使行距离,可以说朝鲜后期通信使的使行时间比朝鲜前期大大缩短。[4] 笔者认为朝鲜后期通信使行的时间变少的理由大概和日本的政治状况有关联。朝鲜前期,足利幕府的将军没有能力统治地方势力,日本的国内政治形势非常混乱,再加上海盗掳掠等路途中的意外因素,为了使行团的安全只得选取了虽然较远但不危险的路径或者必须得到友好地方势力的协助才可成行,这种情况下必然会耗费更多的使行时间。

与此相比,日本的国内政治形势在朝鲜后期得以安定,德川幕府的将军有力量对地方势力施行强力统治。因此朝鲜派遣通信使之时,包括对马岛在内的沿途所经地方大名奉幕府之命担当护行和接待朝鲜使行团的任务。因此,朝鲜后期的使行时间比前期大大缩短。

(三)对日使行的费用担负

朝鲜前期对日使行的费用是由谁来担负的呢? 虽然我们因缺少资料无法明确得知,但 1477 年正月的"日本通信使事目"中记录了使行团人数和所

---

[1] 在朝鲜前期向幕府将军派遣的使行当中,除了被中断的一次使行之外,使行期间最短的便是 1443 年使行,于世宗二十五年二月二十一日出发,十月十九日复命,共有 8 个月的使行期间。反而使行期间最长的是 1432 年的回礼使,十月回国,总期间为 15 个月。之所以这次使行要如此长时间,不仅是由于海路上的问题,而且因为归国途中遭遇海贼。一般的使行大致要 9 到 12 个月。(韩文钟:《朝鲜前期对日外交政策研究:以与对马岛的关系为中心》,别表 3)总之,朝鲜前期向幕府将军的使行期间大致为 8 到 12 个月。

[2] 洪诚德:《关于朝鲜后期问慰行》,《韩国学报》第 59 集,第 134 页。

[3] 通过《朝鲜王朝实录》与各种使行录的考察,可以得知朝鲜后期的使行期间短则 5 个月,长则 11 个月。其中,从 1607 年到 1624 年一共派遣三次的回答兼刷还使以 6 到 10 个月为使行期间。自 1636 年至 1811 年一共派遣九次的通信使,除了发生崔天宗杀害事件的 1763 年与对马岛异地聘礼的 1811 年这两次使行以外,均为 6 到 10 个月。(李景稷:《扶桑录》、《通信使誊录》、《增正交邻志》)

[4] 朝鲜前期向幕府将军派遣的使节,从釜山到京都的整个旅程为水路 3230 里、陆路 180 里,总共 3410 里。(申叔舟:《海东诸国纪·日本国纪》)在朝鲜后期向幕府派遣的通信使的整个旅程为水路 3290 里、陆路 1310 里,总共 4600 里,与朝鲜前期比较而言,朝鲜后期的使行旅程大幅度增长 1190 里。(《增正交邻志》卷 5,"通信使行,水陆路程")

携物品的数量，①在确定好使行中需要的盘缠经费之后，户曹（朝鲜时代负责管理户口、贡赋、钱粮、食货等事宜的机构）将其分配给首尔和忠清道、全罗道、庆尚道等进行物品的调配，事目中对这些安排作了非常具体的说明。其内容仔细参考了前例，规定向以三使为首的参与对日使行的格军和指路倭人支付 10 个月的粮料、盐酱和馔。② 通过这个事实可以推断朝鲜前期对日使行所需的全部费用均是由朝鲜政府承担的。朝鲜向外宣示的对日外交是以《礼记》中主张的"聘礼外交"为前提的，使行团的私自贸易行为是被禁止的。因此，使行所带的物品除了书契中提到的之外，还增加了受王命而购入的特定物品，旅费等使行所需的全部经费以及为了笼络日本地方势力而准备的礼物。③

然而，在朝鲜后期对日使行的费用，虽然朝鲜方面在准备通信使行的过程中也担负一小部分，但绝大部分是由日本方面负责的。朝鲜方面需要准备的是通信使一行所需要的盘缠、送给日本国王及各级官员的公私礼单、支付给使行团成员的颁赐和宴享以及行进所需的马匹和船舶。这些费用如果是中央派遣，则由户曹进行分配；如果是地方派遣，其中有大量是由庆尚道来担负的。④ 另外如果使行所需物品需要各道分摊，那么就由各道将所担的物品交纳至釜山，再由通信使行船装载带离。⑤

与此相应的是，日本方面需要担负起自通信使一行从釜山出发到再次回到釜山之间所需要的日供⑥和公私礼单⑦等全部费用，主要由以幕府为首

---

①《朝鲜成宗实录》卷 100，成宗八年正月八日。

②张顺纯：《朝鲜前期通信使的概念与性质》，《全北史学》第 37 集，第 56—62 页。

③闵德基：《前近代东亚世界的韩日关系》，首尔：京仁文化社，2007 年，第 9294 页。

④金德珍：《1811 年通信使的使行费用与户曹的经济负担》，《历史与境界》第 55 集，2005 年。据金德珍研究，1763 年癸未使行与 1811 年辛未使行的公私礼单费用分别为 35840 两、19712 两。1811 年的费用之所以减少，是由于在对马岛进行异地聘礼使的迎接地方、礼单类型、数量减少。

⑤《增正交邻志》卷 5，"通信使行，京外路需"。

⑥在通信使的使行路程当中，使行人员收到米、食品作为日供，按使臣、上上官、上官、中官、下官的身份等级，在对马岛、壹岐岛、大阪城、京都、江户等地每五天一次给与日供。在 1636 年通信使归国途中，倭人将给予日供之余的米谷换成黄金而赠送使团，但使团却将此扔进海里。1643 年通信使行之时，对马岛主将给予日供之余的米谷 840 俵偷偷地换成黄金 61 两，因怕使团会像 1636 年扔进海里，因此等到抵达釜山才赠送此于使团。（《增正交邻志》卷 5，"通信使行，日供"）

⑦使团当中的三使从关白以及执政之下的支持官皆收到私礼单。1624 年通信使团所收到的私礼单留在对马岛，对马岛主屡次派遣差倭，结果礼曹不得不接受，其中 1000 两分配给三使。1636 年通信使团亦留私礼单在对马岛，岛主一直拒绝接受，后来将其银子算成公木。（《增正交邻志》卷 5，"通信使行，一行同受私礼单"）

的各个地区的大名来承担。① 举例来说,在 1655 年的通信使行中,江户幕府在接待通信使上共支出了 100 万两。按照 1709 年江户幕府的税收收入为 76 万－77 万两来看,这笔支出可以说是巨额款项。② 虽然通信使行是需要大量财政支出的外交使行,但因其对于江户幕府的将军以及日本民众来说都是一生一次的大盛宴,故而日本方面乐此不疲。

承担问慰行费用情况与通信使行类似。使行团出发前的准备费用由朝鲜方面承担,但在对马岛停留期间的所有费用都由对马岛单方面承担。18 世纪中期以后,朝日间的贸易有所衰退进而导致对马岛的财政状况进入困窘之境,因而招待问慰行使团带来的财政负担越来越大。尽管费用如此庞大,对日使行还是一直持续到了 1860 年。

(四)对日使行的护送

那么,是谁负责护送朝鲜时代对日使行的呢? 首先,可以推断的是朝鲜前期的对日使行是由使行过程中的沿途地方势力护送的。 比如,朝鲜在 1424 年派遣回礼使朴安臣之时,向日本方面发出礼曹参判、礼曹佐郎、礼曹参议名义的答书和礼品,要求在回礼使一行人经过所辖区域时提供船舶并给与护送。③ 此外在 1459 年派遣通信使宋处俭时,也向日本方面寄送书契和礼品要求护送使行团。④ 另外在 1432 年派遣回礼使李艺的时候,亦向日本方面寄送书契和礼品要求出船护送,⑤1428 年派遣通信使朴瑞生使行团和 1475 年通信使裴孟厚使行之时也向对马岛主发出邀请,要求其提供护送并引路。⑥ 在 1479 年派遣通信使李亨元的时候也向对马岛主提出邀请,要求务必尽心护送通信使团,在其返回的途中谨防生变。⑦

如上所说,朝鲜的对日使行均向沿途经过的各个地方势力发出护送请求,而且朝鲜的对日使行团中会带熟悉海路的 2－3 人的指路倭,⑧以便途

---

① 高正晴子:《朝鲜通信使的飨应》(『朝鲜通信使の饗應』),东京:明石书店,2001 年,第 226 页。通信使从对马岛到大阪是通过水路,从大阪到江户是通过陆路。此时,通信使水路路程当中的港口城市得准备通信使团的住处、船舶、车马、食粮。幕府特意下令各个地方的藩国隆重对待通信使,由此可见这些地方为了接待通信使付出很多费用。

② 朴和镇、金炳斗:《江户时期的通信使——以 1711 年辛卯通信使行为中心》,第 10－11 页。

③《朝鲜世宗实录》卷 23,世宗六年二月七日。

④ 同上卷 17,世宗五年八月二十三日。

⑤ 同上卷 57,世宗十四年七月二十六日。

⑥ 同上卷 42,世宗十年十二月七日;《朝鲜成宗实录》卷 57,成宗六年七月十六日。

⑦《朝鲜成宗实录》卷 102,成宗十年三月二十五日。

⑧《朝鲜世宗实录》卷 100,世宗十年正月十日。

中引导。来朝鲜的日本使节回国的时候,朝鲜会派遣同行使节给其带路。①
在1421年派遣回礼使宋希璟时,朝鲜方面命令生活在博多的倭人惟卧仇罗
将其引导至京都。使行团在日本赤间关被拘留之时,惟卧仇罗前去打探对
方情况并向使行团一一汇报,为援助使行团作出了巨大努力。② 另外在
1410年10月,回礼官朴和结束使行从日本回国时由志佐殿源秋高负责护
送,后者到达朝鲜后还向朝鲜政府进献了礼物。③

　　另一方面,当使行团在途中遇到海盗抢掠或者风浪等而导致在海上漂
流时,日本地方势力也会给与援救和护送。较有代表性的例子是朝鲜在
1424年向幕府将军派遣的回礼使朴安臣一行,在结束使行之后的归国途中
抵达壹岐岛时,壹岐岛和对马岛的渔民倭人因怨恨而欲报复,身携武器蠢蠢
欲动,对马岛左卫门大郎调派了博多的两艘船和一艘九州节度使的护送船
以应对变故,同时派人安抚并解散集群。④ 再如1433年回礼使李艺一行在
回国途中遇到海盗船,书契、礼物和各样交易物品,甚至官军的衣服、粮食都
被抢走,大内殿、大友殿、小贰殿等将其护送至对马岛,随后再由对马岛主宗
贞盛出船护送回国。⑤

　　如上所说,朝鲜发出护送使行团的要求之后,收到邀请的日本地方势力
包括掌管九州岛地方的九州节度使和前九州节度使,管辖以博多为中心的
福冈县一部分的筑前州小贰殿,掌管九州的一部分和以赤间关为中心的山
口地区的大内殿,掌管大分县一部分的丰后州的大友殿,掌管壹岐岛和九州
岛一部分的肥前州松浦的壹岐州太守志佐殿和壹岐州佐志殿以及管辖对马
岛的对马岛主和左卫门大郎以及住在博多的倭人惟卧仇罗。他们大部分是
朝鲜对日使行团在经过对马岛抵达目的地京都的路途中掌管沿途地区的地
方势力。

　　朝鲜政府向沿途厚待使行团并护送其行进的日本地方势力下赐了正布
和绵布等绵织品。1421年回礼使宋希璟前往日本的时候,博多的惟卧仇罗
一路为其指引直至京都,在使行团被拘留之时打探敌人情况并报告给使行
团,朝鲜方面为此赏赐给惟卧仇罗绵布6匹。⑥ 1424年回礼使朴安臣一行,

①《朝鲜世祖实录》卷17,世祖五年八月二十三日。
②《朝鲜世宗实录》卷11,世宗三年正月十三日。
③《朝鲜太宗实录》卷19,太宗十年四月十四日。
④《朝鲜世宗实录》卷26,世宗六年十二月十七日。
⑤同上卷59,世宗十五年三月二十七日;卷60,世宗十五年六月七日。
⑥同上卷11,世宗三年正月十三日。

向往返途中都给予厚待并护送的九州都元帅使源义俊赏赐正布 800 匹。1443 年招抚官康劝善的使行途中,筑州府石城的宗金厚待使行团,在其归国之时派人护行并进献了礼物,朝鲜政府特赏赐正布 40 匹,白细绵䌷 10 匹,白细绵布 10 匹,黑细麻布 5 匹。① 此外,根据 1455 年对马岛敬差官元孝然的驰启所述,1433 年回礼使李艺从日本返回朝鲜之时受到海盗攻击,船和衣物等均被抢走,对马岛的侯楼加卧上奏说自己的父亲当时给与船只并加以护送,有功在身,故要求增加岁遣船的数量。②

综上,朝鲜前期派遣对日使行团时是向沿途地方豪族势力赠送书契和礼品,要求其对使行团进行护送。笔者认为这种做法与当时日本国内政治形势的混乱以及幕府将军的统治力量还无法触及地方的"足利幕府弱体观"之现象不无关系。此外,朝鲜向护送对日使行团的日本地方豪族奖赏绵布、正布等物品,授权贸易并赐予官职,同时约定派遣岁遣船。因此,护送朝鲜使行团的日本地方豪族成为受图书倭人或称受职倭人,通过派遣岁遣船保证了其能独立与朝鲜之间进行贸易活动的权力。

朝鲜在派遣使行团之时,亦向掌管长崎县五岛地区的肥前州大和守,辅佐幕府将军并总管全部政务的三管领——畠山殿、左武卫殿、细川殿,还有负责幕府行政事务的京极殿,幕府将军的异母弟同时又是其身边亲信势力的山名殿等人也发出了书契和礼物,为建立稳固的友好关系而作出了努力。③ 朝鲜政府向与使行护送毫无关系的肥前州大和守以及幕府将军的身边势力也送出书契和礼物,笔者认为这样做既可以保障对日使行团的安全,又可以夯实与他们之间的友好关系,同时还有防止倭寇复发的意图在。

那么,日本又是如何护送朝鲜使行团的呢?室町幕府在得知有关朝鲜派遣使节的消息之后决定接待来日使节,接着幕府将军向赤间关和兵库发"入送之文",同时下命各地方守护和守护代执行护送使节的任务。护送体制整顿期间,朝鲜使节驻留于赤间关和兵库。通报朝鲜使节到港消息的一开始是九州探题,后来由大内氏负责此事。④ 从这里可以推测在中世纪初

---

① 《朝鲜世宗实录》卷 27,世宗七年正月六日;卷 104,世宗二十六年六月十九日。

② 《朝鲜端宗实录》卷 14,端宗三年四月七日。

③ 在 1459 年率领报聘使的宋处俭,亦向大和守、畠山修理大夫、左武卫殿、管领、京极殿赠送书契、礼物,并要求和好(《朝鲜世祖实录》卷 17,世祖五年八月)。据 1477 年成书的《日本国通信使目》,以管领、左武卫殿、畠山殿、京极殿、山名殿、大友殿、小贰殿、壹岐佐志、松浦志佐、对马岛主等人为赠送礼物的对象(《朝鲜成宗实录》卷 75,成宗八年正月)。

④ 须田牧子:《中世日朝关系与大内氏》(『中世日朝關係と大内氏』),东京:东京大学出版会,2011 年,第 129－130 页。

期室町幕府时期存在针对朝鲜对日使行团的护送系统。但是,因为九州岛地方势力小贰氏和大内氏之间的战争以及应仁之役的爆发,日本的国内政治形势变得混乱不堪,这个护送系统也因而未能正常施行。

与此相对的是,在朝鲜后期的对日使行中,从派遣到结束使行回国的整个过程都由对马岛负责护行。朝鲜政府派往对马岛的问慰行自是如此,通信使行亦是如此。派遣通信使的全部程序如下。首先,当日本有新的幕府将军承袭之时,对马岛主便会奉幕府之命派遣关白承袭告庆差倭到朝鲜呈报此事,并即刻派出通信使请来差倭邀请朝鲜派遣通信使。朝鲜在收到来自对马岛主的邀请之后,礼曹经过商议决定派遣通信使之后,便会通过倭馆将此事传达给对马岛。通信使一行人从首尔出发到达釜山,由对马岛派出的信使迎聘差倭引路而抵达对马岛。[1] 据记载,通信使由对马岛出发前往江户时,以对马藩主的船为首的大小护行船约达 100 艘,到达壹岐岛风本浦时前来迎接的倭船也超过 100 艘。而且承担馆伴之职而掌管整个通信使行相关问题的对马岛主和作为通信使接伴僧的两名长老在往返江户的整个路程中都相伴而行。[2] 包括护送通信使的对马岛主以及各地方领主的全体人员远超 2000 余名的大规模使节团护行活动逐渐惯例化。根据 1711 年朝鲜通信使前往江户的行列图可知,对马岛主的家信团分别在前方和后方有 146 和 105 人来护送使行团。[3] 通信使团最后完成任务返回对马岛时,对马岛主又会派出信使迎送裁判差倭护送使行团回国直至抵达釜山。

至于问慰行方面,对马岛首先是将发生在对马岛的事情以及与德川家康幕府相关的事情通过派遣差倭向朝鲜报告并派出差倭邀请朝鲜派遣问慰行。朝鲜方面接到差倭的邀请后便开始任命参与问慰行的问慰译官。接着对马岛任命并派出裁判差倭。在派遣问慰行之前,东莱府和对马岛之间为了确定此事而在倭馆进行交涉以确定问慰行的成员和乘船日期。交涉成功的话,问慰行一行人便搭乘两艘渡海船从釜山出发,由在倭馆等待的裁判差倭所乘船只引领前往对马岛。

四 对日使行的派遣和对马岛

综上,我们通过了解朝鲜时代前期和后期的对日使行的派遣实况和

---

[1] 张顺纯:《朝鲜前期通信使的概念与性质》,《全北史学》第 37 集,第 66 页。
[2] 同上。
[3] 同上

相互比较,了解了对马岛在使行中所承担的角色。虽然朝鲜前后期的对日使行存在差异,但可以确定的是对马岛的介入变多和作用变大了。那么,对日使行和对马岛在朝鲜时代韩日关系的展开中有何意义?本章将以朝鲜后期对日使行为中心,通过阐明对马岛在参与和运营对日使行事务过程中想要确保的实际利益来考察朝鲜时代韩日关系中对马岛的意义。这里所说的对日使行是指象征朝日两国善邻友好的最高统治者之间的通信使行,和携带礼曹参议的书契往来于东莱府与对马岛之间处理外交事务的日常化问慰使行。

首先从结论说起的话,对马岛通过介入通信使和问慰使行之事,对朝鲜政府始终如一地强调自己作为"朝鲜的藩屏"的身份,从而取得与朝鲜间贸易的垄断权,以此来追求经济利益。另外,对幕府来说,对马岛巩固了自己作为对朝鲜外交的专担者的地位。尤其是到了17世纪后期,朝日两国外交关系稳定下来,对马岛为实现自己的外交地位和经济利益非常积极地利用了对日使行。

这一点可以更具体地加以说明。首先,对马岛通过介入对日使行获得并维持朝日之间的贸易垄断权,成为其追求经济利益的手段。众所周知,对马岛自朝鲜前期开始就是依赖与朝鲜间的贸易交流而生存,而且自1635年国书改作事件暴露之后,幕府确立了"大君外交体制",对马岛成为幕府对朝鲜交流的窗口,变作了受控制的家役角色。但窗口角色保障了对马岛自16世纪以来便享有与朝鲜交流的权利,垄断了幕府与朝鲜之间的贸易交往而获取经济效益。然而在对马岛处理朝日外交事务之时,拥有独占权的朝日贸易在17世纪末达到顶峰,之后便逐步衰退,对马岛只得从幕府获得大量援助。尤其是在18世纪之后,对马岛的经济状况更加困窘,只有通过承担对日使行的相关业务来获取幕府的经济援助,在邀请问慰行的过程中也得到了来自幕府的大力资助。

此外,问慰行抵日时间被确定之后,对马岛会向幕府奏请在问慰行抵达对马岛之前延期向江户参勤。因为在往返于对马岛和江户的过程中需要花费大量资金,对马岛因藩地财政困乏,便以问慰行抵日为由申请延期向江户幕府参勤,或者一旦前往参勤便请求留驻幕府而不返岛,有时甚至久待于幕府不回。所以对于对马岛来讲,接待问慰行使团成为延期江户参府的绝好理由。[1]

---

[1]大场生与:《近世日朝关系中的译官使》(『近世日朝關係における譯官使』),第116—117页。

进入 18 世纪后,问慰行不再仅仅局限于对将军家门的问慰,以祝贺为目的的派遣亦开始出现。① 朝日贸易在这个时期逐步衰落,对马岛以承担对朝鲜外交事务来引起幕府注意,并通过强调问慰行的重要性来要求幕府的经济支持。对于对马岛的经济援助要求,幕府即便是在财政困窘的情况下也从未作出指示让对马岛终止问慰行事务。这可以说是因为问慰行的性质并不只是单纯派遣至对马岛的使节,通信使的派遣在进入 19 世纪后停滞,问慰行成为从朝鲜派往日本的唯一使节团,在维持朝日关系上起着非常重要的作用。

第二,对日使行是对马岛向德川幕府强调自身存在感的手段。丰臣秀吉之后掌握政权的德川幕府在执政初期想通过建立友好的国际关系来显示其正当性,另外一个政治性目的是为了消除朝鲜对日本侵略实施报复的念头,而必须维持友好交往关系。正是由于这种政治性目的,德川幕府投入了巨额经费招待朝鲜通信使。② 跟派遣目的无关,对马岛从初期就向幕府报告问慰行派遣之事。对马岛通过强调朝鲜政府向其派遣问慰行之事显示自己在对朝鲜交往上的角色作用,是引起幕府重视的重要手段。特别是到了幕府末期德川家茂承袭将军之职时,朝鲜派遣的问慰行同时也充当了通信使的角色。

对马岛在朝鲜每次派遣问慰行之时都向幕府奏报,以此来向幕府展现自身地位,着重强调问慰行的目的是向幕府表达庆吊,进而把问慰使逐步定位成朝日之间举足轻重的使节。而且问慰使行本来的目的是向将军家表示庆吊,但却被派遣到对马岛,这也是为了向朝鲜政府说明宗氏在朝鲜对日关系中所起的非常重要的作用,同时通过向幕府报告此事也可以向日本政府强调在对朝鲜关系中对马岛的重要角色。③

第三,对马岛参与对日使行事务的目的是想确定成为德川幕府对朝鲜交流的唯一通道而享有持续和稳定的交流权。与朝鲜前期多元化的朝日关系不同,朝鲜后期对马岛成为朝日之间唯一的外交窗口。尤其是自 1631 年到 1635 年的国书改作事件后,朝鲜认定了对马岛作为其对日交流伙伴的独占权。因此,对马岛在 1635 年被幕府委任对朝鲜的交往职

---

①孙承喆:《朝鲜通信使,与日本"通"》,首尔:东亚细亚,2007 年,第 188 页。

②同上。

③问慰行以向幕府报告为准,但若派遣的目的为庆祝,以"使礼"形式进行报告,若只与对马岛主有关,或是吊慰,则以"飞札"为其形式。(大场生与:《近世日朝关系中的译官使》(「近世日朝關係における譯官使」),第 111—112 页。)

责,成为朝日之间唯一的外交通道。这与对马岛对朝鲜的贸易垄断权有着直接的联系,所以是关系到对马岛存亡的重大问题。因此对马岛通过掌管并圆满处理通信使和问慰行事务,很好地维持了幕府授予的对朝鲜的交流权,向幕府传达只有对马岛主才是最适合的对朝鲜外交代行者的信息。正因如此,对马岛有时会在对朝鲜的交往事务中特意展现强硬的姿态以显示对幕府的忠诚。①

从另一方面来说,朝鲜在对日关系中为了统制对马岛而用了派遣通信使的方式。朝鲜在 1682 年将倭馆从豆毛浦转移至草梁(地名),借以派遣问慰使行以及为统制对马岛和倭馆而展开交涉,签订了朝市约条。但是朝鲜为了使约条更具强制力,在 1683 年以通信使为媒介展开与对马藩之间的直接交涉进而签订癸亥约条。癸亥约条内容包括禁止倭馆中的居住者随意外出,朝鲜官吏的不法暴行的惩治、潜商(秘密从事贸易活动)的处理等,是对朝鲜持续推进的倭馆统制政策的集成。② 另外,朝鲜 1690 年以通奸事件(日本倭人与朝鲜女性发生不正当关系)为契机,要求对马岛对犯有通奸罪的倭人执行死刑。虽然朝鲜在 1708 年派遣问慰使行时对此项约条内容进行交涉,但因对马岛拒绝接受书函而导致交涉失败。对马岛对此事的处理引起了朝鲜政府的不满,于是在 1711 年派遣通信使行之时多次要求缔结约条,最后以通信使与对马岛缔结了以对通奸事件的处罚为主要内容的辛卯约条而告终。通过这个条约的签订,朝鲜政府可以将通奸行为定为一种新的罪行。③

此外,对日使行是朝鲜维持与日本友好关系的同时获取有关日本国内

①其中最具代表性的事例是:1693 年因安龙福被日本渔民绑架而引发的"郁陵岛争界"事件。"郁陵岛争界"是因对马岛在接收到德川幕府禁止朝鲜渔民在郁陵岛出没的交涉命令后,明知郁陵岛是朝鲜的领土,还在交涉过程中主张郁陵岛归日本所有而引发的事。1693 年的安龙福绑架案和1696 年 5 月的自发性渡日使得原本平静的对马岛开始在对朝鲜交涉权力上做出了变化。也就是说,对马岛现在不仅可以处理本身以对马岛为媒介而进行的一些韩日外交活动,还获得了处理关系到第三者的事件的新权力。因此对马岛如何处理这个问题和对马岛对朝鲜的外交作用是息息相关的。而且如果今后朝日间发生问题,朝鲜直接越过对马岛而赴日的话,这就会动摇到对马岛所拥有的对朝鲜的交涉权的根基。因此安龙福一行的事件是绝对不可以在鸟取藩进行处理的。因为这是关系到对马岛的生存的重要问题。因此对马岛虽明知竹岛就是郁陵岛,是朝鲜的领土,但还是没有向幕府提出异议或者要求协商,而是以绝对忠诚于幕府之心扭曲事实处理对朝鲜问题。张顺纯:《朝鲜后期对马藩的朝鲜交涉与 1693 年的郁陵岛领土归属纠纷》,《东北亚历史论丛》第 37 集,首尔:东北亚历史财团,2012 年;张顺纯:《17 世纪朝日关系及"郁陵岛"争界》,《历史与境界》第 84 集,釜山庆南史学会,2012 年。
②尹儒肃:《17 世纪后期到 18 世纪初的倭馆统制和韩日交涉》,首尔:景仁文化社,2005 年,第 134 页。
③同上,第 152—153 页。

的政治形势信息的手段。朝鲜后期派遣对日使行的目的是在当时明朝衰落,清朝崛起,再加上日本内部政治势力的变动的东亚政治局势剧变中谋求自身的安定状态。虽然对马岛在壬辰倭乱之时背叛了朝鲜,成为侵略朝鲜的先头军,但在探知新登场的德川政权形势方面依然发挥着重要作用。在朝鲜前期,对马岛成为朝鲜政府施行倭寇对策的捷径;在朝鲜后期,朝鲜通过派遣问慰行笼络麻痹对马岛主,与对马岛维持友好关系,借此侦查德川幕府统治下的日本国情。

五 结 语

以上,我们对朝鲜时代对日使行的派遣实况和不同时期的性质及特征、对马岛所担任的角色等方面做了考察,现可将其整理如下。

朝鲜初期的对日外交采取多元外交体制。朝鲜初期外交的交涉对象是以幕府将军为首的对马岛主、壹岐岛主、九州岛节度使、大内殿、小二殿等,呈现多元态势。朝鲜国王与幕府将军之间展开敌礼关系的交邻外交,与以对马岛主为首的地方豪族之间展开羁縻关系的交邻外交,并且一直以来都维持着这种外交关系。此外,朝鲜政府采取这种外交体制后,向日本派遣了从通信使到回礼使、报聘使、敬差官、体察使等各种名称的外交使行。但是自1443年文引制度和癸亥约条等朝鲜的对日政策完备之后,朝鲜的对日外交由多元的外交体制变成了二元的体制。此后,朝鲜国王与幕府将军之间敌礼关系的交邻外交和朝鲜礼曹与对马岛主间的羁縻关系的交邻外交持续到了壬辰倭乱之前,并被承袭到了朝鲜后期。因此,朝鲜对幕府将军采取了敌礼关系的交邻外交政策而派遣通信使,对对马岛主采取了羁縻关系的交邻外交政策而派遣问慰行。从这点看,可以说朝鲜后期继承了朝鲜前期的对日外交。

朝鲜前期对日使行主要以解决政治和外交难题为目的,因朝鲜的需求而派遣。反过来,朝鲜后期的通信使或者问慰行都是在幕府将军或对马岛主邀请派遣使节时才会派遣。从这点来说,朝鲜前期的对日外交是积极而主动的由朝鲜主导的外交关系;比起前期,朝鲜后期的对日外交较为消极和被动。而且朝鲜前期派往幕府将军的使行团规模约90—100名,朝鲜后期的通信使却增加到460—500余名,是前期数量的4到5倍。笔者认为这是朝鲜后期的通信使有祝贺幕府将军袭职和文化交流层面的双重任务使然。此外,使行时间因天气状况和距离、是否遭遇海盗、外交状况等的不同而存在差异,但基本上派往幕府将军的使行大体需要8—12个月的时间,后期减少到6—10个月。这是因为朝鲜前期足利将军对地方的统治力还较为薄弱,日本国内的政治形势也非常混乱,所以考虑到使行团的安危选择较为安全的道路或者必须得到地方势力的协助才可以顺利进行。与此相比,朝鲜后期时的德川幕府将军对地方势力已经有了强力统治,可以命令以对马岛主为首的使行沿途的大名们负责护送并招待朝鲜派遣的通信使,故而使行时间比前期大大缩短。

虽然我们不能确定是谁担负朝鲜前期对日使行的全部费用,但可以推断出使行所需要的盘缠和物品等都是由朝鲜政府准备的。到了朝鲜后期,朝鲜方面负责准备通信使一行出行所需的一般费用和公私礼单物品等。而通信使团从釜山出发直至重新回到釜山的整个使行过程中所需的日供和公私礼单物品等等则由以幕府为首的各地区大名承担。特别是在1655年的通信使行中,江户幕府为招待通信使一行共支出100万两的巨额款项。

朝鲜前期派遣对日使行之时均会向使行沿途的地方势力发出护送使行团的邀请,这和日本国内混乱的政治形势和"足利幕府弱体观"不无关联。此外朝鲜对护送使行团的日本地方豪族赏赐绵布和正布等并给与授权和官职、约定派遣岁遣船。因此负责护送使行团的日本地方豪族都成为受图书倭人或者受职倭人,并通过朝鲜派出岁遣船的约定享有与其展开交流贸易的垄断权利。在后期他们负责护送并指引朝鲜使臣从釜山倭馆出发直至江户并由江户重新返回釜山的整个行程。

最后,朝鲜时代对日使行对对马岛有如下意义。第一,对马岛通过参与通信使和问慰行,向朝鲜政府反复强调自己作为"朝鲜藩屏"的身份,从而获得贸易独占权以取得经济效益。第二,对马岛通过参与对日使行向幕府巩固自己作为对朝鲜外交专门担任者的地位,引起幕府注意,从而提高自身存在感。第三,对马岛之所以介入对日使行之事,目的在于要成为德川幕府与朝鲜进行交流的唯一通道,从而进一步确立其对朝鲜交涉权的持续占有和稳定发展。

与此相对的是,通信使成为朝鲜在对日关系中掌握对对马岛统治权的手段而被活用,通过使行维持与日本之间友好关系的同时探知日本国内的政治形势。

参考文献（作者姓名均为音译）

孙承喆：《朝鲜时代韩日关系史研究》，知性之泉，1994 年。

韩日关系史学会：《韩日关系史研究的回顾与展望》，国学资料院，2002 年。

闵德基：《前近代东亚世界的韩日关系》，景仁文化社，2007 年。

朴和镇、金炳斗：《江户时期的通信使——以 1711 年辛卯通信使行为中心一》，Hanul Academy，2010 年。

洪诚德：《朝鲜后期的问慰行》，《韩国学报》59，1990 年夏季刊。

韩文钟：《朝鲜前期的对马岛敬差官》，《全北史学》15，1992 年。

孙承喆：《朝鲜后期脱中华的交邻体制》，《韩日关系史讲座》，玄音社，1994 年。

韩文钟：《朝鲜前期对日外交政策研究：以与对马岛的关系为中心》，全北大学博士学位论文，1996 年。

河宇凤：《与日关系》，《韩国史》22，国史编纂委员会，1995 年。

孙承喆：《通信使研究的起始和现状》，《朝鲜时代史学报》27，2003 年。

韩文钟：《朝鲜前期日本国王使的朝鲜通交》，《韩日关系史研究》21，2004 年。

尹儒肃：《17 世纪后期到 18 世纪初的倭馆统制和韩日交涉》，《通信使、倭馆和韩日关系》，景仁文化社，2005 年。

张顺纯：《朝鲜后期对日交涉中尹趾完的通信使经验和影响》，《韩日关系史研究》31，2008 年。

张顺纯：《朝鲜前期通信使的概念与性质》，《全北史学》37，2010 年。

朴和镇：《对对马岛差倭的辛卯通信使行准备过程的考察》，《朝鲜通信使研究》14，2012 年。

韩文钟：《朝鲜前期的韩日关系和对马岛》，《东北亚历史论丛》41，2013 年。

洪诚德：《朝鲜后期的韩日外交体制和对马岛的角色》，《东北亚历史论丛》41，2013 年。

张顺纯：《朝鲜时代对马岛研究的现状和课题》，《东北亚历史论丛》41，2013 年。

李元植：《朝鲜通信使研究》（『朝鲜通信使の研究』），思文阁出版，1997 年。

仲尾宏:《朝鲜通信使与德川幕府》(『朝鮮通信使と徳川幕府』),明石书店,1997 年。

高正晴子:《朝鲜通信使的飨应》(『朝鮮通信使の饗應』),明石书店,2001 年。

大场生兴:《近世日朝关系中的译官使》(「近世日朝關係における譯官使」),庆应大学大学院硕士论文,1994 年。

（复旦大学外文学院　吴梦雨　译）

看见现代国家

——1876年朝鲜修信使的日本之行

段志强（复旦大学）

19世纪后半期，是东亚世界急剧现代化的时代。这一历史进程始于西方势力的暴力入侵，但在东亚所引起的反应却非常多样而复杂，西方的技术、制度、风俗与道德经由不同的途径与方式渐次传入，从事实与规则两个层面永久改变了东亚三国各自的内在秩序与国家间关系。

向他国学习，首要的程序是"观察"，东亚三国的19世纪60—80年代就是这样一个"观察"的时代：1862和1867年福泽谕吉两次赴美，1876年郭嵩焘赴英，1877年黄遵宪赴日，都是日后引起持续社会后果的重要历史事件，而对于朝鲜来说，1876向日本首次派出修信使，亦是同样重要的观察。与后来那些有目的、有计划的各式"考察团"不同，这种"意外"接触到另一种社会的观察者所留下的记录多是印象式的，既可以反映出一个现代国家所能直观表现出来的最突出的形象，也能据此看出观察者的注意力最集中于哪些地方。相较于经过系统缜密的实地调查、又参考过大量文献而写出的考察记，自有其特殊的价值。

1876年的朝鲜修信使派出于《江华条约》签订之后仅仅二十天。此次出使，朝鲜方面舍弃了"通信使"的名号，从此这一名称成为历史。使团主官金绮秀（1832—?）的正式头衔是"修信使"。"修信者，讲旧修好，敦申信义。"①此次出使以后，朝鲜还于 1881、1882 年两次往日本派出过修信使，但其出使过程都不能如此次顺利。这次出使并无明确的外交目的，名义上是对黑田清隆等人出使日本的答礼，实际上是想先于日本出使以结好对方，二来也要借此窥探日本的状况。在日本方面，自 1868 年开始明治维新以来，数年中迅速西化，不仅富国强兵运动如火如荼，政治与司法方面也大量采用西方体制，成为亚洲最早成功推行西式现代化的国家，这让 1876 年的这次出使成为朝鲜人对日本现代化进程的一次直接观察，而金绮秀这部记录出使状况的《日东记游》，就是朝鲜对转变中的日本的第一份观察纪录。

一　金绮秀对于观察的态度

出使之前，金绮秀听到许多议论和忠告。有人警告他日本人居心叵测，此去理应小心谨慎，也有人提出"忠信笃敬，蛮貊可行"的古训，叫他不必过于担心。有人告诉金绮秀说，"红毛"风靡天下，日本一直拒之门外，最终因为力量不足而不得不屈服，连衣冠也采用外夷之制，但其内心不能无愧，所以此番出使，不妨利用日本人的这种复杂心理，与之结好。

出使异国，当然是开眼界的机会，可是对于"游览"，却有两种相反的意见。一种认为，"万里沧溟，一壮观也，江户山川，一壮览也"，此行一去，一定可以饱览风光，日方亦会厚待，没有需要担心的；另一种人却说，"子又无事乎游览，我之游览，则彼之游览也，子其慎之，子其慎之"，假若使臣到处游览，自己固然看到风土人情，却也会变成被日本人观察的对象，大为不妥。②

为什么会有朝鲜人觉得不能让使臣之行变成"彼之游览"呢？这固然是有损国体的事情，但根据以往出使行记的纪录，许多使臣不但并不刻意躲避"彼之游览"，反而认为日本国民的围观是宣扬朝鲜国家风采的大好机会，津津乐道来观日本人之众。而此时却有这样的言论，暗示出朝鲜在面对日本时隐隐的自卑心理。对于金绮秀本人来说，这两种相反的意见——对异国风情"恣意游览"和维护国体的"无事游览"同时并存，可是负责接待他的日本官员却非常希望朝鲜使臣能广览正在急剧改革中的日本国情，热情邀请金绮秀观赏各处光景。金绮秀并非不乐观赏，然而对日本人的过分热情抱有十分的警惕。在东京，"每有所往，往来必异路，亦多迂回，皆传语官辈

①金绮秀：《日东记游·商略》（以下但称篇名），复旦大学文史研究院编：《朝鲜通信使文献选编》，第
　5 册，上海：复旦大学出版社，2015 年，第 337 页。
②《商略》，《朝鲜通信使文献选编》，第 5 册，第 337－338 页。

所为,余亦知之而不知也"。某一天从外务省回来,中午时分出发,天色已晚
还在路上,"出一街又有一街,出一巷又有一巷,街街新面,巷巷初见,意彼每
要我游览,我一直不许,则彼必怪我,今欺我不识路径,恣意引我,无所不至,
心甚可恨,此而置之,其必扬扬,他日之弊,不可不念,遂严责徒隶,促驾而
返,则只隔一街巷,而回回曲曲,其将迂回无已时也"①。从江户返回时,使
团一行经过横滨附近的一个造船厂,该厂当时正在制造火轮船,陪同他的日
方人员殷勤邀请他前往一观,而他归心似箭,托病不下船。② 金绮秀说:"今
兹之行,奉命专对,以修两国之好,行止之不可以不审慎也,威仪之不可以不
矜持也,所以玩赏一事不可恣我,亦不可以徇彼,止于彼之再四邀请,不可恝
然处,强而应之而已。"③他对于观察的态度,基本上是被动的。

金绮秀的出使本无晋见明治天皇的打算,亦未携带国书。在使团一行
到达东京之后,却得知天皇非常希望能接见朝鲜使臣。即便如此,金绮秀仍
然不愿意轻易觐见:"鄙人来时,初无国书,则实无拜见贵皇上之礼,所以未
承我主上之命也,则鄙人之擅自拜见,似不可也。"在宫本小一的坚持下,金
绮秀才同意拜见明治天皇,却又在会见日期和礼节上再三推阻,勉强成
行。④ 最终金绮秀以拜见本国国君之礼在赤坂拜见了明治天皇,并且对这
位励精图治的统治者印象颇佳,称其"英明勇断,任贤使能",颇有可取。

日本方面非常关心朝鲜使臣对日本的观感。宫本小一曾经问金绮秀,
"公之入我境,所见所闻,应多可怪可笑之事矣"。金绮秀很得体地回答:"平
生家食,一日驾万里之海,汹涌之是怵,倾覆之是惧,躬之不阅,况恤乎闻见
之可怪可笑乎? 但时上甲板,身虽动荡,而长风破浪,亦足畅我胸襟,是则可
喜也。及其下陆,见宫室之美,市肆之殷,可认贵国之富盛,是又可贺也,并
不见其有可怪可笑之事也。"但宫本并不相信这样的官样回答,提示说难道
使臣对于日本的"衣服之制"、"舟车之用"也不感到新奇吗? 于是金绮秀发
表了一番衣服随时而变的客气言论,"相与嗟叹久之"。宫本最后说:"时时
出游,器械之利焉而效之,制度之便焉而习之,公其图之也。如今两国须相
爱护,公其见之,苟欲效之而习之,吾辈当竭力以贡一得之先也。"⑤道出他
们想要让朝鲜使臣游览的真意所在,那就是体察、仿效日本的器械与制度,

①《留馆》,《朝鲜通信使文献选编》,第 5 册,第 349 页。
②《停泊》,《朝鲜通信使文献选编》,第 5 册,第 345 页。
③《玩赏》,《朝鲜通信使文献选编》,第 5 册,第 352 页。
④《问答》,《朝鲜通信使文献选编》,第 5 册,第 366 页。
⑤同上,第 369—370 页。

金绮秀也非常清楚日方的意图，他"亦惟其制度器械之间苟然从事"，而对于"楼观市肆之胜，山川风景之赏"，"足到而目不到"。①

把这个意思表达的最清楚的是森山茂。他建议金绮秀不要只住在旅馆里，要多出去游览，金绮秀表示自己性好安静，于是森山茂说：

> 实不知我苦心，谁为公悠耳目之媚也？如今两国是一家了，鄙国四面皆水，所以外忧之至，抵当不得，至有今日之举，而亦不可一任受制于人，故务尽富强之术，多置兵先利器，到今兵精粮足，器机一新，庶可以藉手御侮也。念贵国山川之险，可谓远过鄙国，然犹多近海外至之忧，不可以全无备御，所以吾辈之缕缕以游览为言者，周察军制，美者化之，一也；审视器械，利者移之，二也；历探俗尚，可采者采之，三也。归贵国，的确立论，图所以富国强兵，唇齿相依，以防外虞，区区之望也。②

想要朝鲜追随日本的心情溢于言表。金绮秀虽然表示"鄙国成规，先信义而后事功，所以汲汲乎先以修信为事者也"，以及自己毫无准备，才疏学浅，见闻不广，仅以"不得罪"为原则，不足以当此重任，但还是请森山茂介绍了日本维新的概况，表示回国后将报告给朝鲜朝廷。

二　金绮秀所见之新器物

修信使团在日本见到不少新器物。虽然金绮秀也像大部分以前到过日本的通信使一样，对日本的精致表达了赞赏，但留下更多记录的，是一些西方传来的新技术、新器物。

使团首先见到的是轮船。"舱里设架，架架住人，每架两层，上层下层皆有卧榻，亦必雕阃镂户，玲珑璀璨。盥盘承注，唾壶悬弭，琉璃挂灯，水晶贮瓶，绣氈支脚，文罽界枕，又复眉安问时之钟，壁坎照身之镜，金碧夺目，缬皇眩转，直欲劳五官而迷七性也。"③这样豪奢精美的布置固然引人注目，但更让使臣感兴趣的是轮船的机械系统："一船之力，专借石炭，石炭火发，机轮自转，而船行如飞。"可是当他下到轮机舱，"俯而视之，直见舱底，圆者，方者，圭而樗者，半月形者，斜而尖者，小龃龉者，大龃龉者，纺车转者，筛轮往来者，戛之唧唧而声者，满地油，方鼎中之水浅而沸也，终不见爇炭之所"④。

金绮秀同样不明所以的还有火车。从横滨至新桥，使团乘火车行进，到

①《玩赏》，《朝鲜通信使文献选编》，第 5 册，第 352 页。
②《问答》，《朝鲜通信使文献选编》，第 5 册，第 370 页。
③《乘船》，《朝鲜通信使文献选编》，第 5 册，第 343 页。
④同上，第 343 页。

车站之后，金绮秀听说火车已待于楼前，可是只看见有一条四五十间的长廊，并未见车。询问旁人，才知道这条"长廊"就是火车，"车车皆有轮，前车火轮一转，而众车之轮随而皆转，雷驰电掣，风颠雨狂，一时刻可三四百里云，而车体安稳无少扰动，但见左右山川草木、屋宅人物，前闪后烁，不可把玩"。而火车之行必由铁路，"路无甚高低，低者补之，高者平之，两边当轮处，铺以片铁，铁外仰内俯，以辚轹过之不脱方轨也，路不一直，时有回旋，而转湾抹角，亦无窒碍也"①。刚刚发明不久的电灯也成为金绮秀关注的对象，他注意到"街路之上，五间十间，往往立一灯杆，上施琉璃灯，无缝无罅，天然造成，中有盏有心，心自竖而无油，昏黑上灯之时，人一动括——机括所在，未知何处——灯火自起，迄于天明，人又动括，灯火自灭云，所以夜深行路人不携灯"。金绮秀猜测说，"此盖引出地膏之法也"，取之不尽、用之不竭，兼且可以省掉人力。②

金绮秀曾受邀观摩日军操演。在陆军，他看到马拉的炮车，"前置大砲，后有药筒，皆铜造也，一番驰逐，一时放砲，砲随所指，声震大野，又有马载砲随之，临放下砲于地，一齐砲放，无少参差"，又在海军省看到试放大炮，"七八人一时并力，推者推，整者整，丸者丸，药者药，火者火，手忙脚乱，呼吸之间，诸砲并发，声撼山海，两耳为之茫然也"。此外还有蒸汽船、水雷炮诸种，足见日方极尽炫耀武力之能事。身为一国使臣，金绮秀尽管肯定不无震撼，但也必须镇定自若，对慰问他的日人笑说"余虽疲苶，已过不动之年，若个砲声，岂足以动我乎！"③

给金绮秀留下最深印象的是电报。在朝鲜时他就曾听说，有一种"电线"可以千里传信，其法是"彼此只凭一盘，盘中有针，四围有字，针旋指字，随指随录，遂为一幅书，如指元指亨指利贞，以知元亨利贞之类也，此边此针旋时，彼边此时针亦旋也"。但他对此颇有怀疑，因为汉字极多，即便旋针甚速，也会耗费巨量的时间。此番在工部省终于见到电报收发报机实物，金绮秀详细记载了他所看到的这项高技术产品：

> 电信之线，其端入于屋中，如我国舌铃索之入屋者，下垂于床。床上设机，机傍有器如柜，柜中有电，手敲其机，电生于柜，闪闪烁烁，直上于线，傍又一器，如我国攻木者墨绳之筒，筒中有杠，杠转而傍，又有片

①《玩赏》，《朝鲜通信使文献选编》，第5册，第353页。
②《城郭》，《朝鲜通信使文献选编》，第5册，第379—380页。
③《玩赏》，《朝鲜通信使文献选编》，第5册，第355—356页。

纸圆堆者,一端直上于杠而围之,纸上有字,傍又布纸,纸有字,为此报彼之书也,而围杠片纸之字,即机傍布纸之字,一字一字波勒无别,有谁移写,忽焉在彼前,而据视之,片纸之未上杠,初无有字,才上杠而随有字焉,而此杠此纸,亦不与线相关也,则此皆吹嘘之事也。此时,彼边不计千里万里,电线之入于彼之屋者,线忽生电而筒中之杠转,杠转而片纸之围者解而下也,下而有字,即此边围杠之纸之字也。彼边之事,固不当见,而以此推彼,想亦如是也,此所以万里传信,只争一时也。①

金绮秀还知道"电线联络之柱,在在道路",当电线遇到大海时,甚至可以直穿水底而过。②

计时器的广泛使用,是金绮秀特别注意的另外一个方面。他记录说:"家置时钟,人佩时针,□公私宴会及私相寻访,必先期报时,无或相违。"③时钟不仅仅是一项新鲜的器具,更代表着新的时间观念已经在日本普及开来,先期预约和守时成为新的礼仪准则。

某日,日人声称要为使臣"写真",金绮秀"忽见远远置一方镜,镜架以木,类我国鸡埘之置于庭者,四木柱轩然也,上设镜,镜方柜,柜面明镜,上覆以布草,后似有穴,障以物,少顷去障,手探柜中,又有一镜走去,已而以镜来示之,奄然有我在其中,镜面水汪汪欲滴,而柜面之镜因自在也"④。显然这是当时非常新奇的照相机。

面对这些前所未见、很多是闻所未闻的新器物,金绮秀的态度如何呢?《日东纪游》中极少见到艳羡、钦慕这些新器物的文字,相反,在日方建议朝鲜学习电灯之术的时候,金绮秀的态度却是"余以俗自饶油,人亦无才,不欲为此术外之术,以骇人为辞"⑤。在日方表示希望朝鲜使团多观察、多学习的时候,金绮秀辞以"鄙人亦自山里措大,见闻不广,才识蔑如,虽手把器物,终日摩挲,实不知何者利而何者钝也,一行随员,亦皆谨拙自持"⑥。既无学习的欲望,亦自称没有学习的能力。

三　金绮秀所见之新制度

出使之前,金绮秀似乎对日本的制度变革一无所知,也没有人提醒他注

①《玩赏》,《朝鲜通信使文献选编》,第 5 册,第 356－357 页。
②同上,第 357 页。
③《俗尚》,《朝鲜通信使文献选编》,第 5 册,第 383 页。
④《留馆》,《朝鲜通信使文献选编》,第 5 册,第 348－349 页。
⑤《城郭》,《朝鲜通信使文献选编》,第 5 册,第 380 页。
⑥《问答》,《朝鲜通信使文献选编》,第 5 册,第 370 页。

意这方面的事情。虽然在到达日本之初,他注意到客馆的服务人员非常整饬,"徒隶供奉,各有所司,供洒扫,供养花,供养鱼,皆有节",以及"凡供食,惟正使少有加焉,其余一例,别无等差,大抵洁精而已,不侈大夸张"①的新风气,但也只是照例记录而已,并未特加注意。金绮秀也看到日本人规矩之严密,执行之彻底,所谓"凡有动作,必明示条约,可禁可讳,纤悉清单无一漏失,盖其精细有余,所以一沙一石之运,一米一钱之费,伙计密密,揭示旁午,有精极而凿,细极而碎,而上下一规,无少错误,亦多可取也"②。不过这也只是就社会日常着眼,还算不上对政治制度的观察。

在近代东亚各国交涉史上,衣服和礼仪向来最容易引起话题。金绮秀首先注意到的新制度,就是这两个方面。这当然是因为朝鲜方面由于对日交涉的关系,而对此事先已有所知。其时日本朝廷已通行脱帽之礼,但朝鲜仍是稽首作揖,所以金绮秀"每见彼之公卿,吾且稽首至带,举袂再揖,未之或少示慢容,彼则脱帽稽首而已"。不过谨慎的使臣并未感觉冒犯,他很清楚这"是其之礼也,下之所以施上,上亦以之施于下,故见行路遇人,一手帽不住之脱"③。陪同使臣的日人似乎都认为朝鲜人一定会对日本的新式服制感兴趣,谈话往往由此开端。金绮秀虽然屡次声称"鄙国素规,非先王之言则不言,非先王之服则不服,一副传守且五百年"④,但也颇能理解日人从时之义,礼仪上的差异并未如此前许多使行一样引发争论乃至冲突。

金绮秀在日本时,许多政府要员邀请他前去观光,他的态度并不积极。元老院亦曾有邀请,金绮秀因为不知道元老院"是何等事务之官",打算托病不去,这时与陪同他的日本官员有一段对话:

古泽曰:"元老院不可不赴也,元老院议长即我皇上至亲,二品亲王也。亲王欲见公而邀之,公何可以不赴也?幸更思之。"余不觉勃然变色曰:"亲王何亲焉?修信使虽不大之人,即他国奉命使臣也,苟欲见之,则无难招之,揆以体礼,宁有是也。余虽疲然,至于此事,断不可以奉承矣。"古泽曰:"不然,是我言之无伦也,非以亲王之尊体,欲见阁下便即招邀之谓也。元老院即我朝廷大小事会议之所也,议长即是亲王也,今两国复修旧好,则鄙国之规模设真,不可不使贵国知之也,所以不

①《留馆》,《朝鲜通信使文献选编》,第 5 册,第 348 页。
②《俗尚》,《朝鲜通信使文献选编》,第 5 册,第 383 页。
③《行礼》,《朝鲜通信使文献选编》,第 5 册,第 350 页。
④《问答》,《朝鲜通信使文献选编》,第 5 册,第 372 页。

于其家,而奉邀于元老院也,先生何过虑之为也。"闻其言似是。①

日方希望修信使能够了解日本的新体制,殷勤劝谕他务必到元老院一看,并且特别声明不是因为元老院议长身份之尊,金绮秀这才欣然从命。他所见到的元老院议事堂"穹然平直,直设长卓,两边设椅子百十数,大议事时,其皇帝亲临,议官列坐处云"。而在元老院议事之时,"虽闲散朝士暨平民,亦皆入坐而听之云,盖龟从筮从百官庶民从之义也。……又有一所,是无论某人,苟有欲言之事可以利于国者,直入稳议于此,以为上达或密达之地也,盖其规度泛滥,不可概以礼法论,而广远阔大,有非衰下气象,皆其之今皇帝所经纪云"②。其时日本国会尚未成立,元老院仅具雏形,但金绮秀面对这一新制度,首先想到的是"龟从筮从百官庶民从"的先王之法,认为这样的设置"广远阔大,有非衰下气象",评价相当之高。

令金绮秀印象深刻的,还是日本君臣上下竞言富强的风气。他说,日本"君臣上下,惟一征利,假如造舟放之水,造车推之道,惟人领取,无所吝惜,以若所费,较若所为,瞥然看之,一往无谓,甚似迂阔,而领舟领车自有其人,其贾几何,其利自在,其利几何,其税自在,所以其费万钱,其利万倍,一副成俗,人不为怪"③。这样的比喻非常贴切,道出政府主导的经济增长政策之有效。例如"舟车之官造者,亦无官舟、官车之名,今日造之,明日用之,亦必赁贯于领舟车之人,而赏亦太重,千钱万钱,不复顾惜,此其劝民为利之意,而利于民,自利于国,而况其年终之税,利又万倍者耶"④。所以整个社会的关注重点在于富强,而传统所谓经史之学衰落得非常厉害。"自通西人,专尚富强之术,经传文字,弁髦而庋阁之,若通经攻文之业,著有禁令,今八九年,如安井衡之学门,重野安绎、川田毅之文章,皆其旧日讲习,若过数十年,遗老且尽,所谓学问典型且不可复见云"⑤。就连神堂、佛寺也在此风气下日渐式微。"自通西人以来,神堂鞠为茂草,僧徒颠连沟壑,则遑遑焉富强之术,实无暇念及于此,而亦以此皆虚文,无益于实事云。则其俗旧尚先神而后佛,先佛而后儒者,神佛如此,儒复何论。"⑥以至于妇人孺子"若问孔孟何

---

① 《问答》,《朝鲜通信使文献选编》,第 5 册,第 373—374 页。
② 《玩赏》,《朝鲜通信使文献选编》,第 5 册,第 357 页。
③ 《政法》,《朝鲜通信使文献选编》,第 5 册,第 386 页。
④ 同上。
⑤ 《学术》,《朝鲜通信使文献选编》,第 5 册,第 391—392 页。
⑥ 《俗尚》,《朝鲜通信使文献选编》,第 5 册,第 382 页。

人,便瞠乎呵尔,不复知为何说也"①。

但金绮秀最关注的,是日本极高的行政效率,这与朝鲜政治中习见的推诿、低效形成鲜明对比。森山茂对他说:"每与贵国商办,支离拖延,无一下即决之事,我国则不然,苟利于国,则上下一心,断然行之,无所持难也。……而若或如前迟捱,则令人沓沓,居间之人,宁不难哉。"金绮秀回答说:"我国规模元自如此,非如贵国之有专权大臣,大臣不得断行,况小官乎?所以小达于大,下禀于上,不得不有许多迟捱也。"虽然金绮秀也为本国转圜说"小心谨慎,不纵不恣,自是我国一副素规"②,但其实他对于日本上下令行禁止之风气感到羡慕:"虽其无事之时,下官之事上官,一阶级之间而尊卑截然,两相列椅,殆若抗礼,一有供给,磬折趋走,无异厮役之奉长官"③,就连身为下级小吏的馆伴也极为畏法自守,"有所赠给于馆伴诸员,一墨一纸之小,必禀覆于外务省,而后始乃领去,及还至釜山,又有所赠给,则以为来时未及受指挥,不敢擅受为辞,留置草梁馆所,后经告知而受之云"④。而其根本原因,则在于日本大臣有权,不像朝鲜必须事事归于朝廷:

> 有专权大臣、专权公使之名,一受其君命,苟有利于国者,专之可也,凡其管下之生杀黜陟,凡其干事之便否迟疾,皆可以专之,所以谓之专权,非专擅跋扈,如古之鲁三家、晋三军之为也。⑤

金绮秀特别解释,专权并不是专擅,显然是因为在中华文化的政治词汇里,"权臣"基本上是个负面的指称,而大权统于朝廷又是不可挑战的政治正确。

朝鲜臣僚疏于外交,在对日交涉中左支右绌,也在金绮秀与日人的对答中表露无遗。宫本小一计划半年后访朝,与金绮秀商讨访问细节,金绮秀毫无准备,又无授权,只得虚与委蛇一番。他预先抱歉说:"至于接待之节,必多生涩,万万不及贵国待我之亲切无间也,此亦国俗然也,老成练达之人羞见生客,日用带行之事动辄龃龉,是我国之大病痛处",并且承认:

> 至于凡干公事之延拖时月,亦我国之例也,自古以来,无专权之臣,虽微细之事,必也有事之官自下达上,转转至于上官知之,然后始乃告于政府,政府诸大臣,亦这这通议,然后始乃上闻,自上亦不即决,必还下,

①《俗尚》,《朝鲜通信使文献选编》,第 5 册,第 382 页。
②《问答》,《朝鲜通信使文献选编》,第 5 册,第 371 页。
③《政法》,《朝鲜通信使文献选编》,第 5 册,第 387 页。
④同上。
⑤同上。

使诸臣条条辨议,然后始乃下旨而可否之,此所以延拖时月之故也。①

身为朝鲜使臣,金绮秀自然不便在出使行纪中公然批评本国的行政体制,但两相对比之下,金绮秀的态度也就不言自明了。

四 结语:器物与制度,何者为先?

在江户,日方曾邀请金绮秀去观赏博物院。金绮秀所见到的博物院所藏极为丰富,"殷彝周敦,秦砖汉瓦,樽罍鼎俎,金石笙镛,以至陆之百禽百兽,水之百介百鳞"无所不有,可以生而致之的圈养起来,不能生致的做成标本,几于无物不备。可是忽然,"至一处,退色破弊之旗纛,藁绳为衣之瓶罍,马鬣之巾,兽皮之屦,红染布襞叠之裙,青色绅丝缕之襦,烂然堆陈,皆我国物也"②,这一堆破烂、原始的展品,在光芒四射的其他藏品的映衬之下不免带些"野蛮"的意味,虽然金绮秀不见得接受这样的概念,然而他当然也不免"见之寒心",感觉国家的自尊心受到了刺激。

这种感觉几乎贯穿了金绮秀整个出使的过程。可是如本文所述,他大感羡慕、观感颇佳的是日本所采用的新制度,而对花样繁多的各种新器物反而兴趣不高,甚至有相当负面的评价。

金绮秀对日本维新事业的观察和记录一定可以让他的读者意识到,一个新的时代正在日本降临。他对日本人物的印象是"人物,一见可爱,日所见千人万人,非其人人俊俏,大抵极凶极丑之人绝不可见"③;说他们"每见人,未言先笑,一言倾情,今日之见,昨日之好也,而且重然诺而信行止,一路践约,还有似于硁硁,就其中端严罕言语之人,虽终日塑坐,而一副面皮笑容已可掬"④;说在街面上"无论男女贵贱,日日所见,不知几万万人,而始终不见一个残疾之人,一个寒乞之人";说和他一同出使的李容肃曾赴北京十余次,阅人无数,所见中国人中"跛者、眇者、侏儒者"竟然达到十分之一的比例,乞丐比比皆是,而日本却"万万无一残疾行乞者"⑤。至于市容之壮丽,市面之清洁,更不在话下:"其人恒言清国不可入,入其道路多粪秽云。以我年使之所见,皆以为满城隐沟,无溪壑之污,而牛马之过,必荷畚锸而随之,

---

①《问答》,《朝鲜通信使文献选编》,第5册,第375页。
②《玩赏》,《朝鲜通信使文献选编》,第5册,第354—355页。
③《人物》,《朝鲜通信使文献选编》,第5册,第380页。
④同上。
⑤同上。

所以道路之干净无比云,而今闻此人之言,则其尤洁于北京人可知。"①而之所以可以有这样的建树,亦源于政府的"体制创新":"游食之民,一切置辟,而一扫除以上皆有廪给,故无一流丐之人云。"②

专注于中国现代化历史的学者,经常会持这样一种观点,即认为中国在向西方学习的过程中,经历了一个由重视器物到重视制度的过程,或者说经历了由"器"到"道"的转变。这种论断是否符合事实姑且不论,至少从金绮秀对日本明治维新的观察中,我们看到的恰恰相反:相比于新兴的技术,他更关心新的制度,同时也倾向于认为,新制度而非新器物更值得落后的朝鲜借鉴、学习。

《日东记游》附了一篇《行中闻见别单》,是金绮秀总结此行见闻、报告给朝鲜国王的呈单,可视作《日东记游》的提要。这篇《别单》在朝鲜颇有影响,可是将它与《日东记游》中所记录的全部内容对比,就会发现金绮秀在上呈国王的正式报告中只提到了部分见闻,这种差别殊堪寻味。

《行中闻见别单》共十三条,各条内容可以归纳如(一)往返程途;(二)山海风光;(三)人物;(四)气候、街市;(五)江户城郭;(六)宫室、房舍;(七)天皇;(八)官职尊卑;(九)政令;(十)俗尚功利;(十一)都会;(十二)练兵;(十三)富强之术,绝大部分属于世俗风情之类,仅有第八条提及政治制度方面,说:

> 政令专主乎信,寻丈之木,可赏则赏,其所谓学校教人之法,士大夫子弟以及民之俊秀,自七八岁教之学书习字,初教日本字,次教汉字,至十六岁,不复使之读经传,大而天文地理句股之学,小而农器、军器、图形之说,眼阅手调,未之暂掇,以至女子,亦有学校,大之天地兵农,小之诗文书画,皆专一艺,天下各国之人,皆以领事官来留,亦必馆谷而师其术,厚其礼而卑其辞,要以尽其技而利其器,亦自遣人各国,以尽学未尽学之术,处处造火轮船、火轮车,教人远贩贾,要以尽其力而利其货,君臣上下,孜孜为利,以富国强兵为急先务,盖其政令似出于卫鞅遗法。③

仅仅一句"政令专主乎信",轻描淡写地抹去了明治维新在政治体制上的巨大成就,无论是臣民议事之所的元老院,还是赋权于大臣以便宜行事的行政系统,抑或"凡事必先定约条"的制度规范,都不见一字提及,而《别单》

---

① 《俗尚》,《朝鲜通信使文献选编》,第 5 册,第 384 页。
② 《政法》,《朝鲜通信使文献选编》,第 5 册,第 386 页。
③ 《行中闻见别单》,《朝鲜通信使文献选编》,第 5 册,第 412—413 页。

所下的评价——"其政令似出于卫鞅遗法",则把日本暗比为二世而亡的强秦,甚至后文干脆直谓"外样观之,莫富莫强,如右所陈诸条,而阴察其势,亦不可谓长久之术"①,其基调与《日东记游》正文中所体现出来的态度简直南辕北辙。不仅如此,《行中闻见别单》提及器物者多,如新式大炮、房舍之制、火轮(蒸汽机)、博物院等等,提及新制度者则绝无仅有,亦与《日东记游》恰相反对。这其中颇能窥见后发国家初识现代化之时的尴尬处境,而至于何以会有这样的差异,恐怕只能于朝鲜国内的政治生态以及落后的政治制度对于新事物的选择性接受中求之了。

---

① 《行中闻见别单》,《朝鲜通信使文献选编》,第 5 册,第 413 页。

围绕"己亥东征"的朝日交涉及其背后的明朝因素 [*]

朱莉丽(复旦大学)

一 倭寇的朝鲜侵略与"己亥东征"

被中日朝三国包围的东亚海域,自古以来便是三国交流的平台。无数的政治遣使、商旅贸易乃至战争冲突,都曾围绕这一海域展开。15 世纪的东亚海域充满了乱流涌动,掀起这一股股的乱流的力量,是发轫于 13 世纪的日本倭寇。倭寇这一在学界乃至一般民众中耳熟能详的术语,最早出现于朝鲜史料《高丽史》中。高宗十年五月条中,第一次出现了"倭寇金州"的记载。当然,这里的"寇"乃是动词。但此后很长一段历史时期,倭寇作为一个指代侵扰朝鲜和中国沿海的日本海盗的专有名词频繁出现在朝鲜和中国的史料中。

倭寇的产生,有着复杂的国内外原因。13 世纪初,元朝因诏谕日本来贡不成,发起了两次进攻日本的战争。虽然战争均以日本一方的胜利而告终,但却因此对日本社会造成巨大的冲击。由于战争动员导致的镰仓幕府御家人的衰弱,以及间接导致的农民贫困,给日本造成了巨大的社会隐患。在内表现为"恶党"丛生,对抗幕府和领主,抵抗年贡的征收;在外则表现为倭寇横行,实施对海商、朝鲜和中国的抢掠。在这种风潮中,地理上与朝鲜、

---

* 本文系复旦大学亚洲研究中心 2015 年立项项目《遣明使与中国》阶段性成果。

中国最为接近的日本九州各地沦为倭寇的巢穴,而其中地理位置上与朝鲜最为接近的对马岛,更成为了倭寇进犯朝鲜的前沿。

对马岛地处九州的西北端,距朝鲜的釜山仅 50 公里,是一个孤悬海中的小岛。这里土地贫瘠,不适农耕,长期以来通过与朝鲜半岛的贸易来换取粮食及亟需的物资。《明史》中便有"朝鲜与对马岛一水相望,岛地不产五谷,资米于朝鲜"[①]的记载。因此,对马与朝鲜半岛联系的紧密性,甚至超过日本本土。伴随着倭寇活动的推进,对马岛介于日本和朝鲜之间的独特的地理位置使其成为倭寇侵犯朝鲜的跳板,从这里出发的倭寇屡屡对朝鲜造成打击。据《高丽史》记载,从 1350 年倭寇猖獗化,到高丽朝灭亡之前,倭寇对朝鲜半岛的侵攻多达 500 余次,导致居住在沿海的人们纷纷逃离。高丽屡次组织反击,1389 年高丽的战舰攻击了作为倭寇巢穴的对马,烧毁 300 余艘倭寇船只,救回被倭寇掳走的高丽人民 100 余人。[②]

高丽的这次出兵短暂的缓解了倭寇的威胁。不久,在抗倭斗争中战绩彪炳的李成桂废黜高丽的恭让王,在开京登基,开启了朝鲜半岛历史上最后一个王朝——李氏朝鲜。朝鲜取代高丽后依然不免于倭寇的侵扰,但当时的对马守护宗贞茂出于对朝贸易的考虑有意识地抑制倭寇,加之幕府将军足利义满为了能与明朝进行勘合贸易也采取了取缔倭寇的措施,因此在 14 世纪末到 15 世纪初的这段时间里,倭寇对朝鲜和明朝的骚扰一度有所缓解。然而好景不长,足利义满的继任者足利义持与明朝断交,对倭寇采取放任态度。此时对马岛的实权又被作为倭寇首领的早田左卫门太郎占据,因此一度受到抑制的倭寇复炽。1419 年倭寇对朝鲜半岛的一次大规模侵袭,直接导致了朝鲜历史上唯一一次主动进攻日本的行动,即"己亥东征"。

朝鲜世宗元年(1419)五月,数千名倭寇入侵了朝鲜庇仁县,之后又侵犯了海州,死于战争及被掳走的朝鲜军人达 300 人。已退位的朝鲜太宗李芳远得知后,令自己的儿子世宗李裪下旨征讨对马岛的倭寇。五月二十三日,世宗命刑曹判书赵末生、吏曹正郎许稠款待了九州探题[③]涉川义俊派来学

---

① 《明史》卷 320《朝鲜传》,北京:中华书局标点本,1974 年,第 8301 页。
② "以战舰百艘击对马岛,烧倭船三百艘及傍岸庐舍殆尽,元帅金宗衍、崔七夕、朴子安等继至,搜本国被虏男女百余人以还。"《高丽史》卷 116《列传》第 29《朴葳》,《域外汉籍珍本文库》,第 3 辑,史部四,重庆:西南师范大学出版社、北京:人民出版社,2012 年,第 311 页。
③ 九州探题是室町幕府设置的九州统辖机关,踏袭镰仓时代的镇西探题,为了统治九州而设置,1365－1543 年之间成为涉川氏世袭的职位。

习佛法的僧人正祐等,向他们传达了朝鲜意欲进攻对马之意,使之不致惊慌。① 从这里可以看出,朝鲜对于九州探题派来的使人与对马的倭寇是分别对待的,而且并不避讳向其透露征讨对马的意向。二十九日,又令都体察使致书接替宗贞茂担任对马守护的宗贞盛。书信里先是强调了朝鲜一直以来对对马优礼以接、供其所需的抚育之恩;接着列举了倭寇自 1380 年入寇东莱以来对朝鲜的屡屡侵袭,进而谴责贼人忘恩负义,对朝鲜乃至明朝的侵犯有背伦常;最后安抚宗贞盛"其往讨也,慎勿杀守护亲眷及前日效顺归附者与今望风投降者,但执入寇者之妻孥枝党以还。"②也就是说,朝鲜的此次征讨仅针对对马的倭寇势力,对于一直以来向朝鲜输诚靠拢的对马宗氏,朝鲜是持保护态度的。此后的六月一日与二日,朝鲜又分别向前来朝献土物和通音信的板仓满景及涉川满赖的使人传达了希望他们约束对马倭寇的意愿,但似乎并未得到回应。六日,世宗再次宣旨于三军都统使柳庭显:"九州节度使不知国家征对马岛本意,必致疑惑。我国兵船发行后,遣还九州使船,谕以不干九州之意。"③从朝鲜这一系列举动可以看出,尽管朝鲜困于倭寇的侵扰决定对对马倭寇还以颜色,但对于掌控九州全域的九州探题,以及世代统治对马的宗氏家族,朝鲜始终保持者克制友好的态度,在战争前做出诸多努力来稳定与二者之间的关系。

六月九日,李芳远下达了一封讨伐对马的檄文,其中列举的倭寇的一条罪行是"将犯上国(明朝)之境"④。也就是说,在倭寇问题上,朝鲜不但与明朝有着同仇敌忾的立场,其讨伐倭寇的举措,也包含着为明朝尽忠的主张。事实上,在讨伐对马倭寇前的 1419 年二月和四月,朝鲜就曾向明朝汇报倭寇袭来的动向,明廷根据朝鲜的消息,饬令沿海卫所严加防卫。⑤ 由此可见,同样面临倭寇的威胁,作为宗主国的明朝和作为藩属国的朝鲜之间形成

---

① "命赵末生、许稠,馈日本国九州使送人正祐等四人于诸君所,谕以各送从人于船泊处,语国家讨对马岛之意,使不惊动。乃各出从者总五人,上赐衣送之,使判官崔歧押行。"韩国国史编纂委员会编《朝鲜世宗实录》卷 4,世宗元年五月丁卯,《朝鲜王朝实录》,第 2 册,首尔:探求堂,1986 年,第 318 页。

② 《朝鲜世宗实录》卷 4,世宗元年五月癸酉,《朝鲜王朝实录》,第 2 册,第 319 页。

③ 同上,第 320 页。

④ 同上,第 321 页。

⑤ "敕捕倭都指挥谷祥、张耍,浙江福建缘海卫所曰:今朝鲜送回倭贼掠去军士二人,言贼欲来滨海为寇。又海宁乍浦千户所了见赭山西南海洋等处有倭船十余艘,望东南行。尔等宜严备之。"《明太宗实录》卷 209,永乐十七年二月辛卯,台北:"中研院"历史语言研究所,1967 年,第 2144 页;又"敕辽东总兵官都督刘江曰:今朝鲜报倭寇饥困已极,欲寇边。宜令缘海诸卫严谨备之。如有机可乘即尽力剿捕,无遗民患。"《明太宗实录》卷 211,永乐十七年四月丙戌,第 2133 页。

了联防关系。位于明朝以东、地理上与日本更为密接的朝鲜,在某种程度上起到了护卫宗主国的藩篱作用。

六月十七日,世宗李祹派三军都体察使李从茂率领从京畿、忠清道、全罗道、庆尚道征集的舰船 227 支,兵士 17000 人从巨济岛出发进攻对马。次日清晨在对马的尾崎浦登陆。尾崎浦是对马倭寇的一大据点,在此的倭寇看到朝鲜先遣的十艘船,还以为是"本岛人得利而还,持酒肉以待之"①,待发觉朝鲜大军压境慌忙四散逃去。朝鲜军一路直进,设置栅栏阻断岛外交通,展示出长期驻留的姿态。但之后不久,由朴实率领的朝鲜左军在糠岳遭受对马方的伏击,连折四名将校。右军也受到对马方伏击,仅勉强胜之。"左军节制使朴实与贼相遇,据险设伏以待之。实率军士,登高欲战,伏发突前,我师败绩,裨将朴弘信、朴茂阳、金该、金熹等战死。实收兵还上船,贼追击之,我师战死及坠崖死者百数十人。右军节制使李顺蒙、兵马使金孝诚等亦遇贼,力战拒之,贼乃退,中军竟不下陆。"②朝鲜军队遂于七月三日撤回巨济岛。关于撤兵的原因,朝鲜一方的记录是太宗向军队下达了"七月之间,例多暴风,卿其量宜,毋久留海上"③的谕旨,并提到了宗贞盛要求修好的事。而日本一方的记录却是对马军大挫了朝鲜左军,朝鲜军队无心恋战因而撤走。④

但不管导致朝鲜撤兵的原因为何,这次战斗对于双方而言都造成了极大的损失。战后朝鲜一度有再次征讨对马的动向。⑤ 九州探题涉川义俊为了试探朝鲜的虚实,以请求大藏经为借口,向朝鲜派出了以博多妙乐寺僧人无涯亮倪为正使、归化汉人陈延祐之孙陈吉久为副使的使团。为了缓解战后两国的紧张关系,同时了解日本的真实意图,朝鲜在给予日本大藏经的同

---

① 《朝鲜王朝实录·世宗实录》卷 4,世宗元年六月癸巳,《朝鲜王朝实录》,第 2 册,第 322 页。

② 同上,第 324 页。

③ 同上。

④ "应永二十六年己亥六月廿日,朝鲜将李从茂率战舰二百二十七艘,卒一万七千二百八十五人,到对马州与良郡浅海浦。州兵拒之海滨不利,朝鲜兵到仁位郡,分道下陆,竟进屯糠岳。贞茂(按:此时宗贞茂已死,对马守护系其子贞盛,故此处的记载有误)率师兵到糠岳下,侵矢石攻之,连战数日。七月初一日,与左军朴松战大破之。朝鲜兵狼狈走海滨乘船,贞茂使海人放火,以烧贼船。斋藤、立石等发兵击之,贼兵大溃而还。我兵战死者百二十三人,斩贼二千五百余级。"《对马丛书》,长崎:村田书店,1977 年,第 3 集,第 83—84 页。

⑤ 战争结束不久后的七月四日,倭寇从朝鲜的黄海道转至忠清道,在安与梁抢劫了全罗道派出的九艘向朝廷进贡贡船,逃往对马方向。参见《朝鲜王朝实录·世宗实录》卷 4,世宗元年七月丁未。七月六日,入犯明朝后回转的倭寇途径朝鲜,再次对朝鲜进行了侵袭,为此"左议政朴訔进言:'宜令李从茂等复至对马岛,待贼回岛迎击,破之必矣。此诚珍灭之机,不可失也。'上王以为然"。《朝鲜王朝实录·世宗实录》卷 4,世宗元年七月己酉,《朝鲜王朝实录》,第 2 册,第 324 页。

时,决定向日本派出回礼使。关于使节的人选,在朝鲜士大夫赵平为回礼使宋希璟的出使记录《老松日本行录》①所写的序中有这样一段描述:"时去辛巳不远,且岭南熊川之荠浦,尚为倭窟。方议遣使,咸难其选。廷臣皆曰,非宋某不可。上曰:'俞,汝往,钦哉。'"②可见在两国战事方休、倭寇依然肆掠、关系前途未卜的情况下,宋希璟成为当时朝鲜君臣心目中出使日本的最佳人选。那么在这样一个朝日两国关系极其敏感的时期,被朝鲜君臣寄予厚望的宋希璟,又有着怎样的背景呢?

宋希璟,字正夫,号老松堂。高丽朝辛祸二年(1376)出生于忠清道连山县竹安坊筲亭里。二十七岁登别科第三,二十九岁入翰林院,三十二岁累迁司谏院正言。之后以听晓楼报漏阁创营事,犯颜忤旨,罢归田里。三十四岁复入司谏院献纳,选为艺文馆修撰。三十六岁时,任圣节使书状官,出使明朝。宋希璟的六代孙宋篪为《老松日本行录》所作的记中写道,宋希璟自明朝归国后受到太宗的赞许,"自辛卯至己亥七八年间,出入台阁,再三践历,兼带知制教"③。另外,在《朝鲜王朝实录》太宗十七年(1417)有一则宋希璟于从北京归来,受宴于广延楼的记载。可见宋希璟在出使日本前,至少已有过两次出使明朝的经历。也许就是这两度出使明朝不辱君命的经历,使他成为东征后出使日本的适当人选。出使前,宋希璟升任为佥知承文院事;完成使命返回朝鲜途中,被加任缮工修正。太宗死后,宋希璟奉旨参修《实录》,之后乞邑养,任天岭郡(咸阳郡)知事。晚年以判司宰监事退居在全罗道的潭阳,世宗二十八年(1446)老逝于锜谷乡庄。④ 宋希璟的出使日记《老松日本行录》,详细记述了己亥东征后的朝鲜遣使围绕重建国家关系、维护国家利益与日本当局斡旋的情况,以及在其背后作为朝鲜宗主国和日本对立面的明朝所扮演的角色。这本日记不但是反映己亥东征后朝日交涉的第一手资料,同时也是我们了解在倭寇事件背后,中日朝三国复杂的利益关系和外交折冲的重要史料。

---

① 《老松日本行录》,又名《老松堂日本行录》,老松堂是宋希璟的号。

② 宋希璟:《老松日本行录》,复旦大学文史研究院编:《朝鲜通信使文献选编》,第 1 册,上海:复旦大学出版社,2015 年,第 11 页。

③ 宋希璟:《老松日本行录》,《朝鲜通信使文献选编》,第 1 册,第 13 页。

④ 宋希璟的生平,可详见村井章介:《老松堂日本行录:朝鲜使节所见之中世日本》(『老松堂日本行録:朝鮮使節の見た中世日本』,岩波文库,1987)的研究。

二 《老松日本行录》中所反映的朝日交涉背后的明朝因素

《老松日本行录》的记事,始于明永乐十八年(1420)春闰正月十五日,即朝鲜行兵对马的次年年始。一行拜别世宗及上王李芳远后,从汉城出发,经京畿道、忠清道、全罗道、庆尚道,在荠浦上船,经金海、东莱、梁山到釜山浦,从这里出洋,驶向对马。船队放洋后顺风快渡,次日下午即到达了对马岛北面的也音非梁(对马町西津屋与鳄浦之间的矢柜)。① 为解除倭人在朝鲜行兵对马后初见朝鲜船的疑惧,朝鲜先让日本使节无涯亮倪往宗氏驻地说谕,并遣人送米于早田左卫门太郎及宗贞盛,以示友好。其时宗贞盛尚在九州,对马宗氏的家臣、当时实际控制对马的早田左卫门太郎夜间到来,呈鱼酒款待使臣,并言:"吾等使送人,至今不来,故当时守御不解。今闻官人之言,吾辈始安寝食,家舍又可造居矣。向者,此岛悖逆之人侵犯上国,一欺都都熊瓦(宗贞盛),二欺上天,又欺殿下,天乃厌之。如此人,安得久生乎,其类今已尽灭矣。去年行兵之时,天讨合宜,故吾不放一箭。又见人有绝其汲道者,吾止之曰:汝虽绝汲道,岂有损于天兵乎。吾实如此而已,无有他心尔。"②借机将自己与倭寇的关联撇清。宋希璟则显然对早田氏操纵倭寇之事毫不知情,"今观事势,马岛凡事皆出此人。去年行兵,家产荡尽,今无一言及之。向国家语言,皆出至诚。见吾接待,最为勤厚。惟都都熊瓦、宗俊等,岁前入归九州,尚未还云,未知其故也"③。

不几日,早田氏再度来访,因其前所提及的"吾等使送人"带回了朝鲜欲统治对马的消息,早田氏向宋希璟表达了其对对马归属问题的强烈忧虑:"此岛乃小贰殿(少贰氏)祖上相传之地,贰殿若闻,则虽百战百死,争之不已矣";"此书(当为朝鲜世宗给日本使节的书契)贰殿见之,则官人去留皆不得矣。将送于贰殿乎?姑置之,使贰殿不知乎?"④针对早田的疑惑,宋希璟表示朝鲜并无占领对马之意:"此岛,我得其地无以居,得其民无所用。惟汝等所送人,愿属我国,请之不已。故上召政府六曹曰:'马岛之人以其岛愿属国家,若不听则不仁,乃属于庆尚道耳。'今日汝等之意,上若知之,则必不属

---

① 关于音译地名和日本地名的对照,系参照村井章介:《老松堂日本行录:朝鲜使节所见之中世日本》(『老松堂日本行録:朝鮮使節の見た中世日本』)。

② 宋希璟:《老松日本行录》,《朝鲜通信使文献选编》,第1册,第32页。

③ 同上,第32页。

④ 同上,第31页。

也。余当以此启闻于上前,姑待之。"①宋希璟认为,日本所派之使节"一以畏死,一以疑拘留,以其岛愿属朝鲜为假言,冀其免死回还耳"②,因此造成双方在朝鲜处置对马问题上的误会。其所对应的事件,应该是朝鲜世宗二年(1420)一月来到朝鲜的日本使节时应界都的陈述:"礼曹启:对马岛都都熊瓦使人时应界都来传熊瓦言曰:'对马岛土地瘠薄,生理实难。乞遣岛人,戍于加罗山等岛,以为外护。贵国使人民入岛,安心耕垦,收其田税,分给于我以为用。予畏族人窥夺守护之位,未得出去,若将我岛依贵国境内州郡之例,定为州名,赐以印信,则当效臣节,惟命是从。'"③此次使节很可能就是早田氏在初见朝鲜使节时所提到的"吾等使送人"。因为在《世宗实录》中,除了此则记载,并没有此时间段内其他对马使节来朝的记录。如果是这样,那么这次遣使在朝鲜时表现出的投诚意愿,与作为派出者的早田氏对于朝鲜占领对马的担忧就形成了一对矛盾。宋希璟认为是对马使节畏死而佯称投诚,但笔者认为,投诚背后很可能贯穿了早田氏的意志。在朝鲜行兵后备受打击的早田氏,并没有与朝鲜一战到底的勇气。即便坐收倭寇之利,但身为宗氏家臣的他与朝鲜之间肯定有着错综复杂的利益链条,不愿与朝鲜公开对峙。在朝鲜行兵对马后,对马的相关利益群体首先要考虑修复与朝鲜的关系。向朝鲜的曲意投诚,可能只是一种以退为进的做法。在与宋希璟接触时,早田氏把自己打扮成一个中立者的姿态,那么不管最后对马是何归属,对于他而言都可以实现利益的最大化。早田氏这种首鼠两端的表现,实际上体现了在朝鲜与日本夹缝中生存的对马岛人国家归属感淡漠的特质,这也符合日本学者村井章介所归纳的因生活场所跨越国境,从而导致国家归属感薄弱的"境界人"的特点。

在与早田氏初步达成共识后,朝鲜使臣一行开始向当时日本实际的统治者——幕府将军足利义持所在的京都进发。在对海贼的担惊受怕中通过瀬户内海,于四月十六日到泊摄津州兵库,在此上陆前往京都。到达京都后,被安置于深修庵,在这里开始了与日本幕府之间一系列如履薄冰的交涉。而在这些交涉的背后,明朝都以一种"不在场的在场者"④的姿态出现了。

---

① 宋希璟:《老松日本行录》,《朝鲜通信使文献选编》,第 1 册,第 31—32 页。

② 同上,第 32 页。

③ 《朝鲜世宗实录》卷 7,世宗二年闰一月己卯,《朝鲜王朝实录》,第 2 册,第 369 页。

④ 参见葛兆光:《文化间的比赛:朝鲜赴日通信使文献的意义》,《中华文史论丛》2014 年第 2 期,第 1—62 页。

在使臣到达日本之前,在朝廷和武家上下就流传着中国和朝鲜的联军共同向对马袭来的传言。日本把六月十九日朝鲜的出兵看作朝鲜与明朝的联合行动,并将之与元朝令高丽协助征日的元寇事件联系起来,将之视作第三次"元寇袭来"。在这种舆论氛围下,日本朝野上下对于宋希璟一行的到来充满了种种猜测。这种猜疑除了远在二百年前的元军征日所留下的阴影外,也与当时明日之间恶劣的外交关系有关。

此时日本的将军是足利义持,他的父亲足利义满在1394年将将军位让给义持并出家,之后依然紧握幕府实权,依靠向明朝输诚朝贡的策略,获得了与明朝进行勘合贸易的权利。直到1408年义满去世之前,居将军职的义持并没有实际决策权力。义满死后,足利义持放弃了向明朝称臣朝贡的做法,并与之断交。明成祖对于日本态度的突然转变感到不解,先后派太监王进和刑部员外郎吕渊前去诏谕义持来贡。就在朝鲜使节到来的三年前(1417),吕渊来到兵库,并带来成祖给义持诏书一封:"尔父道义,能敬天事大,恭修职贡;国人用安,盗贼不作。自尔嗣位,反父之行,朝贡不供,屡为边患,岂事大之道。……尔居海东蕞尔之地,乃凭持险阻,肆为桀骜,群臣屡请发兵问罪。朕以尔狗盗鼠窃,且念尔父之贤,不忍遂绝,曲垂宽贷,冀尔悔悟。比日本之人,复寇海滨,边将获其为首者送京师,罪当弃市;朕念其人,或尔所遣,未忍深究,姑宥其罪,遣使送还。尔惟迪父之行,深自克责,以图自新。凡比年并海之民,被掠在日本者,悉送还京;不然尔罪益重,悔将无及。"[1]这是一封出自明朝立场的责备义持不修职贡、纵容倭寇的诏书,其本意在于晓谕义持效仿其父义满,向明朝输诚朝贡,并治理倭寇。义持对此并未应诏。次年,吕渊再次携带明成祖的国书来日本诏谕,足利义持两次令元容周颂作书回绝,其中一封回书中有"今闻,将以使者不通之辞,用兵来伐,使我高深城池。我不要高我城,亦不要深我池,除路而迎之而已"[2]的表述。再加之负责接待宋希璟的陈外郎(陈宗希)转述吕渊诏谕时的情节时,提及明朝国书中有"汝父及朝鲜王皆事我,汝独不事我,将遣将同朝鲜行兵,汝可高城深池以待之"[3]之语,可以推测1418年吕渊带至日本的明朝国书里或许有与朝鲜联合用兵的表述。这种情况下,日本很难不将明朝对其的威胁与朝鲜捆绑在一起。当时的结果是"义持怒,不见其使,令海贼杀之。适风

---

[1]《明太宗实录》卷193,永乐十五年十月乙酉,第2035—2036页。
[2]瑞溪周凤:《善邻国宝记》卷中,田中健夫编:《善邻国宝记、新订续善邻国宝记》,东京:集英社,1995年,第140页。
[3]宋希璟:《老松日本行录》,《朝鲜通信使文献选编》,第1册,第45页。

顺,贼不追,故吕渊得还"①。足利义持采取如此强硬的对明政策,必然会对明朝可能采取的报复行动不无担心。再加之朝鲜行军对马时,少贰氏"江南兵船一千只,朝鲜兵船三百只,向本国而来,吾力战却之"②的添油加醋的汇报,更使幕府深信朝鲜征讨对马的背后有明朝力量的介入。针对日方的这种疑虑,宋希璟虽然一方面否认了与明朝联合行兵的流言,"与大明同心举兵则无之矣,如此无凭谎说,何足取乎"③;另一方面,在向陈外郎阐述朝鲜行兵理由时,他却毫不避讳的提到是因为"去年春,马岛贼徒侵犯上国边鄙,杀掠人民,盗取兵船。我殿下震怒,命将伐之"④。也就是说,相比为自己,朝鲜把倭寇对明朝的侵犯作为了出兵的主要理由,这是朝鲜公开地向中朝关系外的第三国申明自己对明朝的事大理念。这种表述无疑使日本当政者感觉到日本在朝、明的紧密联系中陷入了孤立地位。

除此之外,另一件使日本统治者十分介怀的事,是朝鲜国王给将军的书契中使用了"皇明永乐"的年号。作为接受明朝授历的藩属国,朝鲜在给其他国家的外交文书中,一律使用明朝的年号。显然是体察到朝鲜国书中的永乐年号可能带来日朝外交上的冲突,负责接待朝鲜回礼使的陈外郎要求将使节将书契中的明朝的年号改为"龙集",即"岁次"之意,宋希璟义正辞严地拒绝了他的要求:"吾等虽死,御书何敢改乎? 王命亦不可易也。"⑤之后京都等持寺住持惠珙和林光院住持周颂等亦来劝阻:"书契中永乐年号,若改书以龙集,则官人得归,不然终未回去矣。"⑥宋希璟再次予以拒绝。执事者遂将宋希璟软禁于其下榻的深修庵数日,未能屈之,最后只好原封不动地将朝鲜的书契交给将军。此番的年号事件,可以说是中日朝三国一次兵不血刃的交锋。日本企图瓦解朝鲜和明朝的同盟关系,至少希望朝鲜在对日本的外交中抛开明朝的影响。而朝鲜使节对明朝事大的立场终不改变,令日本无计可施。很显然,无论是在国家关系上,还是在针对倭寇的立场上,朝鲜和明朝的利益都是更为一致的。朝鲜虽然出于现实的考虑积极地修复了对日关系,但其对日本的防备之心远远大于友好之情。反之日本也是一样的。对日本而言,朝鲜背后的明朝是一个不可忽视的威胁。

①宋希璟:《老松日本行录》,《朝鲜通信使文献选编》,第 1 册,第 45 页。
②同上。
③同上。
④同上。
⑤同上。
⑥同上。

三　15 世纪朝日交涉中登场的中国人

"己亥东征"是日本倭寇对朝鲜的侵扰达到白热化后朝鲜做出的应激行为,由倭寇引起的朝日矛盾最后以战争这种激烈的形式表现出来。但是,倭寇对朝鲜和明朝的每一次侵袭,背后都有一场或大或小的军事冲突或民间自发的抵抗。在这一场场见于或不见于史籍的冲突中,产生了大量被倭寇掳掠到日本的明朝或朝鲜的被掳人。其中一部分人,被战争的漩涡席卷着漂泊在中日朝之间,在经过了浮浮沉沉后,以另一种身份——比如说通事——登场于当时的三国交涉中。这些可以被还原的少部分人的人生轨迹,为我们提供了一个理解 15、16 世纪东亚三国关系的社会史方面的角度。

在《老松日本行录》中登场的明朝被掳人有两位,一位是出现在对马的乞食僧,一位是出现在京都的通事魏天。朝鲜使臣在对马候风时,"有一倭乘小舟捉鱼,见我船而来卖鱼。余见舟中一僧跪而乞食,余给食而问之。僧言我是江南台州小旗,去去年被房来此,削发为奴,不胜辛苦,愿随官人而去,泣下。倭曰,给米则当卖此僧,官人买否。余问僧,汝来此岛,所居地何名。僧曰,吾来转卖,随此人二年矣。浮海而居,故不知地名也"①。宋希璟对乞食僧的遭遇不胜唏嘘,作《唐人》一诗以记。小旗是卫所的低级军官,他所来自的台州卫是明朝为了防卫倭寇而在浙江台州设立的沿海卫所。他口中的去去年应该是朝鲜行军马岛的前一年,即 1418 年。这一年,倭寇对明朝的东南沿海实施了大规模的侵攻,《太宗实录》永乐十六年五月癸丑条记载:"金山卫奏:有倭船百艘贼七千余人,攻城劫掠。敕海道捕倭都指挥谷祥、张翁,令以兵策应;又令各卫所固守城池,贼至勿轻出战,有机可乘,亦不可失,务出万全。又敕福建、山东、广东、辽东各都司及总兵官都督刘江,督沿海各卫,悉严兵备。"②此次入侵的倭寇达七千人之多。虽然向朝廷报告的是隶属南直隶的金山卫,但并不意味着只有金山卫一处受到侵攻。日本学者川越泰博曾做出推测:在明朝加强守备的情况下,入侵金山卫及其周边地区的倭寇,很可能掉转矛头北上或南下,给明朝海防造成更大范围的威胁。所以永乐皇帝才发布命令,令福建、山东、广东、辽东各都司在大范围内严加防备。虽然浙江并未包括在其中,但我们显然不能理解为是其没有受到倭寇的侵攻,相反的,从东海海面过来的倭寇,最容易到达的就是直线距

---

① 宋希璟:《老松日本行录》,《朝鲜通信使文献选编》,第 1 册,第 29 页。
② 《明太宗实录》卷 200,永乐十六年五月癸丑,第 2082－2083 页。

离最近的浙江,而台州卫又是浙江的沿海卫所。尽管限于材料我们无法确实地还原台州小旗被掳来的途径,但结合上述情况推测,他很可能就是在1418年的倭寇大侵攻中被掳来日本的。① 从《唐人》一诗的后两句"执筌老贼回头语,给米吾当卖此人"可以得知,支配他的主人只是沿海一般的渔民,而被掳人的身价之低微,也仅值一些米粮而已。这首诗非常写实地表现了因战争产生的被掳人在异国的凄惨境遇和任人宰割的低微身份。

相对于台州小旗,《老松日本行录》另一名被掳人魏天,则以日本通事的身份登场。在京都时,宋希璟一度下榻于通事魏天的家中。《行录》中记载其"少时被虏来日本,后归我国,为李子安②先生家奴,又随回礼使还日本。江南使适来见之,以为中国人夺归,帝见而还送日本,为通事"③。虽然笔者未能找到更多的史料对魏天的经历做出细致的还原,但是从宋希璟的这段描述来看,他的一生至少曾沿着中国——日本——朝鲜——日本——中国——日本这一线路周转于中日朝三国之间。少年时被掳来日本,后不知通过何种途径去到朝鲜,做过李子安的家奴,又跟随朝鲜的回礼使返回日本。可以想见,跟随回礼使回到日本时,魏天的地位已经有所提高,说不定已经在朝、日之间担任翻译。魏天回到日本后,又被前来日本的中国使节带回明朝,还受到明帝的接见。最后返回日本,受到前将军足利义满的宠信,担任通事。产生于倭寇之乱中的明朝和朝鲜被掳人,因为战争、遣使、贸易等因素辗转于东亚三国之间。一方面他们作为战争的牺牲品在时代的洪流中流落异乡,甚至居无定所;但另一方面这种大动荡的时代也为他们改变自己的命运提供了诸多不可能存在于和平时代的机遇。中、日、朝因倭寇而引发的超乎以往的频繁联系,催生了对作为沟通媒介的通事的更多的需求,而被掳人的经历往往可以为他们从事这一工作提供必要的历练。通事是被掳人来到日本后主要的出路之一,这在当时的许多史料中都有所反映。比如在遣明使节策彦周良的日记《初渡集》中登场的使团通事钱宗询,其祖父钱得保乃定海人士,在15世纪初叶被倭寇掠至日本,受到幕府优遇,在日本娶妻生子。其子钱宗黄曾担任遣明使团的通事。钱宗询子承父业,在正德七

---

① 关于台州小旗的分析,可参见川越泰博著、李三谋译:《倭寇、被掳人与明朝的海防军》,《中国边疆史地研究》,1998年第3期,第107—117页。
② 李子安,即李崇仁,高丽末期生人,号陶隐,著有文集《陶隐集》。
③ 宋希璟:《老松日本行录》,《朝鲜通信使文献选编》,第1册,第43页。

年(1512)和嘉靖十八年(1539)两次入明。① 被掳人虽然因倭寇而起,但其以通事的身份重新登场于当时的东亚国际交流,则是在三国围绕战争、遣使、贸易的复杂关系中所形成的一种特殊历史现象。

除了被掳人之外,此时日本还活跃着通过其他途径到来的中国人。比如在宋希璟的《行录》中多次登场的陈吉久和他的父亲陈宗希,便是渡来人陈延祐的后裔。根据日本学者樋口淳的研究,在元朝灭亡之际,官至礼部员外郎的陈延祐流亡到日本,最初居住在博多。因为陈延祐才学出众且精通药学,当时的将军足利义满再三邀请他前往京都,但陈延祐并未应征。他的儿子陈宗希袭父亲"外郎"的官名前往京都,以及典医的身份服务于幕府。② 而宗希的儿子也就是陈延祐的孙子陈吉久则以商人的身份在博多从事贸易。朝鲜攻击对马后,九州探题涉川义俊筹划向朝鲜派出使节,派博多的豪商宗金前往京都征询将军的意见。宗金通过陈宗希的引见,将事情的缘由上报给将军,在获得将军首肯的情况下,派陈吉久作为使团的副使前往朝鲜。而陈宗希也在幕府与朝鲜使节的接洽中起到了重要的媒介作用。陈氏家族经过三代人的努力,以博多为根据地,影响力伸展到京都,最终在日本的商界和政界都占有了一席之地,这应该是移民到日本的中国人在日本获得成功的例子。而上述魏天和沦为奴隶的台州小旗,则与陈氏家族这种渡来人的情况不同,他们是被动前往日本,是倭寇之乱的牺牲品。但即便去到日本的途径相似,二人的命运却不同。魏天虽然也一度贱为奴隶,颠沛流离地辗转于中日朝三国之间,但最终抓住时代的机遇,以通事的身份服务于日本政府。而台州小旗被掳来的时间尚短,在九州一带随着倭寇浮海而居,身份低贱,任人使役,他的经历,应该代表了当时身处倭寇漩涡中的明朝被掳人的普遍命运。宋希璟的这些记载,反映出当时因国内战争、贸易或倭寇掳掠而进入日本的中国人在日本的处境,这可以说是从朝鲜人的立场对明、日关系的观察和记录。

余　论

"己亥东征"或曰"应永外寇"在日韩学术界虽然已有为数众多的相关研究,但在中国学术界却鲜有人讨论。究其原因,恐怕是因为这是一场表面上

---

① 参见策彦周良:《初渡集》,《大日本佛教全书·游方传丛书四》,东京:名著普及会,1980年,第196－197页。

② 参见樋口淳:《老松堂所见之日本》(「老松堂のみた日本」),《日本学研究》(「日本学研究」)2003年第1号,第57－81页。

看起来与中国毫无瓜葛的战争。但如果我们跳出这种既定的思维框架,真正面对其时的日朝史料所呈现出来的历史信息时,却不难发现在这场日朝之间因倭寇而引发的战争及其背后的外交交涉中,明朝的身影一直若隐若现。无论是战前朝鲜陈述出兵日本理由时对于保卫明朝的强调,还是在战后的对日交涉中对明朝事大立场的捍卫,均反映出朝鲜在外交上对明朝的倚重,以及其在日本面前有意地对朝、明同盟关系的强调。尽管当时明朝和朝鲜之间围绕辽东的领土和人口问题屡有纠纷,但当二者面对共同的敌人——日本时,又处在同一立场。使二者紧密结合起来的,或者说在一定程度上强化了二者同盟关系的,正是日本的倭寇。经由"己亥东征"这一历史事件,我们可以管窥当时东亚的地缘政治角逐中,明朝、朝鲜以及日本各自所扮演的角色以及他们之间纵横捭阖的外交折冲。

与此同时,经由为战争善后而前往日本的朝鲜回礼使的记录,我们获得了许多关于在日本的明朝被掳人的信息。这些记载为我们更加准确地把握倭寇背景下的中日朝三国关系提供了重要线索。相较于见诸于史书的中日、日朝或者中日朝三国之间的战争或军事冲突,由这些军事冲突所导致的社会问题以及对民众生活所造成的影响却因为相关史料的边缘性而很少进入研究者们的视野。倭寇这一存续了三个半世纪的历史现象对东亚三国所造成的影响,显然不仅仅是造成了无数次军事冲突这么简单。在战争这种电光石火的接触背后,被战争所波及的人们如何继续他们的生活?他们的人生轨迹因此而发生了何种变化?这种变化又是否会影响到之后各国关系的展开?这些都是以往的关系史研究中被忽略的问题。宋希璟《老松日本行录》中所记载的两个被掳人和一族归化人的经历,向我们展示了被卷入政治变迁和军事冲突的中国一般民众的生活。他们的生活固然被"国家"所影响,同样的,他们的某些作为,又会影响到"国家"。这些战争被掳人的经历,反映出当时中、日、朝之间围绕贸易、战争、遣使、文化传播等多个层面而结成的错综复杂的联系。

综上所述,"己亥东征"对明朝而言,既非一场可以隔岸观火、事不关己的事件;对于日本和朝鲜而言,也绝非可以排除明朝的影响。在朝鲜和日本的这次交锋中,明朝虽然没有真正出场,但其潜在的力量贯穿了这场被朝鲜称作"己亥东征"、被日本称作"应永外寇"的战争从酝酿到爆发再到善后的始终。

事大与交邻*
——丁酉再乱期间中朝围绕《海东诸国纪》展开的书籍外交

黄修志(鲁东大学)

作为明朝的东藩之首,朝鲜王朝肇基不久便对"皇明"确立"慕华事大"的基本方针,然两国看似稳固的宗藩关系亦因王权、边界、女真、倭寇等变得复杂微妙,可能因纤介之失而横生波澜。如明太祖《皇明祖训》对朝鲜宗系问题即朝鲜太祖李成桂乃高丽权臣李仁任之子的误载,造成《大明会典》及明人著作甚至清刊《明史》等书的以讹传讹,由此引发朝鲜王朝长达四百多年的书籍辨诬活动。[①] 仅以《大明会典》为例,该书刊行东传后,朝鲜中宗、仁宗、明宗、宣祖四朝皆屡次遣使赴京辨诬,直到七十年后的 1588 年,亦即壬辰倭乱的前夕,万历朝所修《大明会典》才对宗系问题予以彻底更正。[②]

但一波未平,一波又起,九年之后的 1597 年,朝鲜再次赴京进行书籍辨诬,而此次书籍辨诬所牵涉的问题较《大明会典》的宗系辨诬甚至其他所有书籍辨诬更为复杂:首先,明清时期朝鲜的书籍辨诬大多是由于朝鲜人看到中国书籍的误载,朝鲜作为主告主动赴京辨诬,而此次辨诬则是因为明朝官

* 本文系国家社科青年项目"朝鲜王朝'小中华'意识与对华'书籍外交'研究"阶段性成果。
① "书籍辨诬"是指朝鲜针对中国书籍或朝鲜书籍中对自身的指责和误解而专门派遣辨诬使或陈奏使赴京解释、澄清和斡旋的外交活动,堪称"书籍外交",与明清王朝和朝鲜王朝间的宗藩关系相始终。见黄修志:《"书籍外交":明清时期朝鲜的书籍辨诬述论》,《史林》2013 年第 6 期。
② 申时行等修:《明会典》(万历朝重修本)卷 105,北京:中华书局,1989 年,第 571—572 页。

员丁应泰看到朝鲜申叔舟《海东诸国纪》的相关记载而弹劾朝鲜,朝鲜作为被告被迫赴京对此书进行辨诬;其次,此次辨诬发生在壬辰倭乱之后的丁酉再乱期间,正是明鲜联合抗倭的关键时期,瞬息万变的战争局势足以导致各种突发的后果;再次,此次辨诬主要由《海东诸国纪》而起,不仅牵扯到中、朝、日三方面的历史关系,还牵扯到明朝和朝鲜各自的内部党争。然而,学界对《海东诸国纪》所引起的辨诬这一问题重视较少,囿于史料和视野,相关研究亦有不少可以拓展的空间。① 对此,笔者不揣浅陋,主要以申叔舟的《海东诸国纪》为线索,考察明朝与朝鲜围绕此书进行的一系列外交活动,阐述此次书籍辨诬的深刻背景、复杂影响及此间两国关系的特殊性。

一 六朝元老申叔舟及其《海东诸国纪》

《海东诸国纪》的作者申叔舟(1417—1475),字泛翁,号保闲斋,又号希贤堂,朝鲜高灵人,出身文翰世家,自少气度非凡,一生历经世宗、文宗、端宗、世祖、睿宗、成宗六朝。他曾考中世宗戊午状元进士,进入当时朝鲜最高政策咨询机构和学问研究机构——集贤殿担任副修撰。1443 年(正统八

---

① 管见所及,韩国学界对明鲜关系史的研究中只将此次丁应泰诬告朝鲜事件作为抗倭战争中的一个插曲简略提及而已。美国学者 Gari Ledyard 较早梳理了丁应泰诬告朝鲜事件的过程,提供了启发性的解释,但侧重于分析此次战争中朝鲜因丁应泰的弹劾而表现出的儒家道德,未将《海东诸国纪》作为中心来考察,亦未述及燕行使的在京活动,见氏著:《儒教和战争:1598 年朝鲜安全危机》["Confucianism and War: The Korean Security Crisis of 1598", *Journal of Korean Studies*, vol. 6(Washington,1988—89), pp. 81—119]。中国学界方面,傅增湘曾在读毕《海东诸国纪》后提及丁应泰事(氏著《藏园群书题记》卷 3《海东诸国纪跋》),此后台湾、香港和大陆学者皆有关注。台湾学者李光涛在《丁应泰与杨镐——朝鲜壬辰倭祸论丛之一》(载台北"中研院"历史语言研究所集刊》第 53 本第 1 分册,1982 年,第 129—166 页)曾介绍相关史料,认为丁应泰参劾朝鲜"此一谬论,当然不会影响于明帝,而其后被罪者,还是丁应泰本人自食其果"(第 166 页)。香港学者黄枝连在《东亚的礼义世界:中国封建王朝与朝鲜半岛关系形态论》(北京:中国人民大学出版社,1994 年,第 540—558 页)中对丁应泰弹劾朝鲜事件进行了史实梳理,然而其关注点在于以此来探讨"天朝礼治体系"的理论与实践问题。大陆有两位学者探讨了此事件。刘宝全在《明晚期中国和朝鲜的相互认识——以丁应泰和李廷龟的辩论为中心》[北京大学韩国研究中心编《韩国学论文集》(第 19 辑),广州:中山大学出版社,2011 年,第 48—60 页]中认为从丁应泰"弹劾朝鲜"和朝鲜"辨诬奏文"中可以考察朝鲜对明朝存在除全面认同以外的不同认识,"潜藏在民族性格内的自尊思想使之对明朝有所顾忌和疑虑,有所保留"(第 60 页),然而,限于史料,该文主要侧重于双方奏文的对比分析,未利用使臣的燕行文献深入到具体使行过程的历史本身去考察其辨诬过程和复杂影响,并未将《海东诸国纪》作为重点考察,亦未辨析丁应泰借此书诬告朝鲜的现实根源。孙卫国在《丁应泰弹劾事件与明清史籍之建构》[《南开学报(哲学社会科学版)》2012 年第 3 期]中对此事件的原因和政治根源进行了细致讨论,然未注意到《海东诸国纪》的重要角色和燕行使在京的具体外交过程。而关于《海东诸国纪》,中、韩、日三国学界主要侧重于运用此书史料进行地图学、韩日关系史、琉球史等问题的考察,甚少注意到此书在后世所引起的外交事件,兹不赘述。

年,世宗二十五年),申叔舟担任书状官出使日本室町幕府,"及至日本国,人持笔笺,求诗者坌集,叔舟操笔立就,人皆叹服"①,回至对马岛,申叔舟成功说服对马岛主与朝鲜约定岁遣船数。同年,奉世宗之命,申叔舟与郑麟趾、成三问、朴彭年等人编写《东国正韵》,参与创造朝鲜本民族的文字《训民正音》。景泰年间,明朝派倪谦出使朝鲜,世宗命选能文者从游,申叔舟和成三问与倪谦唱和,大受称赏,倪谦回国后亦对申叔舟大为赞扬,曾说"词赋曾乘屈宋坛,为传声誉满朝端"②。端宗即位后,申叔舟出任书状官赴明谢恩。不久,首阳大君李瑈发动"癸酉靖难",申叔舟被封靖难功臣,但也因其未能像成三问等人死难而被后人诟病。待李瑈篡夺端宗王位即位为世祖后,申叔舟又以奏闻使赴明朝贡,从此受到更大重用,封高灵府院君,陆续升任诸多军政要职,最后一直担任最高职位领议政,人称"院相"。在此期间,申叔舟曾拜江原、咸吉道都体察使,征讨毛怜卫野人女真取得胜利,撰进《北征录》、《兵政》、《兵将说》等军事著作,由此世祖对其更为倚重,曾说:"桓公之管仲,汉祖之张良,唐宗之魏征,予之叔舟,一也。"③睿宗即位后,申叔舟参与平定南怡之乱,睿宗去世后又奉贞熹大妃之命策立成宗。所以,申叔舟"四为功臣,再作元勋,三为首相,历事六朝,议论大政,朝野倚重"④,"长百僚,典文衡,以一身为国家安危者几二十年,军国重事纷委于前,左酬右答,剖决如流"⑤,且"久掌礼曹,以事大交邻为己任,词命多出其手"⑥,可见其在东亚三国之中皆有声名。除撰写《东国正韵》及《海东诸国纪》外,他还解正音,通汉语,撰写《洪武正韵训释》和《四声通考》,成为朝鲜人学习汉语的重要书籍,又撰写《国朝五礼仪》,奠定朝鲜的礼制规范。成宗六年(1475),申叔舟去世,临终对成宗说:"愿国家无与日本失和。"⑦可见其对朝日关系的念兹在兹和忧心忡忡。去世后,他被赠谥"文忠",其文集有《保闲斋集》十七卷行世。世宗到成宗时期乃朝鲜在内外改革中趋于稳定并逐渐将"小中华"意识体制化的时期,出现了如《经国大典》、《东国通鉴》等诸多奠定国家制度和王权正统的典籍,而申叔舟正是此间朝鲜内外改革的重要推手。综观他

---

①《朝鲜成宗实录》卷56,成宗六年六月戊戌条。

②同上。

③安钟和:《国朝人物志》卷1,首尔:明文堂,1993年再版,第105页。

④同上。

⑤李肯翊:《燃藜室记述》卷5《世祖朝世祖朝相臣》,第一辑,首尔:韩国民族文化促进会,1966年,第772页。

⑥《朝鲜成宗实录》卷56,成宗六年六月戊戌条。

⑦《通文馆志》卷6《交邻》下,首尔:首尔大学校奎章阁韩国学研究院,2006年,第331页。

壮阔华彩的一生——出将入相的数朝元老,博通经史,文武重臣,事大交邻,攘除女真,不仅对朝鲜前期的政局起到主导作用,对当时的东北亚局势亦产生了重要影响。

《海东诸国纪》的诞生有着深刻复杂的政治背景,与东亚海域的倭寇、朝鲜日本间的军事斗争和贸易往来紧密相关。自高丽以来,倭寇一直是朝鲜的重要困扰,常以对马岛为基地不断骚扰朝鲜沿岸。1419 年,朝鲜发动"己亥东征"(日称"应永外寇"),攻打对马岛,俘获倭寇首领,控制了对马海峡。1420 年,朝日国交恢复,1426 年,朝鲜开放富山浦(今釜山)、乃而浦(今荠浦)、盐浦(今蔚山)三浦,设立倭馆接待日本使臣,并允许其世居贸易。1443 年,朝鲜派正使卞孝文、副使尹仁甫、书状官申叔舟率领通信使团出使室町幕府京都,与对马岛主宗氏签订《癸亥条约》(日称"嘉吉条约"),承认对马岛乃日本领土,但确立了朝鲜在对马岛的宗主地位,对马岛主代理朝鲜统制日本各地的对朝贸易,"诸使皆受对马岛主文引,而后乃来"①。朝鲜将与日本诸岛的交邻关系视为羁縻关系,并将之编入自己的朝贡贸易体系中。朝鲜在世宗时期征倭成功,讨伐野人女真,设置四郡,开拓六镇,是武功强盛的时代,②且朝鲜在成功打压了女真和对马岛倭寇后将其视为本国屏藩,凸显了朝鲜的"小中华"体系。③ 面对中国和日本这两个邻居,朝鲜向西向东都派遣使臣,然而,"交邻"之行无论在频率还是规格上都无法企及"事大"之行,朝鲜赴日通信使的上使、副使、书状官的官阶远比赴华朝贡使的官阶要低,且通信使一般都是有事时应日本的要求才派出的,朝鲜甚至要求日本也使用明朝年号。④ 在申叔舟的时代,朝鲜在军事和文化上都始终保持着对日本的强势。所以,《海东诸国纪》正是申叔舟在此朝日关系的背景下撰写的。

成化七年(朝鲜成宗二年,1471),申叔舟撰成《海东诸国纪》,虽名"海东",但主要记载日本和琉球,而日本又占 95% 左右。关于此书的撰修目的和主要内容,申叔舟在序中说:

　　夫交邻聘问,抚接殊俗,必知其情,然后可以尽其礼,尽其礼,然后

---

① 申叔舟著、田中健夫译注:《海东诸国纪》,东京:岩波书店,1991 年,第 365 页。

② 《燃藜室记述》卷 3《世宗朝征倭之役、讨野人、设置四郡、开拓六镇》,第 668−679 页。

③ 郑多函著、金子祐树译:《"小中华"的创造:以 15 世纪朝鲜向女真、对马派遣的"敬差官"为中心》(『「小中華」の創出:15 世紀朝鮮の女真・対馬に向けた『敬差官』派遣を中心に』),西村昌也、篠原启方、冈本弘道编:《从周边与中心的概念对东亚越、朝、琉的解读》(『周縁と中心の概念で読み解く東アジアの越・韓・琉』),大阪:关西大学文化交涉学教育研究据点(ICIS),2012 年 3 月,第 67−88 页。

④ 王元周:《东风与西化:东北亚文明之路》,北京:人民出版社,2011 年,第 67 页。

可以尽其心矣。我主上殿下，命臣叔舟撰海东诸国朝聘往来之旧，馆谷礼接之例以来，臣受命祗栗，谨稽旧籍，参之见闻，图其地势，略叙世系源委、风土所尚，以至我应接节目，衰辑为书以进。臣叔舟，久典礼官，且尝渡海，躬涉其地，岛居星散，风俗殊异，今为是书，终不能得其要领，然因是知其梗概，庶几可以探其情酌其礼而收其心矣。窃观国于东海之中者非一，而日本最久且大……习性强悍，精于剑槊，惯于舟楫，与我隔海相望，抚之得其道，则朝聘以礼，失其道，则辄肆剽窃。前朝之季，国乱政紊，抚之失道，遂为边患，沿海数千里之地废为榛莽……今我国家，来则辅之，优其饩廪，厚其礼意。彼乃狃于寻常，欺诈真伪，处处稽留，动经时月，变诈百端，溪壑之欲无穷，小咈其意，则便发忿言。地绝海隔，不可究其端倪，审其情伪，其待之也，宜案先王旧例以镇之。而其情势各有重轻，亦不得不为之厚薄也。[①]

首先，申叔舟点明此书的主要修撰目的乃是为了更好地与日本交邻聘问，维护海疆安全。其次，申叔舟指出此书的大概内容，"谨稽旧籍，参之见闻，图其地势，略叙世系源委、风土所尚，以至我应接节目"。此书主要内容有：地图，共有九幅，分别是"海东诸国总图"、"日本本国之图"、"日本国西海道九州之图"、"日本国壹岐岛之图"、"日本国对马岛之图"、"琉球国之图"、"熊川荠浦之图"、"东莱富山浦之图"、"蔚山盐浦之图"（后三图乃朝鲜三浦之图，标明倭户所居）；国纪，分为"日本国纪"和"琉球国纪"，而"日本国纪"又分为"天皇代序"、"国王代序"、"风俗"及"八道六十六州"，梳理日本历代天皇和将军的次序，记载日本八道六十六州的形势、田亩、户口及与朝鲜交往的历史；礼仪，即"朝聘应接记"，详细规定各地使臣的船舶定数、船夫人数、接待规格、所给海料等，另外，对三浦倭民和对马岛又规定了"三浦禁约"和"钓鱼禁约"。所以，《海东诸国纪》对日本使臣来往及互市贸易的规定代表了朝鲜交邻外交体制的成立。[②]

值得注意的是，此书以明朝年号纪年，称明朝为"中国"，在序文中又不断强调"待夷狄之道"，多用"来朝"指称日本各地使臣及琉球使臣出使朝鲜，突出体现了朝鲜在以明朝为中心的"大中华"朝贡体系中又建立了以自己为中心、以周边的日本、琉球、女真等为四夷的"小中华"体系，"慕华"、"事大"、

---

① 《海东诸国纪》，第301－303页。

② 中村荣孝：《岁遣船定约的成立——十五世纪朝鲜交邻体制的基本条约》(「歳遣船定約の成立——十五世紀朝鮮交鄰體制の基本約条」)，氏著：《日鲜关系史研究》(『日鮮関係史の研究』)下，东京：吉川弘文馆，1969年。

"交邻"俱现,突出体现了朝鲜前期的"小中华"意识,由此流露出朝鲜前期对自身地位和身份的乐观和自信。另一方面,《海东诸国纪》也反映出在朝鲜前期,朝鲜对日本的普遍蔑视及视日本为夷狄的观念。① 可以说,《海东诸国纪》对日本的历史、政治、社会、地理、风俗有着全面的考察,②完善了朝鲜的外交礼仪,是"一部十五世纪朝鲜人认识日本的集大成,也是理解中世日本与朝鲜外交往来重要的史料"③。此书自刊行后,便成为朝鲜对日外交的参考凭据,且其撰写体例亦成为朝鲜调查北方女真并纂辑相关书籍的主要范本。④

尽管申叔舟临终前仍牵挂着朝日关系,但正是他的这本《海东诸国纪》,在一百多年后丰臣秀吉侵略朝鲜的后期即丁酉再乱期间,突然掀起一场轩然大波,一时将朝鲜君臣、东征将士、北京官员卷入到这场政治漩涡中。

二 丁应泰以《海东诸国纪》弹劾朝鲜

1592 年,日本关白丰臣秀吉派小西行长、加藤清正等率二十万大军侵略朝鲜,朝鲜望风皆溃,不到三个月,两京陷落,"八道几尽没,且暮且渡鸭绿江,请援之使络绎于道。廷议以朝鲜为国藩篱,在所必争"⑤。由此,刚刚平定了西北宁夏哱拜叛乱的明朝又回马东征,开始了历时七年的万历朝鲜之役,而此间又因封贡日本的失败,丰臣秀吉再次发动侵略,所以这七年分为两个时期,朝鲜称之为壬辰倭乱、丁酉再乱,日本则称之为文禄、庆长之役。

1597 年,丁酉再乱,一直被蒙在鼓里的明神宗才得知封贡日本失败,大怒,"命逮石星、沈惟敬案问。以兵部尚书邢玠总督蓟、辽;改麻贵为备倭大

---

① 河宇凤:《朝鲜王朝时代的世界观与日本认识》(『朝鲜王朝时代の世界観と日本認識』),东京:明石书店,2008 年,第 180 页。
② 清朝学者朱彝尊对《海东诸国纪》评价颇高,认为此书比明人的日本研究著作更丰富清楚:"此邦君长授受改元,由周至明初,珠连绳贯,因取以补《广汉遗书》。至其分壤之广,八道六十六州,若聚米于前,山川在目,比于张洪、薛俊、侯继高、李言恭、郑若曾所述,尤了如指掌矣。"朱彝尊:《曝书亭集》卷 44《书〈海东诸国纪〉后》,《景印文渊阁四库全书》第 1318 册,集部 257,台北:台湾商务印书馆,1986 年,第 157 页。
③ 罗丽馨:《十五世纪朝鲜人对日本的观察和记录——以申叔舟〈海东诸国纪〉为中心》,《台湾师大历史学报》2009 年第 42 期,第 81 页。
④ 礼曹承旨郑眉寿曾建议:"《海东诸国纪》,申叔舟所撰也。日本国道路远近、风土族系、接待等事,备悉图画,并序以文,故凡接待之礼,国家赖之。北方野人之地,则虽镇帅相继出入,皆试人,未知族系、风土等事。独李克均、李季仝知之,请依《海东诸国纪》例纂辑,何如?"国王同意了这一建议。见《燕山君日记》卷 32,燕山君五年正月己卯条。
⑤ 《明史》卷 320《朝鲜传》,北京:中华书局,1974 年,第 8292 页。

将军，经理朝鲜；佥都御史杨镐驻天津，申警备；杨汝南、丁应泰赞画军前”[1]。当年五月，总督邢玠、经略杨镐、提督麻贵等相继率兵东征剿倭，六月，明军攻破重镇闲山岛，杨镐檄守朝鲜王京西面的汉江和大同江，扼制了倭军的继续进攻，防守住军事运道，从而解除王京东面的危难，受到朝鲜君臣的高度赞扬。紧接着，杨镐、邢玠相继进入王京，精心安排兵力部署，在取得稷山大捷后，十一月，邢玠将明军分为三协，其中杨镐和麻贵率领左右两协由王京进至庆州，专攻加藤清正所在的蔚山，倭军大败，逃奔岛山坚壁不出，杨镐率军围攻不下。正在此时，小西行长率援军赶来，趁恶劣天气突袭明军，杨镐“仓猝撤军，结果反为倭兵所乘，不利而退”[2]，由此明军转胜为败，全部撤至王京。经此一败，明军伤亡甚大，但杨镐与邢玠假传捷报，少报伤亡人数，当时内阁大臣张位和沈一贯亦私发书信保护杨镐。

而身为言官的明朝兵部朝鲜赞画主事丁应泰得知此事后，上疏弹劾杨镐，“抗疏尽列败状，言镐当罪者二十八、可羞者十，并劾位、一贯扶同作奸”[3]，指斥张位“与镐密书往来，朋党欺罔，镐拔擢由贿位得之”[4]，从杨镐等诸将到内阁大臣都在丁应泰弹劾之内。神宗闻之震怒，“乃罢镐听勘，以天津巡抚万世德代”[5]。然而，因杨镐曾解救王京，所以朝鲜君臣对杨镐感恩戴德，又因丁应泰在弹劾杨镐的疏文中建议明廷“兵不必加调，粮不必增运”，这令朝鲜君臣忧心如焚：“今日之事，不容但已。一边陈奏天朝，一边移咨军门，反覆辨析，庶几朝廷知实状，而不为邪说所惑，为今日急务耳。”[6]于是，宣祖接连派陈奏使前往北京为杨镐辩白，“请回乾断，崇励镇抚，以毕征讨”[7]。同时，明军将官吴惟忠、茅国器、许国威等二十三人亦上书神宗为杨镐辩白，希望神宗能以东征大局为重，收回成命。[8] 实际上，杨镐是因为“明

---

①《明史》卷320《朝鲜传》，第8295页。

②李光涛：《明人援韩与杨镐蔚山之役》，台北：《“中研院”历史语言研究所集刊》，第41本第4分册，1969年，第545页。

③《明史》卷259《杨镐传》，第6687页。

④《明史》卷219《张位传》，第5778－5779页。

⑤《明史》卷320《朝鲜传》，第8297页。

⑥《朝鲜宣祖实录》卷101，宣祖三十一年六月丙子条。

⑦《明史》卷320《朝鲜传》，第8298页。

⑧“臣等窃谓杨经理，智足以料敌，才足以应变，勇足以挫锐，廉足以树德。乃犹置之于可罪可羞之列，是必奸猾之徒，不为杨经理所器者，怨望吠声，以有今日。此鲜之君臣，所以拥道泣留，而远来将士，所以扼腕而不忍离者也。……今临敌收功之际，何忍易将？将者，以统将士之心……臣等请以缓急之势为言，乃弃杨经理，而使垂成之功，废于一朝，臣切悼之。”《朝鲜宣祖实录》卷102，宣祖三十一年七月癸巳条。

朝内部的官场斗争而遭弹劾,但由于朝鲜对这件事的参与,他受到了丁应泰的猛烈攻击"①。丁应泰迁怒于朝鲜,再次上疏,以"筑城"之事指摘杨镐,认为此举将会令朝鲜"坚城得志",难保朝鲜不叛,为此,宣祖又派使臣奏辨,②这使丁应泰与朝鲜的关系更加恶化。在丁应泰与朝鲜交恶的情势下,丁应泰将《海东诸国纪》作为把柄,从此书中寻找朝鲜勾结倭寇的种种证据,向神宗呈上一篇题为《属藩奸欺有据,贼党朋谋已彰事》的奏文,正式弹劾朝鲜,把对朝鲜及东征诸将的种种不满一并爆发出来。

丁应泰首先说自己在夹江中洲时,听辽人说此地乃朝鲜招引倭奴所占,阴谋"起兵同犯天朝,夺取辽河以东,恢复高丽旧土"。为证实这种说法,他举出在朝鲜所得书籍《海东纪略》(即《海东诸国纪》),"书名《海东纪略》,乃朝鲜与倭交好事实也"③。根据此书,丁应泰列举朝鲜的几大罪过:

第一,交通倭贼,献纳互市,招倭复地,自作自受:

> 自丙戌年,遣寿蔺赍书礼,达日本萨摩诸州及对马岛诸郡诸浦,或受图书,约岁通倭船互市,或受朝鲜米豆,至纳绅布千匹、米五百石于伊势守,转达日本,皆献纳互市之实迹也。且国王、诸酋使船有定数,接待诸使有定例,倭馆使船大小、船夫有定额,给图书有职掌,迎候供宴有定仪。复详其天皇世系、国王世系与夫政令、风俗,历历指掌。且假日本之使,而通给琉球。又按其图说,而熊川、东莱、蔚山,其恒居倭户二千有奇,畠山殿副官书契中明言国王和亲。由是观之,绅、米之说有据,而招倭复地之说非虚语也。不谓关白雄酋,乃因其招而乘其敝,遂一举而袭破其国,则鲜君臣之自贻戚也。④

丁应泰读此书甚细,基本上将《海东诸国纪》的体例及主要内容说得很清楚,但丁应泰的逻辑是:既然朝鲜和日本早就互通使臣、互市贸易,对日本各个方面都非常熟悉,且在三浦地区有倭户世居,那么就表明朝鲜勾结日本,冒犯天朝。但是,朝鲜虽是明朝属国,但亦有自主的外交,在很久以前就与日本、琉球有所交往,肯定比明朝更为了解日本的政治和风俗。而至于三浦倭户,实际上是丁应泰不了解朝鲜在"己亥东征"之后与日本互市的具体情况,亦不知自1510年朝鲜平定"三浦倭乱"后,三浦早无倭户居住。

---

①刘宝全:《明晚期中国和朝鲜的相互认识——以丁应泰和李廷龟的辩论为中心》,北京大学韩国研究中心编:《韩国学论文集》(第19辑),第50页。
②《明史》卷320《朝鲜传》,第8298页。《朝鲜宣祖修正实录》卷32,宣祖三十一年六月甲寅条。
③《朝鲜宣祖实录》卷104,宣祖三十一年九月癸卯条。
④同上。

第二,大书日本年号,小书明朝年号,尊奉日本,不奉正朔:

> 朝鲜应科人习三经,则即知《春秋》大义,当谨奉天朝正朔,何为又从日本康正、宽正、文明等年号而大书之?且小字分书永乐、宣德、景泰、成化纪年于日本纪年之下,则是尊奉日本,加于天朝甚远。[1]

在东亚世界中,年号是时间的一种权力形式,所谓"奉正朔",就是以遵用统一的日历和年号来表明臣属身份。其实自从新罗在650年使用唐朝皇帝的年号后,朝鲜宫廷一般坚持使用当时中国年号。[2] 丁应泰认为《海东诸国纪》大书日本年号且用小字书明朝年号于日本年号之下,是尊奉日本不奉明朝正朔的表现。

第三,僭妄称祖,未见恭顺,訾辱帝王,轻藐中国:

> 而书又僭称太祖、世祖、列祖、圣上,敢与天朝之称祖、尊上等,彼二百年恭顺之义谓何?而皇上试以此责问朝鲜,彼君臣将何说之辞?况其舞文,訾辱中国先代帝王,即其一序,已自概见,朝鲜君臣轻藐中国,已非一日。[3]

庙号是中国帝王死后在太庙被祭祀时所追尊的号,按照"祖有功而宗有德"的原则,一般开国君主被称"祖",嗣君有德有能者被称"宗",而向中国朝贡的属国则是没有权利拥有庙号的。明朝对朝鲜去世的国王多追赠以谥号,如对李成桂赐谥"康献",对李芳远赐谥"恭定",对李裪赐谥"庄宪"。朝鲜虽无年号,却自高丽王朝开始坚持使用庙号,所以朝鲜称李成桂为"太祖",称李芳远为"太宗",称李裪为"世宗"。朝鲜深知这是对明朝的一种挑衅,所以一般秘密使用庙号,不敢让明朝知道。[4] 丁应泰恰恰在《海东诸国纪》发现了这一敏感信号,认为这不符合朝鲜恭顺事大之义,是对天朝权威的冒犯。另外,丁应泰还举出申叔舟序文对汉武帝、光武帝和石敬瑭的批评

---

① 《朝鲜宣祖实录》卷104,宣祖三十一年九月癸卯条。
② 金载炫:《与中国时间斗争、时空的国族化:李朝后期的记时》,司徒琳(Lynn A. Struve)主编、赵世瑜译:《世界时间与东亚时间中的明清变迁》上卷《从明到清时间的重塑》,北京:三联书店,2009年,第159页。
③ 《朝鲜宣祖实录》卷104,宣祖三十一年九月癸卯条。
④ 金载炫指出,在1592年壬辰倭乱爆发之时,朝鲜宫廷奔逃,"宫廷犹豫不决,不愿请求中国派遣军队的原因之一便是害怕后者一旦来到朝鲜后,会发现他们使用庙号……或许朝鲜人将年号视为一种表征,象征着独立的国家。朝鲜人不敢冒险作此非分之想。而对于他们来说,庙号所表示的是对于完美的儒家统治的道德献身……只有在记载过去的时间时,朝鲜人才可能使用死去君主的庙号,使自己的时间民族化"。见氏著:《与中国时间斗争、时空的国族化:李朝后期的记时》,载《世界时间与东亚时间中的明清变迁》上卷《从明到清时间的重塑》,第131页。

来说明朝鲜君臣轻蔑中国,已非一日。[1]

丁应泰在指出《海东诸国纪》所出现的这三个重大嫌疑之后,接着讽刺朝鲜是"招倭构衅,自启祸戎,而刚愤求援,动称死节",而现在又要"自偷安逸,移祸天朝"[2]。最后,丁应泰总结陈词,将朝鲜国王、陪臣及东征诸将一并痛斥,并呈上《海东诸国纪》,要求朝廷公议"朝鲜君臣是否绝倭愚弄中国,是否绝倭愚弄天朝邢玠、陈效、麻贵等,是否徇情扶同欺罔,是否徇私曲庇"[3]。

明神宗看到丁应泰的奏文后,马上下旨调查,但也命令东征诸位将官务必以东征大局为重,务必尽去嫌疑,不得相互攻讦:

> 这所奏朝鲜隐蔽事情,着差去科臣上紧并勘,前屡有严旨,东事候勘回之日,功罪自明,丁应泰不必再有陈渎。其奏内倭事是否真伪,一切战守机宜,着邢玠、陈效、丁应泰、徐观澜等尽去嫌疑,虚心会议行举,务以国事为重,毋得彼此参差。见今秋防紧急,部务繁重,萧大亨安心供职,俱不许纷纷渎辞。仍催万世德兼程前去经理。[4]

三 朝鲜君臣之反应

作为朝鲜搜集机密情报并提供政策咨询的机关,承政院在搜集的明朝通报上看到丁应泰的奏本及明神宗的批复圣旨,马上将之呈给国王宣祖。宣祖看后,大为紧张痛心,当天传令承政院:"今见丁应泰参奏,盖因我国之直言陈奏,力救经理,而为此泄愤之举也。……今圣旨未下,方在俟罪待命之中,岂敢以藩王自处,偃然无异平日乎?……自今凡一应机务,令世子处决。天将亦将以何面目接待?亦当令世子代行。"[5]宣祖决定俟罪待命,不坐殿,不理政,听候科臣的调查和圣旨的发落,将一切事务交由世子代理。

然而,宣祖这一决定令承政院感到非常为难,因为宣祖闭门待罪便意味着朝鲜行政运转的中止。承政院首先上奏宣祖:"臣等伏见丁应泰参本,不

---

① 申叔舟在序中说:"诚能修己而治人,修内而治外,亦必无怠于心,无荒于事,而后治化之隆,远达四夷矣,益之深意,其不在兹乎?其或舍近而图远,穷兵而黩武,以事外夷,则终于疲敝天下,如汉武而已矣;其或自恃殷富,穷奢极侈,夸耀外夷,则终于身且不保,如隋炀而已矣;其或纪纲不立,将士骄惰,横挑强胡,则终于身罹戮辱,如石晋而已矣。是皆弃本而逐末,虚内而务外,内既不治安能及外哉?有非徽戒无虞无怠无荒之义矣。"见《海东诸国纪》,第302页。
②《朝鲜宣祖实录》卷104,宣祖三十一年九月癸卯条。
③同上。
④同上。
⑤同上。

胜痛惋。其所称《海东纪略》，臣等未尝闻有是书，而其所云云，极其悖理，实不能无疑。且招倭复地之说，尤极阴惨，不可不痛辨。"①承政院并未意识到《海东纪略》即是申叔舟《海东诸国纪》，②只认为应该马上办理辨诬之事，但宣祖并无答复。接着承政院再次上奏宣祖，陈说丁应泰的诬奏已造成群臣的紧张不安，而现在正是存亡成败的关键时刻，国王应当收回成命，重理国事，但宣祖仍未答复。③

针对这种情况，朝鲜领议政柳成龙连续三次上奏宣祖，建议应当尽快派遣陈奏辨诬使，而东征诸将邢玠、陈效等亦在查勘之中，所以情势紧急，他率领群臣劝谏宣祖尽快重理国事，但宣祖仍言待罪之中，不能出面，他命令群臣"力陈于诸衙门，或痛哭陈诉，而急遣使臣，请辞藩位"④。宣祖的坚持让朝鲜群臣更加忧急，承政院、司宪府、弘文馆的诸位大臣纷纷上奏劝谏，但宣祖仍坚持此乃人臣之义，欲效当年周公行事。⑤

针对马上进行的《海东诸国纪》辨诬，领议政柳成龙等上奏宣祖："丁本中所指斥诸条，如《海东纪略》年号大书、分书，且我国庙号等事，皆是极重可辨之事，而语难明白，群议迟延，以此呈文，尚未正书，极为闷虑。且各样启辞尚未得达，安有如此痛闷之事乎？国事至重，愿加三思。"⑥对此，宣祖回答说：

> 曾见其书，应泰之所指，皆不虚矣。所谓庙号者，诸殿倭之下书某朝来朝，申叔舟序文亦书某祖、某宗。所谓倭年号，则天皇系世中书之，

---

① 《朝鲜宣祖实录》卷 104，宣祖三十一年九月癸卯条。

② 《海东诸国纪》乃当时朝鲜重要典籍，朝鲜大臣不可能不知道此书，另外一种可能性的解释是：承政院意识到此书确实对朝鲜辨诬大大不利，故意说未听闻此书，暗示宣祖可以矢口否认此书的存在以争取辨诬的成功。此条观点，笔者受到北京大学李欣然博士的启发，谨此致谢！

③ 《朝鲜宣祖实录》卷 104，宣祖三十一年九月癸卯条。

④ 同上，宣祖三十一年九月甲辰条。

⑤ 同上，宣祖三十一年九月乙巳条。Gari Ledyard 指出，在儒家君臣名分中，"忠"被赋予了很高的位置，而明朝和朝鲜之间的关系"不是简单的国际关系，它是一个基本的文化问题，涉及到对主上忠诚的问题，如果忠诚不存在了，那么明朝和朝鲜的宗藩关系也就不存在了"，丁应泰的弹劾使得国王的合法性面临危机，所以在国王看来，战争、杨镐、丁应泰都不重要了，只有国王的名分才是一切。而且，朝鲜国王处在接受臣民的忠诚和向明帝表达忠诚的节点上，这样一个尴尬的位置引发了很多儒家道德问题，所以对朝鲜人来说，"国王的困境就是全民的困境，对国王的控告就是对整个国家的控告"。Gari Ledyard，"Confucianism and War：The Korean Security Crisis of 1598"，*Journal of Korean Studies*，vol. 6（Washington，1988—89），pp. 96—98。面对丁应泰的弹劾，宣祖自身亦有如此感受："今此被诬之事，何如事也？非独君自被诬，生于鸭绿以东者，皆被诬也。"《朝鲜宣祖实录》卷 105，宣祖三十一年十月乙卯条。

⑥ 《朝鲜宣祖实录》卷 104，宣祖三十一年九月乙巳条。

非别书倭年号也。所谓分注中朝年号,则似是间或注释者然。此等之
事,辨之不难矣。其书乃有司誊录之,为所以有时查考,以为羁縻之地,
如天朝之许待鞑子,关市许贸,或赐以米,以为生灵之计耳,当以此辨
之。至于倭户事,则自前许居其地,如天朝向化鞑子之为,庚午年构乱,
发兵讨平,仍尽撤其策,自后无一户居之。前者接见唐官时,或有疑之
者,予以此告之,唐官无不知之,此亦不难。惟号一事极难。前闻李提
督问之右相,对以臣子尊称君父为言云云,未知其对之果合与否也。但
应泰之得此书,予甚疑之耳。①

　　宣祖指出了陈奏辨诬的各个要点,对年号、互市、倭户、庙号之事皆指示
应当如何申辩,但他也承认庙号一事最为艰难。对此,柳成龙认为庙号事关
重大,建议不要在辨诬奏文里提及。考虑到丁应泰已将《海东诸国纪》呈给
宫廷及礼部,所以必须马上搜集《海东诸国纪》的正本,对之一一商议,使之
件件着落,以便辨诬之时从容应对。另外,他还建议命令多位能文之士撰写
辨诬奏文,反复斟酌,然后从中择取。②然而,针对柳成龙在奏文中不提及
庙号的建议,承文院提调尹根寿等人表达了不同意见:"我国庙号,天朝人无
不知之,《舆地胜览》及《考事撮要》流入中国甚多,丁奏亦以为'试以此责问,
朝鲜其将何说之辞'云云,盖欲执此以为大段罪。今此奏本,阙而不答,彼必
以为无辞以对。不如备陈实情,受以为罪,故如是勘定矣。"③最后,朝鲜君
臣达成一致,据实陈奏庙号一事,朝鲜撰写了初步的奏文呈给奉命查勘的徐
观澜和御史陈效,④而在众多能文之士撰写的辨诬奏文中,朝鲜最终选定了
李廷龟撰写的奏文。

　　奏文已经选定,接下来的任务就是决定使臣的人选。但就在此时,朝鲜
内部展开了激烈的党争,矛头直指领议政柳成龙。实际上,在壬辰倭乱开始
之后,南人党领袖柳成龙由于推举李德馨求援明朝,举荐李舜臣抗倭,南人
党的势力大增。然而随着战局的发展,党争形势发生了变化,此年"七月九
日,平秀吉死,各倭俱有归志"⑤,倭军开始回撤本土,战争已进入收网阶段,
李舜臣在截击岛津义弘和小西行长的露梁海战中战死,这使"南人党"势力
迅速下降。而此时,宣祖宣称希望柳成龙能担任陈奏辨诬使,大臣亦认为柳

①《朝鲜宣祖实录》卷104,宣祖三十一年九月乙巳条。
②同上,宣祖三十一年九月戊申条。
③《朝鲜宣祖实录》卷105,宣祖三十一年十月丁巳条。
④同上。
⑤《明史》卷320《朝鲜传》,第8298页。

成龙作为首相,当此国家存亡之际理应赴京辨诬,但柳成龙并没有出使的意愿。于是,成均馆儒生及北人党大臣借此指责柳成龙规避责任,结党营私,司宪府声称:"今此至冤极痛,环一国血气莫不摧肠折骨。辨诬之举,一日为急,居相位者,欲为规避,见差之后,犹有厌避之状。圣谕累勤,而刚肠不动;陈札纷纷,而愆意愈深。柳成龙孤恩之罪,至此极矣。"①其实在此之前,北人党领袖南以恭、郑仁弘等人就曾针对柳成龙曾支持和议为由对之弹劾和攻击,②此次柳成龙又拒不出使,北人党的攻击自然进一步升级。最后迫于舆情,柳成龙只好自请罢职,③由此,朝鲜政局结构发生重大变更:南人党第二领袖李元翼成为领议政,李恒福为右议政,李德馨为左议政,④但实际上朝政已渐被北人党所控制。

最终,在宗室、群臣、儒生及邢玠的反复劝说下,一个月后,宣祖才出面重理国事。朝鲜权衡再三,任命右议政李恒福为陈奏正使、工曹参判李廷龟为副使、司艺黄汝一为书状官,率使团前往北京针对《海东诸国纪》展开辨诬和斡旋。⑤

朝鲜君臣的反应提供了三条重要的信息:首先,丁应泰的诬告已经关涉到朝鲜的王权合法性问题,因为朝鲜王权的合法性来源于明朝的认可,所以朝鲜国王的待罪姿态表明,在讲究君臣名分的儒家伦理面前,国王对王权合法性的焦虑和诉求才是最根本的动因,且宣祖虽然口称不理朝政,却在幕后操纵着使行辨诬的各种事宜,揭示了他做出待罪姿态的现实动机;其次,众多大臣口称并不熟悉《海东诸国纪》,以至于认不出《海东纪略》,而宣祖的回答表明《海东诸国纪》流传非广,实乃朝鲜政府部门专用于交邻之书,所以宣祖产生疑惑,"应泰之得此书,予甚疑之耳",这预示着待辨诬结束后,朝鲜会对此案进行彻查;再次,丁应泰借《海东诸国纪》诬告朝鲜,使朝鲜内部本来就有的党争更加激烈化,对朝鲜政局产生了重要影响。

四 李廷龟奏文对丁应泰的驳斥

万历二十六年戊戌(1598)十月二十一日,朝鲜陈奏辨诬使李恒福

---

① 《朝鲜宣祖实录》卷105,宣祖三十一年十月丁巳条。
② 同上,卷104,宣祖三十一年九月乙巳、丁未、己酉等条。
③ 《朝鲜宣祖修正实录》卷32,宣祖三十一年九月癸未条。
④ 《朝鲜宣祖实录》卷105,宣祖三十一年十月庚申条。
⑤ 同上,宣祖三十一年十月癸酉条。

(1556—1618,号白沙)、副使李廷龟(1564—1635,号月沙)、书状官黄汝一(1556—1622,号海月)从王京汉城出发前往北京。未过鸭绿江,王京派人追来,发现李廷龟所拟奏文中有几个错字,使团赶紧命写字官改正,过江之前又屡次查对奏文,最后才封上。① 在丁应泰诬告《海东诸国纪》的阴影下,使团在路上又先后遇到宣祖前两次派出的陈奏使崔天健和李元翼自北京而归,②由此李恒福等人如履薄冰,战战兢兢,不希望在文字方面再有任何闪失。经过反复斟酌和屡次改定,李廷龟针对丁应泰所指出《海东诸国纪》的几大罪过,在辨诬奏文中一一辨明:

第一,丁应泰读到《海东诸国纪》中有关朝鲜和日本交往的历史,认定朝鲜是交通倭贼,献纳互市,招倭复地,自作自受。对此,李廷龟辩白说:

> (日本)自高丽之季,以至小邦之初,跳梁侵掠,岁为边患。……小邦视之如禽兽,待之如蛇虺,为生灵计,遂许以关市,以中其欲,或赐以米谷,以悦其心,于是有馆待倭奴之例。伊势守之归,赐以䌷米,寿蔺僧之还,付诸谕书,即此也。至正统年间,因其求使,尝遣陪臣申叔舟往日本通谕而来,盖所以验察彼中情形,盛衰强弱,而仍探听贼情,报闻天朝,此固有国之所不免,而亦天朝之所知也。……此皆小邦为天朝竭心殚力,一面捍御以遏其锋,一面抚辑以防其衅,使丑类畏服,不敢生心,以弭边疆之祸,以效屏藩之职者也。且对马岛倭初请来,寓于莽浦、釜山浦、盐浦等地,以为互市钓鱼之所,小邦遂许其来居,使之探候贼倭声息,此所以有三浦倭户之说也。然其居止及通行,皆有定处,不得违越。……此则《海东纪》已尽载录,即小邦钤束之意,亦可以见。而其后渐成繁滋,至正德庚午,三浦之倭作乱,杀莽浦佥使李友曾,小邦遂遣将剿灭,自后绝不许居,三浦之无倭户,今已八十九年。今乃谓小邦于万历二十年令世居倭户往招诸倭,起兵同犯,言之不近,乃至于此,是谁欺天乎?③

首先,李廷龟强调朝鲜对日本的立场和态度:日本一直是朝鲜的边患,

---

① 黄汝一:《银槎录》,林基中编:《燕行录全集》卷8,首尔:东国大学出版部,2001年,第271页。

② 《银槎录》,《燕行录全集》卷8,第266、278页。《朝鲜宣祖修正实录》说明了这两次陈奏的原因:"赞画主事丁应泰与杨镐有隙,奏劾之,我国连遣崔天健、李元翼等,上奏陈辨,乞令仍留管事。"(卷32,宣祖三十一年九月癸未条)

③ 《银槎录》,《燕行录全集》卷8,第249-251页。李廷龟此篇奏文在《朝鲜宣祖实录》(卷105,宣祖三十一年十月癸酉条)及《明神宗实录》(卷331,万历二十七年二月壬子条)中亦有记载,但较书状官黄汝一的誊录都较短,《明神宗实录》只概括奏文大略,考虑到书状官的记录责任及当时过江之前又屡加查对修订的情况,可以推定黄汝一的誊录当为奏文最后定本。

朝鲜一直将日本视为禽兽蛇虺，连夷狄都不如，只不过"为生灵计"，才与之互市通使，但通使的目的也是探听日本情报而为天朝和朝鲜消除共同的倭患。其次，李廷龟辨明三浦倭户的由来：三浦只是为了方便双方贸易和捕鱼，但倭户的行为受到朝鲜的严格管制，更何况朝鲜在平定三浦倭乱后，三浦已无倭户居住，而且这已是八十九年前的陈年旧事了，所以，朝鲜怎会招倭同犯天朝呢？由此可见丁应泰仅以《海东诸国纪》的若干文字为据而不顾历史实际，有违事实。

第二，丁应泰在《海东诸国纪》中发现大书日本年号，小书明朝年号，且序文中对汉武帝、隋炀帝、石敬瑭颇多批评，由此断定朝鲜尊奉日本，不奉正朔，訾辱帝王，轻藐中国。对此，李廷龟解释道：

> 至于《海东纪略》，则乃陪臣申叔舟得倭人所纪其国风俗、世系、地图，遂因其本稿，附以小邦馆待倭奴事例，作一册，名为《海东诸国纪》。盖小邦与日本，声迹邈然，只是来则不拒，略为羁縻之计而已。至申叔舟往来之后，稍知其国事迹，因誊出一编，以为异国奇闻，而今乃以覆瓿之断简，作为陷人之奇货，捃摭流闻，捏造虚辞，亦已甚矣。其所谓年号大书分书之事，尤不足辨。盖此书只因其国所记而添注，故其国僭称年号之下，分注天朝年号，以标日本僭称之某年，为天朝建元之几年，如曰嘉吉元年，即正统六年云者是也。大书者，本记也；分书者，添注也。加一"即"字，其意尤明。《春秋》因鲁史所作，故大书鲁元年，其下分注周平王几年，亦可因此而有意于尊周之意乎？况其国王关白，皆书"死"，尊奉者果若是乎？且书中即称"来朝"，而今乃谓彼此"相朝"；书中即云"赐米"，而今乃谓鲜人"纳贡"。自做臆说，以掩其实，欲加之罪，其无辞乎？吾皇圣明，一统万邦，普天率土，声教俱暨，而独此小丑敢有僭号，自帝其国，以抗天纪，是实臣子之同雠，万国之共愤。……若曰小邦奉日本年号，则序文之末，何以揭天朝成化纪元乎？此亦不待辩说而自明矣。且其序文，则申叔舟第因其书，而泛论古昔待夷之道，是不过一文人措语之谬事，在百年之前，微琐甚矣，而今欲执此而为罪案，目之以轻藐中国，岂不冤乎？①

在此，李廷龟解释了申叔舟《海东诸国纪》的由来，极力淡化此书及其作者申叔舟在朝鲜的地位，认为此书只不过是"异国奇闻"、"覆瓿之断简"、"一文人措语"。针对年号问题，李廷龟再次强化了朝鲜鄙视日本并将之视为夷

①《银槎录》，《燕行录全集》卷8，第251—254页。

狄的态度。他援引《春秋》体例指出这也是书写的体例使然,小书明朝年号只是注释的需要,否则就不会在序文后以"成化"纪年。李廷龟以申叔舟所用的春秋笔法如"死"、"来朝"、"赐米"反驳丁应泰所说的尊奉日本,另外,李廷龟痛斥日本竟然在大明一统天下的形势下"敢有僭号,自帝其国,以抗天纪"。而针对丁应泰所指序文中批评汉武帝、隋炀帝、石敬瑭等中国先代帝王,李廷龟则轻描淡写地说此乃"泛论古昔待夷之道",不过是"一文人措语之谬事",况且此书乃百年之前的旧籍,"微琐甚矣",既不能代表官方立场,又不能表明当今态度。

第三,丁应泰指出《海东诸国纪》中称祖一事,抓住了朝鲜唯一的软肋,是最令朝鲜君臣感到头痛的。不同于丁应泰的其他指责,称祖一事确实是朝鲜的事实,也是朝鲜一直以来最不愿意让明朝得知的,而丁应泰的指责,使这一秘密大白于天下,对此,朝廷大臣疑虑重重,争论良久,最终还是决定对此事据实陈奏。为此,李廷龟着力解释说:

> 至于称祖一事,则小邦海外荒僻,自三国以来,礼仪名号,慕效中朝,多有侔拟。至我先臣康献王,凡有干纪者,一切厘正,以至微细节目,亦未尝不谨,以为上下截然之分,传之子孙,守如金石。而独其称号则自新罗、高丽有此谬误,盖以臣民袭旧承讹,猥加尊称,相沿而不知改。此实无知妄作之罪,以此受罪,臣虽万死,固无所辞,若谓之僭,则非其情也。小邦自先臣以来,血心事上,尽礼尽诚,律用《大明律》,历用《大统历》,服色、礼义无不慕尚。而天使之来,有迎诏仪;陪臣之去,有拜表礼;正、至、圣节,有望阙礼。率皆虔心精白,肃敬将事,一如对越天威。是皆祖先相传之制,而毫发不敢忽忽者也,以至闾阎下贱,三尺孩童,才辩一语,便知天朝,未解只字,先习正朔,各样文书、公私简牍,皆奉年号,习为恒式。此盖常经通义,撑柱宇宙,不以内外而有间,无论智愚而皆知者也。岂敢以区区一号,自陷于僭上之宪哉?况兹者,天朝之视小邦如一家,小邦之书籍如国乘稗说多入于中国,小邦事迹,斑斑可见。①

李廷龟承认称祖一事确实存在,但这是从新罗、高丽以来延续至今的错误,并非朝鲜故意为之,他指出,这确实是"无知妄作之罪",以此受罪,万死不辞,但若以此说明朝鲜僭妄,则不符合事实情理。接着,李廷龟回顾了自朝鲜开国以来,种种从上到下从里到外全民性的慕华事大之行为,言此乃众

---

① 《银槎录》,《燕行录全集》卷 8,第 254—256 页。

所周知之事实,可见丁应泰一叶障目,不顾事实,故意构陷。

在驳斥了丁应泰所诬《海东诸国纪》中的种种不合情理、有违事实的嫌疑后,李廷龟又驳斥了丁应泰所指朝鲜"招倭复地"、"刚愤求援,移祸天朝"、"结党杨镐,朋欺天子"等不实之词,指斥丁应泰接二连三上疏,将东征将官一网打尽,"且惧在事之幸完,务坏诸人之成绩,使军情疑沮,诸将解体"①。

李廷龟的奏文首先对丁应泰所指《海东诸国纪》的罪过一一辩解,各个击破,然后理直气壮地顺其文意反驳丁应泰所指朝鲜在此次倭乱中勾结日本和杨镐的罪行,最后李廷龟总结说:"所自怜者,臣守义拒贼,矢死不变,罹此亡败,而终以引贼反君受诬;臣谨奉天朝,一遵法制,而终以不奉正朔受诬;臣期灭雠贼,义不共戴,而终以交通倭贼受诬;臣竭诚摅忠,开陈无隐,而终以结党朋欺受诬。使臣二百年事上之诚,至于臣身而都亡,环东土数千里沦为禽兽之区……"②。

可以说,在这篇奏文里,朝鲜以丁应泰对《海东诸国纪》的指责为契机,不仅驳斥了丁应泰的前几次弹劾,而且强化了三种观念:一是慕华事大的观念,二是视日本为夷狄禽兽的观念,三是尊王攘夷乃"小中华"的观念。这三种观念合在一起,即是强调:明朝为天下中心和父母之邦,日本乃夷狄禽兽,企图逆天而行,而环顾海东诸国,只有朝鲜慕华事大尊王攘夷,世代恭顺永为屏藩。

五、朝鲜燕行使的外交斡旋与北京官员之反应

经过三个月的跋涉,万历二十七年(1599)正月二十三日,使团最终抵达北京,寓于玉河馆。但李廷龟等人没有料到,就在他们刚到北京没多久,丁应泰又向明神宗上了一道疏,"论总督邢玠等赂倭卖国,尚书萧大亨与科道张辅之、姚文蔚等明谋欺罔,又言朝鲜阴结日本,援《海东纪》与争洲事为证,语多不根"③。这一次,丁应泰不仅将朝鲜、阁臣、科道、东征将官一网打尽,使他陷入空前孤立的局势,更为致命的是,他告发"邢玠等赂倭卖国",不单得罪了全体东征将士,更得罪了明神宗。因为此时日本早已败退,战争进入收尾阶段,马上就是勘定功罪、赏赐将士及皇帝颁布平倭诏大告天下的时

---

① 《银槎录》,《燕行录全集》卷8,第259—260页。
② 同上,第260—261页。
③ 《明神宗实录》卷330,万历二十七年正月丙午条。

候,"赂倭卖国"等于将明朝东征将士鏖战七年的功劳一笔勾销,①也会造成明廷历时七年,"丧师数十万,糜饷数百万"②,却未取得全胜的印象,这无疑大大有损明神宗的颜面。对此,神宗"寝其奏不下"③,可见神宗已对丁应泰失去了耐心和信心,这就注定了丁应泰最终失败的命运。

以李恒福、李廷龟为首的燕行使到达北京后,正赶上明朝三年考绩之限,鸿胪寺等各衙门皆不坐堂。④ 在北京期间,燕行使精心准备,待考绩之日已过,便全力展开外交斡旋工作,主要采取了以下措施:

第一,搜集通报,探听朝廷最新动态。因明朝官僚系统的运行机制,官员、府衙奏文及皇帝谕旨一般都会被抄录传播,形成数量广泛的通报和邸报,而通报和邸报一直是朝鲜得知中国消息并做出对华政策的主要依据之一。⑤ 燕行使在北京期间,为了解北京官员的态度、行政系统的运行程序及朝鲜的最新动态,常派通事和序班四处搜集通报,亦不惜以送礼来探听消息,⑥以求知己知彼,未雨绸缪。如燕行使在通报上看到明神宗对朝鲜辨诬奏文的态度"兵部会同府部九卿科道看议了来说",便赶紧按照写给各衙门的样式和措辞"昼夜缮誊四十余道"⑦。再如燕行使也及时地在通报上看到了丁应泰关于"赂倭卖国"的最新上奏,⑧以及阁臣、科臣对丁应泰案的态度和各省官员所奏地方事务。燕行使通过搜集通报,为自己的外交斡旋工作提供了重要的情报支持,使燕行使得以从容筹划方策,待机而动。

第二,寻找关键大臣,面见沈一贯、萧大亨辨诬。燕行使来到北京后,面

①针对丁应泰的奏本,沈一贯上奏:"近日朝鲜赞画丁应泰有疏诋切东事,臣惟东倭发难已经七年,一旦荡平,一则天地祖宗默祐国家无疆之大福,一则皇上智勇天赐独断不摇之大功。然而十万将士披坚执锐,万里远征,其劳不可泯也。若据赂倭卖国,则将士皆当有罪不得言功矣。此十万人者久劳于外,瞻望恩泽,如农之望有秋也。一旦失其望,而又加之以罪,窃恐人心忿怨,不可强制。"《明神宗实录》卷330,万历二十七年正月丁未条。
②《明史》卷320《朝鲜传》,第8299页。
③《明神宗实录》卷330,万历二十七年正月丙午条。
④《银槎录》,《燕行录全集》卷8,第320页。
⑤《朝鲜王朝实录》中就收录了不少明清通报和邸报,反映了燕行使获取通报和邸报的努力,见牟邵义:《明代东北亚地区陆路信息传播研究》,博士学位论文,中国社会科学院,2011年,第7—13页。
⑥送礼是明清燕行使赴京朝贡之时的常态,燕行使不仅仅在辽东、北京官员的索贿之下被迫送礼,也会在合适的时机主动送礼,一方面是在中国官员的贪墨勒索下的无奈之举,另一方面也是出于外交公关的需要。如李廷龟等人到达北京后,提督主事黄大节便派人索要土产,燕行使只好派人"以海物略干送之"(《银槎录》,《燕行录全集》卷8,第323页)。而当得知当时担任主事及修撰的袁宗道欲得纸笔等物,燕行使便专门派人去买送给袁宗道(《银槎录》,《燕行录全集》卷8)。
⑦《银槎录》,《燕行录全集》卷8,第342—343页。
⑧同上,第345页。

对多如牛毛的京官,除了搜集通报外,往往搜集一些类似《缙绅便览》《缙绅录》等官员手册,①并打听朝廷的人事更替,了解明朝人事信息,寻找关键大臣。燕行使入京前,首辅王锡爵、赵志皋相继致仕在家,而另外一位阁老张位也在去年因丁应泰弹劾其与杨镐结党而被罢职,入京后,燕行使了解到"兵部尚书田乐未及朝,刑部尚书萧大亨兼署兵部事"②,此时只有沈一贯主持朝政。所以,燕行使预先誊写好奏稿一道,行过五拜三叩的朝礼后,在五凤门东廊下等候沈一贯。③ 待沈一贯出来后,燕行使跪于路侧,呈上奏稿,令译员李彦华向沈一贯说明情由。沈一贯令燕行使起身,一边看奏稿,一边耐心听李恒福拿出《海东诸国纪》逐条指示论辩,连称晓得。④ 几天后,燕行使一行又前往兵部面见时任刑部尚书兼署兵部事的萧大亨,当时萧大亨的地位虽然比不上沈一贯,但却是处理朝鲜辨诬事宜的直接负责人。燕行使将奏稿呈上,"仍申前语,并将《海东诸国纪》、《五礼仪》、《舆地胜览》等书,论辩不已,萧亦累累数千言"⑤。萧大亨在燕行使的辨诬过程中起到了重要作用,甚至亲自指示燕行使如何辨诬。关于《海东诸国纪》中朝鲜"列圣称祖"庙号一事,萧大亨告诫燕行使"自今以后改之"⑥。待辨诬结束后,萧大亨提醒燕行使:战争已经结束,朝鲜应马上派使团进京谢恩朝贺。⑦ 值得注意的是,沈一贯和萧大亨两位阁臣皆愿帮助燕行使,是有着现实的政治考虑,其根本原因在于,两人皆因杨镐和朝鲜事被丁应泰弹劾,所以不可能对燕行使所奏等闲视之,相反,燕行使的面见辨诬正中其下怀。⑧

第三,向各府部衙门遍呈辨诬奏文,发动舆论攻势。自圣旨命兵部会同府部九卿科道看议后,燕行使马上昼夜缮写誊抄奏文四十余道,各处呈文,恨不得五府六部六科十三道御史等各衙门官员皆知丁应泰诬陷朝鲜之

①《银槎录》,《燕行录全集》卷 8,第 409 页。
②李恒福:《朝天录》,《燕行录全集》卷 9,首尔:东国大学出版部,2001 年,第 60 页。
③《银槎录》,《燕行录全集》卷 8,第 327 页。
④《朝天录》,《燕行录全集》卷 9,第 61 页。
⑤同上,第 65 页。
⑥《银槎录》,《燕行录全集》卷 8,第 352 页。
⑦同上,第 406—407 页。
⑧萧大亨率领兵部官员前往东阙会议时,燕行使跪等于阶下,陈说辨诬之事,李恒福观察到:"萧于稠中,显有喜幸之色,余每开一话,萧辄顾左右微笑,若有使之闻之意之意。盖萧见攻于丁疏者,方自上本自辨,故深以本国奏本为幸也。"《朝天录》,《燕行录全集》卷 9,第 64 页。

事。① 在各衙门呈文时,各衙门官员又主动询问相关事宜,②燕行使抓住机会,手持《海东诸国纪》指示论辩,发动舆论攻势。燕行使的舆论攻势一方面使北京各官员得知事情的原由,对朝鲜加深了认识,另一方面也使不少官员对《海东诸国纪》、《五礼仪》、《舆地胜览》、《考事撮要》等朝鲜书产生了好奇和兴趣,但其实《五礼仪》、《舆地胜览》、《考事撮要》等朝鲜书籍只是燕行使作为《海东诸国纪》的佐证来使用的。当时的刑部主事张令曾向燕行使索要一册《海东诸国纪》以便送给翰林袁宗道,提督主事黄大节也派人来誊抄《海东诸国纪》,而当燕行使拿出《五礼仪》、《舆地胜览》等书作为《海东诸国纪》的旁证呈给萧大亨看时,萧大亨览后喜之:"这等册子,你国何不送于上国耶?"③最后,申叔舟的两部著作《海东诸国纪》和《五礼仪》作为涉案证据被置放在刑部。④

　　燕行使将李廷龟所撰写的辨诬奏文呈给明神宗后,神宗下令兵部会同廷臣同议之后再将各自意见一一上奏。其实,早在李恒福所率燕行使入京之前,北京诸多官员已屡次上奏神宗表达对丁应泰的不满。⑤ 在朝鲜尚未归国的明军总督邢玠也先后两次上疏奏辨丁应泰的弹劾,并说丁应泰的诬陷已招致朝鲜百姓在关王庙门前贴纸诅咒丁应泰,群情汹汹,并指责丁应泰实与赵志皋等主和派结为一党。⑥ 在燕行使外交斡旋的舆论攻势下,被丁应泰弹劾的阁臣沈一贯和萧大亨也上奏批评丁应泰所说"赂倭卖国"一事。⑦

　　在圣旨的命令下,各官员在东阙举行会议之后,基本达成一致意见,纷纷上奏给明神宗,⑧"皆言朝鲜世笃忠贞,无背国通倭之理,乞免行查勘,仍

---

①《银槎录》,《燕行录全集》卷 8,第 326、343、347 页。

②当时许多明朝官员并不熟悉《海东诸国纪》,如户部尚书杨俊民认为《海东诸国纪》"不是丁赞画之所指也,别有《海东纪略》矣",可见还不明白两者实为一书。《银槎录》,《燕行录全集》卷 8,第 350 页。

③《银槎录》,《燕行录全集》卷 8,第 340—341、422、367 页。

④同上,第 407 页。

⑤从丁应泰因岛山之战弹劾杨镐开始,兵科给事中姚文蔚和张辅之就屡次上奏,斥责丁应泰"逞臆阻坏军机",使督抚不得专心剿倭,张辅之斥责丁应泰"一参抚镇,再参总督,再参监军,朝鲜国王既代庖司马,在事诸臣靡不凛凛震恐",后张辅之又上奏提出"东事当勘者有四,而其不必轻听者亦有四",明显是针对丁应泰的几次上疏而来。见《明神宗实录》卷 226,万历二十六年九月戊子条;卷 327,万历二十六年十月丙寅条;卷 328,万历二十六年十二月辛亥条。

⑥邢玠:《题科部会勘未竟疏》、《奏辩东征始末疏》,邢玠:《经略御倭奏议》,青岛:青岛出版社,2010年,第 113—139 页。

⑦《明神宗实录》卷 330,万历二十七年正月丁未条;卷 321,万历二十七年二月辛酉条。

⑧各官员上奏的具体内容见《银槎录》,《燕行录全集》卷 8,第 376—395 页。

早赐敕谕,以安其心"①。关于《海东诸国纪》,通政司使范仑认为:"《海东纪略》所载,原系交邻仪节,日本今虽敌国,昔为友邦,难借此旧书以为今日口实也。"兵科给事中张辅之认为:"此系百年断简,不足为今日断案。"②最后,萧大亨领衔各官员向神宗上了一道总结群议的奏文,认为:

> 臣等窃谓主事丁应泰往年初疏非尽无因,其在乎今坚执求胜之私意,遂致罗织之太苛。将士既已离心,属国复为滋惧,仓卒驰归,殊骇观听。诸臣谓其损伤国体,臣等亦以为然。或令回籍,或令回京仰听圣明处分。……至于朝鲜陪臣,逡巡恐惧,待命日久,乞降敕,驰慰王心,俾晓然告戒国人,共仰皇上日月之明,举国安心,共图善后,庶几于始终字小大义,称完局矣。③

诸位大臣认为丁应泰第一次弹劾杨镐等人是情有可原的,但后来的弹劾就未免罗织太苛了,造成了东征将士和朝鲜君臣的不安,有损国体和尊严,应当令其回籍或回京听从天子安排。而对于朝鲜方面,诸大臣提议应当尽快降下敕书,以安其心。可以说,这条上疏照顾了各方面的利益,反映了朝鲜、东征将士、阁臣、明神宗的要求和期许。明神宗看完诸位大臣的奏议以及萧大亨等臣的处理建议后,顺水推舟,下旨:

> 国体军情,皆朝廷大事,朕岂以小臣私忿妄讦,不念将士久戍劳苦与属国军民泣吁苦情?丁应泰举动乖谬,几误大事,姑令回籍听勘。徐观澜奉有专命,还赴王京会勘,务须秉公持正,以称任使,一面行督抚详列四路功罪善后留撤事宜。星夜驰奏朝鲜王,你部里移咨慰谕,俾知朕始终字小德意,仍令戒谕国人益坚恭顺之节。④

由此,燕行使的辨诬和斡旋工作最终收到效果。丁应泰被革职回籍听勘,徐观澜被派往王京会勘明军功罪,刑部也专门派人将处理结果敕谕朝鲜君臣。一个月后,明军凯旋,明神宗颁布平倭诏,严正表明了明朝对朝鲜和日本的态度:"我国家仁恩浩荡,恭顺者,无困不援;义武奋扬,跳梁者,虽强必戮!"⑤

虽然燕行使圆满完成了辨诬任务,朝鲜冤情也得以澄清,但事情并未结束,在朝鲜国内,针对丁应泰是如何得到《海东诸国纪》的疑问慢慢浮现出

---

① 《明神宗实录》卷331,万历二十七年二月戊午条。
② 《银槎录》,《燕行录全集》卷8,第382、389页。
③ 《明神宗实录》卷332,万历二十七年三月辛未条。
④ 同上。
⑤ 《明神宗实录》卷334,万历二十七年四月丙戌条。

来。宣祖怀疑有人故意将此书投赠丁应泰，便命令彻查此事，由此，当初接待丁应泰的接伴使白惟咸和译官尹禛被提审。其实，丁应泰自从担任朝鲜赞画之后，就曾详列书单派人求购朝鲜书籍。[①]　朝鲜审讯白惟咸之时，礼曹判书沈喜寿上奏说，丁应泰的参谋官李应试曾专门派译官尹禛询问朝鲜有没有《海东纪略》，沈喜寿回答说，未听过《海东纪略》，但听过《海东诸国纪》，对此，沈喜寿指斥丁应泰是为了诬陷朝鲜故意在朝鲜书籍中寻找证据。[②]沈喜寿的回答进一步表明《海东诸国纪》实乃朝鲜礼曹专用之书，流传非广。最后，经过数番审讯后，尹禛冤死于刑讯杖下，而白惟咸则被禁府流放。[③]自此，这桩由《海东诸国纪》所引发的震撼两国文武大臣的外交和疑案就此落下帷幕。[④]

小　结

　　战争乃政治之继续，外交乃内政之延伸，这就注定了战争中所产生的外交行为将集中暴露国际关系及各国内部政争的实质。万历中后期的壬辰倭乱和丁酉再乱，是日本挑战明朝东亚霸权企图建立东亚政治、经济新秩序的战争，[⑤]处在 16 世纪末东亚的动乱、女真族的崛起所象征的东亚秩序大动乱中，[⑥]它以战争的形态将东亚诸国尤其是明朝、朝鲜、日本三者紧密联系起来。[⑦]　在后期的丁酉再乱中，丁应泰借朝鲜书籍《海东诸国纪》弹劾朝鲜事件将朝鲜君臣、东征将士及北京官员卷入到一个复杂的政治漩涡中，由此引发了朝鲜君臣的激烈反应，促使朝鲜派出陈奏辨诬使团前往北京进行外交斡旋。但在整个过程中，中朝之间围绕《海东诸国纪》所展开的"书籍外交"已经超越了《海东诸国纪》这本书的辨诬问题，具有复杂而微妙的意味，

---

①《朝鲜宣祖实录》卷 97，宣祖三十一年二月甲申条。

②《朝鲜宣祖实录》卷 114，宣祖三十二年六月己卯条。

③《朝鲜宣祖修正实录》卷 33，宣祖三十二年九月丁未条。

④此案过后的次年即 1600 年，朝鲜出现了一本以丁应泰为前言内容的识字课本，丁应泰被妖魔化，以至于朝鲜的小孩谈丁色变。Gari Ledyard, "Confucianism and War: The Korean Security Crisis of 1598", *Journal of Korean Studies*, vol. 6（Washington, 1988—89）, p. 114.

⑤Kenneth M. Swope, "Perspectives on the Imjin War", *Journal of Korean Studies*, vol. 12, no. 1（Washington, 2007）, p. 160. 此文为一书评，集中评论了西方学者关于万历朝鲜之役研究的三本论著，由此可观西方学界的相关看法。

⑥郑杜熙、李璟珣编著，小幡伦裕译：《壬辰战争：16 世纪日、朝、中的国际战争》（『壬辰戦争：16 世紀日・朝・中の国際戦争』），东京：明石书店，2008 年。

⑦此次战争不光牵涉明朝、朝鲜和日本，还惊动了琉球、暹罗等国，明神宗在派军入援朝鲜时敕谕："宣谕琉球、暹罗等国，集兵数十万，同征日本。"见《朝鲜宣祖实录》卷 30，宣祖二十五年九月己未条。

对考察明代后期的两国关系及两国政治都有着特殊的意义。

（一）此次书籍外交提供了考验明朝和朝鲜宗藩关系的试金石，诠释了其宗藩关系的权力性实质和朝鲜王权的脆弱性。明朝的册封和认可乃朝鲜王权正统的权力之源，当丁应泰借《海东诸国纪》告发朝鲜与日本的关系及朝鲜国王宣祖的暴虐和沉湎时，宣祖待罪不理国事，却在幕后操纵着陈奏辨诬使行的各种事宜，暗中控制着党争。子曰："必也正名乎。"但宣祖的表现，与其说是在讲究君臣名分的儒家伦理的感召下做出的选择，不如说这是基于对王权正统性的现实焦虑被迫做出的姿态。早在壬辰倭乱开始后，朝鲜土崩瓦解一般，宣祖逃亡到鸭绿江畔，两班亦未能组织有效的抵抗，相反义兵配合明军发挥了重要作用，宣祖的威信下降到极点，而此时丁应泰又告发宣祖，无疑使之雪上加霜。另外，李廷龟的奏文以及燕行使在北京的外交斡旋极力强调其慕华事大的藩属角色，其实质也是在维护宣祖的合法性。因为明朝的认可事关王权的稳固，而宣祖之后的光海君正因没有得到明朝的认可，所以自始至终一直遭到国内的质疑和反对，他也因此在面临明朝与女真的战争问题时采取了更为实用的抉择，密令朝鲜将领在战场上相机而动向女真投降。[1] 由此，徐光启充担了当年丁应泰的角色，告发朝鲜与女真勾结。[2] 在内外反对中，光海君终被推翻，即后来的"仁祖反正"。所以，此次因一本书而引发的书籍外交意味着，战争中的宗藩关系更能显示其权力性本质。正是由于这种权力性本质，这种时期的宗藩关系的牢固性值得推敲，以往学界所认为的明朝和朝鲜典型的宗藩关系也值得商榷。Gari Ledyard指出的朝鲜国王在激变时刻所表现出的儒家道德，其实是王权焦虑在文化道德上相宜的掩饰。

（二）此次书籍外交将潜藏在两国内部的党争一并展现出来，且两国的党争都因此次事件跨出国界，相互交织，暗中皆潜伏着君王的意志，共同影响着战争和外交的发展。

首先，此次书籍外交实因明朝党争而起。自壬辰倭乱始，明朝内部就在

---

[1] 王燕杰：《朝鲜光海君时期对明、后金"两端外交"政策探析》，硕士学位论文，山东大学历史文化学院，2008 年。

[2] 徐光启告发朝鲜与女真勾结后，李廷龟又承担了这次陈奏辨诬使，称"庚申使行"。学界对李廷龟的此次使行研究主要有李红权：《徐光启〈亟遣使臣监护朝鲜〉研究》，硕士学位论文，内蒙古师范大学历史文化学院，2006 年；张德信：《朝鲜辨诬陈奏上使赴明前后——以李廷龟〈庚申朝天录〉为中心》，《大连大学学报》2007 年第 1 期；铃木开：《1620 年朝鲜燕行使李廷龟一行的交涉活动》，《东洋学报》，2009 年，91—1；王克科：《李廷龟庚申使明研究》，硕士学位论文，陕西师范大学历史文化学院，2010 年。

是战是和问题上分成两派,随着战事的发展,明朝官员也对封贡日本有着激烈的争论。① 封贡失败导致丰臣秀吉发动丁酉再乱,最后石星、赵志皋等主张封贡的官员遭到罢黜和弹劾,但赵志皋等人仍努力实现罢兵议和。对此,姚文蔚曾针对丁应泰弹劾朝鲜指出"东征之役,凡议罢兵者不过欲掩前日封贡之失"②。而且,在邢玠和朝鲜的观察中,赵志皋和丁应泰都欲以罢兵议和结束战争,③而主战派沈一贯、张位、萧大亨又因其与赵志皋的斗争④及与邢玠、杨镐的结好而被丁应泰弹劾。因丁应泰乃主和派赵志皋之门徒,次辅张位因主战而启用杨镐,所以赵志皋"指使丁应泰弹劾杨镐,意在排除张位"⑤。而且,内阁的党争也进一步与朝鲜战场上明朝南兵和北兵的斗争交织在一起。⑥ 由此明朝的党争进一步延伸到朝鲜战场上,所以朝鲜也因此卷入了这场复杂的党争之中。另一方面,丁应泰拿《海东诸国纪》借题发挥弹劾朝鲜,也导致朝鲜原本就有的士林派的南北党争出现剧烈反弹,进一步影响了朝鲜的政治进程。朝鲜燕行使在北京为辨诬做足了工夫,最后取得了预期的效果,客观上得益于明朝的党争。所以,此次因《海东诸国纪》而引起的书籍外交实因明朝党争而起,最后也靠明朝党争而化解。

其次,丁应泰对朝鲜的弹劾绝不仅仅是一个言官的无理取闹和肆意攻击,其背后隐藏着两种不可忽视的力量。第一,主和派对东征所引起的国内危机的认识。虽然张居正的改革令万历初期的财政一度充实,但随着政治腐败、党争剧烈、宁夏之役和朝鲜之役的消耗,明朝的"鱼烂"之象开始凸显。尤其是朝鲜之役使明政府面临一系列的问题。⑦ 在燕行使的观察中,在此期间,矿监激起的民变越来越多,播州杨应龙开始作乱,努尔哈赤也开始形

---

① 小野和子著、李庆译:《明季党社考》,上海:上海古籍出版社,2006 年,第 73—85 页。
② 《明神宗实录》卷 328,万历二十六年十一月癸巳条。
③ 邢玠曾上奏神宗:"皇上英明独断,下枢臣于狱,置惟敬于法,命臣等一意用兵。然志皋日惴惴惧以败,谓必坏战事方可复修旧约,日在窥伺而无其由者……应泰所怨者在臣,志皋所恨者在臣,两人相得如鱼投水。"(《奏辩东征始末疏》,《经略御倭奏议》,第 131 页)朝鲜国王宣祖曾针对丁应泰的弹劾评论道:"赵阁老,大奸人也,党于石星,力主和议。此必与应泰表里相应,转辗事机,岂不寒心哉? 倭贼连营九百余里,势日炽盛,应泰之疏曰:'兵不必加调,粮不必增运。且自天地开辟以来,中国未有为朝鲜拯救如今日者'云,此言尤不测也。"(《朝鲜宣祖实录》卷 101,宣祖三十一年六月丙子条)
④ 《明史》卷 221《李祯传》,第 5828 页。
⑤ 孙卫国:《丁应泰弹劾事件与明清史籍之建构》,《南开学报(哲学社会科学版)》2012 年第 3 期。
⑥ 同上。
⑦ 万明:《万历援朝之战与明后期政治态势》,《中国史研究》2001 年第 2 期。

成巨大的威胁。[①] 所以丁应泰多次在上疏中提到"师老财匮",不仅是由于党争的需要,也是因为主和派对危机四伏、国力疲敝的万历朝有了警醒,不可避免会对朝鲜产生猜疑。[②] 而且,丁应泰属于东林党势力,他并非孤军奋战。第二,丁应泰的弹劾背后隐藏了明神宗的力量。为何丁应泰屡次弹劾,几乎将阁臣、东征将官、朝鲜君臣及部分科道官一网打尽,将自己逼入孤立无援的政治局势中?为何仅为六品官的丁应泰屡次弹劾,却一直没有得到有效阻止,且最后也只被革职回籍听勘而已?只因明神宗是丁应泰背后的间接支持者,[③]丁应泰弹劾朝鲜的整个过程中也隐藏着明神宗的心机和权术。一方面,明代言官服从于皇权,其主要职能偏重于作为皇帝的耳目和心腹,[④]故明代言官多承密旨而弹劾,操纵言路的不是言官,而是皇帝。[⑤] 另一方面,明神宗本人的权力欲在张居正时代受到很大的压制,[⑥]张居正死后,明朝官员集中了无数的利害冲突,形成一个带有爆炸性的团体,且明神宗在立储问题上又进一步使党争激化,[⑦]而明神宗恰好利用言官来平衡大臣的势力。战争最容易导致个别将领或大臣势力的膨胀,所以言官的弹劾必然反映着明神宗的意志。值得注意的是,在利用党争平衡大臣势力上,朝鲜国王宣祖与明神宗有着惊人的相似性:在立光海君为世子的问题上,南人党与北人党就展开了激烈的斗争,而宣祖又曾利用北人党的势力打击日益崛起的李舜臣、柳成龙的势力。所以,此次书籍外交还进一步暴露了两国各自君臣之间的斗争。

(三)此次书籍外交加深了两国之间的互相认识和了解,但也表明在强

---

① 李廷龟等人渡江之前,回国的圣节使金尚容说:"中原一路艰辛之状,令人齿牙生酸。"李廷龟等人一路上目睹了明朝的破败景况、播州叛乱及女真威胁,对此,萧大亨也对李廷龟等人说:"天兵久在你国,天朝亦有西贼北鞑之患,欲撤北兵而用之。"见《银槎录》,《燕行录全集》卷 8,第 269、316、401、416、450 页。

② 在万历十三年(1585),辽东军民曾向礼部告状,朝鲜移遭山坪界碑于夹江西岸,见刘顺利《中国与朝韩五千年交流年历》,北京:学苑出版社,2001 年,第 452 页。实际上,在壬辰倭乱之始,很多明朝官员就怀疑朝鲜和日本有结盟的嫌疑,即使从明军入朝抗倭一直到战争结束后,明人也从未全部消除对朝鲜的怀疑。Gari Ledyard, "Confucianism and War: The Korean Security Crisis of 1598", *Journal of Korean Studies*, vol. 6(Washington, 1988—89), pp. 84—85.

③ 清朝学者谷应泰指出,丁应泰一开始弹劾杨镐、沈一贯等人时,明神宗赞赏说:"御极二十六年,未见忠直如此人者。"并将丁应泰的名字写在御用屏风上,这令沈一贯感到恐惧。见谷应泰:《明史纪事本末》卷 62《援朝鲜》,北京:中华书局,1977 年,第 977 页。

④ 关东发、颜广文:《明代政治制度研究》,北京:中国社会科学出版社,1995 年,第 170 页。

⑤ 赵园:《明清之际士大夫研究》,北京:北京大学出版社,1999 年,第 172 页。

⑥ 樊树志:《晚明史》上卷,上海:复旦大学出版社,2005 年,第 429 页。

⑦ 黄仁宇:《万历十五年》(增订本),北京:中华书局,2007 年,第 73—80 页。

烈的天朝观念的影响下,明朝对朝鲜"交邻"关系存在不小的隔膜。丁应泰借《海东诸国纪》弹劾朝鲜从一个侧面反映了明朝对朝鲜、日本两国关系史缺乏足够的认识。"事大"、"交邻"为朝鲜外交政策的一体两面,也是朝鲜"小中华"意识中对华关系和世界认知的最重要的要素,但申叔舟的交邻著作《海东诸国纪》所引发的外交显示出其"交邻"受到"事大"的冲击。作为天下中心的明朝,只对朝鲜"慕华"、"事大"的外交有所感知,而对其与日本、琉球的"交邻"外交却有着不小的隔膜,体现出明朝获知朝鲜信息的不对称。在强烈的天朝观念的影响下,明朝不乐于见到朝鲜除了对明外交外,还与他国存在外交关系,更何况是与常年骚扰明朝并游离于明朝主导的朝贡体系之外的倭寇有着常年的互市通使关系。燕行使的辨诬奏文及外交斡旋一方面使明朝官员加强了对相关方面的了解,承认朝鲜除了"慕华"、"事大"之外,也有着自主的"交邻"关系,另一方面也激起了明朝对朝鲜书籍的好奇心。对于朝鲜称祖一事,虽然明朝警告朝鲜不再为之,但朝鲜并未听从,仍然坚持着称祖的习惯,且加强了对明朝过问朝鲜礼仪的防范,这也表明"潜藏在民族性格内的自尊思想使之对明朝有所顾忌和疑虑,有所保留"①。

(四)此次书籍外交成为朝鲜对外观念转变的重要契机。申叔舟《海东诸国纪》直接反映了朝鲜前期对日本、琉球的认识,间接反映了对明朝的认识,体现了朝鲜前期作为"小中华"对身处"大中华"朝贡体系内的地位和身份的乐观与自信。万历中后期正值多事之秋,自从壬辰倭乱开始后,东北亚的陆海空间波诡云谲,潜流暗涌,权力格局已在悄然发生转移。朝鲜觉察到原来羁縻的日本和女真的巨大威胁,而日本的侵略、明朝无条件的军事援助及李廷龟等人所进行的辨诬则大大强化了朝鲜眼中日本的夷狄性格和中国的天朝角色。战争结束后,朝鲜所派出的通信使无一不对日本充满了鄙夷。② 由此,此次书籍外交修正了申叔舟《海东诸国纪》中的乐观情绪,而且李廷龟目睹的明朝状况也开始使朝鲜产生了对女真坐大和倭寇侵扰的忧患意识和对明朝抗倭援朝的感恩意识。因此,朝鲜"小中华"意识中"事大"类宗藩关系和"交邻"型天下观念两者之间的平衡受到强烈冲击,朝鲜以"尊王"为主的"小中华"意识开始偏向于"攘夷",开启后来女真两次入侵及明清鼎革所导致的朝鲜对外观念变化的先声。

---

①《明晚期中国和朝鲜的相互认识——以丁应泰和李廷龟的辩论为中心》,《韩国学论文集》(第19辑),第60页。
②罗丽馨:《江户时代朝鲜通信使对日本社会的观察》,《台大历史学报》2008年第41期。

朝鲜通信使礼仪交涉发微
——以崇祯丙子、癸未使行为中心

张 佳(复旦大学)

对于李氏朝鲜王朝而言,"事大"(对明)与"交邻"(对日)是两项最为重要的外交活动。朝鲜与日本之间的通信使交流,前后时间跨度长达四百余年,留下了日记、笔谈、唱和、书画等类型多样、数量庞大的通信使文献。[①]除去"壬辰倭乱"这一段短暂时间之外,朝日两国间的交往,基本都是以维护"和好"为目的,在和平的国际环境下进行的。在此背景之下,朝鲜通信使与日方进行的各种交涉,大多围绕礼仪问题展开。已经有研究者指出,两国在外交礼仪上锱铢必较、尺寸必争,是因为礼仪代表国家的颜面,牵涉各国的政治自尊。[②]然而目前有关通信使的各类讨论,很少有研究专门从礼仪的角度切入;而且在朝日交涉所涉及的众多礼仪当中,仅有两国文书所涉及的

[①]韩国编纂的《海行总载》(首尔:韩国民族文化推进会,1985年)和日本出版的《大系朝鲜通信使》(东京:明石书店,1994—1996年),是最为重要的两部通信使文献汇编。对这两部资料集的简要评介、以及有关通信使研究的综述,参看葛兆光:《文化间的比赛:朝鲜赴日通信使文献的意义》,《中华文史论丛》2014年第2期,第16—18、54—62页。

[②]参看葛兆光:《文化间的比赛:朝鲜赴日通信使文献的意义》中篇《政治上的自尊:名分与礼仪》,《中华文史论丛》2014年第2期,第18—32页。

年号、称谓、避讳、书式等少数问题受到关注，①此外尚有大量内容有待探讨。本文试以崇祯丙子(1636)、癸未(1643)两次使行为例，具体考察双方在觐见礼仪、礼物辞受和国书格式三个方面产生的分歧，探讨纠纷产生的原因、以及双方最终妥协所依据的原则。

一 隆杀之等：朝日双方有关拜礼的争议

按照日朝对等、两国"钧礼"的外交原则，通信使拜谒幕府将军与觐见本国国王一样，所都是行四拜之礼，这是通信使往来的成例，双方均无异议。然而，癸未使行出现了新的情况。本次通信使是以庆贺"若君"〔德川家光之子、后来的四代将军家纲(1641—1680)〕诞生为名，前往日本的。此前"关白生子，曾无送使庆祝之规"，在此后的日朝交往中也再无其例，本次确如使臣所言"实出异数"。② 对于遣使祝贺若君降生并赴日光山拜谒德川家康陵墓的邀请，朝鲜内心其实甚为反感，认为"我之受辱，固已多矣"。然而这时的朝鲜正如之前的明朝，饱受"北虏(清)南倭"的威胁。考虑到强邻环伺的国际环境，朝鲜君臣不得不答应日方的请求，以维持两国和好的局面。甚至在通信使出发前，国王一再告诫到江户后"辞令之间，须十分善为之"。朝鲜遣使的无奈，亦由此可见一斑。

既然以祝贺储君诞生为名，如果时年不过两岁的若君接见来使，使臣是否应当下拜？ 若不行拜礼，使臣又该遵用何种礼仪？ 早在出发之前，朝鲜君臣便已考虑到了这个问题，而且君臣之间还产生了不小的分歧。副使赵絅坚持认为若君处不当下拜，如果日本方面"以非礼强我"，则当"据理拒之"；如若下拜，便是"为非礼之礼，反见笑于彼"，是为"辱命"。③ 面对赵絅的一再坚持，害怕因此破坏日朝和平关系的仁祖，专门指示使臣：

> 彼不出示其子，则幸矣。彼既出示，则虽是襁褓之儿，在我之道，不
> 可无礼而见之。中国之人虽在平交，亦有再拜之礼。不可以小节惹起

---

① 对上述礼仪问题的讨论，除前引葛兆光教授文外，还可参看岩井茂树：《明代中国的礼制霸权主义与东亚的国际秩序》，收入《日本中国史研究年刊》(2006 年度)，上海古籍出版社，2007 年；米谷均：《关于近世日朝关系中的对马藩主上表》(「近世日朝關係における對馬藩主の上表文について」)，载《朝鲜学报》(『朝鮮學報』)154 卷，1995 年；米谷均：《从文书样式看十六世纪的日朝往返书契》(「文書樣式論から見た一六世紀の日朝往復書契」)，载《九州史学》(『九州史學』)第 132 号，2002 年 7 月。

② 佚名：《癸未东槎日记》，收入《海行总载》第五辑，第 29 页。

③ 《朝鲜仁祖实录》卷 44，仁祖二十一年正月戊午、二月甲申条，首尔；韩国国史编纂委员会影印：《朝鲜王朝实录》第 35 册，1968 年，第 148、150 页。

争端也。①

"再拜之礼",便成为朝鲜君臣在庙堂之上商定的应对底线。仁祖认为此系中国人平交相见之礼,行礼双方身份并无尊卑之分;这样既可以避免"以小节惹起争端",又不会矮化朝鲜的地位。使团到达江户后,日方果然前来商讨觐见若君的礼仪。好在通信使据理力争,以"事要当理,礼贵得中;邻国王子尚无此拜"为名,坚持不向"三岁稚儿"(若君)下拜。明代中国的交际礼仪,基本由拜礼和揖礼两大部分构成。拜礼使臣既不肯行,而揖礼又降杀太多,难与若君身份相匹。可能基于这方面的考虑,日方最终做出让步,决定若君将不接见来使,一场礼仪风波就此而化解。

同样的,日光山"致祭"之时,通信使也只肯行再拜之礼。日光山献香是癸未使行的重要事项。早在此前一年,朝鲜已经同意向刚刚建成的日光山社堂,赠送仁祖御笔、大臣诗文及撞钟等物,以"积我诚信,深得其欢心,冀或消祸于冥冥"②。虽说德川家康有"息兵之功",而且铲除丰臣遗族,让朝鲜得到一丝心理安慰,但日光"致祭"毕竟有类臣下谒陵,有矮化国格之嫌,朝鲜也是迫不得已而为之。③ 为了避免给人带来朝鲜臣服的观感,朝方在日光致祭的礼仪上相当谨慎。正使尹顺之担心出现差错,临行前特别要求将相关礼仪"自朝廷预讲,作为仪注,使使臣持去"④,以脱专断之责。使团停留釜山期间,还专门进行了演练。然而抵达日本后,双方却就日光山拜礼的等级争执不休。日方认为使臣应像觐见将军一样行四拜礼,朝方则坚执丁未年(1607)使臣吕祐吉以再拜之礼见德川家康的旧例。对此,日方辩称当时家康已退位,"国无二主,故前日只行再拜矣;今此日光山,则四拜之礼亦所当然"。朝方则坚持认为"家康生时既行再拜,生前死后事无异同"。双方各执己见,相持不下。对马岛人甚至不惜威胁说,若日光拜礼不妥,"则从前大君接待之礼、喜悦之意,归于虚地"⑤。经过数度往复,双方终于达成妥协,献香时朝鲜使臣"前后再拜"。可能在日方看来,祭前和祭后再拜,加起

①《朝鲜仁祖实录》卷44,仁祖二十一年二月甲申条,《朝鲜王朝实录》第35册,第150页。
②《朝鲜仁祖实录》卷43,仁祖二十年六月庚戌条,《朝鲜王朝实录》第35册,第133页。
③为挽回颜面,后来朝鲜使用君主对臣下的"赐祭"一词,来称指称此前通信使日光祭拜之举(申维翰:《海游录》)。显然在朝鲜人看来,日光之行并不妥当。岩井茂树也指出,当时通信使是将此举比拟为明朝向藩国君主的"谕祭"或"赐祭",用这种"精神胜利"的方法来说服自己接受的。参看氏著:《明代中国的礼制霸权主义与东亚的国际秩序》,收入《日本中国史研究年刊》(2006年度),上海古籍出版社,2007年。
④《朝鲜仁祖实录》卷44,仁祖二十一年正月戊午条,《朝鲜王朝实录》第35册,第148页。
⑤佚名:《癸未东槎录》,《海行总载》第五辑,第30页。

来一共为"四拜",多少符合了己方的要求;而朝鲜使臣明白,"前后再拜"亦终为再拜之礼而已,与日方一开始要求的四拜,等级终有天壤之别。基于对同一礼仪的不同理解,双方各自达到了心理平衡。

不管是觐见将军的四拜礼、日光致祭的再拜礼,还是仁祖所援据的"中国平交"相见礼,其渊源都是中国、确切地说是明代制定的交际礼仪制度。这套制度确立于明初,洪武四年、五年,明廷两度发布诏令,要求废止元代流行的"胡礼",重新恢复以"揖礼"和"拜礼"为中心的汉族传统交际礼仪。按照洪武四年的诏令,根据行礼对象的不同,拜礼可以分为不同的等级(见下表):

洪武四年定官民拜礼等第

拜礼 ＼ 拜数	五拜	四拜	再拜
稽首	见皇帝 (稽首四拜,复顿首一拜)	见太子、亲王	
顿首		子孙弟侄甥婿见尊长; 生徒见师范;婢仆见主人	卑幼见祖、外祖、父、岳父、伯、叔、舅之外疏属长者;官员间平级或以下见上
空首			庶民平交相见;官员以上答下

资料来源:《明太祖实录》卷70,洪武四年十二月壬寅条,第1310—1311页。

洪武五年,礼部又对在何种情境下当行揖礼或拜礼,作了更加详细的规范。[1] 这些规定被载入《礼仪定式》、《大明会典》等多种礼书和政书。朝鲜半岛在高丽后期深受蒙古文化影响,社交礼仪也是如此。朝鲜与明朝建立宗藩关系后,不仅衣冠服饰,在交际礼仪上亦遵用明代制度。朝鲜太宗二年(1401),在河仑等亲华文臣推动下,朝鲜也废除了蒙古式跪拜,改行明朝的揖拜礼。[2] 在明朝的宗藩体系当中,明朝给予朝鲜"亲王"一级的特殊地位,因此朝鲜臣民觐见国王时,按明制行四拜礼。按照日朝对等、两国钧礼的原则,朝鲜使臣面见幕府将军,也须像面见本国国君一样四拜。在明代礼制中,两拜之礼用途较广,可用于卑幼见尊长、下官见长官,也可以用于身份相等的"平交"之间。按照洪武五年的规定,对于关系疏远的长亲,长时间未见或者节庆致贺"止行两拜礼","民间平交者亦如之"。[3] 讨论若君礼仪时,仁

[1] 参看《明太祖实录》卷73,"中研院"史语所校印本,1962年,第1335—1336页。
[2] 杜宏刚等辑:《韩国文集中的蒙元史料》下册,广西师范大学出版社,2004年,第758页。
[3] 《明太祖实录》卷73,第1336页。

祖所说的"中国之人虽在平交,亦有再拜之礼",出处即在于此。而日光致祭时,使臣强硬坚持行再拜而非四拜之礼,其潜台词即是不以事君之礼侍家康,以免给人造成日光进香、朝鲜臣服的印象。明朝制定的这套交际礼仪,朝鲜使臣不仅在国内遵行,而且还将其带到了日本,与日方人员见面时,也以此为标准斟酌行礼。如壬戌使行(1682)译官洪禹载,便记下了使臣接见对马岛主等人的仪节:

> (使臣)与岛主先相再揖,(显)森、(玄)灵次之;西山再拜,三使答揖。[1]

对马岛主系日本大名,显森和玄灵是江户派驻对马岛主管对朝外交的文书僧。他们的身份地位,与使臣在朝鲜国内相当。按明代礼制,官员相见"品秩等者互揖"[2],故此使臣与之互行揖礼。而西山(玄常)只是岛主的文书僧,故相见时行以下见上的再拜之礼;使臣亦按照长官对待下属的规格,答以揖礼。礼仪隆杀的标准,完全依据洪武礼制。

关于拜礼,癸未使行还有一个小小的插曲。本次使团受到了日方的热情接待,为"蠲使臣之劳",将军下令把使臣辞行时的四拜礼减为再拜,还特意安排"宴享时动乐",以示优待,据说此系"无前盛礼"。日方提出,使臣"似当有谢礼"。面对突如其来的新问题,使臣们商讨后认为,"《春秋》大夫报聘,有奏乐重拜之礼",同意答以再拜。春秋时鲁国大夫叔孙豹使晋,宴会上听到"(工)歌鹿鸣之三",便三次下拜答谢"君所以劳使臣之意"[3]。朝方所援据的"春秋大义",便出自这个典故。朝鲜使臣对待礼仪问题一贯谨慎,然而在儒家"以《春秋》决狱、以三百五篇当谏书"[4]的传统当中,经典具有天然的权威;背靠"春秋大义",使臣便可摆脱"自专"之嫌。使臣临机决断的正当性与合理性,正是来自儒家经义的支持。

二 辞受之间:通信使对日方私赠礼物的态度

礼尚往来、投桃报李是人际交往的常情,礼经中也有对"用贽"的种种规定,然而在日韩通信使往来当中,礼物的辞受取与,却是一个让双方都感觉棘手、并且极容易产生纷扰的问题。

对于日方所赠送的礼物,历行通信使都表现得非常审慎。当然,对于使

---

[1] 洪禹载:《洪译士东槎录》,《海行总载》第六辑,第 25 页。
[2] 《明太祖实录》卷 73,洪武五年三月辛亥条,第 1336 页。
[3] 《春秋左传正义》卷 29(襄公四年),《十三经注疏》本,第 1931—1932 页。
[4] 皮锡瑞:《经学历史》,中华书局,2004 年,第 56 页。

团必需的日常供应（"下程物料"），"系是口食，不得不受"①。通信使非但不拒绝，甚至供应不好时会有怨言。如丙子使行停驻冈崎时，正使任絖便抱怨此地接待"比已经处颇劣，未知物力有所不逮耶"②。但是，对日方提供的生活必需品之外、用以表敬的私赠（"别下程"），使臣却非常谨慎。虽然通信使也知道，按照日本风俗，不接受赠物会令对方难堪，"非徒自惭，人亦讥之"③，但是对于沿途官员赠送的别下程等礼品，使臣原则上还是一概辞却。甲子使行（1624）离发蓝岛时，当地守官赠以银子三盘，使臣见之"极骇"，"拒之甚截"，并切责伴行倭人"不能预防之失，俾无前路更有此事"④。而当固辞不得或者需要顾及对方情面时，使臣也仅取微物示意。丙子通信使团，即屡屡辞绝沿途"无名之馈"：明石太守所赠礼单"极其浩多"，"累辞不得，只领酒桶、果桶、茶封，余皆却还"；小仓太守致送"米馔酒牛等物"，三使"再三辞，不得已"，仅各取酒一筒、果一器。⑤ 癸未使团也同样谨慎。归国时山城太守赠以"白布三十端、香盒十枚"，使臣只受一个香盒；只有僧人周旦，使臣认为其有万里伴行之谊，故此礼物"不宜全却"，在《万病回春》一帙、唐纸一百五十张、皮书格一具"三样礼物当中，留下书籍作为纪念。⑥ 而乙未（1655）从事官南龙翼停留江户时，面对"鳞次山积"的日本官员私赠物品，不禁感叹为此之费唇舌："辞却之际，说烦长，诚不胜其苦也。"⑦

对于一般官员的馈赠，这种严苛的态度虽然常常会引发一些不快，但基本无碍使事的正常进行。然而，如何处理幕府将军数额庞大的私人赠与，却给丙子前后几次通信使以及负责接待的日方人员带来了莫大的困扰。如何劝说顽固的朝鲜使臣接受将军的赠物、以何种理由谢绝或者如何处置关白的礼品，都是令双方头疼不已的问题。有意思的是，双方围绕着"礼物"的攻防战，却是依据《孟子》展开的。《孟子》对士人交际辞受取予的原则，有相当细致的讨论，因此成为双方论争的依据。早在丁巳使行（1617），日方便援据《孟子》尊者之赐"却之为不恭"⑧之义，向使臣施压称："尊者有馈，不敢辞

①姜弘重：《东槎录》，《海行总载》第三辑，第30页。
②任絖：《任参判丙子日本日记》，《海行总载》第三辑，第56页。
③庆暹：《庆七松海槎录》，《海行总载》第二辑，第47页。
④姜弘重：《东槎录》，《海行总载》第三辑，第29页。
⑤任絖：《任参判丙子日本日记》，《海行总载》第三辑，第54、64页。
⑥佚名：《癸未东槎日记》，《海行总载》第五辑，第32页。
⑦南龙翼：《南壶谷扶桑录》，《海行总载》第五辑，第63页。
⑧《孟子·万章下》，朱熹：《四书章句集注》，第318页。

却。"在如此有力的理由之下,使臣辞穷,只得承认"礼则然矣"①。日方援引《孟子》经义迫使朝方就范,并非仅此一例。孟子曾经接受宋国的赠金却拒绝齐王的赠予,陈臻认为孟子前后不一,必有一举失当。孟子辩解称:

> 当在宋也,予将有远行。行者必以赆,辞曰"馈赆",予何为不受?……若于齐,则未有处也。无处而馈之,是货也。焉有君子而可以货取乎?②

向远行者赠送财物的"赆礼",儒家经典之中,唯见于《孟子》此章。甲子使行之时,面对朝方的再三推辞,日方即执此施压:"行者有赆,古之礼也。将军以赆行送之,则绝无可还之理。"③面对日方强大的义理,使臣"再三论难,终无可据之辞,不得已收领"④。

朝方看似论战失利,然而使臣面从而心未服。"朝廷遣使既出羁縻之计,一向麾却,恐有意外之患。"他们担心影响朝日国交而不敢深辩,关白礼物"再三牢拒、终以权辞领受者,实出事势之不得不尔",并不真的认为"有当受之义"⑤。使臣表面依从,背后却想尽各种办法,千方百计将关白赠物留在日本。丁巳使行把将军所赠的银子、金屏等物,以"应办"与"酬赏"为名,悉数转赠给对马岛人,以示终无所取。甲子使行也师法前人,把新旧将军赠送的巨额财货,作为刷还被掳人的"偿费",转交给对马岛。⑥ 然而丙子使团在关白赠金的处置上,却险些酿成一场外交风波。丙子使团离发江户之前,成功地推辞掉"大君及诸执政赆行之物",然而行至中途,将军突然命令将招待使团所用余的物资,折合为黄金一百七十锭,追送一行。面对突如其来的难题,使臣认为虽然"赆行者,礼也",但赠金太过丰厚,受之非宜而"还送则不恭"。左右为难之间,只得效仿唐使杜暹不受突厥之赠、埋金幕下的典故,

---

①李景稷:《李石门扶桑录》,《海行总载》第三辑,第 13 页。

②《孟子·公孙丑下》,朱熹:《四书章句集注》,第 243—244 页。

③姜弘重:《东槎录》,《海行总载》第三辑,第 38 页。

④同上,第 50 页。

⑤同上。

⑥对马岛人本次只是佯为接受。通信使回还后,岛主即致书朝鲜礼曹,"孟子曰:'行者必以赆。'我殿下谢三使贤劳,代币物以薄赠",将军此举乃遵圣贤遗教,而使臣"却之已甚,至于不恭"。对于使臣的转赠,"(马岛)安敢以殿下赆物私用于中间乎",名正言顺地把将军赠物送还朝鲜。但即便至此,使臣依然上疏国王拒绝领受。关于这些后续交涉,参看姜弘重:《东槎录》,《海行总载》第三辑,第 50 页。

决定将赠金中途"投诸浅流"①。尽管因日方发觉而初次投金不果,使臣还是不顾对马岛人的接连苦劝,中途寻机将赠金悉数投入今绝河(日本称为"今绝河事件")。② 日方对此深感不快,岛主义成"连日不为问安",伴行僧人亦"致憾投金,绝不致候"③,几乎引起外交争端。有了这次投金的教训,后来的癸未通信使团归国时,对马岛人一直把将军的赠银护送到釜山,方才交给朝方。④

通信使在礼物问题上的顽固立场,固然有情感因素的影响,尤其对壬辰之役结束后的几任使臣而言,接受"敌国"馈赠,情感上难以适应。例如丁巳从事官李景稷,便觉得"受其物置诸橐中,非有血气者之所忍为也"⑤。甲子使行军官姜德聚等,也视将军赠金为"浼己"⑥。但更深层的,通信使对待礼物的严苛态度,同样是以《孟子》衍生出来的礼学原则作为支撑。前文已经指出,孟子将是否"有处"、也即是否有正当的名义和理由,作为士人交际之时辞受取予的基本原则,这点普遍为后儒所接受。丙子通信正使任絖,屡屡以"无名之馈"为由拒绝日方赠物,其所谓的"名",也便指正当的名义。《孟子》中的确有以财货送行的赆礼,然而将军动辄数千两的金银私赠太过丰厚,"银货非授受之礼物"⑦,这在使臣看来并非赆礼,而是孟子所谓的"货取"——也即用财货邀买人心,一旦接受便有"伤廉"之嫌。丙子副使金世濂就认为,接受将军赠金,"是为货取";而他刚踏上日本国土时,便作诗自勉"志士思丧元,君子焉货取"。⑧ 癸未副使赵絅,也作诗称"邹圣却兼金,优孟笑廉吏。……君子鄙货取,皇华侈恩赐",径把将军的赠银,比作孟子所拒绝的兼金百镒。⑨ 乙未从事官南龙翼辞谢日本官员私赠,也专门写信告诉对

①金世濂:《金东溟海槎录》,《海行总载》第四辑,第18页。这一事件始末,参看郑章植《从使行录看朝鲜通信使的日本观》(『使行錄に見る朝鮮通信使の日本観』),明石书店,2006年,第137—140页。

②今绝河投金一事,在朝鲜国内传为美谈,正使任絖更成为廉介的楷模。因为这个故事,日本的"今绝河",在后世通信使文献中多被写作"金绝河"。

③任絖:《任参判丙子日本日记》,《海行总载》第三辑,第62页。

④《朝鲜仁祖实录》卷44,仁祖二十一年十一月辛亥条,《朝鲜王朝实录》第35册,第168页。

⑤李景稷:《李石门扶桑录》,《海行总载》第三辑,第14页。

⑥姜弘重:《东槎录》,《海行总载》第三辑,第40页。

⑦李景稷:《李石门扶桑录》,《海行总载》第三辑,第13页。

⑧金世濂:《金东溟海槎录》,《海行总载》第四辑,第18页;《金东溟槎上录·对马岛次权学官韵》,《海行总载》第四辑,第31页。

⑨赵絅:《赵龙洲东槎录·大坂城次从事韵》,《海行总载》第五辑,第9页。

方"不可货取之意"①。孟子所谓"可以取、可以无取，取伤廉；可以与、可以无与，与伤惠"②，这是后世儒者人际交往辞受取与所遵循的原则，深受儒学熏染的朝鲜士大夫，自然亦莫能外。可以说，复杂的民族情感与固执的礼学观念交织在一起，造成了朝鲜使臣对于日方赠物的苛严态度。

同样是礼物，一个有意思的对比是，朝鲜使臣对于幕府将军回赠朝鲜国王、日本官员回赠朝鲜礼曹的物品不会有所推辞，因为这是属于"公事"；然而一旦涉及将军或者日本执政对于使臣的"私赠"，使臣们会变得极为审慎，想方设法百计推辞。如任絖对"大君所送别幅中方物、及礼曹回礼之物"即照单全收，而"吾等处大君及诸执政赆行之物"则坚辞不受。③ 朝鲜使臣对日方私赠的敏感，背后还涉及"人臣无外交"的礼学原则。按照《礼记·郊特牲》的说法，"为人臣者无外交，不敢贰君也"，也即作为臣下，不可私自与外国君臣交往，否则便是对自己的国君怀有二心。④ 这是后世臣僚处理外交事务普遍遵守的原则，北宋名臣范仲淹即曾因私自与西夏国君通信，而造弹劾降职。本来出使"敌国"便已涉瓜李之嫌，使臣们不得不在日记中借思君念亲的"忠孝梦"来剖白心迹；⑤而将军的丰厚赠与，形同私下拉拢之"货取"，对此极端敏感问题，使臣更须表明立场，否则便有失"臣节"。丁巳通信使便曾明确回复前来致送将军礼物的日本官员："奉命出疆，礼无私受。既领将军厚意，不敢受去。"⑥朝鲜使臣对待日方私赠态度的固执与决绝，由此也便可以得到理解。

丙子使行还有一个有趣的礼仪细节。使臣审看日本回赠国王的礼单时，发现其中有"锦衣五十领"⑦，骤然产生警惕："别幅中何不送绣段，如我国赠以缯段之规，而乃以衣领为之耶？"⑧并一度想让日方改换礼物。熟悉日本情况的译官连忙解释说，"此乃日本国俗也。关白之进上于天皇、诸将及岛主献于关白，必用衣服。至于锦衣、绣衣，则极敬极尊处所用，其出于尊敬而断无他意"，并担保"一行诸译曾已往来者"及朝鲜被掳人员，"无不知之"。然而直到回程在神奈川过年时，使臣得知日本新年馈赠之俗"平交用纸与扇，尊处则用衣服，故关白此日亦进岁衣于天皇"，才确然无疑。使臣对

---

① 《南壶谷扶桑录》，《海行总载》第五辑，第 63 页。
② 《孟子·离娄下》，朱熹：《四书章句集注》，第 296 页。
③ 任絖：《任参判丙子日本日记》，《海行总载》第三辑，第 61 页。
④ 《礼记正义》卷 25，十三经注疏本，第 1447 页。当然，这是一般的理解，也有学者有不同理解。
⑤ 参看段志强：《朝鲜通信使的"忠孝梦"》，未刊稿。
⑥ 李景稷：《李石门扶桑录》，《海行总载》第三辑，第 13 页。
⑦ 日方所赠礼单的内容，见《金东溟海槎录》，《海行总载》第四辑，第 17 页。
⑧ 黄㦿：《黄浪漫东槎录》，《海行总载》第四辑，第 51 页。

日方赠送的"锦衣"的敏感,实际上源于朝鲜与中国交往的经验。在中国或者儒家政治文化当中,"衣冠"不仅仅是蔽体保暖或者修饰容止的用品,而且寓含政治意义,是社会地位与身份等级的象征。授予冠服与颁历、赐爵一样,是"天子"威权的体现,授受双方存在上下服属关系。在朝鲜与明朝的交往过程中,朝方所进贡的"土宜"是布、帛等原料,而无衣物;只有明朝"回赐"的礼品当中才有冠服。① 明朝在册封藩属国国王或者世子时,也要赐给相应等级的衣冠,象征其已得到华夷宗藩秩序的认可与接纳。万历二十三年(1595)丰臣秀吉"请封"时,礼部即援引旧例,指出"外夷袭封,例赐皮弁冠服"②。除了册封诰命,明朝使臣也确实给丰臣秀吉带去了包括纱帽、皮弁服、常服等多套与"藩王"身份相应的冠服。③ 朝鲜使节对这些典故与制度必然耳熟能详,他们对日方赠物的警觉,实际上是担心本国在礼仪上被矮化为日本的臣属。这种警觉实际上来自儒家的礼制,以及朝鲜与明朝交往的经验。

三 平阙之式:癸未使行的国书格式问题

在数百年的日朝通信使往来当中,朝鲜使臣海陆奔波、跋涉千里的基本任务有两个:一是传送朝鲜国王写给将军、朝鲜礼曹写给执政的书信,再是把将军的回答国书以及日本执政给礼曹的回书带回国内。这是使臣最为重要的使命,因此在历次有关礼仪的交涉当中,日方回答国书的写法,往往是争议的核心内容。学者已经注意到,双方在回答国书上的争议,主要涉及以下几点:幕府将军的位号(是否用"日本国王"或者"大君"的称谓),这关系到两国交往是否对等;纪年方式或曰"正朔"的问题(用干支还是年号纪年,使用明朝还是日本的年号),这牵涉到以哪国为正统;国书用词的问题(是否体现两国地位平等);某些时候甚至还有关于文字避讳的争论。④ 对于丙子、癸未两次使行而言,在前面三个问题上,双方都进行过协商。而癸未使行的交涉,不仅限于国书的内容,而且还有国书的书写格式。

癸未使行日方回答国书草稿撰出之后,朝方的不满主要集中在两点:一是日本国书落款仅署将军姓名而未书"大君"职衔,而朝方是明确以"朝鲜国

①朝鲜向明朝例行进贡的纺织品,万历《明会典》记载为"白绵绸、各色苎布"(卷105,第572页,中华书局1989年);明朝的回赐,见同书卷111,第592页。
②《明神宗实录》卷281,万历二十三年正月庚辰条,第5188页。
③谈迁:《枣林杂俎·智集·日本关白求封》,中华书局2006年,第55页。明朝赐给丰臣秀吉的冠服,至今仍藏于日本京都妙法院。
④参看《文化间的比赛:朝鲜赴日通信使文献的意义》中篇《政治上的自尊:名分与礼仪》,载《中华文史论丛》2014年第2期,第18—32页。

王"的名义与日本通信,这样一来便难以体现日朝敌礼的原则。但日方遵循的是之前丙子使行的旧例,而且当时日方对此的解释理由充足,[①]而本次使臣亦无力辩驳,略表不满之后亦只能依从。第二点是国书用词与书写格式不当,使臣向对马岛主抗议说:

> 两国交际,必相尊敬。今此答书中,有"且呈亲笔"等字。相敬之间、下字之际,必相尊重,乃其礼也。今于答书中猥用"呈"字,又不书于别行,事极未安。[②]

日本答书中有"且呈亲笔"之语("亲笔"即朝鲜国王御书),使臣看来"呈"字系"猥用"以下对上的敬语,不但不符合"自谦而敬人"的书信体例,而且矮化了朝鲜国王的地位,有违两国钧礼的原则。"不书于别行",则是指国书格式违背了书仪中的"平阙"之制。按照中国中古时代即已成熟的书仪规范,信札中遇到指涉对方的词语(或事关国家、君主等的特殊词汇)时,为表示尊敬,要在该词前要阙字空格然后书写("阙");更为隆重的做法,则是提行另书,与上一行的开头齐平("平出")、甚至高出一字至数字书写("单抬"至"四抬")。[③] 作为基本的文书礼仪,"平阙"之制不仅长期为中国遵行,而且也影响到了周边国家。从现存实物来看,朝鲜国书在格式上即严格遵循平阙之式。[④] 如丁未使行(1607)朝鲜宣祖致将军秀忠国书(参看附图),遇到"日本国王"、"贵国"等词,均平出另起一行;而"天朝"则另行抬一字书写。然而,这种书仪似乎在日本并不流行。壬戌使行(1682)停驻小田原时,译官洪禹载专门记下了当地官员所送礼单的书写格式:

> "寅具"二字,先题极行;香饵、粉蒸、金饴、玉饴、仙饴五种,列书平行;之后"聊申"二字、"延敬"二字,双书极行,而"延敬"尤上,其意敬勤矣。

上文所描述的,便是礼单书写的平阙之式;洪禹载详加记录,是因这种格式的礼单,为沿途所仅见。当然,对于这种源自中国的书信体式,日方并非全然不知。因此当通信使表示不满之后,他们承认此系"不解文字"之失,并立

---

① 金世濂:《金东溟海槎录》,《海行总载》第四辑,第17页。佚名:《癸未东槎日记》,《海行总载》第五辑,第31页。

② 佚名:《癸未东槎日记》,《海行总载》第五辑,第31页。

③ 这套平阙格式,在唐代时正式进入国家法令,到清代则发展得更为严格。对相关历史的简要梳理,可以参看张我德《清代文书的抬头制度》,《档案学通讯》1990年第3期。

④ 仲尾宏、辛基秀编:《大系朝鲜通信使》(东京:明石书店,1996年),收录有丁未(1607)、丁巳(1617)、癸未(1643)、壬戌(1682)四次使行的朝鲜国书原件,分见《大系朝鲜通信使》第一卷,第66、67页;第二卷,第46页;第三卷,第41页。

即予以纠正,新国书"去'呈'字,而书'惠'字于极行"。①

　　除去平阙之式等中国中古时代即已成熟的书仪,在朝日往来文书当中,我们还明显可以看到明代礼制的影响。作为一种"不见面的礼仪",信札在用词上极为讲究,以不同的称谓格套显示通信双方的身份高下。为革除社会交往中名实乖违的虚浮之风,洪武三年明太祖曾下令制定一套新的书札规范:

　　　　上谕中书省臣曰:今人于书札多称顿首、再拜、百拜,皆非实礼,其
　　　定为仪式,令人遵守。……于是礼部定议:凡致书于尊者,称"端肃奉
　　　书",答则称"端肃奉复";敌己者,称"奉书"、"奉复";上之与下,称"书
　　　寄"、"书答"。卑幼与尊长,则云"家书敬复";尊长与卑幼,则云"书付某
　　　人"。②

日朝间的通信使文书往来,大体上遵照了明代制定的这套格式。日韩为对等之国,国王与将军、朝鲜礼曹与日本执政之间相互通书。按照"敌体"原则,朝鲜国书开头称"朝鲜国王李某奉书日本国王殿下",日本回答国书则多称"日本国源某奉复朝鲜国王殿下"。③ 礼曹与执政通书往来亦大多如此,即以"奉书"和"奉复"两词,表示双方的平等关系。这套确立于洪武初年的书仪,不仅在中国通行,两百多年后竟然还成为日朝国书的写作规范,这大约是明太祖本人都未能预料到的,由此也可以看出在当时的东亚,中国依然具有相当强的文化辐射力。

结语:通信使礼仪交涉背后的中国影响

　　无论上文分析的拜礼还是国书的书写格式,通信使所遵循的是中国的、具体说是明朝制定或者通行的礼仪。元明易代之初,明朝曾以"复古"为旗号,进行了大规模的礼制重建工作。高丽末年出使南京的李崇仁,不禁艳羡

---

①佚名:《癸未东槎日记》,《海行总载》第五辑,第 32 页。不过,从保留下来的日本回答国书原件来
　看,日方对这套书仪并不熟悉,以致运用失当。如壬戌(1682)回答国书,"庆我继前业"一句,"我"
　字以下提行另写,有违平阙之意。见仲尾宏、辛基秀编:《大系朝鲜通信使》第三卷,第 41 页。
②《明太祖实录》卷 52,洪武三年五月癸巳条,第 1011-1012 页。
③朝方的例子,可见万历丁未(1607)、丁巳(1617),《大系朝鲜通信使》第一卷,第 66、67 页)、崇祯癸
　未(1643,《大系朝鲜通信使》第二卷,第 46 页)、乙未(1655,南龙翼:《南壶谷扶桑录》,《海行总载》
　第五辑,第 36 页)、壬戌(1682,《大系朝鲜通信使》第三卷,第 40 页)诸次国书;日本的例子可以参
　看万历丁巳(1617,李景稷:《李石门扶桑录》,《海行总载》第三辑,第 39 页)、天启甲子(1624,姜弘
　重:《东槎录》,《海行总载》第三辑,第 39 页)、癸未(1763,赵曮:《海槎日记》,《海行总载》第七辑,
　第 69 页)诸次回答国书。

明朝"礼乐衣冠迈汉唐",并作诗称"吾国保小东,仪制慕华风"。① 朝鲜与明朝建立宗藩关系之后,曾将相当多的明朝礼仪制度移植到国内。随着日朝外交活动的展开,朝鲜通信使又将这些礼仪带到日本,并成为双方都遵循或者认同的礼仪规范。而朝鲜通信使对待日方私赠所持的审慎、甚至严苛的态度,乃是受了儒学当中礼学与理学的双重影响;而面对某些突发情况时,儒家的经义,更成为他们临机决断的依据。从日朝间这些礼仪交涉不难看出,源自中国的经典与礼仪是双方思考问题出发点或者裁断纷争的准绳。即便在东亚各国政治离心趋势日益显现的近世,中国文化依然作为"文明"的标准,在东亚国际交往中发挥着影响。日韩间的通信使交流,中国虽然未直接参与其中,却如同影子一般,隐含于通信使活动的方方面面,中国的角色恰是一个"不在场的在场者"②。

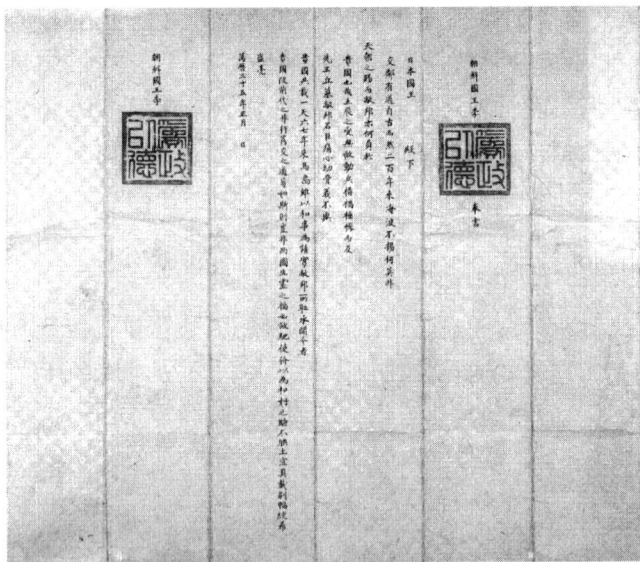

附图:万历丁未使行朝鲜宣祖致将军秀忠国书
(《大系朝鲜通信使》第一卷,第 66 页)

---

① 李崇仁:《元日奉天殿早朝》、《阻风留登州次壁上韵》,《陶隐集》卷 2,《韩国文集丛刊》第六册,第 556、564 页。
② 葛兆光:《文化间的比赛:朝鲜赴日通信使文献的意义》之《结语:不在场的"在场者":通信使文献中的中国》,《中华文史论丛》2014 年第 2 期,第 46-50 页。

1596 年度朝鲜通信使的情报收集与日本、朝鲜、明的三国关系

米谷均(日本　早稻田大学)

前　言

本报告以 1596 年(日本文禄五年;朝鲜宣祖二十九年;明万历二十四年)①向日本派遣的朝鲜通信使为题材,对他们的情报收集工作进行分析。当这批使节抵达日本的时候,为了终结日本对朝鲜的侵略,日明两国进行了反复的讲和交涉,最终明朝为了册封丰臣秀吉为"日本国王",派使节到了日本。② 之所以在这么多次的朝鲜通信使当中挑选 1596 年的使节作为讨论的对象,因为笔者认为验证这批使节情报收集工作的实际情况,对于理解日本、朝鲜和明朝三国之间的认识差异和利害冲突是非常有益的。③ 自 14 世纪后半叶以降,高丽和朝鲜王朝都向日本派遣了携带书信的外交使节。这些使节有着"通信使"、"通信官"、"报聘使"和"回礼使"等种种名称,但在其

---

① 在这一时期的日、朝、明三国,日本行宣明历、用文禄·庆长年号,明和朝鲜行大统历、用万历年号。依据本稿引用史料的情况,基本上用大统历和万历年号标记年、月、日。但在关于日本国内的记述方面,在双方日期不同的情况下,将像"九月二日(9/1)"这样在小括号内表示日本的日期。

② 关于册封秀吉的意义和先行研究,参考米谷均:《对丰臣秀吉之"日本国王"册封的意义》(「豊臣秀吉の「日本国王」冊封の意義」),山本博文、堀新、曾根勇二编:《丰臣政权的本体》(「豊臣政権の正体」),东京:柏书房,2014 年。

③ 关于 1596 年度通信使的概说,参照三宅英利:《近世日朝关系史研究》(「近世日朝関係史の研究」),东京:文献出版,1986 年,第 132—142 页。

中,只有向日本武家政权的元首(室町殿等)派遣的使节才会被日本人习惯性地称作"通信使"和"朝鲜通信使"。[①] 足利政权时代(室町幕府:1336—1573 年),在 1366 年到 1479 年间实现和计划的通信使派遣,总共有 20 次左右。到 1443 年通信使为止,其中到达过幕府所在地京都的通信使有 15次(表 1)。然后经过约 150 年的空白期,在丰臣政权时代(1582—1598 年)有 2 次,在德川政权时代(1603—1868 年)有 12 批通信使被派到过日本(1607—1811 年)。[②]

另一方面,在 1368 年以后,明朝屡屡向日本派出要求严禁倭寇的招谕使。自从京都的足利政权迎来 1371 年的使节之后,直到 1433 年的使节为止,明朝总共派遣了 11 次使节,其中有 8 次抵达过京都。这些使节拥有劝奖日本服属明朝的"招谕使"和授予足利将军"日本国王"尊号的"册封使"等种种名号,不过在日本一般都被统称为"明使"或"明使节"。[③] 还有,在 1433年的使节(于翌年 1434 年抵日)之后,明朝长期中断了使节的派遣。不过在1555 年,为要求严禁倭寇,浙江的总督和巡抚分别派出了两队宣谕使来到九州(其中只有 1556 年来日的宣谕使的分遣队到达了京都)。[④] 此外,在文禄之役爆发后的第二年,明使于 1593 年来到了九州名护屋,然而这实际是统辖援朝军的经略宋应昌派来的"伪使",而非正式的明使。[⑤] 由皇帝派遣的正式的使节在 1595 年从北京出发,到第二年的 1596 年才抵达日本。并且,正是这次时隔一个半世纪的出使成为了最后来日的明使。此后,无论是日本的政权从丰臣政权转移到了德川政权,还是中国朝代从明到清的交替,双方的外交关系再未恢复(只有商船来日)。

如以上所述,从 14 世纪后半叶到 16 世纪后半叶,来到日本的朝鲜通信

---

① 桥本雄在《中华幻想:唐物与外交的室町时代史》(『中華幻想—唐物と外交の室町時代史』,东京:勉诚出版,2011 年)中主张使用"朝鲜国王使"的专称,并且在同书的 268—273 页附有从 1366 年到 1590 年间的大小朝鲜使节的全面的一览表。

② 参见三宅英利:《近世日朝关系史研究》(『近世日朝関係史の研究』)、仲尾宏:《朝鲜通信使与德川幕府》(『朝鮮通信使と徳川幕府』),东京:明石书店,1997 年。

③ 关于明使来日和迎接的实际情况,参考桥本雄:《中华幻想:唐物与外交的室町时代史》(『中華幻想—唐物と外交の室町時代史』)及《"日本国王"与勘合贸易》(『日本国王」と勘合貿易』),东京:NHK 出版,2013 年)。

④ 田中健夫:《明人蒋洲的日本宣谕》(「明人蒋洲の日本宣諭」),《中世对外关系史》(『中世対外関係史』),东京:东京大学出版会,1975 年;中岛敬:《关于郑舜功的来日》(「鄭舜功の来日について」),《东洋大学文学部纪要 史学科编》(『東洋大学文学部紀要 史学科編』)19,1993 年。

⑤ 北岛万次:《丰臣秀吉的朝鲜侵略》(『豊臣秀吉の朝鮮侵略』),东京:吉川弘文馆,1995 年,第 147—156 页。

使和明使节均为数不少,但两国的使节在日本邂逅的例子是极为稀少的。只有 1404 年的朝鲜通信使和明使于翌年即 1405 年在京都东寺偶遇的那唯一一次。并且,朝鲜王朝把与日本之间的通交看作"私交",对明朝采取了极力隐瞒的方针。为此,担任这一次通信正使的吕义孙,因为泄密而遭问罪,被处以流放荒岛的刑罚。[①] 在这样的背景中,随同明使被派往日本的 1596 年朝鲜通信使,从日朝通交史的视点来看的话,可说是一个极其罕见的事例。并且,关于这次的使节还有更值得大书特书的地方,那就是正使黄慎和副使朴弘长两人的纪行日记(《日本往还日记》、《东槎录》)全都流传了下来。

一 关于 1596 年度通信使的使行

(一)纪行日记与记主的经历

成于通信使之手的日本纪行史料有纪行诗文、纪行日记和归国后的复命书。其中纪行诗文中时代最早的是高丽末期(1377 年)奉使的郑梦周《洪武丁巳奉仕日本作》(《圃隐集》卷 1),还有宋希璟(1420 年度)《老松堂日本行录》[②]、申叔舟(1443 年度)《日本国栖芳寺遇真记》(《保闲斋集》卷 1)、金䜣(1479 年度)《扶桑纪行录》[③](《颜乐堂集》卷 1)、金诚一(1590年度)《海槎录》(《鹤峰集》卷 2)等等。一般认为,《老松堂日本行录》是最早被系统整理的日本纪行史料,可它是附有汉诗和题序以描写途中所发生的事情的"文学作品"。不得不说,在去除虚辞渲染的"记录史料"的可信性上,还是以纪行日记为高。那么,1596 年来日的黄慎的《日本往还日记》[④]和朴弘长的《东槎录》[⑤]恰是现存最早的日本纪行日记。另外,相当于使节归朝报告的复命书多被收录在《朝鲜王朝实录》之中,其中以尹仁甫(1420 年度)、朴安期与李艺(1424 年度)、朴瑞生(1428 年度)和朴孝文

①木村拓:《朝鲜王朝世宗的事大、交邻两立企图》(「朝鲜王朝世宗による事大・交隣両立の企图」),《朝鲜学报》(「朝鲜学报」)221,2011 年;并且关于当时两国使节的邂逅,请参考《东寺王代记》(《大日本史料》7-7,194 页)应永十二年(1405)五月一日条;至于对吕义孙的处罚,请参照《朝鲜太宗实录》太宗六年(1406)二月戊子(二十七日)条。
②村井章介校注:《老松堂日本行录》,东京:岩波文库,1987 年。
③米谷均:《朝鲜通信使对马纪行收集》(「朝鲜通信使による对马纪行文集」),早稻田大学水稻文化研究所:《海的十字路口对马》(『海のクロスロード对马』),东京:雄山阁,2007 年。
④首尔大学奎章阁藏,中村荣孝解题:《日本往还日记》,《青丘学丛》11,1933 年;金胄熙解题:《日本往还日记》,《海行总载》8,首尔:民族文化推进会,1967 年。
⑤佐贺县立名护屋博物馆所藏。准确地说,这个《东槎录》是收在朴弘长的文集稿中的史料之一,这个稿本内还收有朴弘长的行状。

(1443 年度)的尤为闻名。[①] 黄慎的复命书和他与宣祖国王之间的问答录一起被收在《实录》中。

黄慎(1562—1617)字思叔,号秋浦,祖籍(本贯)在庆尚道昌原。1588年,黄慎在科举中状元及第,此后历任户曹佐郎、兵曹佐郎等职,兼任起草国王表笺的知制教。1592 年壬辰倭乱刚爆发,他就随同宣祖一起,逃亡到了明朝国境。之后,他接伴过从北京派往辽东的经略宋应昌,又随同光海君南下半岛南部,从事对日交涉等事。然后,他在 1596 年被选为通信使正使前往日本。黄慎的诗文集《秋浦集》[②]是由他的孙子编纂而成的,其中收录有他从日本归国后向朝廷提出的复命书以及在使日途中咏诵的汉诗等。此外,《日本往还日记》是由万历二十四年八月三日至十二月九日的日朝往返纪行记事(釜山——堺——釜山)、大致的行程距离以及关于日本地理与风俗的考察所构成的。

朴弘长(1558—1598)字士任,祖籍全罗道务安,1580 年武科及第后,在济州等地历任地方官职。他在大丘府使任上时,被选为通信使副使,1596年与黄慎等人一起前往日本。其兄是在壬辰倭乱中奋战的庆尚道左节度使朴毅长。朴弘长使日途中的日记《东槎录》收录了他从万历二十四年七月三十日到十一月二十三日为止的记事。

(二)明朝派遣册封使的经过

如前所述,1596 年度的朝鲜通信使在开始的时候是为了伴随明朝册封使而派遣的使节。这里,想先来简单地说一下截至册封使派出为止的前后经过。[③]

万历二十一年(1593)一月因平壤之战和碧蹄馆之战而丧失战意的日明两军无视朝鲜的意向,在日方的小西行长和明方的沈惟敬之间开始了讲和交涉。结果,假冒的日本降伏使节(内藤如安等)在六月从釜山被派往了明朝。万历二十二年(1594)一月,得到伪造的秀吉降伏文书("关白降表")的

---

① 关周一:《朝鲜王朝官人的日本观察》(「朝鮮王朝官人の日本観察」),《历史评论》(『歴史評論』)592,1998 年;关周一:《朝鲜人所见之中世日本》(『朝鮮人のみた中世日本』),东京:吉川弘文馆,2013 年。

② 《韩国文集丛刊》65,首尔:民族文化推进会,并且《秋浦集》中未收《日本往还日记》。

③ 以下记述的内容,参考中村荣孝《丰臣秀吉的外征》(「豊臣秀吉の外征」),《日鲜关系史研究》(『日鲜关係史の研究』)中,东京:吉川弘文馆,1969 年,以及北岛万次《丰臣秀吉的朝鲜侵略》(『豊臣秀吉の朝鮮侵略』)。

沈惟敬带着它回到了明朝。随即,明朝对朝鲜施压,要其交出"请求册封秀吉为日本国王的奏文"。五月,宣祖国王苦苦交涉无果,只得接受。围绕着册封秀吉为"日本国王"之事,朝鲜被当成了违背其本意的连带保证人。这一纸屈辱的"请封奏"在九月由陈奏使上奏到了北京。十二月十三日,万历皇帝在午门接见假冒的日本降伏使节,宣告了附带条件,册封秀吉为日本国王。随后在十二月三十日,万历皇帝任命李宗城为正使、杨方亨为副使,翌年(1595)一月七日,允许制作册封文书(诏命、诏书和敕谕)及下赐之物(金印、冠服等)。并且,要求上述的册封文书在一月二十一日前完成。①

万历二十三年(1595)一月三十日,册封使从北京出发,四月七日过鸭绿江,在四月二十八日达到朝鲜首都汉城。之前,沈惟敬先于四月七日来到汉城,在黄慎的陪同之下前往日军营中。册封使在十一月末抵达釜山,可在万历二十四年(1596)四月三日却发生了正使李宗城失踪这样的奇事。为此,大明朝廷在五月改命杨方亨为正使、沈惟敬为副使,同时下令重制册封文书。沈惟敬先于杨方亨渡海去了日本,六月二十五日[日历 6/25。以下略记为(6/25)]在伏见城谒见了秀吉。另一边,杨方亨原本为了等待重制的册封文书而滞留在釜山,却于六月十五日匆忙从釜山出发赶往日本,经由九州北部和濑户内海,在八月四日(闰 7/4)赶到了堺。

(三)朝鲜派遣通信使的经过

那么,朝鲜派遣通信使的构想是从何时而起的,而黄慎又是在何种背景之下被选为正使的呢? 首先,黄慎在万历二十三年(1595)夏天以后担当沈惟敬的接伴差事,和他一起往来于熊川及釜山等地的日军阵营之间。大概与沈惟敬之间的紧密关系是他被任命为正使的重要原因。其次,黄慎从倭学译官李彦瑞处听说对马外交僧景辙玄苏强烈希望派遣通信使,便于十二月二十一日将这一情报报告给了朝鲜朝廷。② 而在同月二十九日,沈惟敬向朝鲜方面送去咨文,要求朝鲜派遣两名使臣与册封使随行。尽管朝鲜方

---

① 大庭脩:《封丰臣秀吉为日本国王的诰命》(「豊臣秀吉を日本国王に封ずる誥命」),《古代中世的日中关系研究》(「古代中世における日中関係の研究」),东京:同朋舍出版,1996 年;河上繁树:《关于册封丰臣秀吉为日本国王的冠服》(「豊臣秀吉の日本国王册封に関する冠服について」),《学丛》(「学叢」)20,京都国立博物馆,1998 年;同《从服饰看足利义满的册封》(「服飾から見た足利義満の册封に関する小論」),《人文论究》(「人文論究」)62-4,关西学院大学,2013 年。

② 《朝鲜宣祖实录》宣祖二十八年十二月己未(二十一日)条。还有,笔者对此的记述参考了北岛万次《丰臣秀吉的朝鲜侵略》(『豊臣秀吉の朝鮮侵略』)和中村荣孝《丰臣秀吉的外征》(「豊臣秀吉の外征」)。

面刚开始对这个要求全无动力,但还是在万历二十四年六月二十五日命文臣黄慎、武臣权滉或者朴弘长充任册封使的随行陪臣。① 随即,围绕是否要让他们携带书币(书契与礼物),也就是出使是否算是"通信使"这一点产生了争论,但在七月十五日仍然决定携带书契。② 书币本预定在七月十七日从汉城送出,可因为在其开头书有"朝鲜国王李昖,奉书日本国王陛下",在本文末尾书有"赍持土宜跟册使前去"等字眼,很快在十八日到二十日之间就被认为有问题,司谏院和司宪府主张将其收回。③ 宣祖国王也因为在给秀吉的书契中写了自己的名讳而感到屈辱,表达了希望采用世子名讳的代书形式,可结果还是依照备边司的意见,未加修改直接送往了日本。④ 宣祖的书契和礼物由汉学译官李愉、文应枢和倭学译官朴大根、金德元护送南下,于七月三十日抵达庆州,朴弘长(时任大丘府使)从大丘赶来奉迎。⑤ 八月三日,朴弘长等人奉书币到达釜山与黄慎汇合,受到了柳川调信等人的迎接。⑥

通信使团全员由 309 人组成。主要的成员有:正使黄慎;副使朴弘长;汉学译官(汉语翻译)朴义俭、李愉、文应枢、金吉孙;倭学译官(日语翻译)朴大根、金德元、金仁轼、李彦瑞;医官张世宽;正使军官李祥、李逢春、赵德秀、朴挺豪等 16 名;副使军官金好恬、俞允谦等 15 名;小通事金彦福等 7 名等。

(四)朝鲜通信使的使行概要

万历二十四年八月四日,通信使一行从釜山乘船,在隔海相望的绝影岛逗留 4 天之后,于八月八日(闰 7/8)渡过对马海峡到达对马西泊。八月十日(闰 7/10)抵达对马府中。在这里,他们和册封副使沈惟敬的部下(李大谏和沈懋时)会合。后者在釜山接到从北京送来的重新制作的册封文书后,于八月一日(闰 7/1)渡海来到对马。之后,通信使和沈惟敬部下一起向东

---

① 《朝鲜宣祖实录》宣祖二十九年六月辛酉(二十五日)条。
② 《朝鲜宣祖实录》宣祖二十九年七月庚辰(十五日)条。
③ 参见《朝鲜宣祖实录》宣祖二十九年七月壬午(十七日)条、癸未(十八日)条、甲午(十九日)条、乙酉(二十日)条。使用国王名讳和"土宜"的字眼成为了问题。
④ 《朝鲜宣祖实录》宣祖二十九年七月甲午(十九日)条、乙酉(二十日)条。
⑤ 朴弘长:《东槎录》丙申(1596)七月三十日条。
⑥ 黄慎:《日本往还日记》丙申(1596)八月三日、四日条。因为以下关于通信使活动的记述基本引据《日本往还日记》,所以省略注释。此外只有朴弘长《东槎录》才有的记载,均用"朴弘长记……"的表现方法。

进发。由于册封使的大部队已经出发前往畿内，通信使靠着和李大谏同行，好容易才保住了"随行册封使"的名目。由于对马岛主宗义智不在府中，负责接待通信使的是柳川调信。此外，小西玛利亚（小西行长的女儿、义智的正室）向使者一行赠呈了酒菜。八月二十五日（闰 7/25），通信使团从对马来到了壹岐，黄慎于此处从小西行长的使者处得悉在畿内地方发生大地震，压死万余人。朴弘长在八月二十七日又从柳川调信处得到了杨方亨在堺的住所由于大地震而倒塌的消息。这里所说的是文禄五年（1596）闰七月十二日发生在畿内一带的文禄大地震（庆长大地震）。通信使一行此后一边冒着各地的余震，一边按照下列行程向东行进。

八月二十八日（闰 7/28）：到达名护屋。朴弘长记载，有很多被虏朝鲜人来访。

闰八月一日（8/1）：到达呼子。

闰八月二日（8/2）：到达唐泊。

闰八月三日（8/3）：到达筑前海上的蓝岛。下榻在为册封使新造的殿舍。

闰八月四日（8/4）：朴弘长记载，蓝岛发生地震。

闰八月七日（8/7）：抵达赤间关。两天后出发进入濑户内海的航道。

闰八月九日（8/9）：到达上关。下榻在为册封使新造的殿舍。

闰八月十一日（8/11）：到达蒲刈。

闰八月十二日（8/12）：到达鞆浦。朴弘长记载，发生地震以及丰后[①]和兵库的震灾。

闰八月十三日（8/13）：到达水岛（又或蛇岛）。

闰八月十三日（8/14）：沈惟敬的使者和小西行长、寺泽正成等人前来迎接。到达牛窓。

闰八月十五日（8/15）：朴弘长记：深夜，牛窓发生稍有些大的地震。

闰八月十六日（8/16）：抵达室津。黄慎和朴弘长皆记载有地震发生。

闰八月十七日（8/17）：到达兵库。朴弘长记载了由上月震灾造成

---

① 指的是文禄五年（1596）闰七月九月发生的丰后地震。路易斯·弗洛伊斯的《1596 年度年报补遗》（「1596 年度年報補遺」）（松田毅一监译：《十六、十七世纪耶稣会日本报告集》（『十六・十七世紀イエズス会日本報告集』）Ⅰ－2）307 页的"关于丰后之国（的地震和海啸）"部分和朴弘长《东槎录》丙申（1596）闰八月十二日条同为由外国人记录的关于丰后震灾的非常重要的史料。

的民居毁灭的惨状。

闰八月十八日（8/18）：朴弘长记载有地震发生。通信使一行抵达堺。

在堺，再制的册封文书受到杨方亨、沈惟敬和日方武将的奉迎，被安奉在了册封使的住所。此时，通信使陪同册封文书来到了杨方亨的住所，行礼并进行了交谈。紧接着，他们来到了沈惟敬的住所，同样行礼之后进行了简短的交谈，并吃了茶。通信使在常乐寺①的中坊下榻。此外，朴弘长在日记中记录了堺也在文禄地震中遭受了相当的损害，倒塌和无人的民居数量很多。

在听说"秀吉来到大坂"之后的次日闰八月二十九日，朴大根（倭学译官）从柳川调信那里得到了一个令人忧虑的传闻。这个传闻称，秀吉责难"朝鲜通信使比册封使大队迟到"、"朝鲜没有派王子来"②，在搞清楚事实之前，不予引见通信使。第二天九月一日（8/30）一早，只有册封使被同意移驾大坂，而通信使被命令留在堺，也证明了传闻的真实性。然后，通信听闻秀吉在九月二日（9/1）于册封使处"受封"，倭将40名皆穿戴明朝冠服，并于九月三日（9/2）举行宴会。九月四日（9/3），册封使从大坂返回堺，沈惟敬遣人给黄慎带来了以下这些他从秀吉那边听到的愤懑之语，即"朝鲜经常妨害讲和交涉"；"即使册封使到了日本，朝鲜仍然不肯派通信使，不管是沈惟敬来日之时，还是杨方亨来日之时，都没有通信使随行，事到如今也总算来了"；"我曾经释放过朝鲜的两位王子，即便大王子（临海君）派不过来，也应派小王子（顺和君）来日本致谢。可朝鲜始终拒绝派王子来。因而，我也不想引见通信使"这些话。在这个阶段，秀吉的愤怒集中指向朝鲜，对明朝的态度还是好的。九月四日（9/3），前田玄以等人从大坂被派到堺的册封使那边，目的是为了商量有关秀吉"谢恩表"的事宜。然而一到六日（9/5），秀吉对明朝的愤怒便爆发了。这是因为，在一天前从册封使那边送来的要求书中包含有"日军从朝鲜全面撤退"一项。③ 就这样，讲和决裂了，以册封使未得到秀吉的谢恩表、通信使原样捧着宣祖

①威德山天神常乐寺（天台宗）因为明治维新时废佛毁释而沦为废寺，现在成为了菅原神社。
②临海君和顺和君在宣祖二十五年（1592）七月末于咸镜道沦为加藤清正军的人质。翌年七月作为日明讲和的一环被释放。秀吉强烈要求朝鲜自发地把两王子派往日本，迫使其表明感谢与恭顺之意。
③佐岛显子：《关于壬辰倭乱讲和的破绽》（「壬辰倭乱講和の破綻をめぐって」），《年报朝鲜学》（「年報朝鮮学」）4，1994年；中野等：《秀吉的军令与大陆侵攻》（「秀吉の軍令と大陸侵攻」），东京：吉川弘文馆，2006年，第289—293页。

国王的书契被赶上回程的结局收场。九月九日(9/8),册封使和通信使尝试从堺出港又返回来后,第二天十日(9/9)再次扬帆来到了兵库。从兵库到名护屋的回程如下所示。

　　九月十一日(9/10):抵达室津。柳川调信先到,随即宗义智也赶了上来。

　　九月十六日(9/15):停泊在牛窗,小西行长从堺赶来。到达下津井。

　　九月十八日(9/17):到达鞆浦。

　　九月十九日(9/18):到达蒲刈。

　　九月二十日(9/19):到达上关。

　　九月二十三日(9/22):抵达室积。册封使与通信使相互问安。

　　九月二十四日(9/23):到达天神浦。

　　九月二十五日(9/24):到达松屋。

　　九月二十六日(9/25):抵达赤间关。册封使赶到。

　　十月三日(同):从赤间关移往伊崎。

　　十月四日(同):到达兰岛。寺泽正成从秀吉的所在地赶来(《东槎录》)。

　　十月九日(同):到达名护屋。

名护屋这边,寺泽正成十月十日(同)再度登场,要求为册封使设宴(《东槎录》),十一日(同)向通信使也赠送了酒菜慰劳。十二日(同),为了先行向宣祖国王报告,黄慎派部下军官(赵德秀、朴挺豪)回朝鲜。这个报告,黄慎曾在九月二十一日(9/20)、二十七日(9/26)、十月一日(同)和十月九日(同)四次计划送出,每次都因册封使的强烈反对而搁浅。赵德秀和朴挺豪等人携带黄慎的密书在十一月六日到达汉城,受到了宣祖国王的接见。宣祖国王向他们详细地询问了日本的形势(下文《记录 2》)。

册封使和通信使在十一月十三日(同)从名护屋赶到壹岐后,在二十五日(同)抵达对马府中。回程当中,由宗义智负责接待两使。一行人在府中稍事停留之后,在十一月七日到达对马大浦。在此地,风浪足有半个月不能平息。十一月二十三日(11/22)册封使尝试开船启航,却被大风吹回了大浦。与之相对,通信使的四艘船好不容易穿过了对马海峡,在当日深夜回到了釜山。十一月二十六日,黄慎和朴弘长将通信使抵达釜山和册封使推迟渡海的消息以驰启送往汉城(下文《记录 3》)。一行人留在釜山倭城等待册封使,直等了小半个月。十二月七日,因为册封使遣人告诉他们应该先行前往汉城,所以十二月九日黄慎和朴弘长一行才从釜山出发前往汉城。十二月二十一日,通信使抵达汉城,黄慎向朝廷提交了复命书。同日,黄慎受到了宣祖国王的接见,君臣之间就日本的形势有详细的召对。

二 关于通信使的情报收集

(一)通信使向朝鲜朝廷提供的情报

1596年度的通信使从日本回到朝鲜之后,向朝廷提交了下列状启、复命书及机密文书的抄件。

记录1 黄慎、朴弘长机密文书的概要。① [日期万历二十四年(1596)十月十二日?]

*万历二十四年十月十二日从名护屋发出。十一月六日,抵到达汉城。

记录2 赵德秀、朴挺豪与宣祖国王间的引见召对。②

*万历二十四年十一月六日在汉城王官别殿进行。

记录3 黄慎、朴弘长驰启。③ (日期万历二十四年十一月二十六日)

*万历二十四年十一月二十六日发自釜山。十二月五日,抵达汉城。

记录4 杨方亨呈明兵部禀帖抄件。④ (日期万历二十四年九月五日)【史料②】

记录5 沈惟敬呈明兵部禀帖抄件。⑤ (日期万历二十四年十月)【史料①】

记录6 丰臣秀吉上万历帝谢恩表抄件⑥。 [日期丙申(1596)某月某日]【史料③】

*以上三道在万历二十四年十二月七日抵达汉城。

---

①《朝鲜宣祖实录》宣祖二十九年十一月戊戌(六日)条。

②同上。

③《朝鲜宣祖实录》宣祖二十九年十二月丁卯(五日)条。

④《朝鲜宣祖实录》宣祖二十九年十二月己巳(七日)条。

⑤同上。

⑥同上。

记录 7　黄慎复命书。① （日期万历二十四年十一月?）

＊万历二十四年十二月二十一日在汉城提交。

记录 8　黄慎与宣祖国王之间的引见召对。②

＊万历二十四年十二月二十一日在汉城王官别殿进行。

在上述史料中,记录 1、3、7 是使团成员向朝廷提交的状启还有复命书,记录 2 和 8 是宣祖国王引见使团成员时的召对记录。此外,《记录》4－7 的文书抄件本来全都是该直接送往明朝的,被朝鲜通信使不知用什么手段搞到了手。上面这个史料群的内容涉及册封使的动向、册封秀吉为"日本国王"的情况、派遣朝鲜王子前往日本的问题、有关日军再次出兵的可能性的情报、有关日本国内形势的情报、文禄大地震的受灾情况等许多方面。这里,试以册封秀吉为"日本国王"的有关情报为中心,对通信使的情报收集活动进行检讨。

(二)丰臣秀吉"册封仪礼"的实际状况

如前所述,朝鲜通信使没被允许参加万历二十四年九月二日(9/1)在大坂城举行的册封典礼。此后几日,他们通过到手的传闻消息,热切地尝试着去了解典礼的情况。通信使团成员对大坂城的典礼③有下面这样的描写。

史料 A　黄慎《日本往还日记》万历二十四年九月二日、三日条(9/1、9/2)

初二……下午,要时罗过来说话,随即转述(柳川)调信书状上的话说"关白与天使(册封使)会面,十分高兴"。

初三……听说关白已经接受了册封,倭将 40 人也穿着(明的)衣冠

---

① 《朝鲜宣祖实录》宣祖二十九年十二月癸未(二十一日)条。从与之内容相同的"通信回还后书启"(《秋浦集》2)的行间小注中"丙申十一月"的日期来看,恐怕在十一月的阶段,黄慎就已经开始写复命书了。

② 《朝鲜宣祖实录》宣祖二十九年十二月癸未(二十一日)条。

③ 关于大坂城行礼的情况,参考德富苏峰:《明使谒见及谈判破裂》(「明使謁見及び談判破裂」),《近世日本国民史　丰臣氏时代　朝鲜役》(『近世日本国民史　豐臣氏時代　朝鮮役』)中卷第 11 章,东京:明治书院,1935 年;桑野荣治:《东亚世界与文禄、庆长之役——从朝鲜、琉球、日本的对明礼仪来看》(「東アジア世界と文禄・慶長の役—朝鮮・琉球・日本における対明儀礼の観点から—」),日韩历史共同研究会编:《第 2 期日韩历史共同研究报告书》(『第 2 期日韓歷史共同研究報告書』)第 2 科会篇,2010 年,第 85－92 页;米谷均:《对丰臣秀吉之"日本国王"册封的意义》(「豐臣秀吉の「日本国王」册封の意義」)。

<u>与玉带接受了官职。</u>①

史料 B　赵德秀对宣祖国王下问的回答(记录 2)。

册封的时候,贼将 40 余名皆着唐服(明朝的衣冠)行拜礼,<u>唯独关白(秀吉)未着(明的)衣冠</u>。②

史料 C　黄慎对宣祖国王下问的回答(记录 8)。

两天使(杨方亨与沈惟敬)进行册封之时,<u>关白站在庭上五拜三叩头,恭敬地领受了钦赐的衣服。其臣下 40 余名皆按各自身份接受了钦赐之物。</u>(然而)因我被关白禁止参加(典礼),无法直接观看,不能详细了解其中的曲折。而他人的传闻难以尽信。……关于(秀吉)穿着倭服接受敕书的事,<u>有的人说有,有的人说没有。</u>③

上列史料虽然是黄慎和他部下军官赵德秀的说法,可都是基于传闻。第一个值得注意的问题是,如果根据日本方面的消息来源的话,秀吉是"会见"了册封使,而非"谒见"册封使(以受封仪礼而言,原本册封使是居于上位的)。第二个问题是,不仅是秀吉,他麾下的大名们也得到了明朝的官职和冠服,④其人数说是有 40 名。第三个问题是,有关秀吉在大坂城行礼的情报五花八门,所谓"秀吉站在庭上五拜三叩头"、"唯独秀吉不着明朝冠服行拜礼"、"秀吉未行拜礼"诸说纷纭。这些依据的都是册封使团成员等明方的情报来源。并且,关于"在庭上拜礼",可认为是黄慎在无意识中将在朝鲜王宫的殿上举行的肃拜仪礼交织其间所产生的想象画面。⑤ 而五拜三叩头礼⑥很可能是黄慎在读过以下册封使的禀帖之后得出来的印象。

史料 D　杨方亨呈明兵部禀帖(记录 4【史料②】)

---

① 初二日……午,要时罗来言,即刻调信通书言,关伯已与天使相会,甚为喜欢。……初三日……闻关白已为受封,诸倭将四十人,具冠带受官云。

② 封王时,贼将四十余人,皆以唐服行礼,独关白不为衣冠矣。

③ 两天使行封,关白立于庭上,五拜三叩头,敬受赐衣。其臣四十余人,皆钦赐有差云。臣以关白禁不入参,故不得亲见,其见曲折,未能详知,而因人传闻,亦难尽信。〔上曰:关白行礼何以为之云乎? 慎曰〕以倭服受敕,而拜礼则或云为之,或云不为矣……(〔 〕是现代文译文省去的部分)。

④ 关于以德川家康为首的诸大名被明朝授予军职和冠服的意义,参考米谷均:《对丰臣秀吉之"日本国王"册封的意义》(「豊臣秀吉の「日本国王」册封の意義」)。

⑤ 桑野荣治:《东亚世界与文禄、庆长之役——从朝鲜、琉球、日本的对明礼仪来看》(「東アジア世界と文禄・慶長の役—朝鲜・琉球・日本における対明儀礼の観点から—」),《第 2 期日韩历史共同研究报告书》(『第 2 期日韓歴史共同研究報告書』)第 2 科会篇,第 89 页。

⑥ 关于五拜三叩头等肃拜仪礼,参考米谷均:《日明、日朝间的肃拜仪礼》(「日明・日朝間における肃拜儀礼について」),中岛乐章、伊藤幸司编:《博多与宁波》(『博多と寧波』),东京:汲古书院,2013 年。

　　（秀吉）领受了钦赐的印章和官服，立即在身上穿着（官服），将（印章）顶在头上，遥望（北京）紫禁城行五拜三叩头之礼，拜领诰命接受了册封。①

　　《史料 E》沈惟敬呈明兵部禀帖（记录 5【史料①】）

　　（秀吉）率领大名们行了五拜三叩头之礼，将（钦赐）的各种物品捧在头上，效仿华音（汉语）呼万岁，向（北京的）紫禁城遥拜谢，皇帝陛下之恩。②

　　杨方亨禀帖史料 D 记的大坂城行礼结束后册封使回到堺的日期是万历二十四年（1596）九月五日（9/4），这条史料记录下了册封使在讲和破裂前一天的想法，是很重要的。另外，从册封使回到名护屋后，寺泽正成前去确认秀吉的态度，沈等他回来的内容来看，沈惟敬禀帖史料 E 在十月九月前后被作出的可能性很高。两个史料都记载了秀吉在大坂城行礼的时候，五拜三叩向北京遥拜的情形。而沈惟敬更记载了秀吉用汉语发音呼"万岁"的事。

　　这样的情景在日方史料当中能够得到反映么？我想先来看看对马岛主宗义智的外交僧景辙玄苏的说法。

　　史料 F　景辙玄苏"柳川调信画像赞"庆长十年（1605）十二月（《仙巢稿》下卷）

　　太阁（秀吉）满脸浮现笑容，拿着金印，穿着衣冠，三呼万岁。③

　　这则史料是在大坂城行礼九年之后，玄苏为柳川调信的肖像画所撰的赞文。由于玄苏与调信一同登上大坂城的可能性很高，这个说法的信凭性也就很高。据此，秀吉在行礼之时三呼万岁的说法与史料 E 相一致。只是，秀吉是否五拜三叩头过？到底是对谁三呼万岁？仅凭一则史料是无法判明的。

　　那么，在秀吉身边有情报来源的耶稣会士的说法会怎么样呢？路易斯·弗洛伊斯拥有秀吉的祐笔安威了佐这个情报源，这个人与在大坂城行礼之时很有可能登城的小西行长之间有着紧密的关系。弗洛伊斯是这样来记述大坂城行礼的。

　　史料 G　路易斯·弗洛伊斯"1596 年度日本年报补遗"（1596 年

---

①领受钦赐圭印官服，旋即佩执顶被，望阙行五拜三叩头礼，承奉诰命，受封迄。

②率众行五拜三叩头礼，件件头顶，习华音，呼万岁，望阙谢恩。

③大（如原文）阁喜气溢眉，领金印，着衣冠，唱万岁者三次。

12 月 28 日从长崎发出）

　　整个的（谒见）是以日本的仪式，也就是说在铺设榻榻米的房间坐着举行。会见时<u>太阁与正使是对等的</u>。出席者有（德川）家康、筑前（前田利家）、越后（上杉景胜）、（宇喜多）中纳言（秀家）、金吾（小早川秀秋）殿、毛利（辉元），他们是日本全国最大的国主们。行酒之后，也就是交杯小酌之后，关白徐徐地接过了荣誉书册，也就是那个偌大的黄金书板（金印），将其捧于头上，同时还领受了冠冕，为了穿着而退入了别室。①

　　上面的描写与通信使想象的以及册封使向本国报告的"秀吉受封"图景之间存在着相当的差异。秀吉和杨方亨以对等的姿态行礼这一点和黄慎从柳川调信那里得到的第一印象——就是说两者间进行的并非"谒见"和"接见"、而是"会见"这一点互相一致（史料 A）。并且在铺设榻榻米的房间内以日本式的座法进行仪式这一点也很重要。另外，对于出席大坂城行礼的人，这里看来仅限于德川家康、前田利家、上杉景胜、宇喜多秀家、小早川秀秋和毛利辉元等所谓"五大老"级别的少数大名，并不像史料 A、史料 B 和史料 C 所记载的那样有 40 个大名参加。从弗洛伊斯在上述年报补遗中所记述的"中国国王（明朝皇帝）在这以外还赠送了附带中国称号和官位的 20 件公家服装 2 套，这是为了被中国国王明确指定的 20 位国主而准备的，其中的笔头（首席）是（小西）阿尔冈蒂诺（行长）"②的情况来看，莫非"明朝赠送给 20 个大名各 2 套冠服"的情报是在传到黄慎那里的时候被讹传为"40 个大名列席"的？

　　在上述史料 A 到史料 G 的作者中，亲身到过大坂城行礼现场的是杨方亨和沈惟敬。按照常理，由当事人记录的史料 D 和史料 E 当然是可信度最高的。然而考虑到两者是向本国提交的报告这一史料性质，反过来不得不说，正因为是当事人的记录，加笔润色的可能性才高。③《大明会典》"藩国迎诏礼"规定的那样，外国国君面对册封文书之时反复朝北行拜礼的情况在

---

①松田毅一监译：《十六、十七世纪耶稣会日本报告集》（「十六・十七世纪イエズス会日本报告集」）Ⅰ-2，东京：同朋舍出版，1987 年，第 319—320 页。

②同上，第 319 页。

③杨方亨在讲和露出破绽后回到北京，在他为了辩解而写的记载册封颠末的复命书中也强调了秀吉五拜三叩头之事［《万历邸抄》《明神宗实录》万历二十五年三月己酉（十九日）条］。不过似乎像"惟敬匍伏，方亨只得随之"这般说沈惟敬在秀吉面前匍匐的传闻也在此前后传到了明朝。见诸葛元声《两朝平壤录》万历二十四年九月二日条。

这里没有发生。① 秀吉和册封使在榻榻米上平等对坐,虽然秀吉做了将金制的日本国王印和明朝的冠服捧过头顶的动作,但应该没有行过五拜三叩头之礼。或许他曾三呼万岁,但向北京遥拜这点非常可疑。结合秀吉的性格,应该可以考虑到他为自己喊万岁的可能性。而且,秀吉一跑到别室去换穿明朝的冠服,会场立刻就变得如同飨宴场所一般。② 并且,也没有像朝鲜方面想象的那样,采取改日设宴的方式。结果,围绕着大坂城行礼一事,朝鲜通信使因为日方情报和明方情报之间的乖离,而感到十分难以适从。可以说,黄慎"有的人说有,有的人说没有"的回答很好地反映了这一点。

(三)册封使禀帖与秀吉谢恩表的入手和誊抄

如前所述,记录 4—6 的文书抄件本来全是应该直接被送往明朝本土的文书群,是不该让朝鲜通信使过目的东西。它们是通信使为了收集情报采取某种手段从册封使那里搞到的? 还是朝、明双方一致同意提供的情报? 又或是朝鲜方面秘密从明方的情报当中"窃取"的成果? 要搞明白这个问题,就有必要弄清楚通信使将记录 4—6 搞到手的可能时间,并确定它们被送往汉城的可能时间。

首先,如果记录 4 杨方亨禀帖的日期是可信的话,那么这道禀帖便是在万历二十四年九月五日(9/4)作成的。然则,在六日(9/5),秀吉对撤兵要求大为光火的消息传到了册封使那里,讲和的形势急转直下,因此杨方亨留下禀帖没发回国的可能性很高。其次,如前所述,记录 5 的沈惟敬禀帖是在册封使滞留在名护屋、等待寺泽正成回来期间的十月九日(同)左右作成的。可由于十日正成将秀吉的意思带回了名护屋,发送的事情应该也就作罢了。还有,册封使从日本方面拿到记录 6 秀吉谢恩表的时间长短正是推算出通信使誊写、获取这一文书群时间长短的关键。

对册封使来说,拿到秀吉对万历帝册封自己表示感谢的谢恩表,在证明使命的完成上是必要的、不可或缺的。并且,即便秀吉"受封"的实情要遮掩,他们依然希望表文的内容能够表明深深的恭顺之意。按照弗洛伊斯的记述,九月二日(9/1)大坂城行礼和宴席过后,秀吉到访沈惟敬的住处并讲了这么一段话:"中国国王(万历皇帝)对我极尽优礼,因此我对他也致以敬

---

①桥本雄:《"日本国王"与勘合贸易》(「"日本国王"と勘合貿易」)第 100—101 页中,附有依据《大明集礼》复原的受封仪礼的步骤的图解,敬请参考。

②《十六、十七世纪耶稣会日本报告集》(『十六・十七世紀イエズス会日本報告集』)Ⅰ—2,第 320页。

意,我在回信中表示对他的建议和判断会言听计从的。"①这里的"回信"就相当于秀吉的谢恩表,也就是九月五日(9/4)前田玄以等人到堺的册封使住处来商量的"回谢表文"的议题。可第二天,讲和说破裂就破裂了。杨方亨在八日(9/7)对黄慎说:"我已经把敕书和金印授予了(秀吉),可是到现在还是没有拿到谢恩的表文。"②这个时候,他已经陷入了六神无主的窘境。黄慎将此后直到册封使拿到谢恩表时的经过,向宣祖国王作了以下的说明。

史料 H　黄慎对宣祖国王下问的回答(记录 8)

　　三长老(前田玄以等)带着表文前来(给册封使看过之后)又带回到(秀吉)那边。(然后秀吉)再次让(寺泽)正成带着表文前来。(然而)因为没有盖印,天使(册封使)没有接受。正成回到(秀吉那里),(在表文上)盖了印往回赶,在去浪古耶(名护屋)的路上追上了(册封使)。③

玄以等人最先出示的谢恩表恐怕还是草稿的状态。寺泽正成带来了誊清的表文,但因为没有盖印而被册封使驳回。随后,正成又带着盖了印的表文赶往名护屋追上了册封使。按照赵德秀的说法,"谢恩的表文延后由正星(正成)带来,在南岛追上了"④。这个"南岛"的朝鲜语发音与"蓝岛"相同,因此正成可能就是在筑前海面的蓝岛追上册封使的。此外,朴弘长《东槎录》亦说,十月四日(同),正成从秀吉的所在地来到蓝岛。十月十日(同),正成在名护屋请求为册封使举行宴会。迟至这个时候,谢恩表应该已经被呈献给册封使了。⑤

那么记录 6 的秀吉谢恩表抄件究竟是在何时由通信使誊抄的呢? 笔者推测,在对马岛抄写的可能性很高。理由是,在滞留名护屋的十月十二日(同),通信使派赵德秀等先行去朝鲜报告,但他们却毫无携带秀吉谢恩表抄

---

①《十六、十七世纪耶稣会日本报告集》(『十六・十七世紀イエズス会日本報告集』) I-2,第 321 页。

②我已颁敕赐印,而谢恩表文,至今讨未得。

③三长老赍来表文,还入关白,复令正成赍表来,无印信,天使不受,正成迁入,踏印而来、及于浪古耶(地名)之间。

④谢恩表文,正星落后赍来,追到南岛矣。

⑤笔者在《对丰臣秀吉之"日本国王"册封的意义》[「豊臣秀吉の「日本国王」册封の意義」,见《丰臣政权的本体》(『豊臣政権の正体』),第 287 页]记述了将盖印的表文送抵名护屋的事情,但因为笔者在文中将正成携带表文追到蓝岛的日子推定在十月四日,此处予以修正。但从当时的实际情况来看,可以考虑正成可能是于十月十日在名护屋向册封使呈献表文的。这一点还需要再探讨。

件的形迹。① 此后,通信使和册封使在对马府中驻足 11 天,为了等待风信而在对马大浦停留了 16 天,这些日子都呆在接待的驿馆中。通信使莫非是在府中和大浦中的某一个地方,除了记录 6 的秀吉谢恩表外,又将记录 4 的杨方亨禀帖和记录 5 的沈惟敬禀帖誊抄到手么? 至于到手的办法,笔者认为这没有得到册封使的同意,有可能是通过非正常的手段偷录的。说起来,到这个时候为止,册封使在回程途中连续 4 次阻止通信使的先行报告(前述)。恐怕没有什么会比通信使走漏消息,特别是向本国泄露秀吉"受封"真实的情报,更让册封使担惊受怕了吧。通信使莫非是通过汉语翻译李愉拿到册封使的机密文件,慌慌张张地誊抄下来的么? 把记录 4 和记录 5 这两个稍稍有些过期的报告也整理誊抄下来,不正说明是在匆忙间进行的么?

通信使将记录 4、5、6 送往汉城的时日亦是加强上述推测的重要因素。这三道文书的誊抄本是在万历二十四年十二月七日抵达汉城的。两天前,黄慎和朴弘长的驰启记录 3 送抵汉城,其日期是十一月二十六日,那时通信使正滞留在釜山倭城。② 从这个情况来看,记录 3 和记录 4、5、6 很可能是同时从釜山发出的。而在笔者所推测的发送日期十一月二十六日,册封使尚未渡海,仍滞留在对马大浦。没有册封使在身边盯着,通信使便趁着只有自己在釜山的绝佳时机,将上述机密文书报送给了汉城朝廷。而册封使成功渡海到达釜山是在十二月二十一日,说来也奇,这一天正是通信使到达汉城受到宣祖国王引见的日子。③

结　语

如果用一句话来总结本稿的结论的话,便是朝鲜通信使用了"对盟军使用间谍、探察仇敌情况"的办法。朝鲜官员的情报收集能力本就很高,尤其是在有事之际多有发挥。例如,在《日本往还日记》的末尾,黄慎记叙了其对丰臣时代的日本社会和日本人独特心理的观察,与耶稣会士的记录多有一

---

①赵德秀所叙述的表文内容是"朝鲜罪大。自大明征则已,否者我当战麾(朝鲜罪行严重。若大明征讨则我不出手,否则,我将要自行予以歼灭)",这和记录 6 中的恭顺意思大相径庭,可能只是向宣祖报告的道听途说。此外,对记录 6 的秀吉谢恩表一般都主张是伪造的,但因为有表文用干支纪年(丙申)和盖"丰臣"字印的旁证,笔者以为不一定完全是伪造的。请参照《对丰臣秀吉之"日本国王"册封的意义》(「豊臣秀吉の「日本国王」册封の意義」)。

②《日本往还日记》丙申十一月二十六日条。

③杨方亨在十二月二十一日到达釜山后发往北京的奏文的内容,在兵部的题奏中被引用并流传了下来[《万历邸抄》万历二十五年(1597)正月条]。另外,其节略版本载于《明神宗实录》万历二十五年正月丙申(五日)条。

致之处，非常宝贵。① 然而，想要探明随机应变、变幻莫测的丰臣秀吉的本意，确实是一件极其艰难的工作。即使老练如耶稣会士，也曾误读过秀吉的意思，招致了传教士流放令（1587 年）这场灾祸。②

　　1596 年度朝鲜通信使令人关心的核心问题是，秀吉是否真的拜倒在万历皇帝的天威之下接受册封，是否放弃了再次侵略朝鲜？为此，他们无论如何都有必要知道，对自己闭门不纳的大坂城内行礼的真实情形。因为，要探察秀吉对明朝的恭顺度，没有比这更好的情报了。所以，通信使收集情报的触角不仅伸向了地方的日本武将，也理所当然地伸向了同一阵营的册封使。

　　然而读一下《朝鲜王朝实录》，本来绝不应该让朝鲜方面知晓的明朝官员的文书被毫不避讳地被刊载其中，像这样着实令人惊讶的事例还有不少。比如，应当是最早的册封正使李宗城，在从釜山失踪前一个半月向明朝送出的辞职申请被收录在了《朝鲜宣祖实录》宣祖二十九年（1596）二月乙卯（十八日）条中。引用这个文书向朝鲜朝廷报告的是李宗城的接伴使金睟。归根结底，巧手偷录李宗城那郁闷的辞职申请的犯人正是在日常生活中为他效劳不已的金睟。《孙子·用间篇》曰："而爱爵禄百金、不知敌之情者，不仁之至也。"③不过，孙子收集情报的对象纯是敌方，并没有设想过在己方使用间谍。或许，明朝之于朝鲜未尝不是表面上伪装成为自己人的假想敌（朝鲜之于明朝也是一样的）。总而言之，遭到日明两边的无视，被强迫讲和的朝鲜，真的是赌上了自己的存亡，进行着以"兵者诡道也"为本的情报工作。

附录一

相关史料

史料 1—3 均出于《朝鲜宣祖实录》宣祖二十九年（1596）十二月己巳（七日）条。
〇敦宁都正黄慎、上忽军朴弘长等，将册使等兵部禀帖三道、秀吉谢表誉书上送。
史料 1　沈惟敬呈送兵部尚书石星禀帖（万历二十四年十月）

---

①三宅英利：《近世日朝关系史研究》（『近世日朝関係史の研究』），第 139—141 页。
②神田千里：《关于伴天连追放令的考察——以路易斯·弗洛伊斯文书为中心》（「伴天連追放令に関する一考察—ルイス·フロイス文書を中心に—」），《東洋大学文学部紀要　史学科篇》（『東洋大学文学部紀要　史学科篇』）37，2001 年。
③"而爱爵禄百金，不知敌之情者，不仁之至也。"金谷治译注：《新订孙子》，岩波文库，2000 年。

○沈游击兵部禀帖曰:"为完报东封事,闰八月十八日,卑职等奉到钦铺龙节、圣书等件。秀吉等择以九月初二日迎于大阪受封,卑职先往教礼,奉行惟谨。至期迎请册使,直至中堂,颁以诰印、冠服等项,率众行五拜三叩头礼,件件头项,习华音、呼万岁、望阙谢恩,一一如仪。礼毕,开宴使臣及随行各官。是晚,秀吉亲诣卑职寓所称谢。次早,谒谢杨正使,馈以衣、刀、甲、马,各马官亦馈刀、币,极言感戴天恩不尽,再三慰劳。卑职特谕速撤釜兵。彼言:'今受皇帝赐封王爵,兵当即撤,以修邻好,但恐朝鲜前怨不释,仍听皇帝处分,再候命下。'卑职正色开谕,面虽首肯,尚未见行。卑职至初四日回至和泉,一面调集船只,一面屡行催谕。初九日登船,卑职遣正成、行长往日本,中途回言'即当如命',行至名护屋,卑职复遣正成往促,俟回日,备悉中情,飞骑驰报。为此先行具禀。万历二十四年十月日。"

史料2　杨方亨呈送兵部尚书石星禀帖(万历二十四年九月五日)

○天使兵部揭帖曰:"册封日本正使等官、五军营等衙门、署都督佥事杨等,为完报东封事。职等于本年六月十五日自釜山登舟渡海,已经具本题知讫,一路险阻风波,艰危异常。仰仗皇上威灵,幸得保全躯命。至八月初四日始抵和泉州,乃丰臣秀吉预备接待使臣之所,距日本国新都一百三十余里。秀吉屡差倭将长盛、三成等持书迎慰,颇知竭诚。钦命补给龙节、诰命、诏勅等件于闰八月十八日方到。职等即时率领随行员役诣舟次,叩头迎捧,安定职寓。倭将行长驰报秀吉,择于九月初二日奉迎册命于大坂地方受封。职等初一日持节前往,是日即抵大坂。次日,领受圭印、官服,旋即佩执顶被,望阙行五拜三叩头礼,承奉诰命。受封讫,嗣至职等寓所,再申感激天恩,及慰劳职等涉历劳顿等语。职等不敢久留,即辞。以初四日,捧节回至和泉州,见今唯待调集船只,即越趱程西还,复命阙下。为此除具题外,理合具题。万历二十四年九月初五日。"

史料3　丰臣秀吉的谢恩表

○关白谢恩表文曰:"日本国王丰臣秀吉,诚惶诚恐,稽首稽首。伏惟日月照临,仰大明于万国;江海浸润,措圣化于无疆。皇运高承,天恩普济。恭惟昭祖宗德,安人民心;远近巨细,沾恩不减尧、舜之圣世;威仪进止,合礼荡乎周、夏之隆风。何计东海小臣,直蒙盛典,诰命、金印、礼乐、衣冠、咸觖恩宠,臣一一遵崇感戴之至。择日必具方物,申谢九重,虔尽丹诚,愿察愚悃。天使先回,谨附表以闻。"

〔备考〕史料3缺乏有关秀吉谢恩表的纪年以及盖印种类的信息。根据下面的一组史料,我们可以了解到表文的纪年用的是干支"丙申",而盖的是"丰臣"的字印。

"册封日本正使杨方亨回京奏上倭情,……其称臣表文,臣(杨方亨)亲见其字迹欠恭,上属丙申纪年,而奉正朔(万历年号)。"(《万历邸抄》万历二十五年三月条)并且,《明神宗实录》同年三月已酉条也节略地收载了杨方亨的"回京上疏",其中可见同样的记录。

"复议东征时,封事已坏,而杨方亨诡报去年(万历二十四年六月十五,从釜山读好,九月二日于大坂受封,即以四日回和泉州。然倭责朝鲜三王子(二王子)不往谢,留釜山如故。谢表后时不发,方亨徒手归。至是,沈惟敬始投表文,案验潦草,前折用丰臣国书,不奉正朔,无人臣之礼。"(《皇明从信录》卷38,万历二十五年二月条)此外,在《明史》朝鲜传中,也节略地引用了这段文字。

附录二

表 1　派往日本的朝鲜通信使

出发年份带 * 是高丽时代的使节,加下划线的是到达过畿内的使节

出发	使节名	正　使	派遣者	迎接者	使命·备考	引见地
*1366		金　龙	恭愍王	足利义诠	要求镇压倭寇	京(云居庵)
*1375	通信使	罗兴儒	禑　王	足利义满	要求镇压倭寇	?
*1392		觉　鎚	恭让王	足利义满	要求镇压倭寇	?
1397	通信官	朴惇之	太　祖	足利义满	要求讨伐倭寇	?
1399	报聘使	崔云嗣	太　祖	足利义满	在一岐岛海面遇难,未成行	—
1402		赵　汉	定　宗	足利义满		?
1404	报聘使	吕义孙	太　宗	足利义满	与1404年度的明使相遇	?
1406	报聘使	尹　铭	太　宗	足利义满		?
1410	报聘使	梁　需	太　宗	足利义持	吊唁义满、恭贺义持	?
1413	通信使	朴　贲	太　宗	足利义持	未成行	—
1420	回礼使	宋希璟	世　宗	足利义持	解释"应永外寇"事件	京(宝幢寺)
1422	回礼使	朴熙中	世　宗	足利义持		京(等持寺)
1424	回礼使	朴安臣	世　宗	足利义持		?
1428	通信使	朴瑞生	世　宗	足利义教	吊唁义持、恭贺义教	京(等持院)
1432	回礼使	李　艺	世　宗	足利义教		京(室町第)

（续）

出发	使节名	正　使	派遣者	迎接者	使命·备考	引见地
1439	通信使	高得宗	世　宗	足利义教		京（室町第）
1443	通信使	卞孝文	世　宗	足利义胜	吊唁义教、恭贺义胜	京（室町第）
1459	通信使	宋处俭	世　祖	足利义政	在釜山海面遇难、未成行	—
1475	通信使	裴孟厚	成　宗	足利义政	未成行	—
1479	通信使	李亨元	成　宗	足利义政	至对马岛而还	—
1590	通信使	黄允吉	宣　祖	丰臣秀吉	恭贺统一日本	京（聚乐第）
1596	通信使	黄　慎	宣　祖	丰臣秀吉	跟随明册封使	在堺待机

表 2　派往日本的明使

出发年份加下划线的是到达过畿内（京都或大坂）的明使

出发	使节名	正　使	派遣者	迎接者	使命·备考	引见地
1371	招谕使	仲猷祖阐	洪武帝	足利义满	初为招谕良怀	京
1402	招谕使	天伦道彝	建文帝	足利义满	为招谕义满	京（北山第）
1403	册封使	赵居任	永乐帝	足利义满	为招谕义满	京（北山第）
1404			永乐帝	足利义满	要求镇压倭寇	京（北山第）
1406		潘　赐	永乐帝	足利义满	嘉奖讨伐倭寇	京（北山第）
1407			永乐帝	足利义满	观赏红叶	京（北山第）
1408	册封使	周　全	永乐帝	足利义持	吊唁义满、册封义持	京（北山第）
1411		王　进	永乐帝	足利义持	从兵库被遣返	—
1417		吕　渊	永乐帝	足利义持	从兵库被遣返	—
1418		吕　渊	永乐帝	足利义持	从兵库被遣返	—
1433	册封使	雷　春	宣德帝	足利义教	为册封义教	京（市町第）
1555	宣谕使	郑舜功	杨　宜	大友义镇	要求镇压倭寇	丰后臼杵
1555	宣谕使	陈可愿	胡宗宪	大友义镇	要求镇压倭寇	丰后臼杵?
1593		谢用梓	宋应昌	丰臣秀吉	为讲和交涉	肥前名护屋城
1595	册封使	杨方亨	万历帝	丰臣秀吉	为册封秀吉	大坂（大坂城）

（神奈川大学　张子平　译）

壬辰倭乱前后的朝鲜通信使录与东亚国际关系

钱云(复旦大学)

绪　言

　　1968 年,由费正清(John King Fairbank)主编的《中国的世界秩序》(*The Chinese World Order*)出版。这本书汇集了 1963 至 1965 年一系列学术研讨会和座谈会中诸多学者的论文,对古代中国的对外关系进行了理论、历史的讨论。这些学者都同意将古代中国的对外关系视作是一种特殊的世界观,即所谓的"中国的世界秩序"。这套秩序本身"带有中国中心主义和中国优越的色彩",是中国对内统治秩序与原则的对外衍生,"是等级制的和不平等的",而"所有这些中国以外的国家和民族,在理论上都应向'中央之国'的天子朝贡",同时"每个(中国的)政权都孜孜以求,务使对外关系能在事实上同理论相符,借此巩固其对全国的统治权"。[①]　在不同的解释下,

---

① Fairbank,"A preliminary Framework", in *The Chinese World Order*, Cambridge:Harvard University Press,1968, pp. 1－19。(中译本见杜继东:《中国的世界秩序——传统中国的对外关系》,北京:中国社会科学出版社,2010 年)也可参见 C. P. Fitzgerald, *The Chinese View of Their Place in the World*, London:Oxford University Press,1964; and John Cranmer-Byng,"The Chinese View of Their Place in the World:An Historical Perspective", in *The China Quarterly*, No.53(1973),pp.67－79。

这套"中国的世界秩序"也被称之为"朝贡制度"、"藩属体制"等。① 虽然其后的不少学者都试图解构、挑战该理论,②但不能否定的是该理论对于从理论讨论传统中国、亚洲的国际秩序有着重要的价值,并且藉由理论的照射促进了关于传统中国对外关系的历史学研究。这些研究大致从两方面来讨论古代中国与周边的交往史,一方面是从经济角度,探讨朝贡体系之下中国与周边的贸易往来,并将贸易利益看作是周边国家主动加入该体系的重要原因;③另一方面则从文化角度,认为中国的文化与礼仪制度等具有较强吸引力,从而对整个东亚的文化、政治产生广泛影响。④

值得注意的是,这些研究总体上都是以古代中国与周边关系为中心来思考"中国的世界秩序"的运作模式及影响,然而如果像前行研究中论证的那样,朝贡体系在东亚具有着笼罩性的影响力,那么在周边国家之间的交往,这种"中国的世界秩序"将如何展开? 周边是否存在不同于"中国的世界秩序"的另一种国家间交往模式,即跳脱出中国所建立的国际交往体系而进行往来? 本文希望通过对壬辰倭乱前后的两部朝鲜通信使录(即"壬辰倭乱"期间黄慎的《日本往还日记》和之后庆暹的《海槎录》)的整理,试图就震荡东亚的壬辰倭乱事件中明、朝鲜、日本三国的往来,讨论在古代东亚国际交往中,"中国模式"对于周边国家间现实交往的影响,并重新审视以中国为本位建立的"朝贡体系"制度本身所存在的现实弹性。

一

1591 年,在明朝接连从朝鲜、琉球使臣获悉有关日本欲攻打明朝的消

① 探究二者之间的差异可参见李元晖、李大龙:《是"藩属体系"还是"朝贡体系"? ——以唐王朝为例》,《中国边疆史地研究》,2014 年 2 期,第 11—17 页。

② 这些批评包括但不仅限于:Joseph F. Fletcher, "China and Central Asia, 1368—1884", in Fairbank ed., *The Chinese World Order*, pp. 206—224; Morris Rossabi ed., *China among Equals: The Middle Kingdom and Its Neighbors, 10th—14th Centuries*, Berkeley: University of California Press, 1983; Arthur Waldron, *The Great Wall of China: From History to Myth*, Cambridge: Cambridge University Press, 1990, p. 31; Peter C. Perdue, *China Marches West: The Qing Conquest of Central Eurasia*, Cambridge: The Belknap Press of Harvard University Press, 2005; Nicola Di Cosmo, "Kirghiz Nomads on the Qing Frontier: Tribute, Trade, or Gift-Exchange?" in Nicola Di Cosmo and Don J. Wyatt, eds., *Political Frontiers, Ethnic Boundaries, and Human Geographies in Chinese History*, London: Curzon Press, 2003, pp. 351—372.

③ 代表作参见滨下武志著,朱荫贵、欧阳菲译:《近代中国的国际契机:朝贡贸易体系与近代亚洲经济圈》,北京:中国社会科学出版社,1999 年。

④ 代表作参见西嶋定生:《中国古代国家与世界》(『中国古代国家と東アジア世界』),东京:东京大学出版会,1983 年。

息后,于十一月丙寅收到了朝鲜国王李昖的正式奏报:"本年五月内,有倭人僧俗相杂,称关白平秀吉(即丰臣秀吉,1537—1598)并吞六十余州,琉球南蛮皆服。明年三月间要来侵犯,必许和方解。"① 然而直到此时,明、朝两方似乎都认为日本的进攻目标是"明朝四百余州",只是假道朝鲜而已。但很快秀吉以遭到朝鲜的拒绝为由,于第二年(1592,明万历二十年,朝鲜宣祖二十五年,日本文禄元年)五月兵犯朝鲜。日军由釜山上岸后,一路杀戮,夺取王京(今韩国首尔),并占领了朝鲜的大半领土,荒乱间李昖率群臣奔走义州(今朝鲜新义州),并派遣使臣赴北京请兵。② 因各国立场不同,这一事件在中国和朝鲜史书中多被记为"壬辰倭乱",在日本史书中则记作"文禄之役"。随后明朝军队正式参战,故这次战争亦有中国学者称之为"万历援朝战争"。明朝军队的参战改变了双方的实力对比,一度严重地打击了日军,但次年碧蹄馆之战中,日军阻击了势如破竹的明朝李如松部队,由此战争局势转缓,中、日、朝三国开始就战争结果处理与三国关系定位等问题开始了长期谈判。

万历二十二年(1594,日本文禄三年)十二月,明朝命李宗城为正使、杨方亨为副使出使日本,封秀吉为日本国王。在册封使一行抵达釜山时,日方主和大将小西行长建议朝鲜派遣使臣随册封使前往日本,"朝鲜无使,则是只与天朝和也。必得朝鲜使臣,然后大事可完"③。这一建议得到沈惟敬等人的赞同,朝鲜国王决定派黄慎为正使随同明朝册封使出使日本。本文将讨论的通信使录《日本往还日记》,即是万历二十四年(1596,日本庆长元年)黄慎所记的日记。这一出使行记以日记体的形式,详细记录了从万历二十四年八月初三到十二月初九间与出使相关的事宜,包括往返日本的行程、与明朝册封使和小西行长等人谈判的过程与对话等。这也是这份通信使录独特之处,因为在目前所见的通信史料中,多只记录朝鲜使臣出使日本的过程,中国常常缺席,而这次并不成功的(黄慎未见秀吉,就被迫返还朝鲜)出使中,中国是三方谈判的主导,因此黄慎的记录中留下了不少与明朝使者、对马岛柳川调信以及小西行长的对话。

综合三方的史料来看,这次和谈中充满了诡谲与蹊跷。首先,秀吉向明

---

① 《明神宗实录》卷242,台北:"中研院"历史语言研究所,1962年,第4508页。
② 请兵一事,除散见于各史书(如《明史》)之外,还有大量朝鲜燕行使记录留下来,参见刘宝全《壬辰倭乱时期的朝鲜〈朝天录〉研究》,《社会科学战线》,2011年2期,第241—243页。
③ 尹拯:《秋浦先生黄公行状》,《明斋遗稿II》,《韩国文集丛刊》第136辑,首尔:民族文化推进会,1993年,第394页下。

朝提出的所谓"和平七条"并没有被提交至明王朝，①代之的是据说由沈惟敬和小西行长伪造的"关白降表"。在这篇降表中秀吉谦虚地请求明朝"比照旧例，特赐册封藩王名号……世作藩篱之臣，永献海邦之贡"②。而随明朝使臣到北京的日本使臣小西飞向皇帝求封贡，③并答应了"一，勒倭尽归巢；一，既封不与贡；一，誓无犯朝鲜"④三事，于是明朝决定命李宗城为正使、杨方亨为副使出使日本。但实际上朝鲜僧人惟正在与加藤清正的交往中获知了"和平七条"是日本和谈的基础，同年接伴使金瓒驰又上奏称："表文非关白之书，乃行长自为假表也。关白使行长，专主和亲及攻伐你国之事，沈也与行长同心，谓行长曰：天兵尽撤，只留刘总兵军五千。行长闻之大笑：且关白所欲，在于两件事，第一与天朝为婚，第二汉江以南割地事也。沈惟敬曰：割地事，石爷已许之，准汝封贡后，任意为之也。"⑤

"关白降表"提交明朝后，显然给明朝君臣以莫大安抚，于是，明朝主和派大臣、兵部尚书石星在日军尚未撤退之时，强令正使李宗城赴日军营和谈，"宗城至朝鲜釜山，倭来益众，道路籍籍，言且劫二使。宗城恐，变服逃归"⑥，最终明朝不得不改派杨方亨为大使继续和谈之事。⑦ 在此紧张局势之下，不难想象，被日本攻下王京、国王群臣出逃的朝鲜，对这次谈判会有多大的担忧。这在黄慎的日记中处处可见：从选派使臣时，朝鲜官员人人畏惧拒绝出使便可看出当时朝鲜内部于此事的紧张；到达日本之后，更因为关白秀吉接见明朝使臣却对朝鲜使臣拒而不见而不安。朝鲜无疑将朝日之间战争的最终和解寄托于明朝的斡旋，但是事先已得知的明日间的相互妥协与隐瞒让朝鲜使臣一直处于紧张之中。据黄慎的记载，九月初一日明朝使臣已见秀吉，并据称秀吉于初三日接受了册封，但是秀吉以朝鲜未派王子来

①即丰臣秀吉在『大明へ被遣御一書』中所提及的七条要求，包括迎娶明朝公主、恢复勘合贸易、把朝鲜南部四道割让给日本、两国大臣永誓盟好、派遣朝鲜王子及大臣作为人质等。见小瀬甫庵：《太阁记》，第十五卷，东京：岩波书店，1984年，第167—168页。
②《朝鲜宣祖实录(二)》，宣祖二十七年五月二十四日条，《朝鲜王朝实录》，第22册，首尔：韩国国史编纂委员会，1961年影印本，第276页。表文后有夹注："表文出自中国文臣之手，人人知之。"
③在日本的记录中为小西行长心腹内藤如安，见崔官著，金锦善、魏大海译：《壬辰倭乱——四百年前的朝鲜战争》，北京：中国社会科学出版社，2013年，第29页。
④《明史》卷320，《朝鲜传》，北京：中华书局，1974年，第8292—8294页。
⑤《朝鲜宣祖实录(二)》，宣祖二十七年二月乙卯条，《朝鲜王朝实录》，第22册，第218页。
⑥《明史·李宗城传》，第3748页。《明史·朝鲜传》则作："李宗城以贪淫为倭守臣所逐，弃玺书夜通。"(第8295页)
⑦有关石星的研究参见孙卫国：《兵部尚书石星与明代抗倭援朝战争》，《朝鲜·韩国历史研究》，第14辑，第69—106页。

等理由拒见黄慎一行。初八日，黄慎等面见明朝正使杨方亨，直言道"老爷则已为颁敕册封，是天朝大事已完也。小的等未能竣事，将为虚返，故虞闷欲死耳"，又说"陪臣等受命此来，全靠两老爷"，都可以看出朝鲜使臣在本次谈判过程中所处的无奈境地与紧张情绪。

　　作为参战方的明朝，一方面由于战事日久耗费巨大，另一方面由于朝廷内部对援朝战争存在争议，[①]试图通过册封的方式结束这次的战争。而结束这次战争的关键一环是日本方面从朝鲜撤兵，所以明朝使臣从一开始即要求朝鲜派使臣同往日本谈判。这次的谈判本应包含明、日、朝三方的两重谈判，一是日朝双方就战争本身进行的谈判，另一则是明日双方就战争及双方关系进行的谈判。可事实上，这次的谈判却以明日之间为主，而明朝承担起对日朝双方的调解作用。这也使得明朝使臣兼具双重出使任务：一是册封秀吉为日本国王，二是促成日朝的和谈。因此在面对接连遭受秀吉拒绝接见的朝鲜使臣时，杨方亨与沈惟敬都一再强调促成朝日和谈是"大事"的一部分，沈惟敬甚至借属下之口对朝鲜使臣说"我之来此，专为朝鲜事，若事不完，我当与陪臣留此调停"，柳川调信也安慰朝鲜使臣说"天朝封关白，非为关白事也，专为解救朝鲜事"。这些记录不应当仅被视作对朝鲜使臣的安抚或敷衍，也在实际上反映了明朝作为东亚朝贡体系的建立者在维系该体系时所作出的具体措施。而且这里所维系的，不仅是中国与周边某一国的关系，还包括了周边国家之间的关系。这实际上突破了汉代以来"天下秩序"所具有的"内向性"，即指中国王权原则上不干预域外政权。[②]

　　朝鲜作为明朝的朝贡国，本身被纳入中国所构建的以中国王朝为中心的国际秩序之中。而日本作为明朝的"不征之国"，在中国的世界秩序中与朝鲜有着不一样的地位。这一时期，日本国内兴起的独立思想认为日本与中国"日本有天皇，大明有天子，此是相等之国"[③]，换言之，日本对于中国王朝为中心的国际秩序并不完全认同。但是日本与中国之间有频繁的贸易往来，所以在《万历野获编》中对壬辰期间日本欲朝贡之事，有这样的评述："大抵来贡，不过利用中国贸易，初非肃慎、越裳可拟。故或逾期不至，中国亦不

---

① 例如朝鲜备边司官员曾上奏称："大概中国之人，于我国之事，节节生厌怠之心。"见《朝鲜宣祖实录（二）》，宣祖二十七年四月庚戌，《朝鲜王朝实录》，第22册，第245页。

② 参见甘怀真：《第三世纪辰王政权与东亚册封体制》，《新史学》，第22卷3期（2011），第19—20页。

③ 见庆暹：《庆七松海槎录》，复旦大学文史研究院编：《通信使文献选编》，第1册，上海：复旦大学出版社，2015年，第250页。

诘责之,正合来不拒去不招之义。石(星)司马乃欲以封贡縻之,保其为忠臣孝子,愚矣。"①或许应当这样来评述黄慎所记载的这次和谈,这是明朝试图按照其对周边行之有效的"朝贡体系"以"册封"的方式对日本实行"羁縻"的失败尝试。明朝不仅作为参战国与敌国进行和谈,同时也充当了日朝两国的调解员,这可以视作是其对以中国为中心的国际秩序的一种维护与调整。战争期间,中国所试图采用的方式是以封贡的形式将日本纳入这一国际秩序之中,故而主和派的石星派遣沈惟敬作为副使前往日本。由此也可以看出,中国对于处理周边关系时固化的观念,即维持其已有的、有效的国际秩序。

二

万历二十六年(1598)持续六年之久的"壬辰倭乱"结束,朝、日、对马岛三方都希望能够恢复日本、朝鲜的邦交。一方面由对马积极斡旋议和事宜,对马岛主宗义智多次派使、遣返俘虏以表达诚意,另一方面朝鲜也已经收到逃回的朝鲜俘虏有关日本"前在朝鲜求和之日,欲求割地,今则不顾割地,只欲交邻,通商贾之船"②的情报,于是朝鲜在1602年、1604年先后两次派出"探贼使",到对马探听日方讲和的真伪。尤其是1604年派出僧侣松云(四溟堂)到对马岛,在宗义智、柳川调信、景辙玄苏的陪同下,于翌年三月到达伏见城拜见了新将军德川家康。会见中家康强调自己身处关东,未曾参与壬辰年的战争,希望两国和平相处,并承诺遣返三千多名朝鲜俘虏以示诚意。1606年2月,朝鲜经过廷议,决定接受日本的议和要求。在日方满足了家康"先为致书"和"缚送犯陵贼"(即战争期间挖掘成宗、中宗陵墓的罪犯)的要求之后,③由朝鲜派出回答兼刷还使赴日。吕祐吉为正使、庆暹为副使的这次出使,是壬辰倭乱之后朝鲜第一次派往日本的正式使臣,肩负着

---

① 沈德符:《万历野获编》,北京:中华书局,1989年,第437页。
② 《朝鲜宣祖实录(四)》,宣祖三十四年四月壬辰条,《朝鲜王朝实录》,第24册,第237页。
③ 事实上,这两个满足朝鲜要求的条件都是由对马岛的柳川调信之子景直伪造,而且朝鲜方也已知悉。但因为名分上的要求都得到满足,所以朝鲜决定依原计划派遣使臣。见《朝鲜宣祖实录(五)》,宣祖三十九年十二月戊子条,《朝鲜王朝实录》,第25册,第298页。也有研究者认为德川家康的国书并非伪造,参看陈文寿:《德川家康书契真伪辨——近世朝日关系个案研究之一》,《韩国学论文集》第15辑。该事件由于1631年柳川调兴(1602—1684)向德川幕府告发而暴露,史称"柳川一件"或"伪造国书"事件。

恢复朝日邦交、刷还被俘朝鲜人①的双重任务。出使记录从万历三十五年正月十二日辞朝开始记录，逐日记载到七月十七日复命，共计二百一十二日。

比起黄慎出使时的一波三折，吕祐吉等人的这次出使相当顺利，不仅朝鲜使臣觐见了新将军源秀忠并交换了国书，又于回程中拜访了德川家康，出使沿途也受到各地支待官的礼遇，并在最后成功地带回了壬辰倭乱时期被掳的一千四百十八名朝鲜人。然而朝鲜使臣亦常怀有不安与紧张，如赴日初始因风势不顺而导致连日漂风，使臣便认为是因为对马接待橘智正奸猾，故意耽误行期，甚至毫不客气地质问"海上风气，汝必善占，而必于不顺之日劝之发船，何也？"尤其是在德川家康拒绝接受国书并要求朝鲜使臣将国书递交秀忠时，使臣认为极不合理，提出"使臣奉国命而来者，只为传命于家康，不可以中间言语，径往新关白所也"。纵使对马接待僧元丰一再表示"无害于理"时，朝鲜使臣还是要求由家康提供印信文卷以作为证据。由此可以看出，在经历战争及前次黄慎出使失败之后，朝鲜使臣对日本的戒备之心。

除了对日本的戒备之外，朝鲜使臣对对马岛接待的诸人也是多有防备。对马在壬辰以来朝日间的数次交涉中常常扮演着"对方"的角色，这次和谈的基础——"先为致书"和"缚送犯陵贼"——便是由对马宗家"假扮"关白一手操办的。在递交国书之后，元丰与景直对朝鲜使臣言及日本与朝鲜关系的恢复，实际上是希望能够通过朝鲜得以"朝贡天朝"，并声称是前次与孙文彧等人已经商定。虽然使臣中的金孝舜说"吾亦其时同来之人，而不曾闻知此事"，景直坚称"文彧善为倭语，直与元丰潜相讲定。令公之不知，势所然也"。无论怎样，朝鲜诸使臣坚决拒绝代为通书明朝的请求，并认为此事"必是景直凭借元丰，自相唱和，鼓此诡谲之言，为他日操弄之计"。这也展现当时东北亚局势中多重关系，一方面是以明、朝鲜、日本所构成的国家间的关系，一方面是作为中介的地方豪族对马岛主与朝鲜、日本之间的关系。由此而言，传统时代的国际秩序与国际关系并不能单纯以一个中心、一种秩序模式概而言之。

在直接参与这次交涉的三方以外，中国"不在场"的参与及其影响常常于不经意间流诸笔端，这也是在本次会议中各位学者多次提及的问题。就《海槎录》而言，卷首所记的朝鲜礼曹参判吴亿龄给日本执政的书信中有"况

---

① 参见内藤隽辅：《文禄庆长之役的被掳人研究》（『文禄慶長役における被擄人の研究』），东京：东京大学出版会，1976 年。

敝邦之民,实是天朝之赤子也"一句,可见作为"不在场的第三者",始终扮演着东亚秩序创立与维持者。就连日僧元丰劝说朝鲜使臣代为向明朝请和时也自称为"夷",说"帝王待夷之道,宁有永绝之理乎?"即使日本声称日本与明朝是"相等之国",所以没有"称臣之理",但是在处理彼此关系时却无法绕开以中国为中心所建立的东亚秩序和思想模式。

两国往来的国书是更能体现中国在东亚诸国处理彼此关系中发挥潜在政治影响的例子。庆暹所记载的朝鲜致日本国书中,便强调了"朝鲜国王"复书"日本国王",礼曹参判奉书日本执政,这是朝鲜通过国书来确立朝、日之间的对等关系。虽然朝鲜也知道日本另有天皇,关白只是总揽国事的"征夷大将军",并且"朝得暮失,争夺相寻"。更有趣的是在对马伪造的关白国书中,也以"日本国王"为印,这引起了使臣的嘲笑:"不受封王之命,而印即仍用,你国之事,未可知也。"但需要注意的是,在秀忠回复朝鲜国王的国书中仅作"日本国源秀忠拜复朝鲜国王殿下",虽然本次出使的使臣并未表示异议,但在十年后出使的李景稷看来这并不妥当,关白"何敢与邻国之君抗礼乎,必书'王'字,然后可也"①。

国书中除了在名号上的用心与考究外,年号也是双方不同立场之下容易产生争议的焦点。相对于朝鲜奉大明正朔而用万历年号,日本国内对用何年号则产生了不同意见,一面是玄苏支持用万历年号,一面则是承兑坚持用日本年号。后来由关白提出了解决方法:"我国不事大明,不可用其年号,若用日本年号,则使臣必有未稳之意,莫如两去之宜当。"由此选用"龙集",也就是"岁次"之意。其实早在宋希璟1420年出使日本时日本官员便曾刺探性地询问是否可以将"永乐"改作"龙集",但被宋氏"正色据义责之"而罢,可是自本次出使之后似乎"龙集"成为朝、日国书间为了避免争执的折衷之法而常常使用于日本国书中。②

中国还常常是朝鲜使臣评判日本社会生活的潜在标准。如四月十三日庆暹就写道,"麦秀已黄,又闻蝉声,节序早晚,亦与中华有异",指出日本的节气与"中华"大不相同。又如其听到日本音乐,认为是"声音短促,少无和畅之候,真所谓不入耳之欢也"。日本尚武之风在朝鲜使臣来看,也不合中华礼仪之风:"国俗以勇锐为高致,以剑枪为能事,专务战阵,不事文教。近

---

① 李景稷:《李石门扶桑录》,复旦大学文史研究院编《通信使文献选编》,第 1 册,第 313 页。
② 参见葛兆光:《文化间的比赛:朝鲜赴日通信使文献的意义》,《中华文史论丛》,2014 年 2 期,第 1—62 页。

年有以文聚徒者,一年之内,几至千百。国人笑骂曰:'日本兵强,闻于天下,倘事文教,则兵政解弛,反为弱国。'排而摈之。"本来只是地区风俗的问题,但在朝鲜使臣来看,这是因为"日本为国,专尚勇武,不知人伦"。所以生活在日本的福建人叶七官因其"礼数甚恭,言辞逊顺,冠服不改,形体尚全,少无变夏之态",朝鲜使臣认为"可尚",被掳的朝鲜人姜沆"不毁形体,不变衣冠"则被视作"节义"。

事实上,中国在这次和谈中并非只扮演了"文化标准"这样的角色,对比前次黄慎的出使中明朝内外试图以固化的"中国的世界秩序"重新整合东亚秩序,这次则明显表现出明朝在对外实务中的现实主义倾向。《明史·朝鲜传》中说,"秀吉死,我军尽撤,朝鲜畏倭滋甚。欲与倭通款,又惧获罪中国",但明朝则表示"兵部议听王自计而已"①。换而言之,被称作"朝贡体系"的国际关系模式里,有着相当现实的一面,所以当封贡一事失败以后,中国与日本再次恢复了之前的"不征之国"的关系,并且对朝日之间恢复邦交关系一事也没有太多干预,同时"朝贡体系"中所具有文化的广泛影响力实际上影响着体系内各国之间的交往。

小　结

黄慎的《日本往还日记》与庆暹的《海槎录》,一部是在壬辰倭乱期间出使的记录,一部是在壬辰倭乱结束之后出使的记录,除了对这一事件史实研究本身的意义以外,②还可以通过对比两次出使的记录,来重新思考前近代时期的东亚国际秩序。显然仅凭这两部篇幅有限的通信使材料便试图对复杂的"朝贡体系"进行全面或颠覆式研究,未免不自量力,笔者在此提出的是透过对两部特殊时期的通信使录,来考察"朝贡体系"在实践中的灵活性。毕竟壬辰倭乱作为震动17世纪东亚的大事件,将原本分属这套体系的三个不同层级的国家卷入到同一个场域之中,显现出中、日、朝三国之间的复杂关系。

通过对黄慎、庆暹两次出使背景和出使行记的梳理,从历史史实来考察东亚国际关系的实际操作层面,由此可以来对比在观念、制度上构想出的国家间的等级与秩序,与现实政治有着哪些异同。必须说,从政治层面来看,壬辰倭乱不仅是一次军事战争,也是对当时整个东亚国际秩序的一种挑战。

---

①《明史》卷322《日本传》,第8301页。
②参见仲尾宏:《朝鲜通信使与壬辰倭乱》(『朝鲜通信使と壬辰倭亂』),东京:明石书店,2000年。

而在这次搅动东亚国际秩序的大事件中,恰好体现出作为想象中的东亚秩序的中心——明朝——在处理周边关系时所运用的多层次操作方式。在过往有关古代中国对外关系的研究中,相对比较注意"中国"为中心的对外关系,当然所谓的"朝贡体系"不仅是一套行之有效的政治政策,也成为对各国交往的认识方式。然而现实的政治,常常会挑战思想中的准则,因而出现种种应对现实的调整。就像本文中已经叙述过的那样,当明朝真实面对着企图攻占整个东亚大陆的日本时,日本"使者"求封贡的表述便迎合了这样一种世界观。但是,在明朝出面处理有关日、朝问题时,也就造成了中央官员的理想与实际谈判者之间的一定差距。一方面从中央而言会选择坚持固有的观念,即尽力维持其已有的、有效的国际秩序,因而试图用将日本纳入"朝贡体系"的方式解决这次战争危机,而另一方面则是使臣直接面对野心勃勃的日本时的胆怯、退缩。但除此之外也要注意到这样一种国际秩序中存在相当的弹性,即对秩序内的国家存在不同级别的区分。当对日本的册封失败之后,日本再次恢复明初所立"不征之国"的地位,其与朝鲜的再次交往也得到了明朝的默认。最后还需要一再强调的是在朝鲜与日本的交往中,明朝作为不在场的"国家",其所创设出的一整套制度如国号、年号等都影响了双方在对彼此地位上的认识与调整,可以说"朝贡体系"中的文化与礼仪制度等实际上在各国交往之中产生了广泛的影响。

故国残梦

——壬辰倭乱后的俘虏刷还与道德困境

徐凡(西北师范大学)

壬辰倭乱(万历朝鲜战争,1592—1598)是东亚历史上的重大事件,对当时乃至此后数百年东亚世界的政治军事格局产生了深远的影响。在这次战争中,成千上万的朝鲜民众被掳至日本,这些被掳至日本的朝鲜民众被统称为"被掳人"或是"被掳民"。战争平息后,日本意图修复双方的关系,向朝鲜提出派遣通信使的要求。应日本的邀请,朝鲜在 1607 年派出了壬辰倭乱后的第一次赴日使节团。朝鲜方面派出通信使的主要目的,除了恢复与日本的国交、刺探日本的情报之外,最首要的任务就是刷还在战争中被掳至日本的朝鲜民众。

朝鲜通信使们怀着复杂的心情踏上了日本的土地。对于日本,朝鲜通信使们一方面一再地表示是"万世不忘之仇",另一方面,他们又自诩为"华",认为日本是"夷",应该"羁縻笼络之"。朝鲜通信使认为,他们前往日本刷还朝鲜被掳民,是拯救这些人于"蛮夷之地",必然一呼百应,愿归者无数。但实际上,刚刚踏出朝鲜国门不久,朝鲜通信使们就尴尬地发现,刷还任务其实非常艰难,愿意返回故国的朝鲜民众寥寥可数。

对于在日本的朝鲜被掳民来说,他们面对着一个极其艰难的选择和道德困境:如果选择不回朝鲜,在日本会有较为安定和衣食无忧的生活,但对深受儒教文化影响的朝鲜被掳民而言,在日本生活不仅不能与在朝鲜的亲人团聚,更难以忍受的是日本的"异文化"。日本,这个被朝鲜人视为"蛮夷之地"的文化异域,自然不能与被称为"礼仪之邦"和"海东小中华"的朝鲜相提并论。然而如果决定回国,碰到的问题比"异文化"问题更加严峻,首当其冲的就是生计问题,回到朝鲜之后该如何生活?很多刷还民没有土地,携家带口,即使得到在朝鲜的亲人们的周济,也只能解决一时的燃眉之急。其次,俘虏的身份并不会给他们带来同情和优待,反而会遭到怀疑和诟病,特别是刷还民中的女性,常被认为是"失去贞洁,德行有亏"而遭受道德谴责和社会压力。

本文以此为历史背景,以这一时期朝鲜通信使的行录和笔记为主要史料,以其中记载的朝鲜被掳人为主要研究对象,聚焦了被掳人中的三类人——被掳人中的士大夫、普通被掳人和被掳人中的女性,对比分析这三类人群面对选择归国问题时不同的思考角度和不同选择,以及朝鲜通信使对这三类人群的认识和评价。

一 一个俘虏的传奇——姜沆的《看羊录》

壬辰倭乱中,数以万计的朝鲜人被掳至日本。其中,也有数量众多的朝鲜士人。朝鲜士大夫阶层的被掳人中,最具代表性和象征意义的一位是任朝鲜王朝刑曹佐郎的姜沆(1567—1618)。1597年9月23日,姜沆一家数十口被日本将领藤堂高虎所率领的军队在朝鲜全罗道灵光的海域俘虏。从此,姜沆开始了漫长而痛苦的俘虏生涯。

在日本期间,姜沆始终未曾放弃返回故国。他在自己的笔记中写到,"纵令身首横分,犹胜死葬蛮夷"①。在姜沆看来,日本为"夷狄之国",而朝鲜才是深受儒教文化浸染的"文明之域"。他屡次计划出逃,但都未成功,只能依靠明朝的使臣和来自朝鲜的商人托书于朝鲜。为了刺探敌情,他细心地观察日本的情况,写下了《贼中闻见录》《倭国八道六十六州图》《壬辰丁酉入寇诸将倭数》等文章,在其中详细记载了日本的历史、地形、官制、军事、民俗和土地制度等重要内容。他自述道:"百闻不如一见,臣之前后所录,未尝不竭其心思,继以目击,缄封和血,耿耿自奇。"他唯恐这些重要的内容丢失,"手书二件,以其一付天朝差官,以其一付倭国人辛挺南等。恐其有中路浮沉之故也"。并诚恳地向朝鲜国王进言:"伏愿殿下,勿以小臣偷活无状而并弃其言,则宗社幸甚,赤子幸甚!"②朝鲜国王读到这几经沉浮才交由手上

---

① 姜沆:《看羊录》,《海行总载》(韩国国立中央图书馆藏抄本)卷7,第8页。

② 同上,第48—49页。

的特殊报告,大为感动,"自上深加叹赏,疏下于备边司",姜沆的记录成为当时的朝鲜了解日本国情的重要参考材料。

在日本期间,姜沆的心情十分沉郁,他写下了《涉乱事迹》一文来记录自己在日本的俘虏生活,寄托、抒发自己归国无路、报仇无门的辛酸和痛苦。在其中,我们可以看出姜沆在日本的主要经历和思想活动。他被俘虏至对马岛时,就感叹道:"人家异制度,衣巾皆诡制,始知为他世界也。"他先后被掳至对马岛、壹岐岛、长门州之下关、周防州之上关、伊豫州之长崎、大津和伏见城等地,在途中深受颠沛流离之苦,"饥困已甚,十步九颠",终于"顿卧水中,无力不能起",在这种困境中,一个日本人"垂涕扶出,噫其甚矣,大阁俘致此人等,将欲何用?岂无天道哉!"并"急走其家,取稷糠茶饮,以馈吾一家"①。这样的同情和雪中送炭般的帮助使得姜沆大为感动,他不再认为所有的日本人都是"蛮夷之域的蛮夷人",而更客观地看待日本人和日本文化。他感叹道:"倭奴中有至性如此,其好死喜杀,特法令驱之耳。"②在大津,姜沆一家度过了一个特殊的春节,在这样的"蛮夷绝域"之中,姜沆也不忘表达自己"流落丹心在,表年以寓尊王之"的感情。在日本的俘虏生涯中,姜沆一直不断结交各种朝鲜被掳人,有一位朝鲜俘虏李晔的事迹引起了他的关注。李晔,壬辰倭乱发生时任朝鲜王朝全罗道左兵营侯,被掳于加藤清正,清正又把他送给了丰臣秀吉,丰臣秀吉非常爱重李晔的才华,"帐御饮食,皆如伊所居",然而李晔强烈的回国愿望并没有被这些富贵和安逸所动摇,他"散尽锦绮,结交壬辰被掳来人,买船西出",却不幸被守军发觉,引剑自杀。他在出发之前赋诗一首,其中有"尽是三韩侯阀骨,安能异域混牛羊"一句。诗句中表达了作者对本国文化的自尊和视死如归的精神。李晔的事迹,让姜沆大为感动,他生出了"武士中有此人,我非读书人乎"③的感慨,也让姜沆返回故国的愿望更加地强烈和迫切。他在去往日本伏见城的船上,留下了这样的诗句:

> 船行罢日,晓头困睡,同舟倭国人,急道京城已近,梦中惊起,望见粉堞突出海上云雾中,十层楼阁,高如半空,胆悸神惨,久不能自定,乃赋一诗曰:"报道王京近,王京是鬼关。非缘探虎穴,无路观龙颜。痛饮

---

① 此处的"大阁",指丰臣秀吉。姜沆借助日本普通民众之口,表达了对丰臣秀吉发动战争的谴责和愤慨。

② 《看羊录》,第148—149页。

③ 同上,第159页。

初年计,孤囚几日还。愁多翻作梦,倏忽见南山。"①

在姜沆看来,自己是出自"文明邹鲁之乡,术序学校家塾党庠之中",深悉"禹汤文武周公孔子之道"和"内夏外夷之分"。然而日本这一"漆齿陋邦","禹迹之所未讫,周轨之所不同"的夷狄之国,竟然"烧夷我家庙,拨掘我先茔,劫掠其耄倪,系累其子弟",使得"崔卢王谢之儿,半属仇人之役;乐郡范韩之女,尽作胡家之婢"。浸染儒教礼仪风俗的朝鲜子民被掳至日本,沾染了夷狄胡风,"秀昞疏眉,已坏宣和装束;哀衣博带,不复汉官威仪。或效卫辄之夷言,或剪仲雍之吴发"②,令人痛心不已。他曾经意图自杀,八日不食,却只能"犹恨一息之尚存";期望报仇雪耻,却只能效仿苏武牧羊,忍辱负重,"立尊攘之志,用夏变夷"③。

在这样的想法下,姜沆结交了一些日本文人,他们吟诗作对,互相应和。在伊豫州得金山出石寺,姜沆碰到了一个僧人,曾位列僧正,并且曾经去过朝鲜的京城,年老归隐山寺。他见到姜沆一行,颇为礼遇,并且以扇求诗,姜沆写下了"锦帐名部落海东,绝程千里便信风。凤城小西鲸涛外,鹤发仪形蝶梦中。两眼却惭同日月,一心犹记旧鸳鸿"的诗句。这位日本僧人感受到了姜沆的强烈的思乡之情,"恻然点头曰:'已会矣。'"④给予了姜沆情感上的共鸣与温暖。大津城中的另一位僧人,和姜沆偶遇于大津城底的僧舍,对姜沆也是"极加礼",姜沆同样以赠诗的方式,表达了感谢。在日本的伏见城中,日本僧人照高院,是天皇的叔父,出家于大佛寺,他赠送了姜沆十把扇子以求诗,姜沆写下了"十幅蛮牋阵阵轻,寄来深荷上人情。偷生久阻看天日,从此毡城掩面行"⑤的诗句。我们从姜沆的诗句中可以看出,他虽然在日本衣食无忧,却是在这个他认为是"蛮夷异域"的地方"忍辱偷生",对故土无限思念。姜沆还用题诗的方式表达了对丰臣秀吉的憎恨。丰臣秀吉的墓位于伏见城的北郊,墓碑所在处建造了一座黄金殿,日本僧人南化大书铭其门曰:"大明日本,振一世豪,开太平路,海阔山高。"姜沆看到后,心中十分愤懑,就用笔涂抹掉了日本僧人的题词,并在旁边写下了"半世经营土一坏,十层金殿谩崔嵬。弹丸亦落他人手,何事青丘卷土来"的诗句,表达了对丰臣秀吉的讽刺和憎恶。结果姜沆的笔迹被另一位叫做舜首座的僧人所辨识,

---

① 《看羊录》,第 157—158 页。
② 同上,第 116—119 页。
③ 同上,第 122 页。
④ 同上,第 152 页。
⑤ 同上,第 162 页。

批评姜沆说,"向见大阁塚殿所书,乃足下笔也,何不自爱也?"①成为姜沆和日本僧人的诗歌交流中一段轶事。后来,这位舜首座成为了姜沆的好友,舜首座甚至暗中帮助姜沆返回朝鲜。这位舜首座,就是日本著名的儒学家——藤原惺窝。

姜沆在其书《闻见录》中记录自己与日本僧人的交往情况时,说自己"自来倭京,欲得倭中虚实",才"间日与倭相接"。他评价藤原惺窝,"颇聪明解文,于书无不通,性又刚峭,于倭无所容"。德川家康听闻藤原惺窝的出众才华,"筑室倭京,岁给米两千石",但藤原惺窝却"舍室不居,辞粟不受",显示了其不为五斗米而折腰的气节和傲视权贵的风骨。藤原惺窝对儒教的典籍、制度有着极大的兴趣,他常常向姜沆询问有关儒教的科举制度、春秋释奠、经筵等内容,姜沆都很热心地予以解答。藤原惺窝对儒教文化很痴迷,听到了姜沆的描述,更加心向往之,他"怃然长叹曰:'惜乎!吾不能生大唐,又不得生朝鲜,而生日本此时也!'"②言语间充满了了对明朝和朝鲜儒教文化的认同与向往。

除了藤原惺窝之外,还有很多的日本文人、僧人、医师乃至日本将领都和姜沆有过接触,他们为姜沆的儒学修为所折服,也给予了姜沆很多力所能及的帮助。其中,特别值得一提的是日本将领广通,他是桓武天皇的九世孙,十分爱好儒学,"笃好六经,虽风雨、马上未曾释卷"。藤原惺窝曾评价广通说:"日本将官尽是盗贼,而惟广通颇有人心。日本素无丧礼,而广通独行三年丧,笃好唐制及朝鲜礼。于衣服、饮食末节,必欲效唐与朝鲜,虽居日本,非日本人也。"藤原惺窝告诉了广通有关姜沆的事,广通自此十分关心姜沆,"时相候问",并暗中"潜以银钱助臣等羁旅之资费,以资归路"。他向朝鲜被掳人中的士人求书《六经》大义,以及朝鲜儒学典籍中的《国朝五礼仪》和《郡学释菜仪目》,并在其私邑建立了孔庙,仿造了朝鲜的祭服、祭冠,"间日率其下习礼仪",终日沉迷在儒教文化之中。③

在这些日本友人的帮助下,姜沆终于得以回到朝鲜。回到朝鲜后,他整理了这些和自己在日本的经历有关的文章,自编一书,名曰《巾车录》。"巾车",是罪人所乘坐的车。姜沆以此为书名,是自认为流落日本,成为俘虏,是罪人。后来他的弟子在编录他的文集时认为,姜沆被俘在日本期间,受尽

---

① 《看羊录》,第162—163页。
② 同上,第112—169页。
③ 同上,第114页。

苦难却始终坚贞不渝，品性高洁，堪比汉朝的苏武。即使是蛮夷之域的日本人，也为姜沆的高洁品性所折服："我先生所遭罹，诚千古罕有之逆境。而先生所以处至，较然不失于正观。其再坠海，九日不食，三疏供九重，四年持一节，慷慨从容，至诚大义，始终烈烈，凌霜雪而贯日月，质诸天地鬼神而无疑矣！漆齿殊俗，亦知慕义，啧啧成美之苏卿。"姜沆在日本曾经写下了"浮生不是辽东鹤，等死须看海上羊"，"多谢古人珍重意，一壶椒醑慰看羊"等诗句，表明其一心归国的志向和不变其节的品性。他的弟子从中取了"看羊"二字，把他的这部文集更名为《看羊录》。① 不仅是姜沆的弟子，许多人都对姜沆有着相当高的评价。在日本接触过姜沆的明朝商人评价姜沆道，"姜沆犹着朝鲜衣服，不屈于贼，真个忠臣！"②后来的朝鲜通信使也在他们的赴日本行录中屡次提到姜沆的事迹。庆暹在其《海槎录》中这样写道，"姜沆作俘五岁，不毁形体，不变衣冠，静处一室，只以看书缀字为事，未曾与倭人相对启齿"③。赵曦在其书《海槎日记》的《酬唱录》中收录了一首纪念姜沆的诗："看羊一录寸心留，万死归婴百怪愁。属国官名犹是幸，后来无用汉苏侯。"④

像姜沆一样虽被掳至日本，但却誓死不屈，品性高洁的朝鲜士大夫不在少数。除去姜沆的《看羊录》，我们现在可以看到相关类似的俘虏日记、行录以及相关的文献资料还有数种，具有代表性的有朝鲜士人鲁认的《锦溪日记》、郑希得的《月峰海上录》、郑庆得的《万死录》以及郑好仁的《丁酉避难记》等等。朝鲜士大夫阶层中被掳至日本的被掳民，受到儒教思想的影响很深。他们始终认为，朝鲜是"华"，而日本是"蛮夷"。他们对日本的文化并不认同，所以一心想要返回朝鲜。像姜沆这样的朝鲜文人，是朝鲜士大夫阶层被掳人中的道德标杆，他虽然身处逆境，却始终不曾屈服于"蛮夷日本"，保持着朝鲜儒教文化的自尊和自信，同时还影响了一部分对儒教感兴趣的日本人，向蛮夷之地传播了儒教的文化。姜沆，成为了朝鲜被掳人中的道德标杆和一个无法复制和超越的传奇。

二 普通刷还民所面临的道德困境和选择

如果说，姜沆这样"高级别"的俘虏所体现出"不做贰臣"的高洁品性和足以影响日本文人的儒学素养，让人钦佩和景仰。但在普通的被掳人看来，

①《看羊录》，第168—169页。
②《朝鲜王朝实录·宣祖实录》卷115，三十二年七月丙寅，首尔：韩国国史编纂委员会，1961年影印本。
③庆暹：《海槎录》，《海行总载》（韩国国立中央图书馆藏抄本）卷8，第169页。
④赵曦：《海槎日记》，《海行总载》（韩国国立中央图书馆藏抄本）卷27，第85页。

姜沆的"高洁"模式是普通的被掳人无法效仿的。更多被掳至日本的普通朝鲜民众在面对归国与否的问题上面对着更加艰难和痛苦的选择。归国与否,对他们来说,不仅仅是一个简单的是非题,而是一个纠结在道德和生计之间的选择困境。

来自朝鲜,身负刷还任务的通信使们,从一开始的信心满满,很快地跌入了失望的窘境,他们发现,愿意回国的朝鲜民众极其有限。通信使姜弘重在他的《东槎录》中记录到:"自江户所经一路,被掳之人,无处无之。而或拘于主倭,或牵于妻子,或姑息于安土,虽有思归之情,而不能自拔,或丁宁相约,而到今百般巧避……情状极可恶也!"[1]他们遇到了许多不愿归国的朝鲜民众,无论怎样劝说和解释,这些被掳人却依然不为所动,"被掳人等,或有来现者,迟疑未决,百般开谕,而已惑于引诱恐吓之言,不为解惑。倭中事情,极可恶也!"[2]朝鲜通信使们在面对这样无奈的情况,数次用"极可恶也"、"深可痛惋"这样的词句表达强烈的痛惋之情,但是他们遇到的实际情况却远远超出了想象。例如,有一个叫做金开金的被掳人,对自己在日本的领主的感情甚至超过了对父母的感情,宁肯不归故国,不见父母,也不愿辜负日本领主的恩情,连在场的日本人都觉得非常不可思议和难以理解。

> 被掳人昌原居金开金称名者来谒,自言十二三被掳入来,而不通一句话,特一倭人也。谕以还乡之意,则答称主倭方在江户,俟还归告,然后方可出去,二十年受恩之人,不可相负云。再三谕之曰:"受恩轻重,孰与汝之父母。汝之被掳入来,告于汝父母乎?汝若还乡,得见父母兄弟,则是再生之乐也。汝父母相见之乐,何可概量?禽兽至无知也,鸟还旧巢,牛马知家,矧以人而不如禽兽乎?"傍有倭人,听之咄嗟,此人顽然不动,欲杀而不可得也。[3]

朝鲜通信使们认为这样的人丧失了人之本性,简直"禽兽不如"。然而这样的被掳人却反复出现在朝鲜通信使的视野中,"被掳人晋州居河魏宝之子河恒者,为僧人,来谒馆下。适是左议政称念中人,译官等喜其相逢,细陈其父母消息,仍言关白已为下令刷还之意,问其居住寺刹,则嗫嚅不言。闻父母之言,略不动念,诿以明日更来,一去无形影,情状极可恶也";"兵曹书吏朴天寿之子应仁,因译官辈,知其母尚生存,而无意出来。内需司别坐秦

---

①姜弘重:《东槎录》,《海行总载》(韩国国立中央图书馆藏抄本)卷11,第164页。
②李景稷:《扶桑录》,《海行总载》(韩国国立中央图书馆藏抄本)卷10,第133页。
③同上,第145页。

尚义之弟尚礼,见其兄书,而亦无归见之意。李爱赞者至呈所志,思归恳切,
而毕竟欺罔,不复来现"①。在朝鲜通信使看来,父母天伦,是儒教道德中最
基本的伦常和纲常,违背这些基本道德原则的人,与禽兽无异,他们根本无
法理解这样的行为,只能解释为这些被掳人长久在日本,沾染了"蛮夷之
俗",所以才会忘记父母伦常,行事如此:"此辈皆染于蛮夷之俗,丧其本然之
天,虽闻骨肉消息,亦无思见之念,深可痛惋。"②

被掳人中,不仅有不愿回国的,还有造谣生事之人,给朝鲜通信使的刷
还任务增加了不少的困难。有一个叫李文长的朝鲜人,在日本以算卦为生,
他对其他被掳人说朝鲜的生活非常艰难,不如日本,回国后一点好处也没
有:"朝鲜之法,不及日本,生计甚艰,资活未易,还归本土,少无所益。"不仅
自己不愿归还故国,还四处散播谣言:"以万端不好之于,遍行游说,以绝其
向国之心。"很多被掳人相信了李文长的话,而选择不回朝鲜:"被掳之人,皆
为文长所诱,无意出去。"③虽然有很多朝鲜被掳人听到了通信使来到日本
的消息,而前往拜谒,但愿归者甚少。关于朝鲜被掳人不愿意返回故国的原
因,李景稷认为有如下几点。首先,如果在十岁之前被掳至日本,受日本文
化的影响较深,言语行为都与一般日本人无异,所以并不想回到朝鲜:"被掳
于十岁以前者,言语举止,直一倭人,特以自知其朝鲜人氏,故闻使臣之来,
偶然见之,而略无向国之心。"其次,十五岁以后的被掳者,虽然有向国之心,
但担心回到朝鲜以后的生活,所以犹豫不决者居多:"年过十五以后而被掳
者,稍知本国乡土,稍解言语,似有欲归之,而每问本国苦乐如何,投足左右,
未定去就。丁宁开说,反复恳谕,解惑者亦少。"再者,愿意回到朝鲜的,大部
分是在日本的生活困苦,为人奴仆,而生活安定、衣食无忧的被掳人很少愿
意回到朝鲜:"且此欲归未决,徘徊于彼此者,皆佣赁吃苦之人。至于生计稍
优,已着根本者,顿无归意,或闻或见,情态可恶,直欲芟刈而不可得也。"再
加上朝鲜被掳人大部分成为日本人的奴仆,日本领主们对仆人管教甚严,一
些领主害怕朝鲜奴仆逃逸,所以造谣说,朝鲜通信使刷还俘虏之后,杀的杀,
流放的流放,剩下的则编为通信使的家奴:"且倭人之俗,最紧使唤之人。朝
鲜被掳,太半为人奴仆。主倭每喝以朝鲜人刷还者,或杀,或送诸绝岛,且于
使臣各自召募,渡海之后,则随其多小,便作己奴使唤云云。"这样一来,原本

①《东槎录》,第 152—153 页。
②同上,第 152—153 页。
③同上,第 100 页。

有归国之思的朝鲜被掳人们动摇不决了，原本犹豫不决者下决心不回朝鲜了，通信使们刷还俘虏的任务更加地艰难："彼不知事情者，万端生疑，以绝其向国恋土之请。倭人之巧诈，甚可愤惋也。"①

不过即使归国后有很多的不确定因素，生活并不能同在日本时相比拟，还是有一部分朝鲜被掳人义无反顾地踏上了返乡之路。有一位叫做河宗海的朝鲜被掳人，被掳至日本二十五年，依然不放弃归国还乡，听闻朝鲜通信使来日，速来拜谒，并投呈书信，表明他的思乡之情，"二十五年之间，食不甘味，寝不安席，一片恋主之丹心，几滴思亲之泪"②，读之令人恻然。有一位叫做曹一男的被掳人，虽然沦为日本人的奴仆，却依然为朝鲜的文化而自豪，认为朝鲜才是儒教文化的正宗。他对朝鲜通信使在日本得到的欢迎和礼遇看在眼里，喜在心中，"将军闻使臣之来，深以为喜，检饬一路，接待备至，且于入京之日，令观光者不得立睹，呼使臣必称敕使，呼下人必称唐人，使之极致敬礼。使臣入城之日，左右观者寂无喧哗，皆将军之令"③。

另外，根据译官的记录，在壬辰倭乱中被掳至日本的朝鲜人人数甚多，然而由于一些地方官员和日本领主的暗中阻拦，使得本来一心归国的被掳人不能出行，"被掳之人，无处无之，其数不亿。而各其地方代官等不为尽括，至于唐津则初得八十余名，皆愿出归。而临发之日，代官只送二十名，余皆不许。落后之人，皆叩心出涕云。闻来不胜矜恻"④。通信使们评价俘虏俘虏刷还任务时这样写道："大概被掳之人，散在日本内地者，不知其几万，关白虽有愿归者许归之令。而其主等，争相隐匿，使不得自由。且被掳之人，亦安于土着，思归者少，今兹刷还之数，不啻九牛之拔一毛。可胜痛哉！"⑤

从上文中朝鲜通信使刷还普通被掳人的情况可以看出，普通的朝鲜被掳人在面对归国与否这样一个道德困境时，更多的人选择了以生计为先，留在了日本。在他们看来，"华夷之分"、"风俗有异"并不是那么重要。这些普通的被掳人，对于日本文化，较朝鲜士大夫阶层而言，有着更广泛和更深程度的认同。

---

① 《扶桑录》，第81—82页。
② 同上，第98页。
③ 《东槎录》，第127—128页。
④ 同上，第203页。
⑤ 《海槎录》，第4页。

三 被掳女的悲情

被掳人中还有一个特殊的群体不能被忽视,就是被掳人中的女性。她们在战争中受到的家破人亡、流离失所等带来的伤害往往比男性更为直接和深刻。通信使在日本时,经常看到哭泣的朝鲜女子,"观光男女,摩肩蹑足,互相践踏,不知其几千万亿,往往有流涕者,是我国女人";"望见岸上有一老妇坐而垂泣,知其为被掳人…令人惨恻"①。这些见到故国使臣忍不住潸然泪下的朝鲜被掳女们,不知经历了多少的辛酸和痛苦。

她们当中的一些人,在不幸被掳至日本之后,坚持不嫁与日本人为妻,对故国表现出了忠贞不二的情感:"有一人投谚札于下人等所在处,其书略曰:'朝鲜国全罗道淳昌南山后居权牧使孙女……妾年十五,被掳而来,为此邑太守亲近奴子之婢……妾思欲生还,死于故土,人皆嫁夫,而独自居生。闻我国使臣之来,望有拯济之路,敢此仰达'云云。"②

有一些被掳女性,虽然身不由己,嫁与了日本人,却一直心怀故国,一心思归。她们克服了种种困难,终于踏上了归国之路:"又有一女人,泣诉其主,其主放还,即脱身趋来。其夫倭,恶少年也,按剑相对,不肯放还。橘智正与其接待长倭,开谕万端,彼不得已退去";"又有一女,其夫不肯放还,其女若将不去,乃诳其夫曰:'使行过门,其中必有吾族类于乡中人,吾虽不去,可传音信。'乃倚门而待之。其夫可其请。一行过去之时,其女走入军官等卫行之中,到船即上,其夫莫敢追捉。"③

还有一些被掳女,虽然思念故土和在朝鲜的亲人,但由于嫁与了日本人,且生育了孩子,所以不得已放弃了回国的念头。"有被掳二女人自称两班之女,来见军官辈,欲问乡国消息,而被掳已久,尽忘我国语言,不能通话,只问父母存殁,泣涕涟涟。问其欲归与否,则指小儿而已云,盖以有子故难之也。"④

而更多的被掳女由于考虑到回国后的生计问题,无人可依靠,所以不想回国。"女子六人、男丁一人出来之后,还为没入云,不胜痛愤。其中有柳锡俊女子,自言:'父母兄弟,皆不推我,我虽出去,更何依乎?'还为入去

---

① 《扶桑录》,第 75 页。
② 同上,第 44—45 页。
③ 《海槎录》,第 150—151 页。
④ 《东槎录》,第 102 页。

云,甚可恶也。"①"被掳人置簿姓名者,临行多逃去,不胜痛憎,只一百人乘船。令马岛备给散料上三船,六船上船者,自船给料。朴大根、安景福临昏下来,被掳人绝无形影云。有一抱儿女人,上船还逃云,可恶之甚也。"②

在朝鲜通信使看来,被掳女的道德标杆当如宋象贤之妾。"宋象贤之妾,守节不屈,以死自誓,倭人贵以敬之,为筑一室,使我国被掳女人,护卫使唤。及至惟政之行,全节而归。远近喧传,称为美事。盖日本为国,专尚勇物,不知人伦,而至见节义之事,则莫不感叹而称之,亦可见天理本然之性也已。"③被掳女应该像宋象贤之妾,"守节不屈,以死自誓",直至"全节而归"。如果不能做到这些,就是"德行有亏"。所以来自朝鲜的使臣们,并没有对被掳女的悲惨遭遇有太多的同情,反而站在儒教伦理和道德的角度上,认为她们"失身污辱,节行已亏,无异禽兽"。

> 未到大德寺数里,有一女人在观光之中,痛哭而言曰:"我是全罗岛昌平人士族之女也,被掳来此,岁月已久,乡心虽切,而首丘无期。行中若有昌平人,则欲问家乡消息"云。以士族之女,失身污辱,节行已亏,无异禽兽,而思乡之念,出于至情,欲见乡人,求问家信,亦可矜也。④

朝鲜士大夫阶层对程朱理学极为推崇和重视。所以,他们也严格恪守着程朱理学中对女性道德标准的判定。这些道德标准,对于朝鲜女性而言,尤其苛刻。纵观朝鲜初期编成的《高丽史》中的《烈女传》,便可窥探朝鲜的士大夫们对于女性的"贞洁"和"操守"的要求是多么地严格和苛刻。在《烈女传》的序言之中,朝鲜士大夫们就对"烈女"的标准提出了要求,"故在家为贤女,适人为贤妇,遭变故为烈妇。……其卓然自立,至临乱冒白刃,不以死生易其操者"⑤。在这样的标准下,《烈女传》中收录了十二位烈女的故事。十二位烈女中,有八位都是在倭寇入侵的情况下,为保贞洁,而舍身求死的故事,还有一位是不屈服于蒙古士兵的淫威而投江自尽的故事。这样大比例的"与其失身于蛮夷之人,宁肯一死"的故事充斥着朝鲜王朝唯一的女性史——《烈女传》,这些"舍身求死"的女子们是教科书式的人物,也是后世朝鲜女性的道德标杆。在朝鲜士大夫的观念中,贞洁比生命还重要,他们要求

---

① 《扶桑录》,第 128—129 页。
② 同上,第 137—138 页。
③ 《海槎录》,第 169 页。
④ 《东槎录》,第 89 页。
⑤ 参见郑麟趾:《高丽史》卷 121《烈女传》,首尔大学奎章阁藏本。

女子"以死而全其节"。在这样的理念下，战争中的被掳女面对的不仅仅是在战争中家破人亡的痛苦，还有朝鲜社会严苛的道德谴责和压力。即使在战争过后通过俘虏刷还的方式得以返回故乡，被掳女的噩梦却并未因为返乡而得以终结。在程朱理学思想早已深入人心的朝鲜社会，这些还乡女们受到了来自家人、宗族和社会的重重压力和冷遇。她们不但没有因为在战争中饱受苦难而得到同情和安慰，反而被认为是失去贞洁的女子而备受诟病。在程朱理学思想中，失贞是一个女子最大的过失。正是基于此点，很多还乡女承受不了内心的道德谴责和社会压力，而选择投河自尽。被掳女的故事充满了悲情的色彩。

被掳人中的女性，一部分被在日本建立的家庭和儿女关系所系，一部分面临着无人可依的生存困境，还有一些迫于朝鲜社会中程朱理学"贞洁观念"对女性的严苛要求，无法承受回国后的重重精神压力，所以很少愿意返回朝鲜。

四 结语

通过比较研究朝鲜被掳人中的三类人——士大夫、普通被掳人和被掳人中的女性，我们发现，朝鲜被掳人中的士大夫受到儒教文化的影响较深，他们坚持认为朝鲜为"华"，而日本为"夷"，所以对日本，一直有一种文化优越感，对于朝鲜文化，则有着强烈的文化归属感，回国愿望相当迫切。普通的被掳人则更多地关心生计问题，并没有像朝鲜士大夫阶层一样，有强烈的"华夷之分"思想，对于日本文化也表现出了更大程度的认同，所以很多普通被掳民选择留在日本。被掳人中的女性则多是迫于生存压力和朝鲜社会程朱理学中"贞洁观念"对女性的要求，很少愿意返回朝鲜。

归与不归，这一复杂的命题就摆在朝鲜通信使和在日本的朝鲜民众面前。其间的思考、挣扎、选择和决定反应了特定历史时期日韩交流中两个特殊群体——通信使和被掳民在面对两种文化时真实而直接的思考与文化选择。

朝鲜后期对日通信使行的文化史意义

河宇凤(韩国　全北大学校)

序　言

8世纪后半期以来的600余年里,朝鲜和日本一直处于断交状态。建立朝鲜王朝的李成桂欲改善这种状况,恢复和日本足利幕府的建交关系。日本方面也对此比较积极,1404年足利义满派遣日本国王使到了朝鲜,两国正式缔结国交关系。之后两国在中央政府间相互交换使节,从日本派往朝鲜的使节被称为"日本国王使",从朝鲜派往日本幕府的使节被称为"通信使"。所谓的通信,便是"以信义相互沟通"之意。通信使是指地位平等的国家在外交礼节上所派的使节。

朝鲜前期,一共向日本的足利幕府将军派遣了17次使节,其中,有6次是以通信使的名义派遣的,而一共有3次是派使节到京都完成使命的,分别是1429年(世宗十一年)朴瑞生、1439年(世宗二十一年)高得宗和1443年(世宗二十五年)卞孝文的出行。像这样,朝鲜前期的通信使交流日期较短,通信使行的形态也不固定。

朝鲜后期,通信使行才得以固定和体系化。这段时期,一共派了12次使节前往德川幕府。其中,壬辰战争后的"国交再开期间"派遣的三次使节团被命名为"回答兼刷还使",与1636年(仁祖十四年)开始变得定期化的9次通信使派遣相区别。但是,因两者都是国书中提到的国王使节团,员役的构成和使行路程又比较相似,普通将两者合在一起,认定为12

次通信使。

　　壬辰战争以后,朝鲜的通信使被派往日本,其实是两国国内与国际政治目的的产物。但是17世纪中期以后,中国因清朝取得了政治上的安定,和朝鲜、日本也都比较和睦,本来的政治意图有所减弱。通信使行解决两国外交难题的紧迫性也随之消失,成为了一种形式和礼仪。与此同时,文化交流的附属作用开始增强。通信使行员们的文化交流活动,从1655年(孝宗六年)"乙未通信使行"时期开始,到1682年(肃宗八年)的"壬戌通信使行"时期,变得十分活跃。虽说朝鲜政府当时经历了丙子胡乱,面临着极大的政治危机,为确保南部边境的安全,派遣了通信使节,政治目的较强,但的确借着"通过教化,维持和睦"的名义,赋予了使节团文化上的意义。

　　由将近500名人员组成的大规模通信使行,平均8个月左右遍访日本本岛。沿路以多样的形式进行文化交流。此外,通信使行给两国带来了书籍等多种文物。经过了200多年,这样的交流对两国社会和文化的发展产生了巨大影响。不仅从两国的历史,甚至从东亚的角度看,这都是有着极大意义的现象。

一　壬辰战争后国交的恢复和通信使的派遣

(一)恢复国交的背景

　　经受了壬辰战争这一毁灭性战乱的朝鲜,与日本产生了不共戴天之仇,却要和日本恢复建交,且两国都要花费大量钱财来派遣通信使,那么这样做的真正理由是什么呢?

　　这里与壬辰倭乱后朝日两国支配权力的确立有很深的关系。此外,也与17世纪时新展开的国际政治形势图有密切的关系。

　　首先,我们先来看一下朝鲜的情况。

　　七年的残酷战乱让朝鲜产生了严重的后遗症。朝鲜对日本怨气冲天,知识分子提出了"万岁怨"、"九世复仇说"等公论,民众们更是直接强烈地表达了对日本的憎恶。无论是从国民心理还是从名义的角度讲,与日本讲和是不可能的事。但是,从现实的立场出发,朝鲜政府必须克服战乱后遗症,投入到国家的再建设中来。为此,对外关系的稳定是必不可少的。另一方面,从国际形势出发,明朝因战乱后遗症,开始走向衰退之路,在东北,女真族建立了后金,对明朝和朝鲜产生了极大的威胁。朝鲜面临着防御北部边境的棘手问题。因此,南部边境的安全,即与日本的和平共处关系变得十分重要。与此同时,朝鲜方面好奇日本的新政权又是怎样的情况。此外,召回战乱中被抓去的俘虏,也是标榜王道政治的朝鲜政府不可忽视的问题。总而言之,南部边防的安定,日本国情的打探,俘虏的召回等事项是朝鲜恢复与日本国交的真正目的。

其次,我们再来分析下日本的情况。

虽然德川家康在 1603 年建立了幕府,但依然没有完全掌握西部地区的大名们,因此必须专注于内治的新政府,急需对外关系的正常化,恢复与明朝的贸易也是日本实际目的之一。为此,德川家康极力主张要恢复与朝鲜的国交关系。1604 年四溟大师惟政和孙文或直接接见了来到日本的"探贼使",并表示了国交之意。① 就这样,恢复国交的议程取得了巨大的进展。

另一方面,对马岛也是朝鲜和日本国交正常化的关键。对马岛主自战争结束之后到 1606 年间,向朝鲜共派讲和使节 23 次,送还被俘虏人员,请求讲和。但两国对战争责任和外交礼节问题的认识存有巨大偏差。对马岛既要满足朝鲜方面的需求,又要不损幕府的颜面。为解决这种双重问题,竟修改了两国的国书十多次,在外交史上可谓史无前例。

总之,朝鲜和日本因为各种国内政治上的需要,以及新的国际政治形势,在壬辰战争后不到 10 年的时间里恢复了国交。朝鲜政府提出了与德川幕府恢复国交的两个条件:"先为致书",即先送来国书;和"犯陵贼缚送",即把侵犯王陵的贼人们捆绑起来送过来。德川幕府接受了这两个条件,朝鲜政府便决定向德川幕府将军派遣使节。1607 年(宣祖四十年)一月,第一次派遣了以吕佑吉为正使的"回答兼刷还使"。所谓的回答兼刷还使是指派送对德川幕府答复国书、力图召回被俘虏人员的使节团。1636 年(仁祖十四年)派送的"丙子通信使"是朝鲜后期首次以通信使的名义派遣的使节团。当时朝鲜正深陷于丙子胡乱的漩涡中,迫切需要维持和日本的和平。截止到 1811 年(纯祖十一年),朝鲜共向日本派遣了 9 次通信使。

另一方面,德川幕府力图以通信使行的来访为契机,在国内的大名中确立自己政治上的优势,并试图通过通信使来访,与日本以外的以中国为主的东亚地区建立联系。

---

① 《故事撮要》卷上,万历三十二年七月条;《事大文轨》卷 45,万历三十三年六月四日条。

(二)通信使的派遣与其路程

在日本,如果德川幕府的新将军继位,幕府就会告诉对马岛,对马岛主向朝鲜派遣"关白承袭告庆差倭",告知这个事实。如果派来通信使请来差倭,要求再次派遣通信使的话,朝鲜就通过东莱府—礼曹—备边司的程序进行讨论。如果朝廷决定派遣通信使,则将此通知给釜山的倭馆。之后,对马岛主派来"通信使护行差倭",商讨通行使的渡日程序和各种事项。东莱府会派出译官和外交工作人员,在倭馆与日本方面进行协商,制定出"通信使行讲定节目",规定通行使行的诸多事项。"通信使行讲定节目"如果上报给了朝廷,朝鲜便会着手准备通信使行的构成和礼单。另一方面,日本的幕府则设置以丞相级别的官员为总负责人的通信使团迎接机构,准备通信使经过的各个藩的接待问题。

通信使在昌庆宫谢辞国王后,经忠州—安东—庆州,到达东莱府。在东莱府这个地方会接到从对马岛来的"通信使护行次倭"的向导,然后再去日本。通信使行的船队一共由 6 艘组成,3 艘骑船和 3 艘卜船。首先会在釜山的永嘉举行海神祭,祭祀完成后再起航去日本。通信使由釜山,经对马岛—壹岐岛—蓝岛—赤间关等海路,再经濑户内海的镰刈—鞆浦—牛窗—室津—兵库—大坂的水路,最终到达京都。朝鲜前期,目的地是室町幕府所在的京都,但到了后期,目的地便成了德川幕府的所在地江户,所以后期还要通过陆路抵达江户。往返路程达 11500 余里。从首尔出发到归国复命,大概需要 10 个月左右,可以算是一次长征。从对马岛到日本本州岛的出行,是对马岛主亲自护行的,有数千名的对马岛人随行。

通信使到达江户的话,幕府那边的老中会到通信使住的地方迎接他们。之后,德川幕府中拥有势力的亲族御三家还会举行宴会招待通信使们。传达完毕国书后,德川幕府的将军还会亲自敬三使美酒,可谓是待遇极高。闭关锁国体制下的德川幕府时代,只和朝鲜维持了国交关系。朝鲜国王使节团的来访具有极大的意义。这可是名副其实的将军一代的盛事,幕府是以国宾的级别来欢迎朝鲜通信使的。接待一次通信使便会花掉 100 万两的巨额支出,[①]动员总人数 33 万名。日本的各藩为了迎接通信使,6 个月前便开始准备一次性客馆。

像这样,日本方面即使承担着巨大的经济负担也要招待通信使,是基于

---

① 按新井白石计算,在 1709 年幕府的一年税入总额为 77 万两,由此可以考量 100 万两的规模。

其政治上的需要。但是,因为办得过分华丽和铺张,也成了影响日本财政的重要因素之一。因此,部分知识分子开始主张要改变日本这种不平等的礼仪。到了 18 世纪,通信使行的政治意义有所减弱,为了节俭经费,也有人提出直接在对马岛给朝鲜聘礼,这便是易地通信的改革案。最终到了 19 世纪,日本融入了西势东渐的大流中,国际形势也有了巨大改变,1811 年,对马岛易地通信结束,通信使行也被终止了。

二 通信使行的使命与构成

(一)使命与特点

通信使行的第一使命便是传达对德川幕府将军的袭职的祝贺,并带回德川幕府的答书。朝鲜时代是倾向儒教名分的理念社会,对外关系上也惯用儒教思想。基本来说,外交便是对对方国家的庆吊之礼,因此是由礼曹掌管的。

但是,派遣通信使的真正目的是刺探日本的国情以防其再次来袭,调整甚至解决外交上的难题。此外,朝鲜政府也有内部意图,那便是希望通过文化方面的教化,弱化日本的侵略性。对于日本,虽说外交礼仪方面是平等的关系,但文化方面其实是从属关系,朝鲜作为输出者,暗地里有着一种优越感。

在壬辰战争、丙子胡乱、中国的明清朝代交替等东北亚新政治形势之下,加之朝日两国摆脱国内不利政治情势的需要,两国恢复了国交。象征事件便是通信使的派遣。即,通信使行的派遣本来出于政治目的,但同时也具有经济和文化上的附属意义。日本幕府主要是出于其国内政治上的目的,朝鲜朝廷主要强调文化方面的意义。

因此制述官、书记、良医、画员、写字官、乐队等担当文化交流职务的人员都被编入了通信使行。尤其从 1655 年的“乙未通信使行”开始,担当文化交流职责的书记人员数量增加,到了 1682 年,制述官的职位级别得到了提升,且又添加了良医职位。从 1682 年的通信使行开始,两国的文人间的笔谈唱和开始风行一时。

(二)通信使行的构成

到底有哪些人员被编入了使节团呢? 这个问题可以显现通信使行的特点。

通信使首先由三使构成，分别为正使、副使和从事官，正使为首；其次包括译官、军官、制述官、良医、写字官、医员、画员、书记、子弟军官、别破阵、马上才、典乐、理马、小童、奴子；此外还有包含吹手和旗手在内的乐队和仪仗队；还有沙工和格军。是由 450 到 500 人组成的大规模使节团。

像这样，这么多人被编入使节团有以下几个原因。第一，因为要走海路，所以需要大约 300 名左右的船夫和水手。第二，担任乐团和仪仗队的人员大约有 100 名。① 第三，其他很多人员中，译官有 21 名，②武官有 17 名（包含弟子军），下人和奴子有 90 名。③

一个较为显著的特征是，通行使行的在编人员中，有一部分是担当文化交流的人员。如以诗文唱酬为任务的制述官，3 名书记，④1 名良医，2 名医员，2 名写字官，1 名画员等。从事文化交流任务的 10 余名人员被编入通信使团里，⑤这是其他使团里所没有的特征。

三　通信使行的文化交流活动

（一）通信使随行人员的活动

1. 四文士的笔谈唱和

四文士是制述官和三名书记的统称。他们的笔谈唱和可以说是通信使行文化交流活动的瑰宝。笔谈唱和包括笔谈和汉诗的唱和，主旨多种多样，主要以儒学为主。日本人也积极响应笔谈唱和。据说，四文士在出行途中，要作千首以上的诗。

日本的文士把和通信使行员间的笔谈唱和视作显示自己文才的一个机会。出使中国的朝鲜文士都普遍希望自己的诗文集里能有当时中国著名文士题写的序跋。日本也是同样的情形。日本文士向包含四文士在内的通信

---

①仪仗队与乐队的结构，具体如下：吹手 18 名、节钺奉持 4 名、形名手 2 名、蘸手 2 名、月刀手 4 名、巡视旗手 6 名、令旗手 6 名、清道旗手 6 名、三枝枪手 6 名、长枪手 6 名、马上鼓手 6 名、铜鼓手 6 名、大鼓手 3 名、三穴铳手 3 名、典乐 2 名、细乐手 3 名、铮手 3 名、风乐手 18 名。其他特殊奇艺有马上才 2 名、理马 1 名。

②译官 21 名由堂上倭学译官 3 名（从 1682 年起增为 3 人）、上通事 3 名（从 1682 年起包括汉学通事 1 名）、次上通事 2 名、小通事 10 名、都训导 3 名构成。

③下人由伴倘 3 名、陪小童 19 名（亦担任舞蹈，如在日本表演的唐子踊）、奴子 52 名、礼单直 1 名、厅直 3 名、盘缠直 3 名、刀尺 7 名、屠牛人 1 名来构成。

④这些人一般统称为四文士。

⑤除前述 10 名之外，还有弟子军官 5 名，作为三使的弟子，在使行当中无特别任务，因此一般活跃在诗文唱话之类的文化交流活动。

使行员索要序文或跋文。代表性的人物是林罗山和新井白石。白石在还未出名之时的 1682 年,向通信使的制述官索要了自己诗集《陶情集》的序文,并与其唱和,从此声名大噪。以此为契机,白石归入了木下顺庵的门下。之后,得到老师的推荐,被任用为幕府的侍讲。日本的文士若和通信使行员进行了唱和,便会发行诗文集。所以去的路上进行笔谈唱和,回来的路上日本文士便立刻做出唱和集,并将其赠给使行员的事情也是屡见不鲜。

对于这种现象,日本的外交资料集《通航一览》中写道:"使节来访时,一定会有笔谈唱和,从 1682 年和 1711 年开始,更是活跃。因此,收录笔谈唱和的书籍竟达一百几十卷。"实际上,沿途日本文士和通信使行员之间进行的笔谈与唱和的光景,已被使行员们详细地记录在了日本使行录里了。

这些四文士几乎都是庶孽出身,从通信使行的内部位置来看,是被过度推崇了。通信使行员根据身份和职位,可以分为三使、上上官、上官、中官、次官、下官。[①] 这之中,担任文化交流职能的译官们大部分属于"上官"。上官中包含上通事 3 名,制述官 1 名,良医 1 名,次上通事 2 名,押物官 4 名,写字官 2 名,医员 2 名,画员 1 名,子弟军官 5 名,军官 12 名,书记 3 名,别破阵 2 名。上官的上面,只有 3 名三使和 3 名堂上译官。但是,在日本,对制述官和良医却以上上官的标准进行接待,可见比起规定来,更受到了日本的重视。担任文化交流的译官们,身份等同于子弟军官,甚至享受比子弟军官还高的待遇。这表明了无论地位高低,日本方面都十分重视他们的作用。

此外,1682 年开始,制述官和书记要经国王的裁决才可任命。这也表明了政府对文化交流的重视。通信使行离开宫殿之后,还会和三使共同参加辞陛式。1764 年,癸未通信使行复命的时候,英祖一同召见了三使和四文士,亲自询问了在日本的文化交流活动。

2. 画员的活动

随行画员有以下四种活动:①模写日本地图,②描写水车和舟桥等的制作技术,③描写主要地区及其名胜古迹,④和日本画家进行切磋交流。

1748 年的通信使行,随行画员和日本画家在大阪举行了画会,还与当地文人在京都的住宿地本国寺举行了笔谈唱和。此外,在江户,画员们还在将军面前作画,与幕府的御用画家狩野派的一级画家们交流。画会有着促进画家间的实质性交流和发展的巨大意义。1748 年使行期间的李圣麟和大坂的大冈春卜灯人进行了交流,是比较有名的事件。从 17 世纪中后期到

---

① 《增正交邻志》卷 5,"通信使行"。

18 世纪末,通信使随行画员的活动在韩日绘画交流史中占有极重的比重。

　　3. 医员的活动

　　壬辰战争以后,日本欲购进《东医宝鉴》《医方类聚》等朝鲜的医学书籍并索要数十种药种。① 据《边例集要》记载,从 1660 年开始,到 1690 年结束,对马岛竟索要了 5 次《东医宝鉴》。当时的日本直接出版朝鲜的医学书。《东医宝鉴》和退溪李滉的文集是被出版最多的人气书目。第 8 代将军吉宗在 1724 年出版了《官刻订正东医宝鉴》。18 世纪中期,荷兰医书传入之前,朝鲜的医学对日本的医学发展产生过巨大的影响。在此背景下,从作为通信使随行员的朝鲜医员,到先进的医疗技术,日本试图全盘接收。因此不仅是江户和大阪,沿途各地都在积极举行医学问答。

　　医员有以下职责:①治疗通信使行,②治疗日本人民,③和日本医生进行医学问答。尤其是医学问答,似乎都是由良医担任。依据最新的研究,有关通信使行的医学交流的笔谈集一共有 21 宗 43 册。若将此分类的话,大部分集中于 18 世纪的使行(1711 年 2 宗,1719 年 4 宗,1748 年 10 宗,1763 年 5 宗),也有一部分以大阪和江户为中心。

　　闭关锁国下的日本,接触外来文化的机会极为有限,因此,从日本的学者文人到日本百姓,都对通信使的访日抱有极大的期待。政治压力压制不住日本文士、医士、画员及民众在文化方面的热情。不仅在江户,沿途各地都举行了文化交流。而且,不仅是幕府的官吏和儒官,各个领域、不同层次之间也展开了热闹的交流。

　　通信使进入日本的话,各藩的儒学者和文人们都会聚集在一起,和他们进行交谈。通信使所行途中,各地都会派儒官和文人过去吸收文化经验,甚至是不经过的地区,也要派儒官和文人们过去取经。

　　为了给自己的诗或文集讨个通信使的序跋,排队的人不计其数。据说,若讨得一首诗或一篇文章,就会将其视为家门珍宝。通信使行员们所著的通行录中详细描写了这样情形。而且,流传于日本各地的唱和集里也很好地说明了这样情况。这一时期的笔谈唱和集竟达到 200 多种。使官和画员们为招待前来索要遗墨和书画的来访者们忙得不亦乐乎。这在绘画、书法、医学等方面,为近代日本文化的发展做出了卓越的贡献。

　　通信使行是两国中央政府间的外交礼仪使者,统治者间的交流虽是其

---

①田代和生:《江户时代朝鲜药材调查的研究》(『江戶時代朝鮮藥材調查の研究』),东京:庆应大学出版会,1999 年。

中心,但不止于此。这种交流是民间百姓也能参加的一大文化活动。从流传至今的各种通信使行列图中可以得知,日本百姓竟聚集于各地,前来观看通信使队伍。至今为止,通信使所经的各地还保留着与通信使相关的文化庆祝活动或舞蹈。这表明,通信使行不但对日本的知识人,就是对日本民众也产生了重要影响。此外,他们的代表性平民文化歌舞伎,也是一种以通信使为主题的作品。①

(二)日本文物的传入

另一方面,通信使行也是日本文化传入朝鲜的一个途径。通过通信使行实现的文化交流一定程度上刺激了朝鲜文化的发展,为其带来了契机。而且,通过 1711 年的通信使行,在赵泰亿和新井白石的论争中,赵泰亿通过新井白石对西方世界有所接触。当然,当时的朝鲜也通过清朝引进了一些西方文物,但是白石是直接和西方人接触,掌管对外贸易的。白石的言论给了朝鲜不小的冲击。

通信使行员们遍访日本,将使行途中的经验和见闻全都记录在日本使行录中。1763 年徐命膺在《息波录》或《海行总载》的名义下,收集编辑了 61 篇使行录。② 可惜的是,相当多的使行录已散失,现在只传下来 40 篇左右。③ 这些使行录不仅有巨大的文学价值,而且对于向朝鲜介绍日本的社会和文化方面也有巨大意义。使行员的日本使行录既是难得的日本社会情报书,也是重要的文化见闻录。虽然他们大部分都把日本视为文化落后国,有些忽视轻视日本,但是也受到了一定的刺激。到了 18 世纪后半期,这种刺激程度已经发展成为具有一定意义的觉醒。因此,以朝野的实学者为主的一部分知识分子主张要重新审视日本。④

1. 日本书籍的流入

通过通信使行传入的物品之中,价值最高的便是日本的书籍。但是,通信使不像赴京使那样,主要的任务便是购入书籍。大部分是日本文士赠予使行的,或是因使行的个人兴趣购入的。因此,归国后不会上交朝廷,只是

---

① 参见池内敏:《近世后期的对外观与"国民"》(「近世後期おける对外観と『国民』」),《日本史研究》(『日本史研究』)第 344 号,1991 年。
② 赵曮:《海槎日记》癸未年十月六日条。
③ 关于这些使行录,参见河宇凤:《关于新发现的日本使行录——〈海行总载〉的弥补》,《历史学报》第 112 集,历史学会,1986 年。
④ 18 世纪中期的朝鲜的知识分子,对清朝文化保持轻视心态,但通过不断累积对此的经验与刺激,到了 18 世纪后期由北学派实学者开始转变这种态度。

借给熟人阅览。在日本,则会专门从朝鲜购入儒学书籍、医书、史书并将其发行。与日本不同,朝鲜并没有积极引进日本文化。这种现象一直持续到18世纪中上期,但是18世纪中后期,随着日本古学的发展,日本文士的自信感增强,使行中的论战变得激烈起来,通信使们的好奇心也随之加强。

从18世纪上半期开始,以13卷古学派儒学者的著述为主,日本相当数量的书籍被传入朝鲜。19世纪上半期,儒学书、史书、文集、诗集、唱和录、地理志、类书等24种丰富多样的书籍进入了国内。①

2. 日本古学的传入和实学派的研究

通信使行员的使行录和他们带来的日本书籍,成了当时拥有相对开放的世界观的一部分实学者们的学术兴趣对象。尤其是以李瀷为中心的南人系实学派的学者们,主导对日本的研究,倡导重新认识日本。其中,对日本古学派儒学的引进和研究在文化方面拥有巨大的意义。江户时代初期,朝鲜性理学的传入对近代日本的形成与发展产生过重要的影响,与此相同,18世纪后半期,朝鲜实学者们对日本古学的研究对东亚文化交流史也有着重要的意义。

主要是通信使行员们研读日本古学派儒学者们的书籍并加以点评,如1719年己亥通信使行的制述官申维翰,1748年戊辰通行使的副史曹命采和书记柳逅,子弟军官洪景海,1763年癸未通信使行的正史赵曮和书记元重举等。但是通信使行员们大都持有朱子学一尊主义的世界观,以17世纪中后期以后风靡一时的朝鲜中华意识为基础。所以他们多半轻视日本的儒学水平,批评当时在日本得到发展的阳明学和古学。申维翰和赵曮的评论是代表性的事例。他们对在日本学术界中有着巨大影响、并经常作为主题出现在各地的笔谈唱和中的古学产生了兴趣,因此购进了古学派和儒学者们的著述和文集。但是他们并没有认真研究,只是专注于批判古学派批评朱子的经传解读,否定性理学这一点,将古学视为异端。②

但是,世界观较为开放的实学者们,怀着学术上的好奇心,开始研究接触古学。南人系实学派安鼎福看了伊藤仁斋写的《童子问》后评论道:"四面环海的外夷国家,竟然能写出这样的文章,实在让人吃惊。文章主要是推崇孟子,诋毁程伊川。"北学派实学者李德懋看了伊藤仁斋的《童子问》,荻生徂

①关于这些书籍的书名与内容,参见河宇凤:《朝鲜后期实学者的日本观研究》,首尔:日志社,1989年。

②河宇凤:《通信使行员的对日本古学的认识》,《日本思想》第8集,韩国日本思想史学会,2005年。

徕的诗文集和太宰春台写的文章,虽然批判他们的性理学说,但对他们的文章和古学方法论却极力肯定。①

不过,正式对日本古学派的儒学产生兴趣并着手研究的学者是丁若镛。他被流放到康津后,开始研究四书三经等经学,在这之中,发现太宰春台的《论语古训外传》,与古学派儒学者们关于经书的注解产生了共鸣。因此他在毕生的大作《论语古今注》里引用介绍了儒学者们的注释。在他的《论语古今注》里,引用了伊藤仁斋的 3 处,荻生徂徕的 50 处,太宰春台的 148 处内容。这是一个不小的比重。从丁若镛所引用的古学派儒学者们的经传注释来看,可以看出大体上是站在汉宋折衷的立场上,批判性地进行引用。思想层面上,比起接受,批评更多。虽然描写了很多不同点,但是从训诂、考证的方面来讲,他从立足于古文辞学方法论的太宰春台写的《论语古训外传》那里得到了不少的帮助。丁若镛是唯一一位如此关心日本儒学并对其进行研究的朝鲜知识分子。

除了通信使行员和实学者,之前的朝鲜人对日本儒学的理解十分初级,而且也几乎找不到对日本儒学的肯定评价。虽然李瀷、安鼎福、李德懋等人在一定程度上肯定了他们的水平,但前提是,他们本质上是带有文化优越感的。他们一定程度上显示了对日本古学派儒学的好奇心,但并没有将其作为学问上的研究对象,更没有认真接受他们。但是丁若镛的情况较为特殊和例外。这其实得益于他脱离小众化意识的较为开放的世界观,和他切实的学者精神。同时这也反映了日本古学派儒学的发展状况。

四 通信使行的文化方面的意义

朝鲜后期的通信使行其实是象征着朝日睦邻友好关系的中央政府的官方使节团。虽然通信使的主要任务是传送朝鲜国王的国书,并带回德川幕府将军的回答书,但是人数达 500 名的大型使节团,在日本停留 8 个月之久,走访日本各地,进行各种活动。考虑到这点,我们便不能像刚才讲的那样,过于简单地定义通信使。通信使在沿途所经各地,以诗文创作为主,进行学术、医学、艺术等多种形式的文化交流活动,对闭关锁国的日本社会产生了深远影响。同时,日本的文物经过通信使行员传入朝鲜,为朝鲜的知识分子重新认识日本提供了契机。朝鲜后期,通过通信使行,两国的学者与民

①河宇凤:《朝鲜后期实学者对有关日本文献的梳理与对古学的理解》,《韩国史学与东亚世界》,京畿:京畿文化财团,2004 年。

众进行了淳朴的文化交流。通信使行描画的日本民众丰富且淳朴的表情也证明了这一点。这样的面貌不同于明治维新以来的韩国观,即使现在,笔者认为也具有新的启发意义。

1811 年,对马岛的易地通信是最后的通信使行,之后通信使行被废除,两国关系开始疏远,消息也不流通,由此产生了误会和相互间意识上的差异,最终开启了纷争乃至战争。这一点,可以说在朝鲜前期也是一样的情况。由此我们可以看出通信使行所具有的巨大意义和作用。近代以后,韩日两国的关系主要是侵略与反抗。这是一段不幸的历史。甚至到了今天,它的余波还潜藏于两国人民的意识之中。这种情况下,曾维持了长达 450 多年的睦邻友好外交政策和文化交流活动,作为韩日关系的模式之一,具有新的启发意义。我们应积极肯定这种意义。

结　语

最后,从研究史的角度出发,指出几个要解决的课题,来作为文章的结尾。

首先,需要比较史方面的研究。有关通信使方面的先行研究,大部分都缺乏比较史方面的考察。以通信使为主,研究两国的文化交流史,这种基本的研究方法同时具备了"交流和比较"这两点。虽然至今为止的研究也取得了一定的成果,但只是集中在对交流史的部分研究。从现在开始,有必要以先前的成果为基础,运用比较史学的方法进行研究。

把通信使行与赴京使行进行比较是十分必要的。甚至,同样的时期,琉球派往清朝的进贡使;琉球派往日本幕府的庆贺使;安南、泰国等地派往清朝的朝贡使;清朝派往朝鲜、琉球、安南等地的使节间的相互比较研究也是十分必要的。

第二,需要从整个东亚的视角出发,更进一步地有体系地进行研究,这种态度也是十分必要的。

现在,只是从韩日两国的角度上进行了通信使行研究。而且这些研究也有不少是受强烈的民族主义意识影响的。我们亟待扩大视野,在东亚的大体系中把握对其的研究。事大和交邻也不应该用分裂的视角进行看待,应该统一为一体,综合看待。

近代朝鲜、中国、日本都实行海禁体制下的闭关锁国政策,比起以前的时期,相对较为封闭。除了政府间正式的使节团往来,完全禁止民间的交流。在这种情况下,朝鲜的通信使行和赴京使行便成了联系东亚的唯一桥梁和情报获取手段,甚至可以说其是输送文化的管道。最近,与东北亚共同体和东北亚三国文化交流相关的 Beseto(北京-首尔-东京)这个流行语风行一时。朝鲜时代的通信使行和赴京使行可以说是以首尔为中心,连接中国北京与日本东京的文化高速公路。因此,通过以通信使和赴京使为媒介的三国间的交流,可以整理出朝鲜、中国、日本等各国文化学术的大体脉络。进一步讲,比起论述通信使和赴京使们所得到的国外学术信息,分析首尔是如何接受这些学术内容、相互间是如何影响的等问题更为重要。

只有解决了这两个问题,才能充分理解通信使行的重要要素,更清晰更客观地说明通信使的地位和特点。

第三,是有关资料的问题。韩国国内的研究资料,有《朝鲜王朝实录》、《备边司誊录》等编年史史料,有《通文馆志》、《边例集要》、《春官志》、《故事撮要》、《增正交邻志》、《交邻志》等外交资料集,还有《通信使誊录》、日本使行录、笔谈唱和集等。这其中,有关文化交流活动的资料,即通信使行员们留下的 40 宗日本使行录和 200 多种笔谈唱和是最为详细和重要的第一手史料。前者主要是韩国人著作的内容,是主要的资料。后者主要是由日本人编纂的,大部分出版于日本,难以阅读和解读,至今为止在韩国国内研究中引用度不高。但是,日本却一直利用这些史料进行研究。因此日后的研究中,我们必须充分利用笔谈唱和集与日本使行录,进行比较和校正。最近,韩国国内的研究阵营也在进行与此相关的资料整理和翻译事业,应该说这是十分鼓舞人心的。

第四,通信使行的跨学科、综合性研究也是十分必要的。

通信使行员们所进行的笔谈唱和主题和文化交流活动,涉及了文学、儒学、历史、佛教、医学、地理、绘画、书法、音乐、建筑、食物、舞蹈、服饰等各个方面。因此需利用多种学科对其进行研究。其中,就绘画、书法、音乐而言,很多内容文献资料里并没有提及。对于这些方面的内容,我认为我们应该以现场调查为主,通过跨学科的方式,对其进行复原。

(复旦大学外文学院　王国艳　译)

18 世纪的通信使笔谈唱和集的状况与交流的变迁

具智贤　夏成云(韩国　鲜文大学校)

绪　论

　　1607 年,回答兼刷还使(为了向日本转达回信并将在日本的朝鲜俘虏带回朝鲜而派遣的使者)开始被派遣至日本江户幕府,朝鲜和日本的国际交流由此展开,包括初期的三次使行,一共有十二批次朝鲜使臣访问了日本。自此,朝鲜和日本和平共处,江户幕府提高了"御威光"①,对马岛开始作为贸易中转站而获得经济效益。但是多达 500 人的大规模使臣团直接与日本人接触,使得使臣之行除带有政治外交性质外,还体现了民间交流性。两国关系进入稳定期后,日本为了在学术和文化、文学上进行交流,邀请派遣使臣团,这类交流亦因朝鲜的积极回应而倍加活跃。这期间作为朝鲜和日本文人交流结晶的笔谈唱和集现存约 200 种,记录了两国人的笔谈与唱和。因笔谈唱和只在有汉文能力的人们之间产生,所以笔谈唱和集的创作者只能是文人,也就是当时的知识分子阶层。又因存在文字记录,所以文学活动亦伴随其中。但是,通过科举考试选拔官吏的朝鲜和将写作汉诗或学习经书作为教养僧侣之事的日本,二者之间汉文学的成熟度是无法相比的。所以日本在处于汉文学萌芽阶段的早期通过笔谈唱和而进行的交流并不多。

---

①Ronald・Toby:《所谓锁国外交》(『鎖国という外交』),东京:小学馆,2008 年。

　　两国交流始自 17 世纪,纵观这个时期内通过笔谈唱和而进行的交流,可以寻到两件划时代意义的事情。第一件是在第 4 次使行中担任吏学使官的权伏(1599—1667)的出现。他因诗作能力卓越,在日本文人中有诗学教官、诗学教授等称号,而他和日本文人石川丈山(1583—1672)、田静观窝(1607—?)的笔谈唱和,被辑录成集并出版。当时,以林罗山(1583—1657)等文人为中心的汉文学研究者开始在日本出现,权伏此时作为吏学使官参与进来,使得笔谈唱和集在相对较早的时期产生。这个时期的笔谈唱和集可以说是后世笔谈唱和的原型。

　　第二件便是第 7 次使行中制述官之职的设置。担当写作任务的制述官职位的登场可以说是出于当时日本的需要。通过《本朝通鉴》等编纂事业,日本也形成了一定的汉文学研究层,被称作侍讲而任职于各藩地的文人亦开始出现。他们考察汉文学能力的最好机会便是与随通信使行而来的朝鲜文人之间进行笔谈唱和。笔谈唱和主要是沿路藩地的所属文人在招待朝鲜使臣的过程中产生的,反映了当时日本的情势。专门针对这些文人所设的制述官的派遣,便是朝鲜对日本的期待所做出的积极回应。随后的 1682 年出现了巨帙的笔谈唱和集,种类上也出现了飞跃性的增加。

　　经过以上的初期阶段而进入 18 世纪后,两国文人间的笔谈唱和交流变得愈加活跃。这个时期在一名制述官和两名书记的基础上增补了一名书记与日本文人对话,现存笔谈唱和集的大约 80% 都是在 18 世纪创作的。从笔谈唱和集的数量来看,使行次数越多,量就越大,到 1763 年达到高潮。

　　最近有许多关于笔谈唱和集目录的整理研究。李元植在补充了先前研究的基础上介绍了其新整理的目录。[1] 最近的研究是高桥昌彦所做的目录整理,相较于前人的研究比较准确地收录了各个异本和目录。[2] 这些既有研究中对目录的介绍已经非常充分,可以作为以后研究的基石。所以说现阶段的研究课题是如何分析已经掌握的资料。

　　18 世纪总共有 4 次通信使的派遣。因将军袭职是通信使派遣的目的所在,所以通信使行一般在将军即位后的两三年内施行。除去在位不过四年的第 7 代将军家继时期,1711 年、1719 年、1748 年、1763 年均有使行。本

①李元植:《朝鲜通信使研究》(『朝鮮通信使の研究』),东京:思文阁出版,2006 年。
②高桥昌彦:《朝鲜通信使唱和集目录稿(一)》(「朝鮮通信使唱和集目録稿(一)」),《福冈大学研究部论集》(『福岡大学研究部論集』)A,人文科学编 Vol. 6 No. 8,福冈大学研究推进部,2007 年,同著:《朝鲜通信使唱和集目录稿(二)》(「朝鮮通信使唱和集目録稿(二)」),《福冈大学研究部论集》(『福岡大学研究部論集』)A,人文科学编 Vol. 9 No. 1,福冈大学研究推进部,2009 年。

研究首先以已收集、整理的资料为研究对象,对各个时期的主要资料进行选择。接近 200 种的资料中,可以发现一些刊行本和手抄本的异本以及编纂上有所不同的异本等重复资料,也有一些不宜看作笔谈唱和集或者由散装单页订成的很难看出其交流迹象的资料。考虑到这些情况,本文决定对不同时期的资料现状进行考察。接下来,在以保存较好的笔谈唱和集为研究基础的情况下,对参与笔谈唱和的朝鲜文人和日本文人进行调查整理。这样便可以准确知道交流担当者群体的轮廓。本文在以上基础整理的前提下,旨在考察两国文人不同时期交流方式和内容的变迁过程。

一 1711 年辛卯/正德通信使时期的笔谈唱和集

(一)1711 年的笔谈唱和集

相较于 17 世纪,1711 年笔谈唱和集的突出特征便是多种巨帙刊行本的出版。也就是说,在以往有过通信使行的 1682 年,出版的只有《朝鲜人笔谈并赠答诗》和《和韩唱酬集》两种,即便是可以被称作“巨帙”的《和韩唱酬集》也不过是 5 卷 7 册。与此相比,1711 年却发现了 10 种刊本。其中,最为巨帙的当属《鸡林唱和集》。这本唱和集分区域而作,总共有 15 卷 8 册。内容囊括使臣在旅程中各个地区遇到日本文人之后所作的笔谈和唱和,所遇日本文人总数多达 115 人。

《七家唱和集》是搜集幕府的 7 名儒臣的笔谈唱和编成的。按照作者分为《班荆集》、《正德和韩集》、《支机闲谭》、《朝鲜客馆诗文稿》、《桑韩唱酬集》、《桑韩唱和集》、《宾馆缟纻集》等各种题目的唱和集,共有 10 卷 10 册。它与《鸡林唱和集》在同处刊行,《鸡林唱和集》中却没有收录这些作者的诗文。在刊发的某些异本中,也有以《续鸡林唱和集》命名的情况。综上所述,可以推断《七家唱和集》和《鸡林唱和集》一样,是被专门编撰而成的集子。

《两东唱和录》共有 2 卷 2 册,虽不比《鸡林唱和集》数量繁多,却也是以同样方式编撰而成的笔谈唱和集,其中提及的日本文人有 43 人。《两东唱和后录》和《两东唱和续录》有共同的出版方,分别在 1712 年 3 月和 9 月出版。后录中的内容包括村上溪南父子和良医奇斗文之间关于医术的笔谈以及通信使团的名单附录。续录中记录的是在牛窗会见日本文人的情形。

但是《两东唱和录》中有“一,此集随获而编录之,故不为序次;一,唱酬之外别录韩客等之诗,是说项斯之意也”的注明。由此分析,《两东唱和后录》附有别录,可以推测是与《两东唱和录》共同编撰成书,只不过将诗作收录其中而出版,续录是隔了一定时间后进行补遗工作之后而刊行的。目前,其异本在韩国国立中央图书馆和日本国会图书馆等多地均有收藏,但其已将全部内容整合成4册,收入《新刊两东唱和录》而存世。

《两东唱和录》的特点是仅搜集收录了在大阪所作的笔谈唱和。另外有3名日本文人与《鸡林唱和集》被重复提及,虽如此,唱酬诗作和笔谈却也不是完全一致的。可以推测在编辑之时必是参照了不同底本。综上可以推断,《鸡林唱和集》和《两东唱和录》基本是对同一时期的笔谈唱和记录分别进行收集并出版的,《两东唱和录》是以大阪为中心所做的收集,而《鸡林唱和集》是对全国笔谈唱和的网罗式收集。

《鸡林唱和集》系列和《两东唱和录》系列意在囊括所有领域的笔谈唱和,但其他笔谈唱和集刊行本是择其一二编辑而成的。比如《问槎二种》,顾名思义,由3册《问槎畸赏》和2册《广陵问槎录》两种唱合集组成。《问槎畸赏》包括山县周南等4人的笔谈唱和等,不是按照地域而是以荻生徂徕的学生为依据选择编辑的。《广陵问槎录》是广岛藩的儒臣味木立轩和寺田临川的笔谈唱和的辑录,并有荻生徂徕所作序文。荻生徂徕极为称赞此二人的诗作,并认为可与其学生山县周南和安藤东野比肩而称。可以确认这两种谈唱和集是因荻生徂徕而被合录在一起的。又比如《槎客通筒集》,仅记录了别宗祖缘的笔谈唱和。虽然在《鸡林唱和集》和《两东唱和录》也有收录祖缘的唱和,但只是《槎客通筒集》中所做总录的一部分。再如《桑韩医谈》,是对北尾春圃和良医奇斗文之间关于医术的笔谈记录。虽然《鸡林唱和集》中收录了北尾春圃和制述官李礥等人之间的唱和诗作,但《桑韩医谈》中并没有此内容。附录是北尾春圃的三个儿子针对奇斗文笔谈中难解之处的提问,这本书完全可以说是仅择出与医术相关的内容而编成的。

以上所提的刊本是在1711年通信使行之后的两年内刊发的。《坐间笔语附江关笔谈》的出版则远在此后。这本书虽未有刊记,但记载有铃木公温在1789年书写序文一事,新井白石和同时代的室鸠巢的序文也收入其中。从此而看,《坐间笔语附江关笔谈》有可能和其他刊本一样出版了,但至今还没有发现其异本。

《日光山八景诗集》是公辨法亲王玄堂1711年在日光山致祭之时,与16名日本人一起吟诵日光山风景之诗作的集子。其中,通信使臣3人和制述官李礥的诗作也被收入。正使赵泰亿的诗作虽然收进他本人的文集《谦斋集》中,但注解是为了别宗祖缘而作。《槎客通筒集》中虽然没有以上人员的诗作,李礥在离别之时曾说:"八景诗已经写在了要相送的画幅上,但小书童不小心用水浸湿,文字笔划皆因晕染而模糊不清,所以求以他纸重写之后再作呈送,万分抱歉。(八景诗曾已写之所送画幅,而小童覆水浸淹,字划漫漶不堪见,故求他纸书呈,罪叹罪叹。)"这里所说的"八景诗"指的就是"日光山八景诗"。可能玄堂一行人通过祖缘而得此诗,并编入《日光山八景诗集》。像这样将唱和诗作编入别的著述的情况是否应该看作笔谈唱和集,还需要进一步的考察。这里将其看作赵泰亿一行人在求得诗作之后所做的次和韵诗。

综上所述,1711 年笔谈唱和集的刊本可以分成 4 种。①

①网罗整体:《鸡林唱和集》、《七家唱和集》、《两东唱和录》、《两东唱和后录》、《两东唱和续录》

②特定群体的笔谈唱和辑录:《问槎二种》

③特定个人的笔谈唱和辑录:《槎客通筒集》、《坐间笔语附江关笔谈》

④特定主题的辑录:《桑韩医谈》

据研究,1711 年笔谈唱和集的手抄本共有 14 种。其中规模最大的要数共有 13 卷 8 册的《缟纻风雅集》,但现存的这些手抄本的内容并不全。本来有 14 卷 6 册是按照地域分别记录朝鲜文人的诗作和与日本文人之间的笔谈,甚至包括朝鲜文人的笔谈唱和,另外还有 4 卷 2 册的附集,只收录日本文人的诗作,也就是推测本来是有 18 卷 8 册的量。据推测编者是曾为对马记室的雨森芳洲,他曾在对马岛招待通信使一行并往返于对马岛和江户,而传达与同行的日本文人之间的笔谈唱和,是对马岛记室的主要工作。这本唱和集中收录的唱和诗作的数量与《鸡林唱和集》不相上下,不仅记录了他本人的笔谈唱和,朝鲜文人即兴自发创作的诗作也收录其中,内容十分丰富。此外,因这本唱和集由雨森芳洲亲自审校,人名或者地名都比收集其他人的记录而刊行的《鸡林唱和集》更加准确。

《辛卯韩客赠答》和《韩客赠答别集》所辑是大学头林凤冈和他的门生以及幕府的儒臣们与通信使一行在江户相见之后的笔谈唱和。这两本唱和集中的内容和《鸡林唱和集》、《七家唱和集》、《缟纻风雅集》有重叠之处。《辛卯唱酬诗》是在江户遇见的冈林竹、冈秀竹、荒濑吟竹、小川随竹的笔谈唱和记录,这在《鸡林唱和集》中亦有记载。《蓝岛倭韩笔语唱和》收录了在蓝岛遇到的福冈藩儒臣神屋立轩和竹田春庵的笔谈唱和。岩国藩儒臣宇都宫圭

①还有一种是把次、和韵诗编辑出而加进去的,如《日光山八景诗集》。但在笔者看来,这种不是原始著作,因此没包括在笔谈唱和集目录之中。

斋的《韩使唱酬录》、冈山藩儒臣松井河乐、小原大丈轩、山田乐乐子的《牛窓诗藻》以及松井河了的《牛窓唱和诗》、贺藩文人伊藤莘野的《正德和韩唱酬录》、萩藩文人小仓尚斋的《韩客酬唱录》、山县周南的《山县周南与朝鲜信使唱酬笔语》、相国寺的僧人祖缘的《韩客词章》、清见寺的僧人芝岸的《朝鲜聘使唱和集》也可以在《鸡林唱和集》和《缟纻风雅集》中找到。在刊本中没有找到尾张藩等文人的《辛卯韩人来聘尾阳倡和录》，其中关于野中坦轩的记录在《鸡林唱和集》中可以看到。刊本和手抄本有重叠的原因是，手抄本本来就是手写或者以手写资料为基础整理出来的，而整理之后又成为刊行本的底本。

除了《缟纻风雅集》之外，其余手抄本都是对特定群体或个人的笔谈唱和的收录。特定群体指在一特定地点相聚而进行笔谈和唱的人群，主要是沿路藩地招待通信使的文人们。像小仓尚斋和山县周南那样，虽然同属萩藩，但因聚于江户和赤间关两个不同的场所，笔谈唱和集也有分别而作的倾向。《鸡林唱和集》虽然几乎网罗了本地域所有的笔谈唱和，但也像《缟纻风雅集》和《辛卯韩人来聘尾阳倡和录》一样出现了漏记和误记的现象。按照不同的需求，个别笔谈唱和集的手抄本也应该一起列入参照。但是，《七家唱和集》和特定群体及个人的笔谈唱和集的刊本一样，是被校订之后才出版的，比手抄本更为准确。

(二)1711 年的笔谈唱和情况

现存笔谈唱和集中出现的日本文人有 250 余人。对他们的阶层进行分析，1711 年的笔谈唱和情形如下所示。

首先，这些日本文人中的大部分是隶属于幕府或藩地的官儒。

1711 年 10 月 27 日，林凤冈一行找到了当时通信使留驻之所——浅草的东本愿寺。照《韩客赠答别集》中所讲，林凤冈和担任经筵讲官职责的两个儿子——林榴冈、林确轩，带领门下官儒 13 人和门生 7 人留驻东本愿寺，隶属幕府的儒臣和林家弟子共 23 人迎接了通信使一行，进行笔谈和唱和的交流。据《七家唱和集》中所说，10 月 28 日，包括木下菊潭在内的 7 名文人和他的儿子或者弟子们一起拜访了客馆。另外，相当数量的林家门生在江户找到一处旅馆并接待了朝鲜文人。这些门生包括中文实力突出的冈岛冠山和中文写作卓越的冈林竹等。而如萩藩的小仓尚斋、雄本藩的雄谷竹堂、水户藩的依田诚卢等同时为隶属藩地的儒臣和林家门生的情况，也很是常见的。

比起 1682 年,在江户能够进行笔谈唱和的人数取得如此飞跃性的增加,汤岛圣堂的存在就是背景原因之一。幕府最初的儒臣林罗山(1583—1657)担任汉文外交文书的书写之职,故与初期通信使团有很多接触。他的职位被后世子孙世袭,并通过私塾培养学生。幕府在 1690 年下赐汤岛之地,把林家的孔子祠堂先圣殿转移到此地并改称为大成殿。这说明孔子庙的祭祀是幕府阶层进行的活动。与此同时,林家的私塾也迁移至此,成为与国子监相当的场所。林家第 3 代林凤冈主管国家释奠,享有大学头的称号。1711 年的通信使团成员均称其为"林太学头"、"林祭酒",而将罗山称为"僧道春",从中可见二者之间悬殊的差距。

幕府任用儒学者入职,随着汤岛圣堂的教育越发活跃,江户可以说逐渐成为了日本的儒学中心。如果查看《七家唱和集》中登场的人物,木下顺庵的儿子木下菊潭,木下顺庵的弟子三宅观澜、室鸠巢、服部宽斋、祇园南海,新井白石的弟子土肥霞洲和长崎出身的华裔深见玄岱,他们虽出身不同,却都被幕府启用而成为儒臣。另外,在汤岛圣堂的林家修学的人也可担任藩地的侍讲等职,藩地出身的文人也可在林家进行学习。

与隶属沿途大部分藩地儒臣之间的酬唱亦被收录唱和集中。这些儒臣介绍自己是受主君之命招待通信使者。比如,在蓝岛与以竹田春庵为首的福冈藩儒官,在赤间关与以山县周南为首的萩藩儒官,在刈浦与以未木立轩为首的广岛藩儒官之间的酬唱。不仅是港口城市,陆路城市的交流也如此。此外,藩地的医官们也一起参与,他们既是医员,同时也是儒学者。

其次,儒官之外也有僧侣人士参与其中。僧侣是日本传统上的有汉文能力的阶层,而且庙宇较多地用作通信使的暂宿地。因此,他们像沿途的儒官那样长期接待通信使的情况十分常见。祖缘和云壑在 1711 年有很多唱酬诗作,这是因为实施了以酊庵轮番制,他们代表京都五山的僧侣被派遣至江户,与通信使者一路同行的缘故。

第三,虽然神宫的神官或者藩地的武官等亦有参与,但并不多见。可以推断这些阶层内能够进行笔谈唱和的人不是很多。

第四,不属于藩地的民间儒学者们的记录也不多见。这种现象的原因从《问槎二种》中对山县周南和安藤东野的记录可探一二。两人都是荻生徂徕高度评价的门下弟子,原是萩藩儒官的山县周南在赤间关曾经两次接待使行团,有非常多的笔谈记录,与此相比,蘐园的安藤东野只有将信件或者诗作寄予雨森芳洲继而收到其回信的记录。也就是说,如果不是隶属于幕府或者藩地,与通信使的面对面交流是非常困难的。

第五，出现了普通医员专门的医学笔谈集。北尾春圃的《桑韩医谈》不同于先前的笔谈集形式。完全没有任何唱酬诗作，只记载了与良医奇斗文之间的笔谈，春圃是以受教学习的姿态出现的。与文人的笔谈唱和集不同，医学层面上只有从朝鲜向日本的单向传授，但由此至少可以推断医员之间的交流并没有太多制约。

二　1719 年己亥/享保通信使时期的笔谈唱和

（一）1719 年的笔谈唱和集

1719 年的笔谈唱和集资料的刊本种类多样，但很难找到像《鸡林唱和集》那样的巨帙刊本。出版的笔谈唱和集共有 11 种。

最能称之为巨帙的是有 11 卷 11 册的《桑韩唱和埙篪集》。编辑并出版此书的是濑尾用拙斋。他的出版社奎文馆是参与刊发 1711 年的《鸡林唱和集》以及《七家唱和集》的三处出版社之一。编辑上采取了与 1711 年一样的按地域划分的形式，但是却较之前更为精炼，标记出身地后将重要的笔谈以附录的形式进行了单独编辑。但是这本唱和集中记载的文人不过 44 人，林家的文人完全涉及。濑尾用拙斋收集的笔谈唱和的数量比之前大为减少。

以同样的形式编成的唱和集还有《桑韩唱酬集》。这本唱和集在出版社能力可以达到的层次上，最大限度地将在牛窗、兵库、大坂所作的笔谈唱和进行了收集整合，这本书包括 3 卷 3 册，言及的文人有 11 人。另外可以作为参考的是以 1 册的形式出版的《桑韩唱酬集追加》，把未在《桑韩唱酬集》中刊载的松井良直的诗作收入其中，但这些诗作没有得到朝鲜文人的合韵诗，不宜看作笔谈唱和集。

剩下的 8 种刊本只收录了特定群体、特定个人的笔谈唱和。《两关唱和集》是萩藩的 6 名儒臣的笔谈唱和记录。《和韩唱和集》是鸟山芝轩 8 名文人的笔谈唱和记录。《桑韩星槎答响》和《桑韩星槎余响》是与通信使同行的以酊庵长老月心的笔谈唱和记录，另外还有如竹田定直的《蓝岛鼓吹》、木下兰皋的《客馆璀璨集》、朝比奈玄洲的《蓬岛遗珠》、唐金梅所的《梅所诗稿》等。

纵观 1719 年刊本的变化情况，与 1711 年的五种刊本作比较，①的数量较为贫乏，但②和③的数量却有了飞跃性的增加。像《梅所诗稿》那样的新样式笔谈唱和集的出现颇引人注目。两国文人之间的笔谈和诗作按照顺序编辑成文是笔谈唱和集的一般情况，而《梅所诗稿》只编入了作者唐金梅所的诗作,朝鲜人的诗作被处理成了附录的形式。

手抄本的笔谈唱和集共有 14 种。《三林韩客唱和集》是大学头林凤冈和他两个儿子的笔谈唱和。《朝鲜对诗集》有 2 卷 2 册,记载了包括林凤冈和他两个儿子在内的 30 名林家文人的笔谈唱和。《朝鲜对话集》、《信阳人韩馆唱和稿》、《蓝岛唱和集》分别是长泽不怨斋、长泽不尤所兄弟,太宰春台,枦田琴山的笔谈唱和集。以上的 5 种唱和集未在刊本中收录。

《航海献酬录》、《航海唱酬并笔语》、《航海唱酬》、《客馆唱和附笔语》、《韩客笔语》、《享保四年韩客唱和》、《韩客酬唱录》、《德济先生诗集附韩客赠答诗文集》的内容在刊本《桑韩唱和埙篪集》、《两关唱和集》、《和韩唱和集》中有记录。

从以上分析可以看出,虽然 1719 年手抄本的情况与 1711 年相似,但 1711 年手抄本的内容大多都可以在刊本中找到,而 1719 年的手抄本出现了并不存在相应刊本的情况。这是因为 1719 年没有一部网罗全部日本文人的巨帙笔谈唱和集。

以大学头为首的林家笔谈唱和集与 1711 年的《辛卯韩客赠答》和《韩客赠答别集》用同样的形式编辑而成。这些笔谈唱和几乎是同时与同一群朝鲜文人之间的笔谈唱和记录,所以可编辑在一起保存。另外,不存在对应刊本的笔谈唱和集直接出版也未有不可。

余下的笔谈唱和集可以分为两种。与 1711 年相同,大部分的笔谈是原本或者稍作整理的原本,除此之外的另一种是如《航海献酬录》等的对刊本的重抄本。水足安置的笔谈存在多种形式的异本,记录内容在刊本中也可以找到。其中,《航海献酬录》就是刊本的重抄本。这个时期,个人的笔谈除记录在刊本中之外,也开始出现各种形式的重抄本,这可以说明当时大众对于笔谈唱和集的需求大大增加。

此外,虽然《德济先生诗集附韩客赠答诗文集》的主要内容是与朝鲜文人之间的唱和诗,而着眼于个人诗集而创作的笔谈唱和集也已出现,与《梅所诗稿》刊本一样,手抄本的情况也出现了这种现象。

综上,1719 年的笔谈唱和集主要是经过校订的刊本,无刊本的文人的笔谈可以利用其手抄本进行研究。

(二)1719 的笔谈唱和情势

1719 年的笔谈唱和中出现的日本文人有 100 余人,与 1711 年的 250

人相比大幅度减少。但是1711年，雨森芳洲与通信使一起历经了整个旅程，可以通过他的《缟纻风雅集》来把握250名日本文人的全貌。反过来，由于并不存在能够网罗1719年全部情形的笔谈唱和集，我们无法从整体上把握全貌。但是从笔谈唱和的情况来看，可以推测与1711年差不多规模甚至更多的日本文人见到了朝鲜文人。1719年笔谈的情况有如下特点。

第一，幕府的儒臣和隶属藩地的儒官们的笔谈唱和已经成为定例。他们在通信使一行到达江户之后，与林家的30名文人一起会面并分享了笔谈唱和。比起1711年的23人，人数有所增加，其中约有半数还是8年前的人，其余是新的门生。同样，在萩藩和冈山藩等地，也发现了1711年曾出场的儒官与新的成员一起接待通信使团的情况。像这样，我们可以想见幕府和藩地的儒官们是奉主君之命接待使团，留下了笔谈唱和，1711年已经出现的儒臣与新的儒官一起接见并做介绍的场景。据此可以推测1719年有与1711年相似规模的儒官以及医官参与了唱和。

第二，笔谈唱和扩大到了一般文人。《和韩唱和集》是在大阪与朝鲜文人相见的8人笔谈唱和记录。他们是从儒学中独立出来的鸟山芝轩等一群文人，这8个人中，入江若水在1711年也留下了笔谈唱和的记录，但不过是一两首的唱和诗。但是在1719年，芝轩老师的诗集被传播开来，接受品评，亦收到朝鲜使臣给自己诗集所做的序文。《梅所诗稿》的唐金梅所也在1711年之后，于1719年再次接见朝鲜文人，交流分享唱和诗，到1719年，在不断来往的过程中创作的诗作的数量多到可以编成诗集的程度。不管是入江若水还是唐金梅所，都是大阪的商人，只接受过汉诗的基础教育，并不隶属于藩地。1711年荻生徂徕的弟子安藤东野曾通过雨森芳洲传达合韵诗以及老师徂徕的信件，与之相比，笔谈唱和的范围可以说已经在很大程度上扩大到了一般文人。

第三，这个时期的唱和集中出现了很多刚10岁出头的孩童。入江若水领来的东凤国子和跟随父亲水足屏山而来的水足博川即如此，见到制述官便将其文章和诗作呈看，并得到合韵诗作和序文，尤其得到朝鲜文人的注意。这样自然的新老交替，意味着当时汉文学担当层的扩充化。

1719年的通信使行相较于之前的一次仅过去8年。虽然并未找到和1711年新井白石的"七家唱和"一样编撰成书的笔谈唱和集，但是在幕府和藩地如实继承了1711年施行的笔谈唱和方式的同时，日本文人的范围有了明显的扩大，也实现了新老交替，可以说在质和量上都有了提升。

三　1748 年戊辰/延享通信使时期的笔谈唱和

(一)1748 年的笔谈唱和集

1748 年笔谈唱和集的相关资料几乎是之前数量的两倍,目前发现的刊本有 16 种,手抄本有 24 种。对刊本进行分类的话,如下所示。

①网罗整体的唱和集:《善邻风雅》、《善邻风雅后篇》、《和韩唱和录》、《和韩唱和附录》

②选择特定群体笔谈唱和编成的唱和集:《林家韩客赠答》、《长门戊辰问槎》、《韩馆唱和编》、《槎余》

③网罗特定个人笔谈唱和的唱和集:《和韩笔谈熏风编》、《龙门先生鸿胪倾盖集》、《韩槎埙篪集》、《橘先生仙槎笔谈》、《班荆闲谭》、《和韩文会》、《桑韩锵铿录》

④仅对特定主题进行编辑的唱和集:《对丽笔语》、《桑韩医问答》、《韩客治验》

①中的《善邻风雅》有 2 卷 2 册,内容包括护行通信使团的僧人翠岩、江户的林信充父子和在大阪唱酬的文人们的笔谈唱和。《善邻风雅后篇》的 2 卷 2 册中则收录了在名古屋和今须等沿途地区遇到的文人的笔谈唱和。《和韩唱和录》主要记录在大阪地区的笔谈唱和。《和韩唱和附录》则将大阪附近其他地区的笔谈唱和进行了编辑整合。《善邻风雅》的发行处奎文馆也是 1711 年的《鸡林唱和集》、《七家唱和集》和 1719 年的《桑韩唱和埙篪集》的发行地。另外《和韩唱和录》、《和韩唱和附录》与 1711 年的《两东唱和录》、《两东唱和后录》、《两东唱和续录》是同一人编辑的。从这里我们可以看出,虽然涉及的文人数量减少了,但编辑人仍然为了能在同一个出版社刊发巨帙的笔谈唱和集而一直努力着。

②中的《长门戊辰问槎》是萩藩的儒官们笔谈唱和的记录。这个地方儒官的笔谈唱和集在 1719 年也有发行。可以看到,纵然时代转换,笔谈唱和也一直在蓬勃发展。《林家韩客赠答》是记录大学头林信充父子和其随行人员笔谈唱和的刊本。在此之前只发现了手抄本,这个时期首次出现其刊本。《槎余》是以宫濑龙门为首的古文辞派文人们的笔谈唱和。《韩馆唱和编》是两种笔谈唱和集合并而成的,其一是将守山藩的大名松平赖宽和其医官、儒官的《守山问槎录》,其二是户田淡路守的长侍卫官纪恭忠的《琴台问槎录》。可以说与 1711 年的《问槎二种》的形式相同。《桑韩锵铿录》总结整合了 13

名医员的笔谈唱和以及与医学相关的笔谈。

山宫雪楼的《和韩笔谈熏风编》、宫濑龙门的《龙门先生鸿胪倾盖集》、松崎观海的《来庭集》、合田德的《韩槎埙篪集》、橘元勋的《橘先生仙槎笔谈》、直海衡斋的《班荆闲谭》、留守括囊的《和韩文会》是个人的笔谈唱和集。这些唱和集都是由他们的弟子整理校订编成的,也有附录上弟子笔谈的情况出现。因为这些人中有些是医员,所以唱和集中也有出现关于医术的笔谈,但与朝鲜文人之间的全部笔谈唱和整合在一起,所以很难把它称为医学笔谈。

只对特定个人的特定笔谈进行编录的有《对丽笔语》、《桑韩医问答》、《韩客治验》,它们的内容都是医学问答。

1748 年笔谈唱和集刊本的特点是一般文人的个人笔谈唱和集的数量大大增加,比如大量出现的医学笔谈。

这个时期手抄本唱和集的情况,大体上都与刊本②③④的形式差不多。《延享五年韩人唱和集》(3 册)、《韩人唱和诗》(1 册)、《韩人唱和诗集》(2 册)、《星轺余轰》(1 册)、《鸣海驿唱和》(1 册)、《蓬左宾馆集》(1 册)、《蓬左宾馆唱和》(1 册)都是在尾张藩创作的手抄本的笔谈唱和集,现收藏于名古屋蓬左文库。《鸣海驿唱和》是通信使团在鸣海留宿期间创作的笔谈唱和集,剩下的尾张藩儒官们的笔谈根据抄写者安排上的便利进行了整理合并,但是并没有像萩藩的《长门戊辰问槎》那样整理发行。

冈山藩井上兰台的《牛窓录》、姬路藩河口静斋的《萍水草》、福山藩伊藤霞台的《萍交唱酬录》也是对儒官唱和的记录,是通信使路过时在接待的过程中所作的笔谈唱和。矢崎永绥的《鸿胪倾盖编》、桃生盛的《缟纻稿》、涩井孝德的《献纻稿》、多缟宜的《韩客对话赠答》、今井昆山的《宾馆唱酬》是对江户地区笔谈唱和的记录。这些人都是跟随大学头求学,以国学生徒的身份接见朝鲜文人。大学头以下约 30 名人员一同出席接待,但是都仅分别留下了自己的笔谈唱和记录。

《桑韩萍梗录》和《韩馆笔语》的内容与刊本《韩馆唱和编》的附录《守山问槎录》中关于名越南溪的记录几乎完全重叠,但比起刊本包含了更多内容。刊本将《守山问槎录》编辑入册,可以推测本来关于名越南溪的记录是另外单独存在的。

此外,也可以发现医员的笔谈,河村元东的《朝鲜笔谈》、野吕元丈的《朝鲜笔谈》、丹羽正伯的《两东笔语》是在江户的医员之间的笔谈记录。他们作为隶属幕府的医官遇到良医(名医)之后,留下了关于医术和本草的笔谈。

其中,河村元东的《朝鲜笔谈》与刊本《桑韩医问答》的内容重复了。虽然因为《桑韩医问答》是末卷,无法完全把握整体内容,但可以推测它是将笔谈中与医术相关的部分抽取出来刊行的。

《延享韩使唱和》《延享槎余》《韩客笔谈》各自的内容分别与刊本《林家韩客赠答》《槎余》《橘先生仙槎笔谈》一致。这些手抄本和刊本在时间上肯定存在先后,但这里的重点是,既然刊本是经过校正并附上序文和跋文的整理文本而并非残本,所以理应将刊本看作善本。

(二)1748 年笔谈唱和的情况

这个时期的笔谈唱和中约有 150 余名的日本文人登场,比起 1719 年增加了大概 50%。还可以确认的一点是,不仅是数量的提升,个人的笔谈和唱酬诗的量也比以前大大增加。这个时期日本文人的笔谈唱和情况整理如下。

第一,通信使团与江户儒臣以及藩地儒官间的笔谈唱和被固为常例。不仅大学头本人,跟随他们参与笔谈唱和的文人们的个人笔谈唱和集也有相当多的数量。在萩藩或者尾张藩等沿途藩地,经历新老交替的儒官们参与笔谈唱和并将其记录整合或者发行,已经开始定期进行。另外,留宿在江户的藩地儒官能够见到非常多的朝鲜文人这一点已被证实,这里可以看出即使不是林家的文人,也可以与朝鲜文人相见,没有制约。由此可见,承担汉文工作的藩地儒官的地位开始变得稳定。

第二,幕府和藩地的儒官以及一般文人之间的界限开始变得模糊。担任藩地儒官的人与幕府儒官一起接见朝鲜文人的现象时有发生。其中,有些人来到江户开办私塾,培养学生,也有私塾出身的人前往做藩地儒官的情况。这说明拥有汉文能力的人不再仅仅局限于林家文人,与 1719 年相比,由自己的学生整理的个人笔谈唱和集大量出现,这也是证据之一。

第三,程朱学之外出现了其他的学派。古义学很早就有,但只局限在京都附近。然而,在江户以宫濑龙门为首的古文辞派的文人会见了朝鲜文人,这个记录可以在刊本《槎余》中找到,此外宫濑龙门的学生们还将其笔谈唱和集单独编成《龙门先生鸿胪倾盖集》并发行。沿途遇到的南宫大湫和井上兰台是持折中主义的学者。由此可见,日本儒学摆脱了以程朱学为主的状态,其他学派开始出现,各派人物开始以群组形式与朝鲜文人进行实际接触。

第四,医官笔谈开始大量出现。这个时期因为幕府政策的原因,医官们受幕府之命一起接见良医(名医),通过笔谈解决对朝鲜医学书籍的疑问,因此也像大学头与制述官一行会面一样留下笔谈酬唱。可以被认为是这种唱和集模范的便是记录 1711 年北尾春圃和奇斗文之间笔谈的《桑韩医谈》。河村元东也直接提及过这本笔谈唱和集,他在 1719 年也受吉宗之命有过 4 次笔谈记录,但却没有另作笔谈集流传,也许是因为期间医学知识的不断累积,以至于这些笔谈集直到 1748 年才被发现。

第五,未发现僧侣等传统汉文担当阶层的笔谈唱和集。虽然在《善邻风雅》中发现了护行僧人翠岩的唱和诗以及伊势神宫的神官所作的诗。但是已经没有像 1719 年那样出现了僧人月心个人笔谈唱和集的情况。可见这个时期的汉文交流担当群体几乎全部由儒者构成。

1748 年的通信使行与享保通信使行有将近 20 年的时间间隔。因为时间长久,日本文人的情况也发生了很多变化。汉文担当群体转换为儒学者的同时,范围也变得更广,日本儒学内部也出现了多种多样的系别。另外,对于朝鲜医学的学习热情变得特别强烈,出现了多种关于医学的笔谈,也是一大特点。

四 1764 年甲申/宝历时期的笔谈唱和

(一)1764 年的笔谈唱和集

1764 年的笔谈唱和集的资料与 1748 年的规模相去不多。据统计,现有 23 种刊本和 21 种手抄本。首先,按照前面的方式对刊本进行分类的结果如下。

①网罗整体的唱和集:《和韩双鸣集》

②选择特定群体笔谈唱和编成的唱和集:《观枫互咏》、《鸡坛嘤鸣》、《三世唱和》、《殊服同调集》、《青丘倾盖集》、《长门癸甲问槎》、《问槎余响》

③特定个人的笔谈唱和:《河梁雅契》、《桑韩笔语》、《南宫先生讲余独览》、《东都笔谈》、《表海英华》、《宾馆唱和集》、《栗斋鸿胪摭笔》、《东槎余谈》

③特定个人的唱和诗:《问佩集》、《东游篇》

③特定个人的笔谈:《两好余话》

④特定主题的唱和集:《韩客人相笔语》、《两东斗语》、《倭韩医谈》、《和韩医话》

从上面的分类来看,可以发现几处变化。①的类型只有一种《和韩双鸣集》,包括 6 卷 5 册,而且按常例在刊发巨帙笔谈唱和集的奎文馆发行。但是如果细看内容的话,它是由《问佩集》、《介园问槎》、《仙水游戏》、《筑前蓝岛唱和》等很多人的笔谈唱和集和笔谈记录整合而成的。与《鸡林唱和集》相比的话,似乎更接近②的形式。可见,到了1764年,比起巨帙的笔谈唱和集,个人或者含有少数人的群体的笔谈唱和集更加受到喜爱,并逐渐成为唱和集的一般形式。

再查看②的类型,传统上作为笔谈唱和集而出版发行的萩藩儒官们的《长门癸甲问槎》自然在其中,尾张藩的《三世唱和》的刊本也被收入其中。虽不是儒官却隶属同一个学脉的文人们的笔谈记录《观枫互咏》和《鸡坛嘤鸣》也被囊括在内。在特定地方创作的笔谈唱和《殊服同调集》与同门文人的笔谈唱和记录《问槎余响》有一部分内容的重叠,像这样有重叠的刊本也是存在的。

在先前的使行中,③的类型包括个人的笔谈唱和记录或者将随行弟子的记录附录在后的笔谈唱和集。1764年的新倾向是开始分离笔谈和唱和诗。《两好余话》只整合了奥田元继的笔谈记录,通过跋文我们可以知道这本唱和集并没有保存至今,但唱和诗集单独编辑的事实已经被证实。那波鲁堂的《东游篇》只收录了唱和诗,而同一时期的笔谈被另外编辑成了《朝鲜聘使问答笔记》。

④中主要包括医学笔谈。但是1764年出现了新主题的笔谈集,即记录对通信使团的观相内容的《韩客人相笔语》。

1764年的笔谈唱和集刊本,整体上来说和1748年的规模没有太大差别。网罗全体的笔谈唱和集开始逐渐衰落,个人的笔谈唱和集作为一般形式渐渐被固定下来。与此同时诗和笔谈开始出现分离,各自独立成编的情况亦首次出现。另外,医学之外,以观相学为新主题的笔谈唱和集也开始登场。

接下来考察1764年笔谈唱和集手抄本的情况,可以说和1748年几乎没有差别。第一,其中有以大学头为首的林家文人的记录。例如,将全部唱和诗与笔谈集整合而得的7卷7册的《韩馆唱和》,涩井孝德的《歌之照乘》和《品川一灯》、久保盅斋的《宾馆唱和》、山岸藏的《甲申槎客接使录》、土田虬鳖的《甲申韩客赠答》,这与1748年也几乎无差。第二,其中也存在特定藩地文人们的笔谈唱和集。例如,冈山藩儒官的《甲申槎客萍水集》、尾张藩儒官的《甲申韩人唱和》。这时候也出现了个人的笔谈唱和集,即冈山藩井上四明的《牛渚唱和集》和福冈藩龟井南冥的《泱泱余响》。第三,个人笔谈唱和集亦有出现。《韩馆应酬录》、《倾盖集》、《倾盖唱和集》、《缟纻集》、《鸿胪馆和韩诗文稿》、《鸿胪摭华》、《松庵笔语》、《萍遇录》、《来观小华使臣诗集》、《蓝岛唱和集》等都是这种唱和集。鸟山崧岳的《宝历甲申朝鲜人赠答录》与刊本《和韩双鸣集》的内容重复了。

虽然 1764 年笔谈唱和集的整体情况与 1748 年大体相同,但相较之下,个人笔谈唱和集的刊行和编辑倾向更明显,内容也更为细化。

(二)1764 年笔谈唱和的情势

1764 年参与笔谈唱和的文人数量可以精确地把握。这是因为当时的制述官南玉将自己所见或者与其有书函来往的日本文人的全体名单收录在了他的使行日记《日观录》中。名单中有 515 名日本文人。因为他们希望得到制述官的诗作,所以见到通信使团的日本文人的规模跟这个数量不会差多少。其中约 1/4 的人留下了笔谈唱和的记录,大部分文人将个人的笔谈唱和记录做了整合,编辑成册。产生这种现象的原因可以作如下分析。

第一,个人笔谈唱和的能力有所提高。可以用汉文即席交谈并创作次和韵诗的能力是需要相当长时间的练习的。1711 年没有笔谈只有唱和诗的情况占了大多数,较长的笔谈也并不多见。日本人数量较少,即使有充分的对答时间笔谈的数量也是很少,这是因为能够熟练进行汉文作文的人不多。但是到了 1763 年,笔谈的数量大幅度增加,大家聚在一起时,大多数文人的笔谈也比以前多得多。这不仅是因为汉文担当层的扩充化,也是因为熟悉汉文作文的文人数量增加了。

第二,作者变得更加多样。先前,有自己笔谈唱和集的僧侣不过是曾护行通信使团的以酊庵长老和清见寺等特定寺庙的僧人。但是从《东渡笔谈》和《萍遇录》可以看出,1764 年开始出现为实现笔谈唱和而亲自访问通信使留驻旅馆的僧侣的笔谈唱和集。另外,观相家新山退也留下了名为《韩客人相笔语》的笔谈。尤其是以大阪和京都地区为中心,医员、武士、商人等从事各种各样职业的人均有笔谈唱和记录存留。由此可以看出汉文学或者说儒学已经扩大到民间,成为日本知识分子的必修课。

第三,开始有群体要求水准更高的诗作。这个时期,幽兰社、混沌诗社等社团的成员已经与朝鲜文人相见。可以说这个时候的要求就是能够即席创作次和韵诗。通过查看有代表性的大江玄圃的《问佩集》,内容并不包含名帖或者笔谈,只有纯粹的与朝鲜文人之间的唱和诗。另外,曾经护行通信使团的那波鲁堂的情况是,他认为即使作品数量不多也不是问题,应该多花些时间细细琢磨,做成更好的和韵诗,于是如是拜托南玉等人。也就是不满足于只得到朝鲜文人的诗作,有了想要看到更高水准诗作的欲望。这个时期,诗和笔谈被分离编成不同笔谈唱和集的现象亦开始出现,这是因为开始有群体对诗作进行细思研磨。

第四,笔谈的内容开始变得世俗化。因对方的无理态度而生气或者甚至将讲价还价买东西的事情也做了记录。也就是日常生活会话也开始在笔谈中登场。原因是两国之间接触上的制约开始放宽,可以见面的人的范围也扩大了很多。可以通过笔谈进行交流的日本普通文人不仅可以见到制述官和书记,还能见到其他如军官、小童、通事、奴子等朝鲜人,跟他们的交流开始产生了简单而日常化的笔谈。今井松庵的《松庵笔语》和山田正珍的《桑韩笔语》中这个特点尤其明显。他们是刚刚 20 岁出头的医员,而且将与这些朝鲜人之间的笔谈都作了记录。这个时候与 17 世纪文人追求高雅文会的目的不同,汉文已经成为纯粹的交流工具。

应该说日本汉文学到 1764 年达到了高峰。汉学或者儒学不再是特定阶层专有,范围扩大到一般知识分子,成为必修的教养之一。这个时期的藩校开始活跃起来,一般私塾的数量也开始增加,这些现象都可以反映出大众的需求。一般人有了汉文教养的基础,开始出现将汉诗作为自己的消遣活动的一种进行研究摸索的情况,而且诗社也开始成立起来。日本汉文学的这些情况也在通过通信使的交流中有所反映。这是因为两国已经具备了能够通过汉文对等地进行交流的能力,有了可以进行正式交流的基础。

结　论

1711 年护行通信使团的雨森芳洲的记录中,约有 250 人出现,但到了 1764 年已经变成了 515 人。笔谈唱和集的种类也从 24 种增加到了 43 种。不过 52 年的时间里,有朝鲜文人参与的日本汉文学的规模扩大到原来的两倍。以上述对分时期笔谈唱和集的考察为基础,可以将经由通信使而进行的朝鲜和日本两国文人之间交流的变迁整理如下。

1711 年的第 8 次通信使行和 1719 年的第 9 次通信使行可以统一称为"诗文唱和时期"。1711 年的两国文人交流主要是以江户的国学人士和幕府的儒臣为中心进行的。主要包括以汤岛圣堂为大本营的大学头的门生群体和新井白石以及七家接待朝鲜使行团的制述官和书记,交流过程中的诗文唱和是这个时期的主流,这反映出包括主导初期诗文唱和的京都京学派文人,以及在林家培育出的文人成为新的汉文担当层。此外,与朝鲜文人之间的接触以林家为中心,荻生徂徕虽已经在蘐园培养出弟子,但隶属蘐园的文人的唱和诗并不多见。1719 年将 1711 年的倾向更加强化和扩大,中央林家和沿途藩地的儒官们的诗文唱和开始定期化,以京都和大阪为中心,商人、僧侣、医员等之间的接触开始有一些开放的趋势。这个时期两国文人交流的主要目的就是诗文唱和。笔谈的主要内容包括郑重的问候语和纯粹的向对方提出的问题。到了1719年开始出现有关作诗的方法,诗文评价的笔谈,这对诗文唱和起到了辅助作用。培育出的一代代文人见到朝鲜文人之后通过创作次和韵诗而检查自己的汉文能力成为当时的一般情况。

1748年的第10次通信使行可称为"笔谈抬头时期"。笔谈唱和集的数量有了飞跃式的增加,日本的文人阶层也开始变得多样化。隐退的儒官开始出现,一般私塾中也可以培养儒官,儒官和非儒官的界限开始变得模糊起来,脱离了京都京学派和江户林家的宋学,并出现了各种各样的学派。虽然他们与朝鲜文人之间的交流的主要目的依然是诗文唱和,但笔谈的数量已经大大增加。从单纯的唱和集形式中解脱出来,将相当数量的笔谈一同收录的笔谈唱和集开始大举登场。另一方面,以幕府的医官为中心所作的医学笔谈也开始大量出现,在这些笔谈中干脆直接将诗文唱和排除了。笔谈唱和集的原型可以在1711年新井白石的《江关笔谈》、《坐间笔语》和北尾春圃的《桑韩医问答》中找到。

1764年的第11次通信使行可以称之为"汉文成为交流工具的时期"。这个时期开始出现了诗文唱和与笔谈分离的倾向。以古文辞派为中心形成了诗论,在京都和大阪等地开始出现了诗社,亦出现了欲在诗人的立场上同朝鲜文人进行诗文唱和的文学活动的动向。随之开始出现了仅搜集相交换的唱和诗作为诗集来出版发行的笔谈唱和集。另一方面,想通过笔谈了解朝鲜的情况或者讨论学问而与朝鲜文人见面的情况也已出现。医员的笔谈在1748年也有出现,此外,儒官和一般学者也同样与朝鲜文人交流而有了笔谈。这个时期,与朝鲜文人的笔谈唱和不再是为了证明汉文能力的必经过程。随后,主要刊发或者编辑个人的笔谈唱和集,原本局限于制述官、书记、医员等朝鲜文人的情况发生了转变,范围扩大到军官、译官等。虽然带有对对方的批判意识,但同时也可以说双方开始了越来越近距离的实体接触。

本文以在笔谈唱和集中展示的日本文人阶层和变迁过程为基础,将18世纪通过通信使而进行的两国文人交流的变迁,根据不同情况分成3个时期并做了大概特征的整理。今后应该以这种历时过程为前提,分别根据学派、地域和阶层对日本文人如何与朝鲜文人交流的具体情形展开研究。

(复旦大学外文学院　吴梦雨　译)

1711 年辛卯使行与《江关笔谈》
——韩日间理性的对话及其条件

咸泳大(韩国　首尔大学校奎章阁韩国学研究院)

引　言

本论文以《江关笔谈》为基础,考察 1711 年辛卯使行的行迹及其意义,探讨韩日间进行理性对话的可能性,以及进行理性的对话需要什么条件。1711 年辛卯使行与之前的使行相比有几点比较引人注目的地方:首先是在新井白石的推动下试行了对朝鲜通信使聘礼的改革,因此对朝鲜通信使的接待礼仪变得简朴了,在修改的过程中,有过不少的纷争。同时还有关于将日本将军的称呼从"大君"重新改成"王"的复号争论,以及对两国君主姓名的避讳和相关方面的国讳纷争,甚至导致了日本国书被退回的摩擦。这些纷争最终还导致了当时参与对话的朝鲜三使以及新井白石在通信使行结束之后被罢官或引咎辞官的结局,这是因对对方国家的外交礼仪理解不到位而导致的悲剧。

《江关笔谈》是朝鲜三使臣与新井白石的对话录,朝鲜三使臣见到日本关白并递交国书的四天之后(1711 年 11 月 5 日),新井白石向三使发出见面邀请而产生了这次笔谈,《江关笔谈》记载了当天他们谈话的全部内容,其中包括围绕当时中国古代书籍和服饰问题展开的有关中华文明的争论、围绕西方国家相关事务进行的尖锐问答以及有关通信使节的意义和作用的评价等。该笔谈不仅在辛卯使行时期,甚至在整个江户时代通信使文献中都可以说是佼佼者。本论文以《江关笔谈》为基础,综合辛卯使行的朝鲜通信使方面的视角和日本方面的立场,通过推导他们之间的问题点,来探索韩日间理性对话的可能性。

近来,韩中日三国间的对话并不尽如人意,特别是韩日间的关系尤其尴尬。本论文想要指出,冷静地分析三百年前韩日外交人物们的会谈,可以帮助我们理解当下的问题,为了共同繁荣,我们需要一个诚挚且理性的对话。延续历史的对话是时代的需求,要想进行理性的对话必须要有一定的前提条件和对话的规则。然而这"规则"又是怎样的呢? 就此,本论文也试图通过分析韩日交往历史上这一重要的笔谈,来探索未来韩日间理性对话的条件和规则。

一 记录国家间对话的使行笔谈

我们通过对话与对方交流,开阔自己的视野。对话与安静的读书不一样,是一个有着明确谈话对象的、动态地与人交流情感的平台。对话是一个相互的行为,在对话中我们不能不注意到对方的感受。参与对话的人共同感兴趣的事情多,或者说感兴趣的方向一致,彼此都有着尊重和尊敬之心的时候,对话才能顺利进行。在历史上,韩中间的笔谈对话录中比较成功的有《乾净衕笔谈》和《鹄汀笔谈》,在这些笔谈中,参与对话的韩中知识分子都对对方十分关心,且有着好奇心和交流的诚意,所以对话本身进行得十分顺畅。① 参与这两次对话分别是洪大容(1731—1783)和严诚(1732—1767)等,以及朴趾源(1737—1805)和王民浩(? —?),这些都是当时很有见解和想法的韩中士人,参与对话士人的基本素质也会影响对话的水准。

在前近代,东亚韩中日间曾经有过多种形式的对话。在能够使用对方的语言时,是通过直接的对话交换意见,但如果不懂对方语言的时候,则是用毛笔代替嘴巴进行思想交流,这就是所谓的笔谈。实际上,如果当时负责与中国和日本外交交流的燕行和通信使行的三使都有着出众的汉语和日语水平的话,就不需要经历那么繁琐的笔谈过程了。但历史事实并不是这样,希望能够直接进行交流的韩中、韩日不想通过第三者的口译进行交流,都选

---

① 李澈熙对《乾净衕笔谈》性质的评论可参照《18 世纪韩中知识人交流和成为天涯知己的条件》,《大东文化研究》85,成均馆大学大东文化研究院,2014 年。关于乾净衕笔谈的变化可参照夫马进:《洪大容的〈乾净衕会友录〉及其改变》,《汉文学报》,汉文学会,2012 年。

择通过笔谈交流彼此的想法。① 韩中日的士人绝大多数都懂得的汉字和儒家文化,是笔谈能够顺利进行的根本原因。笔谈作为一个面对面进行的对话形式,同时也作为一个交换思想的媒介,起到了重要的交流作用。

朝鲜时期的文人学者们通过与中国的交流留下了燕行录,通过与日本的交流留下了通信使行录。在燕行录和通信使行录中有不少的酬唱诗和笔谈,虽然各种各样的酬唱诗是不能忽视的资料,但酬唱诗歌主要是以赞叹人物和描写景致等情感抒发为主的内容,但是要说到正式的交换意见、深入阐述自己的观点以及询问和回答自己和别人好奇的事情,最重要的资料还是笔谈。

本论文主要研究记录了 1711 年辛卯使行和辛卯通信使的正使、副使、从事官等和当时日本方面负责接待的新井白石进行的为期一天对话记录——《江关笔谈》。② 辛卯使行是体现出关乎国体的争论和最高文化交流的近代韩日交流实例中最具代表性的通信使行,③而《江关笔谈》则是当时外交活动中主要人物之间进行的"开诚布公"的谈话,被评价为是自两国有交流以来进行的一次非常难得的谈话,是千年才会发生一次的盛事。④ 对话是指在面对面的场合用话语进行交流,而对话更深层次的意义则是,在理解参与对话的当事者感兴趣的事情和意图后,就可以更深入地理解其意涵。对话反映了话者的世界观,在强烈想要维护自己国家利益和意志的外交会谈中更是如此。考虑到对话进行的背景,仔细品味现场进行的对话,就可以更准确地体会到对话的含义。当时作为代表国家参与对话的韩日两国士人,在东亚这一有着共同文化氛围的背景下,充分表达自己的不同观点,笔者期待在重新分析这些对话后,可以为今后勾勒东亚共同繁荣这一蓝图提

①赵泰亿和新井白石在进行《江关笔谈》时毫不介意不通过翻译,而直接通过笔谈的方式交流:"平泉(赵泰亿)曰:笔端自有舌,可以通辞,何必请译。白石(源玙)曰:谨领雅意。"
②对 1711 年辛卯通信使和《江关笔谈》最严谨的研究是具智贤的《1711 年辛卯通信使和新井白石通过笔谈进行相互沟通》一文,《洌上古典研究》28,洌上古典研究会,2008 年。但该研究认为,尽管沟通的过程中存在着误会,但在意思的传达上还是成功的,可以说实现了沟通。本稿认为考虑到当时参与对话的当事者们关心的事件和主要意图,《江关笔谈》并不是两方真心的交流的结果。
③三宅英利著,孙承喆译:《近世纪韩日关系史研究》,首尔:理论与实践社,1991 年,第 315 页。
④在《江关笔谈》的末尾,收录了赵泰亿和白石对自己的对话进行的自我评价。"青坪(任守干)曰:(……)今日之会一堂笑谑,真两国交欢以来不易得之事也,肝胆相照,浑忘楚越之远隔(……)平泉(赵泰亿)曰:疆域有限,海陆遥隔,一别之后,嗣音无路,言念及此,能不怊怊,唯有一片明月,分照万里心肝耳。白石(源玙)曰:今日之会,真是千载一奇,老拙厌人世将无日,诸公归国之后东望,幸赐相思。又曰:今日随笔,真是千载奇会。"会谈结束,二人分手以后,白石在给雨森芳洲寄的信中称和赵泰亿等人的会面是天赐良缘,还在信中附了数十首的诗篇。

供一点参考。

二 1711 年辛卯使行的礼仪之争与新井白石

朝鲜和德川幕府因对马岛国书篡改事件（"柳川一件"）而进行了 1636 年的聘礼改革以后，又先后进行了 1643、1655 和 1682 年三次通信使的活动。1711 年的辛卯使行继承了和平的邻国外交关系，在表面看来，这次使行的目的除了对德川家宣将军的"祝贺世袭"以外，并无其他。① 因此，朝鲜方面按照通信使行的旧礼准备了这次通信使行。

但是日本方面，在当时担任家宣将军试讲的新井白石的推动下，1709 年就已经开始修改通信使仪礼。在将军即位的 6 月份，新井白石就表达了关于仪仗的想法，10 月份呈递了关于"仪式"的册子，其后又有 1710 年 1 月的"聘事议续"、2 月的"迎接事议"、4 月的"国书王号事件"等，这些都表达了他对通信使仪礼的意见。②

在家宣将军的支持下，新井白石进行了大刀阔斧的聘礼改革，改革的核心基调是和平、简素、对等，主要着眼点为四个方面：通信使节的慰问、适当接待、节约经费以及从日本礼。③ 具体内容则有：①将军的称号改为日本国王（复号）；②取消对将军的儿子（若君）的聘礼；③取消礼曹给老中（日本官职）书信和礼物的仪节；④往返时宴会限制在五处场所；⑤前往客馆慰问使节一事由负责仪礼的高家负责；⑥将军的使节在阶梯下面进行接待即可；⑦拜见时以虔诚之心接受拜见；⑧聘礼中德川家的三代家族不和使臣坐在一起；⑨三代家族不出席宴会。④

以上 9 个项目中第二、三两项，日本方面在通信使出发之前就通报了朝鲜王朝。但是，后来的事态发展显示朝鲜并没有充分了解仪礼改革的内容，很可能是因为对马岛主在居间通报时没有及时准确地传递相关信息。比如在若君聘礼的问题上，朝鲜通过对马岛主反复确认，但听到的总是"他们只是执行幕府的命令"这一解释，而未能听到其他朝鲜方面可接受的解释。最

---

① 对 1711 年通信使行的整体性质及其意义进行研究的有：姜在彦著、李圭洙译：《朝鲜通信使的日本见闻录》(2005)；三宅英利著、孙承喆译：《近世纪韩日关系史研究》(1991)；李元植《朝鲜通信使研究》(1997)。

② 对新井白石通信使仪礼改革进行的研究有：宫崎道生：《新井白石研究》(『新井白石の研究』（增订版)），东京：吉川弘文馆，1984 年；姜在彦著、李圭洙译：《朝鲜通信使的日本见闻录》(2005)；郑应洙：《关于新井白石通信使仪礼改革的研究》，《日本文化学报》24，韩国日本文化学会，2005 年。

③ 见前引《新井白石研究》(『新井白石の研究』（增订版)）及《近世纪韩日关系史研究》。

④ 姜在彦著、李圭洙译：《朝鲜通信使的日本见闻录》，第 219 页。

后,朝鲜本着注重对等互礼、遵从先例,站在守护国体的立场上决定不给若君及执政处以下送礼,算是接受了日本的主张。

而辛卯使行中韩日间仪礼争论中最激烈的便是日本将军的称号从"大君"改为"王"的所谓"复号争论",以及王的名字需进行避讳的"国讳争论"。

首先是关于"复号争论"。朝鲜的通信使一行到达釜山准备发船时,有关日本国王的复号问题的文书才到达,朝鲜方面不得不再次围绕这一问题展开讨论。当时朝鲜的君主肃宗和大臣以及备边司的诸臣一起商讨了这一问题,撰写国书的领议政徐宗泰指出,在使臣离开王京以后才致书通报的行为是外交上的无礼行为,主张应退还日本的文书,日后再行商讨,这也是当时大部分朝鲜核心官员的意见。另一方面,当时的礼曹判书金镇奎认为,日本方面未具体说明此举的理由,因此主张遵守现有的礼数,待了解日本的理由之后再决定。① 经过激烈的讨论后,金镇奎接受了1682以通信使身份去日本的尹趾完的建议,表达了现实而留有余地的态度:

> 自前国书,称以日本国王,而后因渠之改以大君,我亦以大君书之。今之自王,非我所能禁,而知其称王,则改送国书,固无所妨。或以为"彼若指挥,我若奉承"云,当观其事之可否而已,指挥奉承之嫌,未知其必然也。使臣乘船尚远,国书可改则改,有何颠倒乎?②

朝鲜最终还是接受了日本的要求,将国书中对日本将军的称呼改成了"王"。实际上,当时朝鲜方面对日本没有特别理由就修改自1636年以来七十七年间一直保持的这一旧礼的做法十分不满,但还是接受了曾经接触过日本的实务者们的意见。然而,这一事件同时也更加激起了朝鲜方面因日本无礼的外交行为而产生的敌对感和不信任感。③

那么,日本为什么偏偏要在那个时候把将军的称谓改为"王"呢?推动将称号从"大君"改成"王"的新井白石的核心思想是:"在朝鲜,'大君'这一称呼是对大臣的职号称呼,叫这样的职号好像有在朝鲜领到官职的意思。此外,从镰仓时期和室町时代开始,外国人就知道日本有'天皇',所以把将军称为'国王',这实际上是遵从了日本的习惯,而在中国的文献里,'大君'有时候是对天子的称呼,因此称'大君'又有把将军与天皇混淆的可能,所以

---

① 《朝鲜肃宗实录》三十七年五月乙酉。
② 同上。
③ 三宅英利著、孙承喆译:《近世纪韩日关系史研究》,第300—301页。

要改称为‘日本国王’”①。

事实上,此前“日本国王”这一称号被改成“日本大君”,主要和国书篡改事件有关,即起源于柳川调兴被处罚的“柳川一件”事件,该事件促使日本幕府通过几种制度上的整顿确立了与朝鲜外交的体系,在那一年将称号改为“日本国大君”是德川家光在诸大名聚集一堂的场合里亲自下达的命令,于是从1636年开始双方所有的国书中都使用了“大君”这一称号。因此,复号争论也受到了曾经积极评价白石聘礼改革是“改正邦交礼节,减少费用,让大臣和百姓少为通信使经过的地方费心”的雨森芳洲的批评。② 在新井白石看来,这一称号是可以使将军从是天皇臣子的这一状况中摆脱出来的一个最确切的称号,而能将这一改变最有效地向国外传达的机会就是辛卯使行。③ 但是,不管从哪个方面来看,新井白石的这一尝试都是一个比较过分的改革。

再来看“国讳争论”。这个争论开始的原因更是令人无法理解。它源于当时德川家宣的回信中对朝鲜国王寄书和赠礼表示感激的一句话——“其于感怿罔罄敷陈”,这句话中的“怿”犯了朝鲜中宗的讳。犯国讳是关乎使臣生死的大事,因此朝鲜方面坚决要求改正。当然,装回信的信封上没有拓印也是朝鲜方面指出的一个问题。但是,日本方面认为朝鲜国书中的“窃承殿下光绍基图”这一句中的“光”字也犯了德川家光的讳。至于信封的样式,日本表示这是惯例,所以不会做出变更。对于这样的答复,朝鲜坚持认为,朝鲜在贯彻国讳这方面非常严格,所以先皇的这一“怿”字必须进行适当的避讳,而且,朝鲜方面认为,从彼此尊敬的立场上来说,也应当将本国国书予以修改。④

对于朝鲜方面的要求,日本又表示,《礼记》中的“舍古而讳新”、“五世而斩,六世而亲尽”是天下之通理,所以主张犯七世祖中宗的“怿”字讳和犯现任将军父王的讳是不一样的,所以朝鲜要么现在将回信拿走,要么就将自己先犯讳的文书修改后再拿来,那样的话,日方也会进行相应的修改。对于这一观点,朝鲜方面针锋相对地援引《礼记》中“二名不偏讳”的道理加以应对,认为“光”字不属于避讳字,同时又再指出,日本方面所提出的这些都与以往使行惯例不同,这种违反惯例的行为是不符合与邻国交往中尊敬邻国的道

---

①新井白石在自叙传《折柴记》(「折たく柴の記」)中吐露了自己当时的立场。前引姜在彦书中也对此进行了研究,亦可参考郑应洙:《新井白石的朝鲜观》,《论文集》2,南首尔大学校,1996年。

②姜在彦著、李圭洙译:《朝鲜通信使的日本见闻录》,第225页。

③闵德基:《新井白石、雨森芳洲的对朝鲜外交和天皇观》,《史学研究》48,韩国史学会,1994年。

④有关国讳论争的内容可参考任守干:《东槎日记》中的“国书请改始末”。

理的。

因主张存在差异,两方未能达成协议,于是朝鲜方面再次提出了意见:虽然书封是日本新定的格式,但是这次朝鲜的国书用的是老的样式,所以日本还是先按照老的样式写,等今后使行时,两国再同时使用新的格式。至于犯国讳,日本方面如果先修改送来的话,朝鲜也会将国书修改后重新送达。

然而,当时负责斡旋的对马岛主认为:使臣出发的日子是已经决定好的,当天就要成行,虽然使臣言之有理,但是自己已不能再周旋。于是朝鲜三使提出:收回朝鲜国书,回禀后修改,日本的国书同时进行修改后重新送来,希望在回程途中汇合交付于对方。至于书写样式,朝鲜方面认为,因为刚来时就已经首先在信中写出了规定,所以并无不敬之意,表示希望双方约定依此做出修改。

当时的副使任守干在其所纂《东槎日记》中指出:当时的国讳争论和新井白石有着很大的关系,听说日本当时的执政大臣其实是理解朝鲜方面的立场的,避讳也先已经征得了关白的许可,然而后来又听从了白石的意见突然做出变动。他甚至还记录到,在通信使仪节改正的问题上,新井白石也和其他的执政大臣不和,有个执政大臣甚至想拿刀刺他,要置他于死地。① 按照对马岛的下倭们看法,日本本无国讳一说,所以要求朝鲜进行避讳这一行为是莫名其妙的。又有记录说,当时雨森芳洲认为:朝鲜三使要求修改国书其实是合情合理的,是日本一直不肯,而要求朝鲜方面修改无需修改的"光"字,难免会被人看做是日本的蛮横。② 由此可以看出,新井白石的处事在日本内部也受到了批评。还有一个事例有助于认识日本避讳问题:当朝鲜使臣回国途中到对马岛时,呈上餐宴的松平肥前守的名字叫"宣政",朝鲜人认为这是犯了日本国王的名讳,所以问了那里的人,答案是"因为太守是国王宠爱的臣子,所以特意赐给了他这个名字"③。《东槎日记》里对这一事件并未附加说明什么,因为没有必要。可见,新井白石其实是把之前日本没有的

①任守干:《东槎日记》"国书请改始末·17 日":"似闻源玙以关白潜邸之旧,出入卧内,所言皆从,与执政大不相能,执政相模守则以吾辈之言颇以为然,请改避讳一款,关白面许,听玙言辄变,致令事机如此。盖源玙者能解文字,故今番新定节目皆玙所讲定,而相模守甚恶之,至欲刃杀云。以日昨书邀问托病不来者观之,其情状可见矣。"
②任守干:《东槎日记》"国书请改始末·18 日":"马岛奉行以下以至下倭,皆言我国曾无避讳之法,而今乃仿效朝鲜,至有此举,实为可愧。雨森东亦言于制述云:三使请改国书,事理当然,而我国终始持难,至于请改不当改之光字,此所以不免蛮字之称云。"
③任守干:《东槎日记》"二月一日":"是日松平肥前守宣政呈鱼果,使首译问本州岛人曰:太守之名,犯国王之讳,此何故也。答曰:太守即国王宠臣,故特赐其名云。"

一些事情,在尤其重视前例的外交仪礼中强加给了朝鲜。大概正因如此,此前曾经积极评价新井白石诗文的通信使赵泰亿在回国途中会反复说"夷情为兽又为人。"①

三 从对话的角度看《江关笔谈》

具有不同意见的韩日两国士人参与对话,相互交流想法,由此形成了《江关笔谈》。目前《江关笔谈》主要有两种版本,一是由当时的副使任守干编写的《东槎日记》第二卷中的《江关笔谈》,另一种是当时的正使赵泰亿编写的版本,刊载在《白石全集》里。任守干版本目前被收录在《海行总载》里,其内容特点是更能反映出当时的对话氛围,而后者则似是经过了新井白石的增删,比如其中有关烟和酒的笑话以及有关一些人物的故事被删除了,而有关西洋事务的一些内容被增加进去了。目前的研究表明,1913 年赵泰亿裔孙收藏的所谓赵泰亿版本中的一部分内容,非常有可能是在被收录进《白石全集》的过程中由新井白石自己补充进去的。②

本文主要着重分析其中非常有意思的一些场面。探讨的核心是参与笔谈的主要人物自己的想法是否准确地传达给了对方,以及有没有引起对方的共鸣。

先来看这样一段对话:

白石曰:"当今西方诸国,皆用大清冠服之制,贵邦独有大明之旧仪者何也?"平泉曰:"天下皆左衽,而独我国不改华制,清国以我为礼义之邦,亦不敢加之以非礼,普天之下我独为东周。贵邦亦有用华之意否?今看文教方兴,深有望于一变之义也。"白石曰:"岂得无邻邦之阴照耶?"③

这段对话是新井白石看到明清交替以后,清朝已经掌握了对东亚的控制权,而朝鲜依旧固守明朝的冠服制度,因此提出了疑问。赵泰亿对此进行

①赵泰亿:《谦斋集》卷 8"东槎录"中对该情况进行如下说明:"既受国书,因有犯讳字,请改不得,反以我国书有犯日本讳者,要我先改,不得已驰启我国,离发江户。"他只能用以下诗句来表达自己抑郁之情:"东来东武滞三旬,小暑离乡过小春。客路愁风复愁水,夷情为兽又为人。归心可乐不知乐,王事既竣还未竣。飞舶得回吾得返,烦忧郁郁向谁陈。"

②参考宫崎道生:《白石与朝鲜使节》(『白石と朝鲜使节』),《新井白石的时代与世界》(『新井白石の时代と世界』),东京:吉川弘文馆;金泰俊:《18 世纪韩日文化交流的局面——以江关笔谈为中心》,《论文集》18,崇实大学校,1998 年;李日载:《对江关笔谈的考察》,《亚洲文化》19,翰林大学校亚洲文化研究所,2003 年。

③任守干本《江关笔谈》(《海行总载》收录)。

了回答,他强调:天下只有朝鲜保持着正统的中华文明,并有意守护中华文明。同时他还劝日本也一起参与。实际上也是劝说日本,文教刚刚兴起,再多努力一点就可以达到保护中华文明的水平了。这也是彰显了只有朝鲜明确区分中华和胡夷,保存中华文化的自豪感。同时指出朝鲜和日本在文明上也有着显著差距。

而白石的回答则十分模糊,意思是日本需要朝鲜的帮助,还是朝鲜需要日本的帮助,这一点并不明确。但是,在赵泰亿版本里收录的白石的回答与以上的回答多少有点不同。主要内容是:"始聘使之来,窃喜朝鲜殷大使之国,况其礼义之俗……盖在是行也,既而诸君子辱在于斯,仆望其仪容冠帽袍笏,仅是明世章服之制,未尝及见彼章甫与黼冕也。当今大清,易代改物,因其国俗创制天下,如贵邦及琉球,亦其北面称藩,而二国所以得免辫发左衽者,大清果若周之以德,而不以疆然否? 抑二国有假灵我东方? 亦未可知也。"①言下之意是,朝鲜能够保持这明朝的服饰,并不是因为清朝尊重看重礼仪的朝鲜,而是朝鲜借助了日本之力才能够保存明朝服饰的。②

新井白石在《朝鲜聘使后议》中也强调:朝鲜君臣是亏得明朝天子的帮助才能在那个凶年维护了国家的安定……日本将抓来的 3000 名俘虏归还朝鲜,实现了和解,之后的一百多年,朝鲜似乎忘记了战争,而日本再造了朝鲜这一恩惠是不可以被忘记的。③ 如果按照白石的逻辑,朝鲜保持着中华的制度、壬辰倭乱之后的国家重建,甚至是朝鲜保留着王朝都是日本的恩惠,朝鲜应该认为自己的生存和繁荣都是托日本的福。当然这一观点和事实并不相符合,所以也没有重新讨论的必要,这些只是日本自己傲慢的想法。但是不能忽视的一点是,有着这种想法的白石是当时日本对朝鲜的外交政策的主要策划者,他甚至称朝鲜的使节为"间谍之使"④。

再来看双方在谈论有关于西洋事务的对话。

　　白石曰:"不佞自以为□人,何则? 大西洋欧逻巴地方、意多礼亚人、和兰人、琉球人、唐山诸山诸港人,皆仆及见之矣。今则与公团会于一堂之中,岂不奇哉?"(原注:大西洋国名也,言西边大洋诸国中,欧逻巴国名,其国地方中,意多礼亚地名之人,和兰国之人,琉球国之人,唐

①赵泰亿本《江关笔谈》(《新井白石全集》收录)。
②参考李日载:《对江关笔谈的考察》,及郑应洙:《新井白石的朝鲜观》。
③新井白石:《朝鲜聘使后议》,《新井白石全集》4,第 679 页。
④新井白石:《国书复号记事》,《新井白石全集》4,第 703 页,对该文的分析可参考郑应洙:《新井白石的朝鲜观》。

山地名,诸港言诸国港之人也)青坪曰:"大西洋是西域国名,欧逻巴、意多礼亚、和兰等国,未知在于何方耶?"白石曰:"贵邦无万国全图耶?"南岗曰:"有古本而此等国多不尽载矣。"①

实际上,对西洋的事情,朝鲜的使臣几乎可以说是一窍不通。朝鲜的朝廷虽然已经引进了世界地图,也发行了,②但是在朝鲜通信使对西洋的地理位置的认识里,大西洋却成了一个国家的名字,可见他们对西洋知识认识的肤浅。听着白石谈论,对西洋知识一窍不通的他们只能不断地提问。

白石曰:"西洋者去天竺国犹数千里,有所谓大小西洋,仆家藏有一本图,呈之梧右也否。"南岗曰:"果有所储,毋悭一示。"白石曰:"第恨其地名以本邦俗字记之,诸公难解其图义,在《月令广义》、《图书编》等书者即是。"南岗曰:"吾邦无此书矣。"③

在这里,新井白石和朝鲜通信使间的对话就像是一个懂得某样新事物的少年把自己知晓的事情讲给另一个一无所知的少年听一样。白石原本对这些知识也是不熟的,但是在询问西洋传教士的过程中得知了这些最新消息,也因此具备了朝鲜使臣们不具备的西洋知识。④ 但白石却得意洋洋地传授起大西洋和小西洋这样的错误知识,还说用日本俗字表示的地图朝鲜使臣看不懂,其实是无意分享或者传授自己的新知识,只是炫耀罢了。因此原本可以进一步问答的谈话未能继续有趣地进行下去。朝鲜的使臣们关于这方面的知识十分欠缺,而白石本身也无意分享知识,或者认为分享也没有价值。所以,这个对话其实并非是一个双方都积极参与的对话。因此,朝鲜的使臣不得不将话题转向自己好奇的琉球、欧洲以及与中国交流方面的信息。

之后朝鲜的使臣轮番询咨询了关于江户到琉球的距离、福建和长崎的距离、与福建往来时途中出没的海盗的最新情况、往来日本的中国商船的规

---

①任守干本《江关笔谈》(《海行总载》收录)。

②利玛窦制作的《坤舆万国全图》于1603年传到了朝鲜,朝廷是派李光廷前去购买此地图的,当时的副提学李晬光明确分析出欧洲在西方,和中国有8万里的距离。1630年曾去过中国的郑斗源也从耶稣教的传教士陆若汉(Johannes Rodoriguez)那里拿到了6幅世界地图。地图在朝鲜受到了极大的欢迎,还被用在很多屏风制作上。汤若望((Johann Adam Schall von Bell)的舆图也传到了朝鲜,1674年南怀仁(Ferdinand Verbiest)制作的两半球式的《坤舆全图》里反映出了新发现的澳洲,引进朝鲜后被数次重刊。只是朝鲜通信使都不了解这些情况。

③任守干本《江关笔谈》(《海行总载》收录)。

④郑和美:《日本开始西方研究的起点——有关新井白石对史多提(Sidotti)的审问》,《民族与文化》9,汉阳大学民族学研究所。

模、利玛窦访日、传到日本的天主教的状况以及琉球使臣的服装等问题,白石对这些疑问都只是做了非常简单的回答。① 实际上从朝鲜使臣的立场上来看,这些信息是他们最想知道的,他们回国后所写的特别报告书的核心内容大部分也是关于日本与中国和琉球的往来关系。② 而根据朝鲜使臣的说法,关于西洋事务方面的谈话内容,都是白石单方面提起的,并不是朝鲜使臣和朝廷主要关心的事宜。

关于朝鲜和日本两国在持续的交流中如何认识彼此,以及外交交流是否出于真心这些话题,两国有激烈的争论,主要内容包括:要求对方国家纠正对自己国家的误解,以及要求双方致力于增进相互之间的理解。相关对话如下:

青坪曰:"闻贵邦剑铳为长技云,欲见剑术,曾已仰请高明,如或欲见我弓马之才,则亦当仰副耳。"白石曰:"本国近俗尚武,诸公知其说乎。本邦之俗不佞尝论之,譬诸歧周之地,文王用之以兴二南之化,秦皇用之有朝八州之气,我帝室之德衰,干戈相寻,当是时,有源赖朝讨乱贼,海内得小康,其事如齐桓晋文之业,一变仁厚之俗,以尚勇武之风,是仁者之勇,东方之风气使然耳。我神祖奄有方内,圣圣相继百年于今,不啻胜残去杀之日,不佞亦以谓在昔贵邦申文忠公论我,成宗问其所欲言,对曰请勿与日本失和,真是大臣忧国之言,诸公若如申文忠用心,实是两国之大幸。"平泉曰:"申文忠公寔仆外先也,论终一言诚出于睦邻好戒边衅之意,而明公亦闻此言,勉戒至此,岂非与邦千万世之幸欤,可贺可贺。"白石曰:"奇闻不堪敬慕,诸公为国使于万里,我国王殿

────────────────

① 任守干本《江关笔谈》(《海行总载》收录):"青坪曰:琉球去此当几千里,福建距长崎亦几何? 白石曰:本邦里法(日本以十里为一里)五百里,在南海中之地,当日赤道之下,故曰热国,福州距长崎里数亦略同。青坪曰:福建往来之路,曾闻有海贼出没云,商舶亦无被劫之事耶? 白石曰:海贼之患未曾闻。南岗曰:每年往来商舶有定额云,然耶? 白石曰:常年来聚于长崎港唐山诸道,商舶岁额有百六十七船。平泉曰:闻近来海路多枳,唐船不来云,未知何故? 白石曰:商船去岁以来颇愆来期,后闻海上贼船来往,今春福建军门追捕贼首,海路已开,唐山商船来如常年。南岗曰:海贼是何等贼? 何能剿灭云耶? 白石出其怀中小册见之,乃曰:贼魁郑尽心、陈明隆、李老柳,而为南京总兵所获云。老柳真是贼名,而贼名尽心,岂不可笑? 南岗曰:郑尽心乃无乃郑锦余孽耶? 白石曰:诚然。青坪曰:曾闻西洋古里国利玛窦者到此,有文字之留传者云,信否? 白石曰:有《交友论》一篇耳。天主法,我国厉禁其文字,故尽归于火坑耳。所谓《交友论》,载在《百川学海》、《说郛》等书者即是。南岗曰:似闻琉球使臣亦有来聘贵国之事云,其冠服仪度何如? 白石曰:皆是大明冠服制,其中下贱以黄白绢缠头上。"

② 《东槎日记》"先来状启时别单书契"中收录的内容中有对日本的国王和银货流通的叙述,但主要对日本的海外交流相关内容进行了叙述。报告中收录的大部分的信息都是通过江关笔谈中的新井白石获得的。

下真千载之圣主也,当此时,不讲两国万世之好,亦期何日乎。故仆言及此。"平泉曰:"诚然诚然。"白石曰:"两国讲好只有礼俗耳,对州在贵邦宇下,永不可失其欢心。"平泉曰:"诚然诚然,但恐贵邦不如吾邦之尽诚信耳。"白石曰:"仆老计以为后生年少劝生事,惟恐后生以交接小节目,或失两国欢心,诸公归国之后,能为朝廷议焉,诸公国之重臣,念不及于此乎?"青坪曰:"细小节目本来不为计较,何可有此过虑乎? 然各尽在我之道,则邻好可以永固矣。"白石曰:"此老生过虑之常谈耳。"又曰:"不佞以弊邦同姓之孽,加之以潜龙旧学,得今日之遭遇,其所虑之过,诸贤莫怪。"①

这些对话的结果是任守干将当天的相聚总结成是:"诚两国千古之盛事,可以记诸国乘矣。"白石也认为:"实是千载之一奇事也。"②但是实际上如果重新仔细的分析对话的话,就会发现这对话其实完全是鸡同鸭讲,两方只是充分地表达了自己单方面的立场。对话其实是以外交辞令为基础的,甚至是接近炫耀或者威胁的。赵泰亿说想看日本的武艺其实是在完成自己的任务,之后虽然他也几次表达想看的意愿,但是白石还是坚持拒绝了,并且一直集中弘扬在日本的文治。其实从《孟子》的论证法来看,齐桓公和晋文公的功绩其实只是在霸业上,而白石将这评价成是仁者的德业,这其实是与申叔舟奉劝朝鲜国王和日本和亲的话有关联的,认为与日本的交流有利于朝鲜。然而申叔周在《海东诸国纪》里说的话,最根本的是主张通过外交维持与邻国的关系的道理。③ 话的本意其实是来自于赵泰亿所指出的那样:要注意与邻国的和睦,警惕边防。

白石的语气其实是凭着实力谈论一种强制性的国际秩序,这并不是一个温和的外交对话,可以说是凭借实力进行威胁的一个对话。白石对日本的自豪体现在他谈论韩日在对马岛的友好关系这一问题上,和他要求对方理解自己改革的一些仪礼的这些"小事"上。因此,任守干回答说只要日本像朝鲜一样竭尽全力,做自己该做的事情的话,友好关系是可以持续下去的。这并不是肯定彼此努力的一个对话,而其实是一个委婉的批评,即反问

---

① 任守干本《江关笔谈》(《海行总载》收录)。

② 同上。

③ 孙承喆对《海东诸国纪》的研究中提到,申叔舟在《海东诸国纪》中的序文中指出:日本性格强,令人畏惧,擅长武术,擅长用船,会对边防造成威胁。见孙承喆:《通过〈海东诸国纪〉看15世纪朝鲜知识分子的东亚观》,《史林》41,首善史学会,2012年;孙承喆编:《海东诸国纪的世界》,首尔:景仁文化社,2008年。

日本应该遵守的道理是否遵守了,这其实是吐露朝鲜对日本在没有事先说明的情况下就改变外交仪礼的不满。

对于这些发言,白石并没有理解朝鲜使臣的意思,而是继续炫耀自己的身份地位,将自己提出的这些过分的事情和言论正当化。所以,这部分笔谈其实是外交对话的一个延续,是为了贯彻自己国家的利益而进行的谈话,所以,从这点来看,这个对话也是一个让人十分不快的对话。

尽管谈话已经有些紧张,但朝鲜通信使还是进一步询问了国讳相关事宜。然而这部分的对话也让人相当难解,尤其让人惊讶的是白石的回答,他只是模糊地说"最近有避讳某个字的风俗",狡辩说朝鲜使臣事先看国书内容的请求并不是自己可以批准的事情。这部分的对话其实缺乏真诚,也自然而然失去了借机调整外交礼节的机会。说到底是因为白石没有真诚地参与这个对话。具体对话如下:

> 平泉曰:"贵国讳之之法如何? 二名不偏讳,而贵国国讳亦有偏讳之规耶? 贵邦人士所作诗文,或有犯用所讳之字,此何故耶?"白石曰:"本邦上世自有文字,譬诸贵邦谚文,第假隶楷等字以通义而已。是故凡文字间取义,其要在言辞而不在文字。如讳之法亦必不在文字。虽然,近世大抵有偏讳之法。"平泉曰:"国书回答文字,曾前使臣或于未及正书之前得见矣,明间可以得见否?"白石曰:"仆非其职,不知。"①

事实上,当时幕府的文书基本都是要通过白石的,他甚至威胁到了大学头的地位。而且,日本国讳的习俗不仅和朝鲜不相同,甚至有将军和大名们将自己名字中的某一个字赏赐给有功的家臣,并给他们起一个新名字的风俗,前代将军纲吉曾数次将自己名字中的吉字赐予臣子。赵泰亿所说的日本人士所书写的诗文其实不是别人,正是白石自己所书写的诗集《白石诗草》。因此,白石说近来日本也有偏讳这一规矩,或者说国书不是自己负责的事情,都是与事实十分不符的。②

四　韩日间是否有可能理性地进行对话

韩日两国要想进行理性的对话,首先要改变对对方的最根本认识。就像前文所述,辛卯通信使和日本的新井白石在下着雪的 1711 年 11 月 5 日进行了一个"千古对话",留下了《江关笔谈》。通过分析朝日两国的代表们

①任守干本《江关笔谈》(《海行总载》收录)。
②见具智贤:《1711 年辛卯通信使和新井白石通过笔谈进行相互沟通》,第 214—217 页。

之间进行的对话,我们再次考察了对话的真挚性。朝日两国是否真的是进行了一个名副其实的"千古对话",是否真的坦诚相见、敞开心扉,问其所想问,真诚地答其所问,对话是否真的促进了两国共同发展呢? 遗憾的是,对这些问题我们并无自信给予肯定的回答。那么原因是什么呢? 当然有自身的问题,但是更重要的是进行这个对话的两国在情感上有着根本的差异。就像在记录朝鲜通信使见闻的文献中,通信使对日本文化的认识基本上都符合日本的事实,但是同时又总会偶尔流露出一些对日本道德上的堕落和风俗上的残忍的批判。

李邦彦《东槎日记》中如是记载日本人的品性:

> 凡人性禀轻儇,喜怒不节,喜则言笑唯诺,输写倾倒,怒则叫噪跳踉,不知生死,丝恩不忘,发怨必报。……有罪者不用笞杖,辄皆杀之,盖虑吃打,后必有报复故也。……不惟蛇虺之毒,得之天性,盖其习俗如此。①

这并不是以开放的姿态去认识他国,而是以自己国家的风俗为标准去衡量别人。这也形成了认识对方的一个基本视角,使得自己不能将对方视为是一个诚挚的对话者。这不就是不能把一个一般的对话变成一个真心互敬,并且能够产生共鸣的对话的原因吗?

这些认识并不只是通信使的认识,也是派出通信使的朝鲜统治阶层的普遍认识。1711 年,在将通信使派往日本时,崔成大嘱咐任守干,"土风宜广采,邦好定加敦",但是,大部分人士将日本看成是边境的野蛮之国和对手,认识普遍非常冷淡。比如:

> 察访郑后侨:"蛮情多反覆。"
> 应教朴士重:"狡倭本自旷南琛,巧舌多端尚至今。"
> 参判李季馨:"每恨百年天共戴。"
> 兵判吴命峻:"薪胆百年志。"②

通信使在给朝鲜君王的报告中,比起报告与日本外交如何友好,更重视的是对两国利害关系的观察。这种报告更多的体现出两国其实还处于一个互相了解的阶段,朝鲜依旧将日本看成是一个外交的对象,而不是真正的文化交流的对象,也就是说国家方面的努力和个人意识都还未达到能够真正进行交流的准备。再仔细分析《江关笔谈》就会发现,这并不是在一个愉快

①李邦彦《东槎日记·闻见录》。
②收录在《东槎日记》中的《遯窝府君日本使行时赆章》中。

的、让人兴奋的氛围中进行的一个真正的情感交流,而是一个外交的、打探情报的对话,不管对儒家文化有着多好的理解,但是这些知识也只是被用在炫耀上,申叔舟重视与日本和亲的言论是出于对多变的国际关系的考虑,反映出他警惕日本的想法,而日本只是停留在对朝鲜是一个威胁的层面上。

关于日本比较早知道的西方事务的对话也是如此,白石没有运用自己掌握的知识和朝鲜一起共同探讨如何应对这些新势力,而只是停留在炫耀和展示自己新获得的知识上,并没有总结出能和朝鲜一起探讨的事情,而且完全没有应对的想法。通过这点可以看出当时朝日两国外交关系的水平,这也是无法进行深度对话的根本原因,即使当事者都是有责任感的人,而且这状况在之前和之后的朝鲜通信使的往来中也没有取得突破性的进展。

这些认识的基础是,日本没有想要通过真心的和解,把朝鲜通信使变成一个真正的对话者,新井白石认为:"朝鲜无法在军事上与日本一较高下,在这种情况下才会想要用'文'来一雪前耻。"结果是白石将有关国讳的争论看成是朝鲜方面想要用"文"来说明朝鲜更强。因此,为了想要改变朝鲜使臣对尚武等事情的看法,他几次强调过日本文教的振兴。不仅如此,虽然为了节约经费,日本简化了对通信使的接待礼,但是还是很隆重地开设了酒宴,奏演了中国和朝鲜的音乐,这些行动都是出于以上考虑。

但是,认为朝鲜想要用"文"来报仇,或者说在壬辰倭乱以后,把壬辰倭乱后的朝鲜和日本的交流看成是"文"的战争的这一观点,其实并不仅仅是白石的观点,也是当时日本获生徂徕等日本知识分子们的普遍观点。获生徂徕在为曾参与 1719 年使行的日本人士的记录作序时指出:"呜呼,肥人之于韩,昔以武战,今则文争,岂非治乱之效也?"[1]

由此可见,日本也不是把韩日交流看成为了取得一致而进行的交流,而看成是为了一较高下而进行的交流,而且他们甚至还对日本侵略朝鲜的历史显得相当自负,同时也炫耀了日本的文教,还露骨地表示外交使行也是托日本的福。[2] 对对方没有深度观察,也没有考虑对方立场,这样的自负态度

---

[1] 获生徂徕:《徂徕集》卷 8 "水足氏父子诗卷序":"呜呼,肥人之于韩,昔以武战,今则文争,岂非治乱之效也? ……升平百年,加以宪庙右文之治,烝烝乎郅,遐方才者辈出不让中土,昔之争也武夫,今之争也君子。"对获生徂徕的认识所具有的意义进行研究的有:林荧泽:《韩国学的东亚时代》(2014),第 162—170 页。面对着差距如此巨大的认识,林荧泽先生还是坚持认为,通过韩日两国文士间的交流,韩日两国之间理性的对话还是有所发展的。

[2] 获生徂徕:《徂徕集》"丽奴戏马歌":"又不见丰王十万兵,叱咤风雷度大瀛。二都浃旬拔,八道三月平。……皇和今植仁明君,百年升平息战氛。交邻柔远赖有道,不厌航海梯山勤。"见林荧泽《韩国学的东亚时代》,第 165—166 页。

是无法获得对方的肯定的,这与日本花重金邀请通信使来访的意图也是十分矛盾的。

韩日间有理性对话的可能吗? 如果能够摒弃一较高下这样的好胜之心,尊重且考虑对方的感受的话,理性的对话还是可以慢慢进行的。重新看《江关笔谈》对话录就可以感觉到我们的隐痛。想要与对方进行一决高下的这种意识让人渐渐失去了对外交仪礼的情谊,也就让人无法真正的相互尊敬,无法获得对方的认同。新井白石本想让朝鲜使臣改变对日本的看法,但情况却变得更糟。他野心勃勃地进行的这次仪礼改革不到10年就被摒弃。而朝鲜使臣在回国后,也因为有关国讳争论的事宜被处罚了。所以说,《江关笔谈》的内容原原本本地反映出了潜在的矛盾因素,反映出彼此想法不同、想要的东西也不同等冲突。

最近,东亚三国间的对话并不尽如人意,韩日关系尤其紧张。原本希望重温300年前韩日外交者们的谈话能够让我们找到成功进行对话的历史平台,但却发现事实并不如人愿。不过,通过分析未能达到目的的失败的对话,却可以让我们了解到要想进行理性的对话需要什么样的前提条件和规则,也就是:需要一个尊重与顾虑对方、倾听对方想法的开放性的姿态。我们在贯彻自己的意志时,需要注意在程序上要合理,这是深刻的教训。要与他国共存、共同繁荣,这样一个开放的姿态和端正的态度无论在哪个时代都是一个基本的道德。

(徐翠娥 译)

批评与回应：通信使与朝日"文化比赛"

王鑫磊（复旦大学）

在通信使行的时代，当朝鲜士人面对日本的时候，有一种十分明显的文化优越心理，这种心理来自朝鲜人对自己继承中华文化传统的自豪感，他们将日本看做是化外之地、蛮夷之邦，始终用一种俯视的眼光观看日本。这是一个十分有趣的历史文化现象。

葛兆光教授用"文化间的比赛"来形容那个时代朝、日之间的交流。文化的比赛，多数时候表现为一种暗地里的较劲。通信使毕竟是一种外交活动，尽管这一外交过程中也曾出现一些诸如礼仪、国书方面的争议，但总体还是在友好平和的气氛下进行交往。不过在一些作为私人著述写作出来的通信使文献中，朝、日之间文化竞争的张力就表现得非常明显，作者可以在自己写作过程中不加掩饰地表达自己对日本的看法，有时候甚至是极为苛刻的批评。

将这些朝鲜人对日本的批评性文字放在一起考察，或许能够让我们对朝日交流中"文化比赛"或者说"文化竞争"的意味有一个更直观的把握，以下试从五个方面加以考察。

一　朝鲜人对日本人形象的批评

在朝鲜人的眼中，日本人的形象总体来说是比较负面的，不管是身形相貌、服饰穿着，还是行动举止，都被朝鲜人所诟病。我们先来看几句通信使文献中出现的关于日本人形象的批评文字：

　　　　宫庭会坐贵近崇班，无一容貌举止似人者。（申维瀚《海游录》）①

　　　　形容衣服极诡异，不问可知其为蛮夷也，其头发尽剃至于耳上，一撮净梳作髻于脑后，以蜡油涂之，以纸绳括之，屈曲向上，长三寸余。（洪景海《随槎日录》）②

　　　　所谓近侍崇班高禄厚廪者，其行止容貌无一似人者，其国事可知。（洪景海《随槎日录》）③

　　　　群臣自执政以下皆跣足赤脚而行，其无礼如此。（洪景海《随槎日录》）④

　　　　红衣人称以各州太守者，频频来见，或请见我人之扇，或手抚我人之服，而皆不似人形矣。（洪景海《随槎日录》）⑤

　　　　蛮夷之俗本不知礼，衣服之制、进退升降之节，不成模样，只瞠瞠相视者，腰间一剑而已。（李景稷《扶桑录》）⑥

　　　　次曰染浦，是渠之所谓乌帽也，其状或似帽形，或似炭函之形，或似丁字形，奇奇怪怪，不忍见也。（李景稷《扶桑录》）⑦

　　从上面的文字我们大致能够感受到，在当时朝鲜人的眼里，日本人的形象总的来说是比较野蛮的、丑陋的、不讲究礼仪的。其中，我们不止一次看到"不似人形"这样一种评价，应该说这是一种很严厉的批评，那么朝鲜人说的"不似人形"，到底是什么意思呢？我们来看这样一句话：

　　　　然若不剃发跣足，则似有貌样，以今所见，则其所谓曰君曰臣者，极可笑也。（洪景海《随槎日录》）⑧

（一）剃发

　　朝鲜人说日本人"不似人形"，就相貌而言，最主要的原因是在于日本人

---

①见韩国民族文化推进会编：《韩国文集丛刊》，第200册，首尔：景仁文化社，1986—2013年，第480页。

②见林基中编：《燕行录全集》（全100册），第59册，首尔：韩国东国大学出版社，2001年，第273页。

③同上，第484页。

④同上，第484页。

⑤同上，第481页。

⑥见韩国民族文化促进会编：《国译海行总载》，第3册，首尔：民族文化文库刊行会，1974—1981年出版，附录第11页。

⑦同上。

⑧见前引《燕行录全集》，第59册，486页。

剃发之后的发型(即头发尽剃至于耳上,一撮净梳作髻于脑后,以蜡油涂之,以纸绳括之,屈曲向上)。而这背后其实是朝鲜人"身体发肤受之父母"的儒家观念在起作用,日本人的剃发习俗,在朝鲜人看来是不能接受的。如果不剃发,那还能算的上有个人的样子,反之就是"不似人形",洪景海的这一逻辑,大概代表了多数朝鲜人的观点。

当时前往日本的朝鲜人,几乎都对日本人剃发这一现象表示惊讶和不理解,有人还专门关注这样一个问题:日本有没有不剃发的人?后来他们发现,除了女性以外,日本男性中也有不剃发的情况,主要有这么三类人:儿童、医生和京都的天皇近臣。

盖倭儿多有清丽可爱者,而及其剃发,无足可观,盖伤于色火而然,还可哀也。(洪景海《随槎日录》)①

所称业医者,独不剃发,而及其术高,然后始乃尽削之。问其何义,则以为国俗,逐日梳头,膏沐作髻,而病家相邀,恐为梳髻迟延,故尽削而取其简云。(曹命采《奉使日本时闻见录》)②

西京诸臣皆不剃发,有冠有带,而不尚兵术,皆崇文词,时修朝仪。(曹命采《奉使日本时闻见录》)③

日本儿童虽不剃发,但也仅限于成年之前,成年以后还是会剃,而剃了发就不可爱了,无足可观了,这就是朝鲜人的想法,可见他们对于剃发一事的执念。从不少通信使文献中我们都看到,朝鲜人对日本的儿童表现出格外的喜爱,在这背后,儿童因"不剃发"而"似人形",可能是原因之一。

医生不必剃发,但是等到医术高超以后,也会剃发,原因是如遇病人急邀看诊,梳头盘髻太花时间,容易耽误病情,为了方便出诊而剃去头发,这是出于使用的考虑,而且其剃法是"尽剃",而不是在脑后保留一小撮。

西京(京都)大臣不剃发,而且"有冠有带",和天皇一起,象征性地保持着传统的服饰文化。据洪景海《随槎日录》中日人越绪所言,在京都,"大朝会则禁削发人不得入宫"④,为西京大臣不剃发的说法提供了佐证。

事实上,朝鲜人在意的日本剃发习俗,并非是一种"留发不留头"的强制性的规定,它最初只是武士因战斗中头发带来不便而采取的解决办法,其后在武士阶层主导的日本社会成为流行发式而已。当然,朝鲜人并不关心其

---

①见前引《燕行录全集》,第59册,第378页。
②见前引《国译海行总载》,第10册,附录第59页。
③同上,附录第55页。
④见前引《燕行录全集》,第59册,第456页。

背后的原因,他们只是从儒家的传统观念出发,对其表现出反感。于是,也就有了这样的有趣一幕,当洪景海看到日本人甚至连给朝鲜使臣准备的马都清一色剃去了颈背的鬃毛,就来了这么一句调侃:

> 既断渠发又断马鬣,马若有知,必恨生于蛮夷之国也。(洪景海《随槎日录》)①

(二)冠服

朝鲜人对日本人形象的批评,不仅仅是纠结于剃发的问题,在衣冠服饰的问题上也表现得尤为明显。这和朝鲜人一直以来对自己"一遵中华之制"的服饰传统有着深深的自豪感有直接的关系,尤其是在明清易代之后,这一点更加突出。1711 年的通信使正使赵泰亿在和新井白石的笔谈中,曾有这么一句对朝鲜服饰的自夸:"天下皆左衽,而独我国不改华制。清国以我为礼义之邦,亦不敢加之以非礼。普天之下,我独为东周。"(任守干《东槎日记》)②意思是在当清朝中国在满族统治下而改变了原来的服饰传统后,朝鲜是唯一保留了中华传统服饰的国家。于是,当他们看到日本不同于自己的服饰时,自然就要以一种高傲的中华传统守护者的身份去加以批评。

除了如前所见朝鲜人直接用"衣服之制不成模样"、"奇奇怪怪不忍见"这样的话来批评日本的服饰外,在他们的记载中,还经常出现一些有借日本人之口表现其对自身服饰的惭愧和对朝鲜服饰艳羡的情况。之前提到的洪景海等人与日人越绪的笔谈中,就有这样的情况。此处再举一例:

> 有本州文士管景黯者,与制述笔谈。制述问曰:"书生带剑,何不相称?"管曰:"夷俗也。"又问曰:"见此冠制何如?"管曰:"夷人安知冠制?"又问曰:"头不寒乎?"管曰:"虽不寒,但恨无礼。"(曹命采《奉使日本时闻见录》)③

从前述越绪的"今吾所着则可愧"和"得见中华圣人之衣服,始遂平生之愿",到这里管景黯的"但恨无礼",都是关于日本人自认本国衣冠服饰不如朝鲜有文化的例证。而后一个管景黯的例子,又不由得让我们想到清代以后朝鲜人前往中国时刻意向中国人提问"见我高冠广袖羡之乎"④的情形。

---

① 见前引《燕行录全集》,第 59 册,第 403 页。
② 见前引《国译海行总载》,第 9 册,附录第 77 页。
③ 同上,第 10 册,附录第 26 页。
④ 见姜浩溥《桑蓬录》,复旦大学文史研究院与韩国成均馆大学东亚学术院合编:《韩国汉文燕行文献选编》(全 30 册),第 14 册,复旦大学出版社,2012 年,第 141 页。

但是,羡慕朝鲜衣冠并感到自愧不如,并非所有日本人的看法,特别是一些上层知识分子。比如新井白石在和1711年的通信使赵泰亿、任守干、李邦彦三人笔谈时,就针对日本的衣冠服饰问题进行了不甘示弱的自我辩护:

> 白石(新井白石)曰:"副使、从事所戴,似本邦所谓锦绣冠。"又曰:"本邦有周冕遗制,天皇即位之日冠之,仆及观之,诚千古之大幸。亲见周冕之制,汉唐以来诸儒所说,只是仿佛。"又曰:"仆初拜之日所戴,即周韦弁。今日所着,即周皮弁也。深衣之制,本邦自有唐山诸贤漫费数说耳。本邦盖有三代礼器者多多。"南岗(李邦彦)曰:"深衣之制,司马公以后,自在定论,贵邦岂有他本耶?"白石曰:"本邦三千年以前之物有之,大抵士君子常服。"南岗曰:"俺等冠服之制,国王以为如何?"白石曰:"以为雅制。"(任守干《东槎日记》)①

显然,新井白石很清楚朝鲜人在衣冠服饰上的自傲态度,但是他对此并不服气,为此他针锋相对地提出日本有"周冕遗制",有三代的"深衣之制",还有《周礼》所记的"韦弁"、"皮弁"的实物,似乎是在表达这样的意思:朝鲜的服饰不过就是宋明时期中华服饰的样子,充其量就是"雅制"而已,而日本才保留了更久远的中国传统服饰制度。然而,朝鲜人认为,中国上古三代的服饰制度,即使在中国历史记载中也只是传说,并无实据,所以他们并没有太过理会日本人的这种说法。不过,通过这个例子,我们却能够感受到一种明显的"比赛"的意味,谁继承的中华文化更传统,是双方衡量彼此文化高下的共同标准。

二 朝鲜人对日本风俗的批评

一个国家的风俗,往往是一个国家的历史文化传统最直接的反映,因此,朝鲜人对日本风俗方面的情况也十分关注。但是,当朝鲜人用自己关于人伦、礼仪的标准去衡量日本的风俗时,就发现大量令他们十分反感的现象。先来看几句总体性的批评:

> 盖日本为国,专尚勇武,不知人伦。(庆暹《海槎录》)②

> (日本之人)视其至亲,无异路人,伦气斁绝,直一禽兽之场也。

> ……其俗勇死为荣,怯死为耻,睚眦必报,语言生猎,以杀人为能事,以

---

① 见前引《国译海行总载》,第9册,附录第79页。
② 同上,第2册,附录第53页。

不绌为长技。无严长上,推刃骨肉,凶悍惨毒之性,真一豺狼蛇虺之类也。(李景稷《扶桑录》)①

　　人同禽兽,骨肉无别,土虽信美,其于蛮夷何哉?(曹命采《奉使日本时闻见录》)②

朝鲜人对日本人民族性中的勇武尚义、不惧生死的性格很是敬佩,但他们同时也关注到另一个方面,那就是因勇武尚义、不惧生死而带来的日本人的人伦淡漠和残忍嗜杀的一面。人伦淡漠,人便于禽兽无异;残忍嗜杀,则显出蛮夷本性。这是朝鲜人在和日本人接触中长期存在的一种观感。

1624 年出使的姜弘重所记的一条有关萨摩人的传闻,很能体现出日本人在勇武尚义和人伦之间做出的选择,而姜弘重的评价,基本上也代表了朝鲜人的普遍观点:

　　马岛倭等言萨摩之人皆以信为主,人或有见其妻妾之美而相思者,则不惜一夜之借,以慰其心,以此人皆尚义,争致死力云。此不过一禽兽之行,而传以为美谈,其无礼义廉耻可知,还可笑也。(姜弘重《东槎录》)③

朝鲜人对日本风俗的批评性意见,还在以下三个方面集中体现出来:

(一)葬俗

在儒家传统观念中,丧葬礼仪是和孝道联系在一起的重大问题。在朝鲜人看来,日本是没有丧葬之礼的,或者说是很不重视的:"其国无丧葬之礼。君父之丧,亦无举哀之节,言语饮食,一如平人,只尽削其脑后一撮发,以表其有丧。"(李景稷《扶桑录》)④

朝鲜人有不少关于日本葬俗的记载,比如:

　　人死则过三日,举而置之于薪火上,待其烧尽,纳灰于小椟,葬于佛寺,立小牌而表之。(庆暹《海槎录》)⑤

　　敛尸入棺,坐而加趺,皆为火葬,撮其烧灰,埋于僧舍之傍净处,筑石为坎,子孙过者,以水浇之,以当祭奠。(李景稷《扶桑录》)⑥

────────────

①见前引《国译海行总载》,第 3 册,附录第 22 页。
②同上,第 10 册,附录第 60 页。
③同上,第 3 册,附录第 42 页。
④同上,第 3 册,附录第 22 页。
⑤同上,第 2 册,附录第 53 页。
⑥同上,第 3 册,附录第 22 页。

寺后有小碣立立，村人皆窆葬于此处，无坟形，只有碑，真所谓蛮夷之俗也。（洪景海《随槎日录》）①

倭人之法，死者不用棺椁，灰葬而坐置于木桶中，翌日埋之于寺刹之近地。所谓"神牌"，藏于寺刹，祭时则仍行于寺刹云，可谓无识之甚矣。（赵曦《海槎日记》）②

其俗之葬埋皆于寺刹之后，无封筑，或老或病垂死者，入坐于木桶中，掘土埋之，立小石碑于其上而表之云。（柳相弼《东槎录》）③

上述记载显示，朝鲜人认为日本人葬俗中存在的问题主要有两个，一是日本人用火葬而非土葬，二是丧葬的仪式过于简单。对于自己发现的这两个问题，朝鲜人给出了评价：日本是"蛮夷之俗"④，日本人"无识之甚"。而所谓"蛮夷"，自是相对于中华而言；所谓"无识"，当然是指日本人对儒家仪礼的无知。

（二）婚俗

朝鲜人认为日本有"婚姻不避同姓"、娶"寡居兄嫂弟妻"的风俗，于是便站在儒家礼教的立场上，批评其为"禽性兽行"，"丑不忍闻"。比如：

婚姻不避同姓，四寸男妹，亦相嫁娶，往往有淫秽之行，丑不忍闻。（李景稷《扶桑录》）⑤

至于嫁娶，不避同姓，四寸男妹，为夫为妻。其弟之妻则其兄不取，而兄没无后，则弟取兄妻，以奉其祀。此乃国俗也。禽性兽行，丑不忍闻，而习俗已成，恬不为怪。（姜弘重《东槎录》）⑥

婚姻不避同姓，从父兄弟妹相与嫁娶。兄嫂弟妻寡居，则亦为率畜。（申维瀚《海游录》）⑦

---

① 见前引《燕行录全集》，第 59 册，第 282—283 页

② 见前引《国译海行总载》，第 7 册，附录第 7 页。

③ 同上，第 10 册，附录第 71 页。

④ 认为火葬是蛮夷之俗的看法，并不只出现在朝鲜人对日本的评价中，在朝鲜人对清代中国的评价中也曾出现类似情况。李宜显《庚子燕行杂识》中有"清人皆火葬，汉人则否，而近来颇有火葬者，盖染胡俗而然也"之语。见前引《韩国文集丛刊》，第 181 册，第 498 页。

⑤ 见前引《国译海行总载》，第 3 册，附录第 22 页。

⑥ 同上，附录第 46 页。

⑦ 见前引《韩国文集丛刊》，第 200 册，第 527 页。

(三)男女共浴之俗

日本古代受儒家礼教思想影响不深,因此男女之别的界限相对也没有那么明显,可是,在严守礼教的朝鲜人看来,一些男女之间互不避嫌的现象,就难以接受,比如:

> 倭人之男女僧俗无别,男倭放溺于女倭之前而女亦不为回避……蛮夷之俗何足道也。(洪景海《随槎日录》)①

> 当其沐浴之时,赤身而立于大桶中,而村女不知为避,晏然在旁,可谓蛮夷之俗也。(洪景海《随槎日录》)②

男女互不避嫌带来的社会风俗中,让朝鲜人最无法接受的一点是男女共浴。对此,很多朝鲜人都曾经提及,比如:

> 俗尚沐浴,虽隆冬不废。每于市街头设为浴室,以收其直。男女混处,露体相狎,而不相羞愧。与客戏狎,无所不至。(黄慎《日本往还日记》)③

> 俗尚沐浴,虽隆冬不废。每于市街设为沐室,收其直。男女混浴,露体相狎,亦不为愧。(任守干《东槎日记》)④

(四)淫俗

有些朝鲜人将男女共浴直接归为一种淫秽行为,比如申维瀚就说:"淫秽之行,便同禽兽,家家必设浴室,男女同裸而浴。"⑤不过,真要提到日本的淫俗(性风俗),男女共浴绝对只能算是小巫见大巫。朝鲜人记录了大量这方面的情况,比如:

> 父子并淫一娼,亦无非之者,真禽兽也。(黄慎《日本往还日记》)⑥
> 闾阎之间,养汉设店,淫风大成。(李景稷《扶桑录》)⑦
> 男女无别,淫秽成风,至亲之间,亦相私焉,养汉之店,处处有之。
> 所谓有识之家,亦无防闲之节,多有淫乱之行。(姜弘重《东槎录》)⑧

---

① 见前引《燕行录全集》,第 59 册,第 407 页。
② 同上,第 59 册,第 520 页。
③ 见前引《国译海行总载》,第 8 册,附录第 57—58 页。
④ 同上,第 9 册,附录第 92 页。
⑤ 见前引《韩国文集丛刊》,第 200 册,第 527 页。
⑥ 见前引《国译海行总载》,第 8 册,附录第 57—58 页。
⑦ 同上,第 3 册,附录第 22 页。
⑧ 同上,附录第 46 页。

白昼相狎，夜必设灯而行淫，各齐挑兴之具，以尽欢情。人人贮画轴于怀中，各写云情雨态，百媚千娇。又有春药数种，助其荒惑云。（申维瀚《海游录》）①

不过，上述情况还算是正常的，毕竟还都是发生在男女之间的性行为，在朝鲜人记录中，还可以看到当时日本存在男娼的现象，而且是一种在上层社会十分流行的现象，这一点无疑进一步强化了朝鲜人对日本"淫风大成"的印象。

或饰男娼以娱客，平居亦以男色自侍，嬖之甚于姬妾。（黄慎《日本往还日记》）②

国俗且重男色，嬖之甚于姬妾，故以此争妒，至于相杀者甚多云。（任守干《东槎日记》）③

日本男娼之艳倍于女色，其嬖而惑者又倍于女色。……其俗以窃人之妻妾为易事，而男娼有主者，则不敢与之言笑。（申维瀚《海游录》）④

申维瀚和日本文士雨森芳洲之间关于男娼问题的一番谈笑对话，或许能让我们对这一问题有更形象的认识。

雨森东所作文稿中，有叙贵人繁华之物，曰"左蒨裙而右娈丱"。余（申维瀚）指之曰：此云娈丱，乃所谓男娼乎？曰：然。余曰：贵国之俗，可谓怪矣，男女之欲，本出于天地生生之理，四海所同，而犹以淫惑为戒，世间岂有独阳无阴而可以相感相悦乎？东笑曰：学士亦未知其乐耳。如东之辈所言尚然，国俗之迷惑可知也。（申维瀚《海游录》）⑤

朝鲜人的风俗习惯受到中国儒家礼教的深刻影响，他们把日本的风俗和自己国家的风俗进行比较，并且拿儒家礼教作为评判的标尺，最后得出的结论就是日本的风俗是一种"蛮夷之俗"，如姜弘重所说："大概蛮俗贸贸，礼节扫如，凡其事为，无一可观。"⑥而朝鲜人认为，之所以会这样是因为日本

---

① 见前引《韩国文集丛刊》，第 200 册，第 527 页。
② 见前引《国译海行总载》，第 8 册，附录第 57—58 页。
③ 同上，第 9 册，附录第 92 页。
④ 见前引《韩国文集丛刊》，第 200 册，第 527—528 页。
⑤ 同上，第 528 页。
⑥ 见前引《国译海行总载》，第 3 册，附录第 46 页。

缺乏"圣王之政教"①，归根到底就是说日本的文化落后。

正因为有如此认识，朝鲜人在和日本人的交往中经常会有一种教化者的心态出现，也就不足为奇。他们甚至还会想象，因为受到朝鲜文化传播的影响，日本的有识之士曾试图进行一些移风易俗的努力，只是最后都没有成功：

> 贞干(木顺庵)不剃发不火葬，欲从华制，见放而死。源玙(新井白石)遵其师说，又欲变国俗，亦废死。(赵曮《海槎日记》)②

三　朝鲜人对日本文学、学术的批评

朝鲜人从日本人身上找到的最大的文化自信是在文学和学术方面。

(一)诗文评价

文学方面主要体现在诗歌的写作上，朝鲜人用汉文写作诗歌的水平远在日本人之上，这不仅是朝鲜人的看法，日本人自己也不得不承认这一事实。朝鲜人到日本去，最头疼的一件事情就是每天要应付大量前来求取诗作的日本人，有时候甚至一整天都在磨墨写诗。

同时，在朝鲜人的记载中还经常会出现这样的情节：朝鲜人听说哪里有一些日本诗文大家，就迫不及待地前去与之会面唱和，而结果几乎无一例外地发现这些人写的诗都"拙朴可笑"、"多不成语"、"无一可观"。总之在写诗作文这件事情上，朝鲜人在日本绝对是以"独孤求败"的形象出现的。而在朝鲜人的文字记载中，也毫不掩饰其认为日本文学水平低下的评语。这一点在诗文水平超凡的申维瀚身上体现地尤为明显，在他的《海游录》中，多有对日本人诗文的品评之语：

> 客喜而笑，即以诗唱酬。递发而递答，诗皆拙朴可笑。③

> 湛长老送禅仪、周镜两僧来候，是在马州时已得其诗，及见之，又端净可爱，馈以酒果，使为诗，诗多不成语。④

---

① 早在 1420 年出使的宋希璟的《日本行录》中就有"若得明王施政教，贫残尽变即良民"的诗句，见前引《国译海行总载》，第 8 册，附录第 32 页。而申维瀚《海游录》亦有言："所以制礼渐民而不格于禽兽者，圣王之政教在也。不如是，中国也有郑卫，抑何论炎荒之外，卉服之乡，蛟肠鸟语，聚麀而同浴者哉。"见前引《韩国文集丛刊》第 200 册，第 462 页。

② 见前引《国译海行总载》，第 7 册，附录第 50 页。

③ 见前引《韩国文集丛刊》，第 200 册，第 444 页。

④ 同上。

(林信智)其诗自谓俊俊,而多不成语,笔法似仿洪武体,而拙弱可笑。其兄信充,所赠诗亦多,而尤不足观。①

不仅品评,申维瀚还试图分析日本人写不好诗文的原因,最后归结到"政教有以拘之"和日本"声律全乖,韵语之难"两大原因:

使之为歌行律语,则平仄多乖,趣味全丧,为我国三尺童子所闻而笑者。使之为序记杂文,则又盲蛇走芦田,法度与词气无一可观。是岂人才有定限而然哉,其土风与政教有以拘之也。(申维瀚《海游录》)②

日本为文者皆以八大家文抄,读习专尚,故见其长书写情,则或有理赡而辞畅者,诗则人人自谓欲学唐音,而无一句画虎于古人。夫以海外兜离之乡,声律全乖,韵语之难,百倍于叙述之文故也。(申维瀚《海游录》)③

申维瀚还记载下雨森芳洲自述日本人诗文水平低下的一番话:

雨森东谓余曰:日本人学为文者,与贵国悬殊,用力甚勤而成就极难。公今自此至江都,沿路所接引许多诗文,必皆拙朴可笑之言,而彼其千辛万苦,艰得而仅有之词也,须勿唾弃,优容而奖诩之,幸甚。(申维瀚《海游录》)④

最有趣的是,申维瀚还据自己所见揣测了这样一种可能性:日本人抄袭清朝顺治以后江南才子诗集中的诗句来与朝鲜人进行诗文交流,以期博得朝鲜人对其诗文水平的认可:

日本与余对坐酬唱者,率多粗疏遁塞,语无伦序,或见其橐中私稿,时有一句一联之最佳者,视席上所赋,全是天壤。余意南京海贾,每以书籍来贩于长崎岛,故顺治以后江南才子之诗集,多在日本,而为我人所未见者,则彼或暗偷狐白,而取媚于秦姬者钦。⑤

(二)学术批评

在文学之外,朝鲜人对日本的学术也是不怎么看得上眼。事实上,日本也有大量学者研究儒家的学问,所以有关儒学特别是朱子学的讨论,也是朝鲜人和日本人交流中十分重要的一个方面。从通信使文献中我们能够看到

①见前引《韩国文集丛刊》,第 200 册,第 521 页。
②同上,第 520 页。
③同上。
④同上。
⑤同上。

朝鲜文人与一批当时日本最著名的知识分子的学术讨论,而经过讨论之后,朝鲜人对日本学术的评价往往都比较低,以至于发出"日本性理之学,无一可闻"之类的评价:

> 日本性理之学,无一可闻。盖其政教与民风,非兵则佛。郡国无庠序俎豆,又无君亲丧礼。其民虽天禀良知,何从而得闻道也。(申维瀚《海游录》)①

> 在京时得见日本人伊藤维桢所撰《童子问》,其书全以诋诬程朱、诗张异见为主,自谓孔孟以后独得圣学心法……绝海蛮儿,坐于愚昧,侮毁前贤至此,良足良怜。(洪景海《随槎日录》)②

> 日本学术则谓之长夜可也,文章则谓之瞽蒙可也。(赵曦《海槎日记》)③

> 此后此辈果能因文而学道,渐入于学问境界,则虽是岛夷,可以进于中国,岂可以卉服而终弃之哉? 但千年染污之俗,非大力量大眼目,则猝难变革,恐不可以区区诗语,把作先示之兆也。(赵曦《海槎日记》)④

> 其俗旧尚先神而后佛,先佛而后儒者,神佛如此,儒复何论?(金绮秀《日东记游》)⑤

朝鲜与日本对于儒学的发展,其实很难简单地评定孰优孰劣。朝鲜的儒学,长期只以程朱为正宗,排他性极强,即使后来在中国流行开的阳明学,朝鲜人也几乎避之不谈。而日本的学术相对呈现一种百花齐放的状态,不惟有治程朱之学的学者,儒学脉络中阳明学,乃至儒学以外的佛学等,都有学者治之。然而,朝鲜人只拿着程朱这唯一的一杆标尺去衡量(相对于朝鲜,日本治程朱学的自然稍欠功力),而对日本其他方面的学术情况,则直接不加分析、毫无理由地忽视,这才出现了朝鲜认为日本无学术的评价。应该说,这样的评价是比较片面的。

文学和学术方面的较量,实际上是朝鲜和日本之间在汉文水平和对儒家学问(主要是程朱理学)的掌握程度这两方面展开的比赛,这个比赛中朝鲜人确实远远地把日本人甩在了身后,这事实上也反映出两方面的客观情

---

① 见前引《韩国文集丛刊》,第 200 册,第 525—526 页。
② 见前引《燕行录全集》,第 59 册,第 377—378 页。
③ 见前引《国译海行总载》,第 7 册,附录第 50 页。
④ 同上,第 7 册,附录第 50 页。
⑤ 同上,第 10 册,附录第 154 页。

况：一是在当时的日本学界，汉字和汉文的应用程度和能力都远不及朝鲜；二是当时的日本仍是一个世袭的社会，学术或者说知识水平的高低无法成为影响一个人社会地位的决定因素，所以其发展相对滞缓。①

四　朝鲜人对日本饮食的批评

朝鲜人对日本的饮食文化也相当不认可。当时朝鲜人到日本去，一般都是外交使节的身份，每到一处都是由都当地的地方官宴请吃饭，吃的都是日本最好的食物，但就是这些最高规格的接待，在朝鲜人看来也几乎是一无是处。

总体来说，朝鲜人认为日本的饮食的缺点是量太少，品种太过单一，制作非常粗糙："饮食之制，饭不过数合，味不过数品，极其草草。"②而对日本人接待宴席上的饭菜，他们的评价不是"不可下咽""薄劣陋粗，无可下箸"，就是说这些东西"决非近口之物"。

> 每饭不过数合米。菜羹一杯。鱼鲙酱菁三品而已。一器所盛甚少。……将官外皆用赤米为饭，形如瞿麦，殆不可下咽。（金世濂《海槎录》）③

> 沿路太守之所呈杉重，以我国人视之则薄劣陋粗无可下箸，而市间所卖者则亦不及于此，决非近口之物。（洪景海《随槎日录》）④

> 受宴亦与他处宴无异，盘床之金银动光，剪花之锦彩缬眼，而无一下箸之物。（洪景海《随槎日录》）⑤

> 次进宴馔十余床，而奇奇怪怪，无一下箸者。（赵曦《海槎日记》）⑥

> 参茶一巡而罢，始进宴享……所谓宴需、馔品、花床，比坂城宴享差胜，而虽过数十器，诚无下箸之处矣。（赵曦《海槎日记》）⑦

日本人招待朝鲜人吃饭，几乎每顿都是吃生的和冷的食物，朝鲜人吃到

---

① 申维瀚的一番话或许颇能说明这一点，他在《海游录》中说，日本"所谓儒者，学为诗文而无科举仕进之路，故苟得声誉，而为各州记室，则能食累百石廪米以终其身，不得则求入于兵家，又托于医。余于驿路站馆，有投文而求见者，或曰某地医官，或曰某城武臣，其文字往往可称，盖以文士而为医为兵，以求禄食者也"。见前引《韩国文集丛刊》，第200册，第514页。
② 见前引《韩国文集丛刊》，第200册，第506页。
③ 同上，第95册，第334页。
④ 见前引《燕行录全集》，第59册，第434页。
⑤ 同上，第59册，第481页。
⑥ 见前引《国译海行总载》，第7册，附录第23页。
⑦ 同上，第7册，附录第30页。

烧熟的东西的次数屈指可数,这一点着实让他们难以忍受。不过,他们最不能理解的是,日本宴席所谓上最高级的一道食物,竟然是把一种水鸟连着羽毛一起煮熟后风干,接着在羽毛上涂上金粉和银粉,最后拗成飞翔的造型,放到桌上作为一道名菜:

> 取水鸟存其毛羽,张其两翼以干之,铺金于背,盛馔于其上,亦甚盛宴之例也。(李景稷《扶桑录》)①

> 凡于盛宴肴核之上,皆着金银,必取水鸟,存其羽毛,张其两翼,铺金于背,置馔其上。且取生雁、野鹤,以为之馔。如不得此两物,则以为欠礼。(姜弘重《东槎录》)②

> 水鸟全其羽毛而干之,海螺不去其壳而烹之,点涂金银,以为宴享之华羞。(申维瀚《海游录》)③

这样茹毛饮血式的奇怪菜肴,也难怪朝鲜人不知道要怎么下筷。

五　朝鲜人对日本风景名胜的品评

如果说日本的有什么东西是没有受到过朝鲜人的批评的话,唯一的可能就是日本的风景名胜。所谓"仁者乐山,智者乐水",对名山大川的喜好,几乎是所有文人雅士的共同特点,朝鲜文人也不例外。对日本的富士山、琵琶湖等一些山川湖泊的景色,他们毫不吝惜笔墨,极尽优美的词句来描绘和吟咏它们,并且他们还把日本的很多美景和中国的风景名胜如西湖、洞庭湖、岳阳楼等相提并论,给予极高的评价。

> 路出琵琶湖上,此乃倭国之第一胜处云者。……膳所太守之居,临在湖边。……兼有滕阁、西湖之胜焉。(曹命采《奉使日本时闻见录》)④

> 馆临大湖,即箱根湖也,周围四十余里,翠涛如海,实是瑰观,谁意千仞岭上得此洞庭湖光景。(洪景海《随槎日录》)⑤

> 屋临二百里琵琶湖,景致甚佳,所谓竹生岛著在湖中,如洞庭之有君山,湖水浩淼,洲渚苍莽,无数帆樯来往于落照之中,鹭鸥飞飞,云烟

---

① 见前引《国译海行总载》,第 3 册,第 22 页。
② 同上,第 3 册,附录第 46 页。
③ 见前引《韩国文集丛刊》,第 200 册,第 507 页。
④ 见前引《国译海行总载》,第 10 册,附录第 26 页。
⑤ 见前引《燕行录全集》,第 59 册,第 427 页。

淡淡,真可谓仙境也。(洪景海《随槎日录》)①

　　过琵琶湖,望见膳素城。……虽洞庭之岳阳,何以过此! 一路所
见,如骏河州之富士山、箱根湖,清见寺之蟠梅,近江州之琵琶湖,佐和
山之雄镇湖面,真天下壮观也! (姜弘重《东槎录》)②

有意思的是,在赞美完这些日本的壮美风景之后,朝鲜人往往还不忘记
要借着写景来挖苦日本几句,比如在写到富士山被云雾遮挡的景色时,就有
这么一句:"灵山在于蛮夷之乡,得见吾辈反多羞愧之意,故令云霭半遮其面
矣。"(洪景海《随槎日录》)③意思是说富士山因为羞愧于自己生在日本这样
的蛮夷之地,不好意思让朝鲜人看到,所以让云雾遮住自己。看到琵琶湖和
膳所城相应成趣,在赞其可比洞庭岳阳的同时,又要说一句"惜乎在蛮邦鄙
野之地,不使文人才士,品题于其间也"(姜弘重《东槎录》)④。又如看到山
中一处绝佳景色,冒出这么一句:"惜乎蛮儿辈无山水之眼,无一楼一亭之著
在此中也。"(洪景海《随槎日录》)⑤意思是说日本人没有文化,不懂得欣赏
山水美景,在景色那么优美的地方,竟然都没有人想到去建造亭台楼阁,以
享受这样的美景。当申维瀚看到琵琶湖美景后,也不由感慨"何物蛮儿,管
此好江山",意思是这么美丽的风景,却在日本这样的蛮夷之人的管辖之下,
实在是可惜。这种种酸溜溜的感慨,无一不赤裸裸地体现出朝鲜人对日本
文化的蔑视。

朝鲜人对日本各方面的评价,实际上体现出当时的朝鲜人有一种强
烈的文化优越感,因为他们觉得自己国家的东西比日本的好,才会有这样
那样的批评。这种文化优越感,源自于朝鲜长期以来以"小中华"自居的
心态。历史上朝鲜一直有这样的认识,那就是除了中国以外,它是保存中
华文化传统最好的国家。特别是到了清代以后,当中国被满族所统治后,
朝鲜进一步认为中国的中华文化传统已经就此中断,自己则已成为当之
无愧的中华文化传统的继承者和保存者。所以,当朝鲜人在面对日本这
样一个长期远离中华文化中心但又十分仰慕中华文化的国家时,自然要
表现出文化强者的姿态,同时希望以文明教化者的身份出现,也就不足为
奇了。

---

① 见前引《燕行录全集》,第 59 册,第 424 页。
② 见前引《国译海行总载》,第 3 册,附录第 40 页。
③ 见前引《燕行录全集》,第 59 册,第 425—426 页。
④ 见前引《国译海行总载》,第 3 册,附录第 34 页。
⑤ 见前引《燕行录全集》,第 59 册,第 516 页。

六　日本的回应

那么,日本人是否知道朝鲜人对日本文化的种种负面评价,甚至是露骨的批评呢? 他们又是怎么回应的呢?

尽管朝鲜人对日本的严厉批评,基本上都出现在他们写的游记中,但是这些批评性文字,日本人其实都是知道的。

历次朝鲜通信使撰著的书籍,很快就在朝鲜被刻印出版了,而当时在朝鲜和日本之间,有着十分顺畅的商贸往来,在商贸过程中,日本人又十分重视购买朝鲜的书籍,所以这些记录着对日本的批评的书籍,很快就被带到日本,因为其内容和日本有关,故而常常被大量翻刻和出版。因此,日本人知晓朝鲜人对自己的种种评价,自然不在话下。申维瀚在曾在《海游录》中提到自己在大阪看到大量朝鲜书籍,而其中:

> 最可痛者金鹤峰《海槎录》、柳西厓《惩毖录》、姜睡隐《看羊录》等书,多载两国隐情,而今皆梓行于大阪,是何异于觇贼而告贼者乎? 国纲不严,馆译之私货如此,使人寒心。①

申维瀚担心的事情之一,大概就是这些书籍中朝鲜人对日本人的评价性文字会引起日本人的不满。而事实证明,他的担心并非没有道理。雨森芳洲曾直接就朝鲜人文集中对日本的言语批评问题向申维瀚发难:

> 雨森东尝于江户客馆从容谓余(申维瀚)曰:吾有所怀,欲乘间言之。日本与贵国,隔海为邻,信义相孚,敝邦人民皆知朝鲜国王与寡君敬礼通书,故公私文簿间,必致崇极。而窃观贵国人所撰文集中语及敝邦者,必称倭贼蛮酋,丑蔑狼藉,有不忍言者。我文昭王末年,偶见朝鲜文集,每谓群臣曰:岂料朝鲜侮我至此,憾恨终身。今日诸公可知此意否? 辞色甚不平,怒肠渐露。②

对此,申维瀚只能委婉地回答说,这是因为一些朝鲜文人对壬辰倭乱的血海深仇难以忘怀,以致在文集中常常有所流露所致,而自遣使修睦以来,重提宿怨的人已经越来越少了。

> 余曰:此自易知顾贵国不谅耳。君所见我国文集,未知何人所著,然此皆壬辰乱后刊行之文也。平秀吉为我国通天之仇,宗社之耻辱,生灵之血肉,实万世所无之变,为我国臣民,谁不欲裔而食之? 所以上自

---

① 见前引《韩国文集丛刊》,第 200 册,第 491 页。
② 同上,第 529 页。

荐绅,下至厮隶,奴之贱之,语无顾藉,发于文章者,固当如此。至于今日,圣朝仁爱生民,关市通货,且知日东山河已无秀吉之遗类,故遣使修睦,国书相望,大小民庶,咸仰德意,岂敢复提宿怨见诸辞气。而顷到大阪,目击平家旧墟,毛发犹凛凛矣。①

申维瀚的解释其实是很牵强的,事实上在他出使的当时以及其后很长一段时间,朝鲜文人对日本各种批评还是充斥于文集之中,这背后绝不仅仅是壬辰倭乱的问题,根本上来说还是朝鲜人的文化优越感在作祟。因此,申维瀚的解释,也没能完全说服精明的雨森芳洲。雨森芳洲进一步说道:"是则然矣,但今诸从者,有呼敝邦人,必曰倭人,亦非所望。"而申维瀚只能说倭人的称呼并没有鄙视之意:"贵国之有倭名已久,君何所憾。"雨森芳洲又反驳:"唐史既云倭改国号为日本,今后则愿饬下辈,呼我以日本人可矣。"申维瀚只好转换话题,回问雨森芳洲:"贵国人呼我曰唐人,题我人笔帖曰唐人笔迹,何所意?"雨森芳洲答道:"国令则使称客人,或称朝鲜人,而日本大小民俗,自古谓贵国文物与中华同,故指以唐人,是慕之也。"至此,就这一敏感主题的对话才算告一段落。②

总的来说,日本人对朝鲜人对待自己的心态其实是清楚的,而且也有忿忿不平之感。正如1747年出使的曹命采所说:"彼辈知我国之以蛮夷待渠,常有自叹之意。"(曹命采《奉使日本时闻见录》)③而日本人中井竹山的《草茅危言》(1764)中也有这么一句话:"朝鲜既不能以武力胜我,遂欲以文事凌驾于我。"④

那么,在知道这些批评之后,日本人的反应如何呢?

总的来说,在朝鲜和日本的文化比赛中,虽然朝鲜人的文化优越感十分明显,但日本却从来不曾感觉自己的文化有丝毫不如朝鲜之处。在和朝鲜人讨论文化相关的问题时,他们总是毫不示弱。每次接待朝鲜使臣,日本方面都会派出本国最好的一批学者与朝鲜人交谈,某种程度上也显示出其希望展现本国文化实力的愿望。

对于朝鲜人的批评,日本人的反应大概有这样一些:一方面,他们会在某些场合向朝鲜人提出抗议,质问朝鲜人为什么在书里那么不留情面地批评日本,结果被质问的朝鲜人也感觉很不好意思,就如前述雨森芳洲和申维

①见前引《韩国文集丛刊》,第200册,第529页。
②同上。
③见前引《国译海行总载》,第10册,附录第41页。
④转引自葛兆光:《文化间的比赛》,载《中华文史论丛》2014年第2期,第1页。

瀚的例子。另外一方面，当看到这些批评之后，日本人也会去做一些针对性的弥补工作，比如要求本国人在朝鲜人来日本时约束不良习气，注意言行礼仪，在以往被朝鲜人挑毛病的方面，一定要尽可能注意掩饰等等。

除此之外，日本方面最主要的一个努力方向，就是希望通过展示自己国家的经济军事实力来让朝鲜人改变对自己的看法。这一点也明显的体现在朝鲜通信使的著述中，从接送朝鲜使节用的船、坐的轿子，到住宿的客房、接待的酒宴，再到一路上看到的城市中的建筑、市井中的商店、农村中的村舍，使行所经所见，一次比一次奢侈华丽。越往后来，日本的穷奢极欲，越让朝鲜人深深感到自己国家的国力难以和日本相提并论，如此，原本的文化优越感也逐渐打起了折扣。

日本的这样一种比赛的思路，其实很能够体现其国家和民族的性格。对日本来说，在那样一个历史时期，因为在传统文化方面没有明显的优势，就转而发展经济、军事等，以奠定属于自身的优势实力。但是这也带来一些问题，在片面强调发展有形国力的同时，传统文化就变成了不那么重要，或者不必要去守护的东西，甚至为了经济的发展和国力的强盛，可以轻易地抛弃。

反过来看，日本之所以敢于暂时放弃对传统和文化的坚守，某种程度上可能是因为它相信，在任何时候都可以把传统和文化重新找回来。或者说，在日本的理解中，传统和文化不是一个有生命的自我生长的东西，而是一件可以随时被制造出来的无生命的产品。事实上，当今世界上，包括日本在内的很多国家，在实现了经济发展的目的之后，都在回过头来从事这样一项制造文化的工作。然而，文化真的是可以被制造的吗？被制造出来的文化，还是原来的那个文化吗？这些问题，值得我们去深思。

在对待传统和文化的态度问题上，历史上的朝鲜和日本恰恰代表了保守和激进的两个极端，而当他们在历史的场域中相遇、碰撞，令我们看到了一幅文化比赛的图景，同时这也是两种文化态度的孰是孰非的较量。可是，这个较量的结果是什么，实在难以下最终定论。过去种种所代表的只能是阶段性的结果，只要历史的进程还在继续，我们就只能继续观察。而在观察这两个他者的同时，也不妨反过来看看我们自己的传统和文化，以及我们对待它的态度，处于怎样一种状态。

朝鲜通信使传入番薯考

鲁成焕(韩国　蔚山大学校)

引　言

　　番薯是小孩子们比较喜爱的食物之一。对于食物匮乏的平民来说,番薯也是极为重要的农作物。因此,寒冬季节在街上叫卖番薯的小贩们其实是平民的象征。1978年9月,小说家玄基荣在《创作与批评》期刊上发表了小说《顺伊三寸》。小说中写道:"顺伊的叔叔因为一直没人去砂砾地里去认那两个尸体,所以一直没能种番薯,直到顺伊的伯父帮他把尸体清理了,他才种上了番薯。那年番薯大丰收,吸收了尸体肥料的番薯,一个一个都长得和屁股一样。"①作家借此来反映"四三"事件的残酷性。被残害的良民的尸体滋润了土壤,使得番薯大丰收。这里其实隐含了越是番薯大丰收,我们就会越悲伤的事实。在这里,番薯其实象征着我们那段残酷黑暗的历史。

　　因为番薯和平民息息相关,所以会给我们一种番薯和我们共同度过了漫长的历史的错觉。但实际上,我们民族和番薯共度的时间并没有那么漫长。因为番薯(学名：Ipomoea batatas)其实不是我国的本地植物。其原产地是南美大陆,主要以秘鲁和墨西哥为中心。这种作物到底是怎样传入我国的,越想越发神奇,因为这会是一次很漫长的旅行。据说,新西兰10世纪左右便种植番薯,在那儿番薯叫kumara。如果这是真的,那么在西方人进

---

① 玄基荣:《玄基荣小说集·顺伊叔父》,首尔:创作与批评社,1979年,第79页。

入新西兰之前,番薯就已经由波利尼西亚人从南美传入了。很可能是当时他们乘船往来于南美时将番薯植入本地区的。

邻国日本推测番薯是由西班牙和葡萄牙人传入东南亚,再经中国,然后通过冲绳进入日本。若真是这样,那么番薯便不是直接传入,而是通过欧洲和东南亚等多个地区,如同跨过一个个桥一般传入的。

和日本相比,番薯是如何传入韩国的呢?而且番薯的名称是如何产生的呢?地理位置方面来说,不得不考虑中国、日本以及冲绳的路线。即,番薯是通过陆地传入中国再传入韩国的呢,还是通过海洋传入冲绳、日本,再传入韩国的呢?

此外,我们也要考虑一下番薯的名称。番薯英语名称为 sweet potato,potato 如换成汉字那就是甘藷或是土豆,韩文则是“감자”。但是,韩文在称呼 sweet potato 时,变成了 고구마,potato 就失去了“감자”的原名。为什么会发生这样的事情?为解决此问题,本文以先前研究为基础,重新审查了相关的记录,力图解答番薯是因谁传入我国的,又是如何称为 고구마 的这个问题。

一 番薯是由哪儿传入的?

18 世纪后半期赵曮(1719—1777)从日本对马岛带来了有关番薯来源的辞典。即使如此,对于番薯从何而来依然有北方传入说和南方传入说两个版本。前者主张番薯是由中国传入韩国的,后者主张番薯是由日本传入韩国的。

主张北方传入说的代表人物是小仓进平(1882—1944)。他是研究新罗乡歌的著名韩国语学者。20 世纪 30 年代他进行了有关番薯的方言调查,发现当时的朝鲜既使用 고구마,也使用汉语中表番薯的 감저(甘藷),由此主张,番薯在由日本传入韩国之前,就已经于 1600 年左右由中国传入韩国。[①]

然而,忽略上述观点,番薯由日本传入我国的观点更为常见。例如孙晋泰(1900—?)主张赵曮购入番薯才是番薯的来源,1763 年(英宗三十九年),作为使臣前往日本的赵曮购入了番薯,将其运到釜山镇。可以说是番薯传入的开始。[②] 金在胜也主张番薯是由欧洲传入菲律宾,经由中国福建省和

①小仓进平:《朝鲜语方言研究》(「朝鮮語方言の研究」复刻版):东京:亚细亚文化社,1973 年,第 17 页。

②孙晋泰:《甘藷传播考》,收于《孙晋泰先生全集》第 2 集,首尔:太学社,1981 年,第 172 页。

冲绳以及日本,通过对马岛传入我国的。① 廉程燮②、吴洙京③正在通过文献资料研究因赵曦传入的番薯是如何经过李匡吕、姜必履、姜必教等人的努力得到种植并普及的。

如上所述,相对于北方传入说而言,主张番薯是由去日本的使臣赵曦从日本的对马岛带入我国的南方传入说获得了压倒性的支持。南方传入说几乎已成定论。但真的是这样吗? 这里笔者稍有疑问。因为至今为止,并没有提出可以忽略北方传入说的理论性依据。学问的对与错并非由支持者的数量来决定的。因此,我们有必要对小仓进平的北方传入说进行考察。

不能忽视小仓进平北方传入说的原因,那就是番薯的名称。20 世纪 30年代的方言,全罗南北道的大部分地区和庆尚南道、忠清南道等地的番薯不叫고구마,而是称为감자(土豆)。其词源是감저,这说明,在从日本传入番薯之前,朝鲜便已经有了番薯,而且其种植地区也相当广。④

这样的解释也具有一定的说服力。因为赵曦在从日本的对马岛引进番薯之前,就有李匡吕(1720—1783)为引进和栽培番薯而投入巨大精力的记载。李匡吕继承了韩国著名学者郑齐斗的学问,是江华学派的一员,很早就注重民生问题。

李匡吕读了中国明末政治家徐光启(1562—1633)写的《农政全书》,对备荒作物番薯产生了兴趣。徐光启认为番薯有救荒功能,为此写了一篇名为《甘薯疏》的文章,上书给皇帝,要求推广番薯的种植,而且他还在《农政全书》里用了整整一节来介绍番薯。笔者推想,李匡吕读的那篇关于番薯的文章很可能是此部分的内容。李匡吕通过《农政全书》了解到番薯的相关知识,他写道:"番薯称为번저或者감저,中国扬子江一带及福建省、广东省等地广泛种植。现在若去中国和日本的话也可以得到番薯。此作物要在我国栽培的话,无论是丰年还是凶年,百姓们都可以得到饱食。"⑤他还写道:"若想免除百姓的饥饿之痛,提高百姓的道德修养,消除百害的话,就应先从番薯做起。"由此可见李匡吕认为番薯是减轻洪灾和旱灾,缓解凶年的天下奇宝。

---

①金在胜:《番薯朝鲜传来考》,《东西史学》第 8 集,韩国东西史学会,2001 年,第 114 页。

②廉程燮:《朝鲜后期番薯的引入和栽培法的整理过程》,《韩国史研究》第 134 集,韩国史研究会,2006 年,第 114 页。

③吴洙京:《朝鲜后期利用厚生学的展开与甘藷谱的编撰》,《安东文化》第 16 集,安东大学安东文化研究所,1995 年,第 9 页。

④小仓进平:《朝鲜语方言研究》(『朝鮮語方言の研究』),第 218 页。

⑤李匡吕:《李参奉集》(1805 年),金权涅:《我国古代农业书籍——以考证特殊作物的引入年代为中心》,《庆尚大学论文集》第 30 集,《生农系编》,庆尚大学出版社,1991 年,第 112 页。

由此,他极力主张引进番薯。1762 年,李匡吕写了《群芳谱》一书。相关内容如下:

> 若将番薯的种子引入我国的话,我们便不必因凶年而困扰。治理国家,若先把粮食问题妥善解决的话,那可以说已经成功了一半了。……若番薯得到种植的话,到了收获时节,丰年自不必说,凶年也可以减少流亡和饿死的百姓,为国家鞠躬尽瘁的人士们怎么会犹豫呢?对于引进番薯一事,我已提出几年之久,现今看到何氏写的《番薯颂(번서송)》,更是知道了详细的内容。[1]

由此可以看出李匡吕深知番薯作为救荒作物的巨大潜力。虽然他多次向朝廷上书引进番薯,但始终没有结果。引文中出现的何氏是指明朝的何乔远。[2] 由此推知,朝鲜儒生李匡吕通过明朝的徐光启和何乔远得知了福建地区的救荒作物番薯的存在与其发挥的巨大作用。

番薯在中国全国传播是在福建省遭遇大饥荒之后开始的。约 1597—1598 年之际,番薯还未被推广很久,就发生了水灾、旱灾、虫灾。谷粒颗粒不收,番薯却以顽强的适应力在极为干旱贫瘠的山坡上生长,获得了大丰收。很多人全年只依靠番薯度过了灾难。那些轻视番薯的人们看来要尝下饥饿的滋味才能体会到其重要性吧。

番薯在饥荒年代向人们展示了它的重要性。福建人民因为番薯救了他们的性命,称番薯为"救命番薯"。从这时起,番薯更加受人重视,每年千家万户都会种植大量的番薯,以备荒灾之需。李匡吕所读的《番薯颂》便是福建出身的儒生何乔远写的。[3]

像这样,掌握大量番薯信息的李匡吕多次向官吏反映,希望能引进番薯,却屡次遭拒。于是他决定凭借个人的力量从中国引进番薯,竟两次试图通过担任燕行使的译官得到番薯种子。但是对番薯一无所知的译官别说是带回番薯了,就连摸也没摸过便回来了。一天,对于翘首以待番薯的李匡吕来说,一个好消息传来了。1762 年,他的亲属户曹判书徐志修(1714—1768)作为燕行使要去北京。李匡吕态度诚恳地向徐志修讲述了徐光启书中关于番薯的内容,并写下书信,拜托引进番薯:"番薯本来是海外的产物,今年引入中国。此种作物易管理,即便播种很少的种子,也能收获很多。且

---

[1]廉程燮:《朝鲜后期利用厚生学的展开与甘藷谱的编撰》,《安东文化》第 16 集,第 14 页。
[2]同上,第 15 页。
[3]朴德圭:《中国历史故事 4》(合本),首尔:日送书,2008 年,第 381 页。

不妨碍农事,完全不受旱灾和虫灾的影响,味道如五谷,功效却成倍。因此可以在凶年当做救济作物,当真是天下的宝物。"①

接受委托的徐志修终于得到了番薯的种子。但是,因为途中管理不善,最后种子都死了。李匡吕翘首以待的种子最终以运送失败告终。但是,李匡吕并未灰心,他知道番薯种植在南方,推测日本也可能在种植番薯。恰逢1763年,李匡吕亲戚的儿子赵曮作为通信使要前往日本,得知此消息的李匡吕向其提出了带回番薯种子的请求。考虑到番薯有可能流入到其它地方,他又派出自己的徒弟姜启贤前往东莱,让他亲自拿到种子。当年4月姜启贤动身前往东莱,当他抵达东莱时,正好赵曮从日本对马岛购入的番薯也到达了东莱。经密阳副使的帮助,姜启贤得到了番薯的种子,将其放入木杷里,送去李匡吕家。李匡吕成功地把它种在了自己家的庭院里,为此,他还写了一首诗,以表达自己得到番薯的欣喜之情:

> 万历番茹始闽□,
>
> 如令天下少饥人。
>
> 寸根千里穷南海,
>
> 五十姜翁只一身。②

对于番薯的引入与栽培起到先行贡献的李匡吕,最早是从中国获得关于番薯的信息。而且李匡吕也曾试图从中国引进番薯,最后却以失败告终了。考虑到这些方面,如同小仓进平的主张,番薯其实是先从中国引入的。但是,因为运送途中的管理疏忽,最终以失败告终,所以从严格意义上来讲,其实不能称为真正的引进。出使日本的赵曮在对马岛上发现了番薯,了解到了番薯的效能,所以当时就从对马岛人手中购入,然后送往东莱,这应该被看做番薯的真正来源。因此小仓进平推测的北方传入说是不能成立的。但是不管怎样,番薯的相关知识并非来自日本。从李匡吕的事例可以看出,比起日本,番薯的相关知识是首先通过中国传入我国的。

二 赵曮是如何发现番薯的?

那么,赵曮是如何在日本发现番薯的呢?1763年作为通信使前往日本对马岛的赵曮首次见到了番薯。当年10月,当他到达左须奈浦的时候,看

①廉程燮:《朝鲜后期利用厚生学的展开与甘藷谱的编撰》,第15页。
②李匡吕:《赠姜生启贤》,转引自李贤日:《李匡吕的实心实学和经世学》,《民族文化史研究》第35集,民族文化史学会,2007年,第107页。

到了番薯,用公马将其运送到了釜山镇并进行了栽培。他之所以如此着急把种子运走,是因为如果等到他任务完成再归国的话,就会错过播种时期。换言之,为了明年春天能够播种,在去下一个目的地大浦前,他便将种子运走了。

从赵曮那里得到种子的釜山镇金使李应爀,很小心地保管着种子,到次年(1764)春,在绝影岛鸟岛对面的小山上种植了番薯。这便是我国最早的关于番薯的栽培。现在为影岛区青鹤洞,当地人们称为"조내기",是番薯刨挖之地的意思。

那时,一同去的成大中(1732—1812)、金仁谦(1707—1772)等人也对番薯颇感兴趣。成大中的《日本录》中提到:"最近,进入了民荒地区,因其在砂砾地里也能很好地生长,对马岛的人们都以감저(其实是番薯)为主食。因此,其又有孝子芋(효자우)之称。"但是他是否曾经试图购入番薯种子并不明确。[1] 与此相比,金仁谦的《日东壮游歌》中对番薯做了如下叙述:

> 岛中贫瘠,植物生长困难。人们种植了救荒作物孝子土卵(其实是番薯)。我用 3 升大米换了孝子土卵,模样如同何首乌,尝了一下,味道极好。熟透时味道更是香甜。归国之后将其推广的话,百姓可在凶年吃到番薯,当真是一件好事。还在慎重考虑。[2]

如上所述,金仁谦用大米换了番薯,模样如同何首乌,品尝了一下,味道更是很好。认为若带入我国,广泛推广,将其作为凶年的救荒作物的话会很好,极力希望得到种子。但是他只是想带入我国,对于如何将种子带入我国还在犹豫。

另外,和赵曮、金仁谦在一起的南玉(1722—1770)、元重举等也看到了番薯。南玉是以记录官的身份、元重举是以书记的身份随同通信使前往日本的。南玉和赵曮在佐须浦见了番薯之后,写下了以下关于番薯的内容。

> 拿到了番薯尝了一下,虽然与山药相似,但比山药短,比土卵长。生吃味甜,烤着吃味道更是香甜。与栗子和槿麻没有什么区别,可以解决饥饿,越吃越陶醉。可在砂砾地里种植。藤蔓如同瓜和黄瓜的的藤蔓一样蔓延。对马岛因为多山脉,没有适合种植谷物的土地。百姓们

---

①成大中:《日本录》,转引自吴洙京:《关于散佚的姜氏甘藷谱——资料介绍和其实学史意义》,《韩国实学研究》第 26 集,韩国实学学会,2013 年,第 424 页。
②金仁兼撰、李民秀译:《日东壮游歌》,首尔:探求新书,1981 年,第 111 页。

种植此物以免除饥饿。据说种子是从中国南部传入的。①

如上所言,南玉不仅看见过番薯,而且还亲自尝过。还知道番薯种植在多山、土壤贫乏的砂砾地,并了解其作为救荒作物的功能。但是所记录的仅有这些,无法确定他到底有没有试图引进番薯。而且原证据也只是说他在对马岛丰崎山见过番薯,可能对此比较关心,就与日本人进行了交谈。相关部分如下所述:

> 丰崎山下的丘陵上面向阳的地方,有几个空帐篷。向当地人询问了一下,说:"这些是保护番薯种子的帐篷。因为番薯比较容易受冻,不喜湿气,而且害怕火气,所以设置了这些帐篷,挖了些坑,来抵湿冷热。天冷时,存放在很深的地下,盖上厚厚的一层,使其不至被冻;如果暖和一点的话,打开通一下风;如果很热的话,把堆放的种子散开,让其晒下太阳。因此,一天有时会变换三四次。因此,每家每户不能单独储存种子,管理种子的人最终也得到了挣钱的机会。"②

从日本人口中得知此事的元重举提到"如果这样的话,那么即使在我国种了番薯,它的种子也不能保存很久。"于是,他就没再考虑引进番薯作为救荒作物一事。

但赵曮与此相反,很果断地迅速将番薯运往了釜山。不仅如此,第二年,即1764年6月,当他结束了日本的事务,回国之前又重新去了对马岛购买了番薯。或许这时的他时间较为充足,便写下了以下有关番薯的详细内容:

> 岛中有草根可食者,名曰甘薯,或谓孝子麻,倭音古贵为麻。其形或如山药,或如菁根,如瓜如芋,不一其状。其叶如山药之叶,而稍大而厚,微有赤色。其蔓亦大于山药之蔓。其味比山药而稍坚,实有真气,或似半煨之栗味,生可食也,炙可食也,烹亦可食也,和谷而作糜粥可也,拌清而为正果可也,或作饼或和饭,而无不可,可谓救荒之好材料也。此物闻自南京流入日本,日本陆地诸岛间多有之,而马岛尤盛云。其种法,春和后种之于向阳之处,待其草蔓之出土稍长,取其蔓间一二节,贴地掩土,则随其所掩处,辄皆抱卵,卵之大小必随土品之当否矣。叶脱秋高之后采取其根,坑坎稍深,铺薯一匝,实土数寸,复铺甘薯,又实坚土,如是者五六层后,多积藁草,厚筑盖土,俾避风雨,得免腐伤,待春出种如法

①南玉撰、金宝京译,李慧纯监修:《日观记——用笔尖分开富士山的清风》,首尔:素明出版社,2006年,第229-230页。
②元重举撰、金景淑译,李慧纯监修:《乘槎录——与日本相遇的朝鲜后期知识分子》,首尔:素明出版社,2006年,第87-88页。

云矣。

　　昨年初到佐须奈浦，见甘薯，求得数斗，出送釜山镇，使之取种，今于回路，又此求得，将授于莱州校吏辈，行中诸人亦有得去者。此物果能皆生，广布于我国，与文绵之为，则岂不大助于东民耶？莱州所种，若能蔓延，移栽于济州及他岛，似为宜矣。闻济州土俗，或似马岛者多，甘薯如果蔓盛，则济民之逐岁仰哺，罗仓之泛舟运谷，庶可除矣。但地宜未详，土产皆异，蕃殖之如意，亦何可必也。①

　　如上所述，赵曦认为番薯是从中国南京传入日本的，但事实并非如此。番薯是由中国福建省传入冲绳再传入日本的。虽然赵曦把此事弄错了，但他指出了番薯有救荒作物的功能。而且把番薯在我国的蔓延比喻成了文益渐（1329—1398）所说的棉花的蔓延，由此可看出他对番薯的期待。因此他也详细的记述了番薯的栽培方法。

　　赵曦把从日本带来的番薯给了东莱府使宋文载（1711—?），也给了前文中所提到的姜启贤。宋文载因身体原因辞去副使一职，将种子交给了新任府使姜必履（1713—1767）。姜必履弄到了一株番薯，李匡吕在家种植番薯失败，又再次拜托姜必履，得到了几棵番薯，将其种植。另一方面，姜必履不仅种植成功，而且也对其进行了研究开发。写了《姜氏甘藷谱》一书。以此为契机，番薯不仅在釜山得到了推广，而且在济州岛等南海岸的东西地区也得到了广泛的种植。

三　番薯的漫长旅程

　　如上所言，番薯是从日本对马岛传入我国的。但又是谁、怎样将其带入对马岛的呢？因这个问题并非与我们直接相关，受关注度也并不是很高。金在胜相关论点如下："关于传入对马岛的番薯，到底是琉球或博多商人们亲自从流寇那里将种子带到对马岛的，还是说对马岛人将种于萨摩地区的番薯种子传入对马岛的，并不是很明确。"②即到底是冲绳和福冈的商人将番薯传入对马岛的，还是对马岛居民亲自去了鹿儿岛将种子带入对马岛的，不是很明确。如上所述，我国的番薯是从对马岛传入的，但是对于番薯如何传入对马岛之事，关注度并不是很高。

　　但是如果番薯没传入对马岛的话，赵曦也不会看见番薯。若是那样的

---

① 赵曦：《海槎日记》，《海行总载》卷 7，首尔：民族文化推进会出版社，1989 年，第 311—312 页。
② 金在胜：《番薯朝鲜传来考》，《东西史学》第 8 集，第 102 页。

话,番薯很有可能更晚地传入我国,即对马岛使我国有了番薯。因此,探讨一下是谁将番薯传入对马岛也是很有必要的。

将番薯带入对马岛的人是原田三郎右卫门(? —1740)。这里,对马岛的儒学学者陶山讷庵(1658—1732)的功劳较大。当时士族出身的陶山讷庵极力想找出解决百姓粮食不足的对策。他通过黑田藩(现福冈)的农业学者宫崎安贞(1623—1697)写的《农业全书》一书,了解到了番薯的效能。而且他也知道番薯在鹿儿岛普遍种植的事实,所以派了自己的弟子原田三郎右卫门去了鹿儿岛。但当时鹿儿岛是禁止将番薯种子带往他处的,若违反了规定,会受到严峻的惩罚。因此,他们的计划可以说是风险很大的轻率之举。

原田三郎出身于对马岛上县郡仁田村久原的贫农家,很早就去了对马岛的政治经济中心严原流浪,后成为陶山讷庵的弟子。他极爱喝酒,性格豪放,同时建功立业之心较强。陶山讷庵便派他鹿儿岛去取番薯的种子。

受师傅委托的原田三郎,1715 年穿洋过海,来到了萨摩伊集院,历经千辛万苦得到了种子,将其种在了他的故乡久原。[①] 然而,种子因为进了海水,并没有发芽,最终都死了。因此 1723 年,他再次去了萨摩的宫之城,拿到了种苗,将其种在青海津柳上,最终栽培成功。对马岛因此下达命令,向全体百姓强力推广番薯的种植。原田三郎不仅由此成为了士族,而且从种植番薯的人们那里得到了酬金。像这样,对马岛人积极种植番薯,充分利用其救荒作物的特性。带入种子的原田三郎也得到了回报,过上了富足的生活。

派遣原田三郎的陶山讷庵也为了番薯的栽培和普及,以自己的亲身经验为基础,写下了《甘藷説》一书。他在书中记录了孝行芋的由来:"很早以前,在中国,一位父亲得了病,说是想吃甘藷(其实就是番薯),儿子听后便上了山,历尽千辛万苦找到了甘藷,十分高兴。因此命名为孝行薯(芋)。"陶山讷庵把番薯称为코코이모라。[②]

以此为契机,原田三郎的屋子被称为고고이모야(孝行芋屋)。其本人也致力于番薯的存储与栽培方法的研究。1740 年,原田三郎去世,葬于严原的潮云庵。赵曦从日本带来的番薯便是原田三郎从萨摩带来的。

在日本,番薯常被称为"萨摩이모"。若用韩语直译的话便是"萨摩的山

[①]长崎县教育会对马部会编:《对马人物志》(『对馬人物志』),长崎:村田书店,1977 年,第 267 页。至于他把身带的番薯种子落进海里一事,有研究指出他是从鹿儿岛前往熊本的水俣之后,又乘船前往草本三角时,因遭遇风浪而把番薯种子落在海里。详细情况参见石田磨柱:《甘薯大王野国总官》(『甘藷大王野国総官』),秋田:秋田文化出版社,1992 年,第 88 页。

[②]金松泰:《番薯的语源和传入路径》,《乡土史报》第 4 集,蔚山乡土史研究会,1992 年,第 87 页。

药"之意。萨摩如今被称为鹿儿岛。日本人为何将番薯称为"萨摩的山药"呢？鹿儿岛和番薯有何渊源呢？

缘由是这样的：人们普遍认为番薯是从鹿儿岛首次传入日本的，所以称番薯为"萨摩的山药"。由此看出鹿儿岛的番薯在日本的名气。那么，南美的番薯又是从什么时候，怎样传入鹿儿岛的呢？

番薯的相关叫法可以给我们提供一些线索。利用这个线索，我们便能找到番薯的传播路线。鹿儿岛的番薯叫做"琉球薯"，即冲绳的薯类之意。换言之，番薯是经冲绳传入鹿儿岛的。

韩国的金在胜对番薯是由冲绳传入鹿儿岛一说有如下根据。即 1609 年岛津家久(1547—1587)率领 3000 余名士兵征服了琉球王国。此后，萨摩藩和琉球间的人员往来、物质交流变得十分频繁。番薯很自然地就传入了鹿儿岛。[①] 金在胜的解释很有道理。因为番薯从萨摩传入日本的时期正好是在萨摩征服琉球之后。

但是有关番薯从琉球传入鹿儿岛的路线和时间，至今为止有很多说法。大致有以下 3 种。第一种说法是，1611 年左右，岛津家久的军队征服了琉球国，归国之际，把番薯带了回去。第二种说法是，种子岛的 19 代主人种子岛久基(1664—1741)，从琉球的中山王尚贞那里得到了番薯并将其推广。第三种说法是，1705 年(宝永二年)，大隅半岛山川町的渔夫前田利右卫门(? —1719)亲自去了琉球，拿到了种子，并在自己的乡里加以传播。由此可见，番薯应该是在不同时期，经过多次传入鹿儿岛的。

除了第一种说法，第二、三种说法都具体到了传入番薯的人。假设从琉球得到了番薯种子的种子岛久基在种子岛上让族长西村时乘研究栽培方法，西村时乘又让下石寺农民大濑休左卫门(1621—1700)进行试验，经过多次尝试，总结经验教训，终于取得成功，向岛上居民普及了番薯的种植。[②] 下面的内容便是流传到今天的相关传说：受领主之命，大濑休左卫门肩负着重任，小心翼翼地将种子一个一个种下。数日后，新芽从地底钻出，将根扎入地下，茎和叶子都长得相当茂盛。大濑休左卫门期待着结出果实，并将此事告知种子岛久基。但这之后，很长时间过去了，也不见开花和结果。因此焦虑的大濑休左卫门以为可能是水分不够充足，浇了很多水，但一点效果也没有。最终

---

① 金在胜：《番薯朝鲜传来考》，《东西史学》第 8 集，第 102 页。

② 宫本常一：《甘薯的历史》(「甘藷の歴史」)，《日本民众史》(『日本民衆史』)7，东京：未来社，1993 年，第 80 页。

到了秋天的时候,叶子也干枯了。诚惶诚恐的他向种子岛久基请求原谅,决定要剖腹自尽。可当他拔下干枯的叶子时,竟然发现了一串串的番薯。① 种子岛居民为纪念他栽培番薯成功,将他尊奉为神,建立了鸟居,旁边建了"日本甘藷栽培初地之碑"。

所流传的关于前田利右卫门的传说,是这样的:去了琉球的他,发现了在贫瘠的土壤上也能生长的番薯。得到种子,将其种在了花盆里带回了故乡。栽培成功后,又将其分给了周边的人们。之后,前田利右卫门在乘船去琉球的途中不幸遇难。为纪念这位番薯老爷爷,村民们将番薯尊称为"甘藷翁"。

传入鹿儿岛的番薯作为救荒作物备受瞩目。一时间被推广到了各地。甚至有传言说,自从传入了番薯之后,鹿儿岛就再也没出现过饿死的人。

那么冲绳岛的番薯又是从哪儿,经谁传入的呢? 对于此问题,番薯也用自己的名字给我们留下了线索。即,冲绳岛的人们普遍称番薯为"唐芋"。即从中国传来的薯类的意思。那么,番薯是什么时候,经谁从中国传入冲绳的呢?

冲绳不是由一个岛组成的区域,而是以县治所在地那霸为首,由宫古岛、石垣岛、与那国岛、波照间岛等几个岛构成。因此番薯的传入可能有多种路线。

比起本岛来与台湾更近的冲绳县的与那国岛有如下的传说:岛的领导者两兄弟相互争斗,结果去了中国,分开各自生活。1612 年,当他们回到与那国岛时带来了番薯,并将其普及开来。②

与此相比,石垣岛的《大史姓家谱》里记载着有关番薯由来的另一版本。书中说 1694 年五世的波照间高康返回冲绳本岛时突遇风浪,被迫停泊在了中国的宁波。停留在宁波的那段期间他发现了被栽培的番薯。询问番薯来源后才知,此物是去年 5 月左右从停泊的越南船只里得到的,名叫番薯。得到番薯的他去了福州的琉球馆,把种子分给了滞留在那的官员,搭乘官员们乘的归唐船平安地回到了冲绳本岛之后,无事地回到了家乡。他将带来的番薯种在了小禄间切垣花的田中,之后又普及到了波照间岛等临边的岛屿上了。③

石垣岛和冲绳本岛之间有宫古岛。这里关于番薯由来的传说提到,有个男子出海捕鱼时突遇风浪,被迫停泊在了中国,从中国回到故乡时,带回了番

---

①参见种子岛求职支援中心网站(U·I ターンサポートセンター网站 2013)。

②金城铁男:《冲绳甘藷物语——萨摩芋传来及普及的经纬》(『冲绳甘藷ものがたり—「サツマイモ」の伝来と普及のいきさつ』),农山渔村文化协会,2009 年。

③同上。

薯种子,将其种在了地里并收获了。有传闻说他才开始不知道能不能吃,便先喂了马,看到马很香甜地吃的情景,他才开始吃。

现存的有关宫古岛番薯的由来记录有《御岳由来记》和《长真氏家谱正统记》。前者对长真氏砂川亲云上旨屋从中国引进番薯的事情进行了简单叙述。《长真氏家谱正统记》有如下记载:

> 1594 年(文禄四年)砂川亲云上旨屋将贡品运往中山,在返回的途中,遇到了暴风,被迫停泊在了唐。1597 年返回宫古岛时又遇风暴,本想去大和,无奈同年又返回了宫古岛。这时候,把唐芋带了回来,并在世间传播开来。①

依据此记录,琉球国官吏砂川亲云上旨屋去中山办完事情回去途中,遇到风浪,停泊在了中国,在那生活了 3 年之久,接触到了番薯。1597 年归乡时带上了番薯,之后又进行的普及。若这是真的,番薯便是 16 世纪传入冲绳的。若此事也是真的的话,那么冲绳和日本便是最早的番薯传入地了。

但是上面的记录中并没有提砂川亲云上旨屋是从中国的哪里拿到种子的。那么具体的地区传播路线又是怎样的呢?宫古岛的地方史料里有比较详细的记载。据此记载,砂川亲云上旨屋漂流到了中国的福建省,竟在福州滞留了 3 年之久。也就是说,宫古岛的番薯其实是来源于中国福建省的福州地区。

但是,这种番薯的品种好像没有普及到冲绳的全部地区。因为,前面也提到过,与那国岛和石垣岛还有别的版本的番薯传入说。而且,冲绳本岛也并没有记录说明番薯是由宫古岛传来的。此地另有别的传入说法,具体内容如下:

> 我们的先祖野国总管是野国村的村民,万历年间(1572—1620)年被任命为少监。他之前去中国时见到了番薯,觉得可以成为五谷的补充物,说道:"我国处在大海中间,每年谷物因风灾受害地区很多,一直没有摆脱饥饿的状况。假如把这些番薯带到我国,并加以普及,可以成为辅助的五谷食物,并可成为国家的宝贝。"1605 年结束公务即将归国的他,熟悉了栽培方法。归国后首次在野国种植了番薯,并将种子分给了邻近的村庄。②

此内容是《野国总管由来记》中的相关内容。我们分析一下内容便可知

---

① 金城铁男:《冲绳甘藷物语——萨摩芋传来及普及的经纬》。
② 《甘薯大王野国总官》(『甘藷大王野国総官』),第 32—33 页。

道,1605年,野国总管在冲绳本岛受尚宁王之命,成为进贡船的总管,前往中国。滞留在福州的那段时间,从当地人民那里得知了救荒作物番薯,于是将番薯带入本乡,并将其推广到了邻近的村庄。

还有一位为冲绳本岛栽培番薯作出了杰出的贡献人物——仪间真常(1557—1644)。关于他的事迹,《仪间真常家谱》里有记载说仪间真常去见了野国总管,刻苦学习了栽培方法,然后回到了冲绳,将其普及到了全岛。免除了饥饿之灾。① 为纪念野国总管的恩德,人们摆设了祭坛,进行了祭祀。像这样,冲绳本岛的传入者虽然是野国总管,但真正的普及者却是仪间真常。至今为止,这两位恩人还在被人们崇拜着。

此外,还有另外几种说法。约是1691年的《麻姓家谱》中有记载说,小禄间切的骑马筑登之进入了中国,订购了番薯,然后将其运来。《翁姓家谱》中有记载说,伊舍堂亲方1694年被任命为小唐船才府,前往中国福建时,派新城筑登和富名越筑登弄到了黄色番薯。这正好为前文提供了依据。此外,《琉球国旧记》有记载道,"黄番薯"是1694年(康熙三十三),有人去了闽南(现在的福建省)带来的。② 如上所述,番薯是经过多位传入者,经过了很多次才由中国传入冲绳的。

写作于1713年的《琉球国由来记》中记载了四个番薯品种:"番薯是有好几个品种的。其中一种外皮是红色的,里面是白色的。另外还有一种,外皮和里面全部都是白色的,此外还有外皮和里面均是黄色的,第四种外皮是红色的,里面是黄色的。"由此可看出18世纪上半期,多种多样的番薯得到了栽培。③ 或许众多品种中的一部分被传入到了日本鹿儿岛。

冲绳番薯传入说中不可忽略的一点便是从中国福建省传入这一事实。那么,又是谁、什么时候把番薯传入中国的呢?

有关此事的看法,大致可分为越南起源说和菲律宾起源说两种。前者认为万历年间一位叫林怀兰的人进入了越南,将番薯带入了中国。④ 后者认为,1593年福建省发生了大饥荒,福建省长官派人去了菲律宾,寻找可食用的作物。结果被派遣的人在1594年将番薯带入了福建。普遍认为是1594年福建

①《甘薯大王野国总官》(『甘藷大王野国総官』),第52—53页。
②参见冲绳县嘉手纳町开设的网站"野国总管部屋"("野国総管コーナ"),《第24话冲绳地方甘藷的名称和种类(2)》(『24話沖縄における甘藷の名称・種類(2)』)。
③参见"野国总管部屋",《第23话冲绳地方甘藷的名称和种类(1)》(『23話沖縄における甘藷の名称・種類(1)』)。
④李盛雨:《韩国食品文化史》,首尔:教文社,1984年,第214—215页。

省南安县出身的陈振龙首次将番薯带入福建。依此说法，是商人陈振龙去了现今的菲律宾吕宋岛，在那儿发现了被种植的朱薯，将种子带回家乡，并加以栽培的。有人还说，因当时的菲律宾禁止将种子带出本国，陈振龙便把种子藏在了打水用的吊桶竿里。[①]

总之，番薯是在1594年大饥荒发生时，由于粮食不足，百姓们生活穷困而变为一般食物的。陈振龙之子陈经伦把番薯贡献给了巡抚官金学曾，并告知了番薯的效能，强力推荐种植番薯。金学曾对此很重视，全力推广番薯种植政策。经过他们的努力，饱受饥饿之苦的百姓得救了。为表对金学曾的感恩之情，又称番薯为金薯。前面提到，宫古岛称番薯为金薯，便是由此而来的。[②]

如上所述，被西班牙人带入菲律宾的番薯，又传入了中国的福建省，经由冲绳，传入日本的鹿儿岛。之后北上，经过对马岛才传入了我国。

四　为何不叫감자（甘藷）而叫고구마（番薯）？

从上面可以看出这样一个特点，即番薯并非由农民们传入的，而是由被称作两班的知识统治阶层传入的。但是，初次进入我国的时候，番薯叫什么名字呢？

引进推广番薯的功臣们，总体上不称番薯为고구마（番薯）而是称其为"감저（甘藷）"或是"저（藷）"。李匡吕一直将其称为甘藷，姜必履的《姜氏甘藷谱》、佚名作家的《甘藷种植法》[③]等著作中均称番薯为甘藷。金长淳、单终翰（선종한）共同编撰的《甘藷新谱》中也是甘藷，且实学者李德懋著的《蜻蛉国志》中的"物产"和朴齐家的《进疏本北学议》中的"종저（种藷）"，以及冯虚阁李氏写的《闺阁丛书》中也都称番薯为"감저"或"감져"。不仅如此，《朝鲜王朝实录》中也称番薯为甘藷或藷。他们不仅知道朱藷、番薯、红山药、赤芋等中国式的名称，也知道琉璃芋[④]、长崎芋[⑤]等日本式的称呼，但唯独对甘藷这一名称情有独钟。像这样，番薯定居于我国，初期比较正式的名称是감저（甘藷）。这

---

① 内林政夫：《哥伦布时代以前波利尼西亚的萨摩芋概观》（「コロンブス以前からポリネシアにあったサツマイモ一概観」），《药学杂志》（『藥學雜誌』）126，日本药学会，2006年，第1348页。

② 坂井健吉：《萨摩芋》（『さつまいも』），东京：法政大学出版局，1999年，第33页。

③ 至于这本书籍，有一本手抄本流传至今，有人主张这本书的作者为姜必履，但因为封面的标题部分被损坏，因此无法推测这本书的名字，又没有序文、跋文，因此难以知道作者、编撰时间。

④ 这种表达方式，可以在柳重临所撰的《增补山林经济》所能看到。但在《种薯谱》把它表达为"琉球芋"，因发音上很相似，则写成"琉璃芋"。

⑤ 这有可能是指由来自长崎的番薯。此地有传说，英国人威廉姆·亚当斯把琉球的番薯种子传过来，这是番薯的由来。

和英语表达 sweet potato 相同。甘是甜的意思，薯是番薯的意思，甘薯便是甘甜的番薯的意思。

即便如此，民间一直并用番薯和甘薯两个名字。19 世纪 30 年代的方言调查显示了这一点。济州岛的大亭、西归浦、城山，全南的灵岩、罗州、长城、潭阳，全北的淳昌、井邑、金堤等地使用甘薯这个名称。全南的顺天，江南的梁山、东莱、马山、晋州、河东、咸阳、居昌、陕川、金海、密阳、统营、昌宁，庆北的大邱、金泉、义城、醴泉、安东、高灵、荣州、青松，忠南的天安，忠北的清州、报恩、荣洞、忠州、丹阳，京畿的首尔、长湍、涟川，江原的襄阳、江陵、三陟、春川、蔚珍、平海，黄海道的金川、新契、延安，咸南的安边、德园、门天、高原、永兴、正坪、北青、咸兴、洪原、利原、惠山，丹川，咸北的清津、涪陵等地使用番薯这一名称。此外，平北的熙川、龟城、江界、子城、厚昌等地称番薯为地瓜。地瓜是中国番薯的名字。①

不仅如此，混用甘薯和番薯的地方也有。全南的丽水、宝城、康津、木浦，还有釜山，忠南的江景均是如此。也有用感子类来表示番薯的，南原和公州，以及洪城都混用"무시(무수，무)감자"和"고구마"。黄海的苔滩、长渊、殷栗、安岳、在京等地只称番薯为"호감자"。咸北巫山称番薯为"日本土豆"，开城、海州、瓮津、西兴、寿安、谷山等地同用"호감자"和"고구마"。此外咸北吉州、会宁、钟城等地称番薯为甘薯，咸北罗南称番薯为"고구마"和"감자"，平南平壤同时使用三个名字，分别是"고구마"、"왜감자"和"호감자"。平北宁边称番薯为"고구마"、"지과(地瓜)"、"장감자"。平北博川番薯有 5 种叫法，分别为"고구마"、"지과(地瓜)"、"왜감자"、"당감자"、"장감자"。② 如上所述，1930 年代为止番薯的名称一直没有得到统一，叫法多种多样。

简单地整理一下的话，红薯有①고구마，②감자，③지과，④무시(무수，무)감자，⑤호감자，⑥왜감자 혹은 일본감자，⑦당감자，⑧장감자等八种名称。这之中③지과(地瓜)依据小仓进平的说法，来源于中国山东省的方言地瓜。尤其是平安岛，广泛使用这一名称，由此可见平安岛应该和中国的劳动者们往来较频繁。③

现今的方言调查中，关于地瓜系列的名称有다과(全国)，디과(平安道，咸南)，디괴(平安)，지과(黄海)，지주감자(忠南)等。由此可看出地瓜系列的名

---

①小仓进平：《朝鲜语方言研究》(『朝鮮語方言の研究』)，第 217 页。
②同上，217 页。
③同上，第 218 页。

词多在北韩地区使用。此外，④무시、무수、무、감자等名称，是因为番薯的模样像萝卜，所以在前面加了무(萝卜)而形成的。与此相同，其实⑧장감자也差不多是这样子形成的。⑤、⑥、⑦的前面都加了内容，表面番薯的来源地。"호"指国外，"왜"指日本，"당"指中国。

考虑到这种情况，除了是从中国音译过来的地瓜之外，番薯名称大致可分为감자(甘藷)系列和고구마(番薯)系列两大类。① 前者会在前面添上무시、무수、무(萝卜)、장、호、왜、일본(日本)、당(唐)等前缀语。而且，甘藷这个名称，仅限于济州岛，湖南地区使用，其余的大部分地区比起감자来，更多使用番薯这个名称。

这样的情况到如今也没有多大改变。2008年李翊燮、全光贤、李光浩、李炳根、崔明玉等编撰的《韩国语言地图》中有关番薯的方言和分布情况与19世纪30年代小仓进平调查的并无很大区别。即甘藷系列名称主要用于全南和济州，以忠南南部地区为主的其他地区都属于番薯系列。②

从调查结果可以看出，济州和湖南、忠南一带地区称番薯为甘藷，现在还使用着这个名称。③ 其余地区主要使用番薯这个名称。④ 像这样，番薯传入韩国时，甘藷和番薯两种名称也得到了普及。

这样的现象至少截止到1925年还存在。金东仁的小说《番薯》(감자)便是证据。这里的감자指番薯，小说背景也正好与番薯的收获季相同。番薯的收获季并非夏天而是凄凉的秋季。这不可能是土豆(现在的감자多有土豆之意)的收获季节。金东仁可能觉得大家都知道，所以1925年在《朝鲜文坛》上发表这部作品的时候，并没有加以任何说明，直接把题目写成감자。10年后的1935年，发行单行本的时候，又意识到了这个文题，为了表明自己所说的是감자是番薯不是土豆，他特意在감자后面用括号标注了고구마，表明了自己作品里的감자不是土豆而是番薯。

即便如此，学者安英熙也犯了一个错误，他认为감자不是番薯。所以他批评了日本翻译家长璋吉。长璋吉按照金东仁的本意翻译了括号里内容，即番

---

① 据韩国精神文化研究院对韩国地方方言的研究调查，还可以在前面添上갈、단、되、사당、사탕、양、지주、진、참、피等前缀语。

② 李翊燮、全光贤、李光浩、李炳根、崔明玉编：《韩国语言地图》，首尔：太学社，2008年，第56—57页。

③ 据目前学界的方言调查研究，属于甘藷系列的词有남감자、낭감자、단감자、단감자、단감재、당감재、되감재、되김재、무 ─ 감자、무수 감자、무수가자、사담감재、사탕감재、양감재、왜감자、왜감재、일본감재、진감자、참감자、피감재、호감자、호감재、호감지주等。

④ 据目前学界的方言调查研究，属于番薯系列的词有고 ─ 마、고 ─ 매、고고마、고고매、고구메、고구매、고군매、고굼마、고그마、고마、고매、고오마、고오매、고오매、고우매、구구마、구구매等。

薯。在他编撰的《朝鲜短篇小说选(上)》里翻译了小说题目,即"감저(甘藷)"。安英熙批评他,认为这样翻译会引起作品界的混乱,认为甘藷就是番薯,也可能会误导日本人民认为甘藷就是番薯。① 但是其实是安英熙弄错了,长璋吉正确理解并翻译了金东仁写的题目。虽说生活在现代的研究人员都混淆了这一事实,但 19 世纪 20 年代,고구마(番薯)和감자(甘藷)两个名字确实共同指称番薯。那么감자和고구마这两个名称到底是从何而来的呢?감자其实由来于中国。在中国,称生长于地下的根茎作物的山药类或薯类为저(藷,储),서(薯,署)。成书于 300 年左右的《南方草木狀》和 1578 年李时珍编写的《本草纲目》中都有提到감저(甘藷)这样的作物。这里的감저(甘藷)并不是我们所知道的番薯,而是指学名为 Dioscorea esculenta 的山药类的作物。②

红薯从菲律宾传入中国,名称因地而异,有주서(朱薯)、감서(甘薯)、번서(蕃薯=番薯)、홍서(红薯)、산우(山芋)、백서(白薯)、지과(地瓜)等多个名字。③ 其中朱薯和红薯因外皮是红色而得名,蕃薯因是从外国引进的而得名,白薯因为里面是白色的而得名,山芋因为和长在山上的芋头相似而得名,地瓜因生在在地上,果实像黄瓜而得名,甘薯是因番薯的香甜而得名。

但是,据说传入日本的多个品种的番薯不再细分,统一称为甘藷。我们的知识分子也接受了这一点,称番薯为甘藷。初次见到番薯的赵曤,也介绍说红薯在日本叫做甘藷。李匡吕也使用甘藷这个名称,由此可略知一二。照这样讲,我国的감저(감자)名称,比起中国来,反而可能受日本的影响更大些。而且甘藷也是"sweet potato"的意思。

那么,为什么韩国不把番薯称为감자,而称为고구마呢?为解决此问题,我们有必要看一下고구마名称的由来。至今为止,对此名称的由来有以下几种说法。第一是韩国自生说。以此说法看来,全罗莞岛附近有个古今岛(고금도),此岛原叫"고구미",因从日本引进栽培了一种名为"고오고오리"的作物而得名。起初叫고구미,以后又变成了고구마④。

但是此说法可信度较低。如上所述,番薯不是从古今岛首次传入的,它是从对马岛传到釜山的。而且,日语中并没有称番薯为"고오고오리"的情

①安英熙:《"土豆"的翻译——土豆成为红薯的故事》,《日本语文学》第 36 集,日本语文学会,2007 年,第 240—252 页。

②《哥伦布时代以前波利尼西亚的萨摩芋概观》(「コロンブス以前からポリネシアにあったサツマイモ一概観」),《药学杂志》(「藥學雜誌」)126,第 1348 页。

③《中国历史故事 4》,第 381 页。

④赵铉默、朴英恩、赵知弘、金胜涅编:《土豆在韩国在来种的历史考察》,Horticulture Environment and Biotechnology 第 44 集,韩国园艺学会,2003 年,第 840 页。

况。因此，此说法并没有理论依据，只是起源于民间的一种说法罢了。

第二种说法是日本对马岛起源说。对此也有几种说法，大致内容如下。第一种是"고고이모(孝行芋)"①变成고구마的说法②，第二种是고구마起源于说对马岛语"고귀위마(高贵为麻)"③，第三种说对马岛北方方言称番薯为"고군마"，之后进入韩国，变为了고구마④。

如上所述，研究者的意见稍有分歧，但是一致认为고구마是从对马岛方言而演变而来的。尤其是将番薯带入我国的赵曦说番薯名叫甘藷或孝子麻，日本称为고귀마(高贵麻)，为此提供了些许证据。即，他把고고이모的孝行换成了孝子，"이모"换成了麻，用日音将番薯称为高贵麻。这样看的话，"고고이모(高贵麻的发音)"很容易变成"고고마"，고고마又很可能变成고구마，或者고귀위마和고귀마其实是很容易变成고고마的。考虑到对马岛的名称，不妨可以认为고구마是从对马岛的方言中由来的。姜必履的《姜氏甘藷谱》中提到"日本人将감저称为고고이문꽈(古古伊文瓜)"。其中的고고이문꽈便可能是对马岛的方言"코코이모"。

把고구마名称的由来和上面所提到的方言资料结合起来，就会发现一个有趣的事实。即，1930年左右，고구마系类的名称比起감자系列的名称来说势力更强。本人认为这种现象，与감자(这里指土豆)的传入和种植有着直接的关系。

감자(土豆)的传入有两种说法。第一种认为主要由停泊在我国的西洋人传入的，第二种认为通过中国传入的。关于前者，1862年金昌汉在《圆藷谱(원저보)》里记载了감자(土豆)栽培法的相关内容。这可以作为第一种说法的依据。书中的引言提到"壬辰年间(1832)，从西洋人那里得到了相关的原作与栽培方法"⑤。1832年(纯祖三十二)英国商船 Lord Amherst 停泊于洪州牧古大岛，滞留在海岸一个月左右，同乘的荷兰传教士 Charles

①至于孝行芋的由来，目前有两种说法。一是陶山讷庵引用中国孝行故事而称之为孝行芋，二是饥荒时，因种番薯而老父母没有饿死，故而得名。两则故事的共同之处，在于番薯起到一个孝行作用。
②李真熙：《韩国与日本文化》，首尔：乙酉文化社，1982年，第204页。
③金在胜：《番薯朝鲜传来考》，《东西史学》第8集，第114页。
④仲尾宏等编：《朝鲜通信使及其时代》(『朝鲜通信使とその時代』)，东京：明石书店，2001年，第293—294页。
⑤金权涅：《我国古代农业书籍——以考证特殊作物的引入年代为中心》，《庆尚大学论文集》第30集《生农系编》，庆尚大学出版社，1991年，第113—114页。

Gutzlaff 将医药书籍和土豆栽培方法传授给了金昌汉的父亲。①

但这种说法没有很大的依据。与此相比,认为是由中国传入的后一个主张依据更大。这里可分为韩国人说和中国人说两种。前者主张,감자(土豆)是在 1823 年(纯祖二十四年),从满洲间岛地区途经图门江传入韩国的,传入者是明川一个姓金的人。1813 年徐庆昌写的《甘薯耕藏说(감저경장설)》中提到 1830 年申种敏从北关六镇带来了几个土豆。

相反,19 世纪实学者李圭景主张中国人说。他的著作《五洲文长笺散稿(오주연문장전산고)》中写道:"북저(北藷)称为토감저(土甘藷),纯祖二十四至二十五年,关北人为求得清朝的山参,偷偷进入我国国境,在山谷里种植食用了감자。他们走后,留下了许多的감자。叶子如同蔓菁,根茎如同土卵。人们不知道是什么东西,尝试着种植了此物,竟然繁殖地很好。问了一下清朝的商人,才是此物称为북방감저(北方甘藷),是很好的粮食作物。"

如上所述,감자主要分为西洋传入说和中国传入说。即使这样,1832 年(纯祖三十二)赵性默写的《圆著方》记载道:"감자首次由开市的宁古塔传入我国,被称为북감저(北甘藷)。北甘藷原产地是中国西南部,从这又渐渐传入西部或北部,最终传入了东部。"由此可以看出中国传入说更为普遍。

还有一点事实不可以忽视,那就是知识人引进감자(土豆),相比于고구마(番薯)的传入更为靠后。知识人是在 1820 年,甚至是 1830 年才引用감자这样称呼的。换言之,감자这个称呼要比고구마这个称呼更晚传入我国。这样的감자在中国又称为土豆和马铃薯。在我们国家,有"sweet potato"之意的감자更是人们普遍接受的称呼。番薯的本名"sweet potato(甘藷)"到了我国又是如何称为"potato"감자的呢?

答案也可以在方言中找到。参照一下小仓进平调查的 19 世纪 30 年代各地对番薯的称呼,我们可以看出,排除称番薯为치실的济州岛地区,韩半岛大部分地区称番薯为감자、북감저、하지감자、당감자、올감자。② 尤其是将番薯称为감자的湖南和忠南地区将番薯称为북감저、하지감자,这一点十分显眼。即,番薯从传入时,便有各种称呼,前面加上了북(北)、하지、올、당(唐)等前缀语,但是至始至终都没有落下中心词감자。换言之,中国的名称并没有在朝鲜稳定下来,而是和고구마系列的称呼共同使用。番薯从传入开始,

①金权涅:《我国古代农业书籍——以考证特殊作物的引入年代为中心》,第 113—114 页。
②小仓进平:《朝鲜语方言研究》(『朝鮮語方言の研究』),第 204—205 页。

便一直有감자和고구마两个名称,但是土豆并非如此。

这种情况渐渐明显,人们便开始试着区分고구마和감자。据说,고구마(番薯)把自己本来的名字감자(sweet potato)让给了土豆(potato),然后把使用最多的고구마作为了自己的名称。고구마传入韩国之后,便以自己的故乡名字得到定居,감자却并没用自己的名字,而是取了 sweet potato,即甘甜的土豆之意。

五　被尊奉为神的番薯传入者们

上文已经提到了,因为作物主食的大米收成不好,造成了粮食不足,为解决此问题,便引进了优秀的救荒作物番薯。因此,高度评价为番薯传播作出贡献的人们也是理所当然。但十分特殊的是,人们把传入者尊奉为神这一点。这样的事情,尤其是在冲绳、日本比较明显。即便是这样,中国也并非没有这样的事情。福建省人民为纪念将番薯从菲律宾带入中国的陈振龙,和为番薯栽培与开发做出杰出贡献的金学曾,在福州建造了"先薯祠",并将他们尊奉为神。

但是,这种现象比起冲绳和日本来说还是比较弱的。因为这个地区将引进番薯的大部分人都尊奉为神。我们首先看一下冲绳地区的相关例证。在冲绳,有关番薯的祭祀,主要是在北部和中南部,宫古和石垣等地,一般是在村子里神圣的场所,名为御岳或者是土帝君①的神堂举行。把番薯的传入者尊奉为神,在祠堂里举行祭祀的也有许多。

把番薯传入者尊奉为神这种现象,在冲绳本岛也不例外。在那有祭拜野国总管和仪间真常的神社。神社建造的过程可简单整理如下。1920 年(大正九年),以冲绳的佛教联合会为中心,建成了"诸蔗谢恩碑建设期成会",试图为番薯传入者野国总管和为番薯栽培普及作出杰出贡献的仪间真常建立纪念碑和墓碑,但因未筹集够资金而最终没有实现。之后,到了昭和期,冲绳砂糖同业组合创立 20 周年的 1934 年,开始计划建立砂糖大恩人仪间真常的谢恩碑。此计划在 1933 年(昭和八年)8 月成立冲绳文化协会,提出"为纪念产业恩人,创建神社,子子孙孙举行庆典,以报答他们的恩惠"。为此,尊奉仪间真常和野国总管的神社建设计划再次得到推进。1933 年 12 月,"神社设立发起人会"得以成立,那时冲绳文化协会的岛袋源一郎建议也要举行祭祀,纪念对冲绳产业发展做出贡献的蔡温(1682—1762),供奉仪间

①参见"野国总管屋"("野国総管コーナー"),《第 43 话芋的祭祀》(「43 話芋の祭祀」)。

真常、野国总管、蔡温等 3 名恩人的合社便建成了。而且,到了第二年,也就是 1934 年,井野县长成立了神社创立期成会,社长便是他本人,并采用了岛袋源一郎的提议,将社名定为"世持神社"。1935 年 3 月,那霸市议会通过了将建设地定为那霸市奥武山公园的决议。①

但是,内务省以神社创建需要正三位以上的提议才可以通过为由否决了提议。因此,当地人民只好把祠堂转成了"乡社",蔡温是正坐,他的左右守护神是仪间真常和野国总管。之后,1937 年 2 月 38 日,又正式通过了创建神社的提议。祠堂的名字因此改成了世持神社,三位被正式尊奉为了神社中的神。即从这时开始,野国总管和仪间真常,便成为了被人尊奉的世持神社中的神。此外,近来野国总管的故乡嘉手纳町,又建设了单独尊奉野国总管的祠堂。而且在那里,每年 10 月上旬都会以野国总管名义举行庆典。像这样,在冲绳,番薯的传入者被人们所信仰和推崇。

另一方面,这种事情在日本也很多。将番薯传入种子岛的种子岛久基,也在自己的家乡被人们尊奉为神,其神社便是栖林神社。1863 年,23 代岛主种子岛久道(1793—1829)的正妻寿松院为缅怀种子岛久基的功德,建立了祠堂。在此基础上又发展成了今天的神社。

把番薯传入鹿儿岛的前田利右卫门也被尊奉为了番薯之神。前田利右卫门把饱受大米凶年带来的饥荒之痛的人们救了出来,为答谢他,人们建立了供养堂。供养堂因明治政府的信徒和佛教的分离政策,以很小的祀堂形式存在。之后在 1879 年(明治十二年),从政府那里得到了德光神社的称号,变成了如今的神社。他的神名是玉蔓大御食持命。② 因御食有"把粮食带来"之意,玉蔓大御食持命既是前田利右卫门的灵号,又是番薯的另一个表现方式。就这样,前田利右卫门在山川町成了番薯之神。

在日本,还有另一位不可忽视番薯之神,那便是青木昆阳(1698—1769)。他是江户兰学者,也是幕府的图书管理员。1732 年(享保十七年)夏,西日本一带因为虫灾,出现了极度的灾荒,饿死的百姓不计其数,在日本被称为"享保大饥荒"。目睹大饥荒的他,为了解救百姓,开始查阅各种书籍,在中国的农业书里找到了甘藷这个作物,在 1735 年也写了关于番薯的著作《蕃藷考》。据此书记载,番薯的栽培极其简单,能抵抗风雨,产量也很

① 参见"野国总管部屋"("野国総管コーナー"),《第 19 话作为世持神社祭神的野国总管》(「19 話世持神社の祭神としての野國總管」)。
②《甘藷大王野国总官》(「甘藷大王野国総官」),第 82 页。

大,有可以代替谷物,还可以制酒。他的著作《蕃藷考》随后被幕府家臣江户的町奉行大冈忠相(1677—1752)得知,通过大冈忠相的介绍,得到了向八代德川吉宗(1684—1751)进行说明的机会。之后,他从萨摩那里得到了1500个番薯种子,对其进行了实验栽培。但是因为当时有很多传闻说番薯有毒,反对的人也不少。加之江户气候寒冷,下了霜,种子烂了一半。在这样恶劣的条件下,余下的500个左右的种子,种在了位于江户小石川幕府的药草园和千叶的幕张九十九里的田地里了。由于这样的努力和决心,1735年(享保二十年)11月,首次成功栽培了番薯,收获了4400个番薯。番薯作为救荒作物开始在全国传开,得到了日本人民的大力普及。[①] 因他的功劳极大,日本各地便以他的名字命名,很多地方都取名叫昆阳寺、昆阳池或昆阳。尤其是在他的番薯栽培试验地幕张,人们尊奉他为神,为他建造了昆阳神社,流传至今。像这样,青木昆阳成了被后人尊崇的番薯之神。

此外,在岛根的石见也有关于把番薯传入者视为神的例子。他就是被称为“番薯代官”的井户平左卫门(1672—1733)。井户平左卫门出生于1672年的江户。1731年,而立之年的他被任命大森代官。所谓代官便是支配管理幕府的直辖地,征收税金的官职。大森代官们不仅集中于大森,也分散于石见(岛根县)、备后(广岛县)、备中(冈山县)等地,管理幕府的大量土地,拥有强大的权力。身为大森代官的井户平左卫门,看到了在“享保大饥荒”中饿死的众多百姓,未经幕府的同意,开放了众多谷仓,将粮食分发给了百姓。代官所附近的荣泉寺中,有位很有名望的巡礼僧,1732年井户平左卫门从他那得知萨摩有救荒作物番薯的消息,便借用幕府的力量,得到了番薯的种子,推广番薯的栽培。1733年,他卸任大森代官,接到了停职反省的命令,在备中笠冈代官进行停职反省。在接到幕府的正式处分之前,自己便先剖腹自尽,结束了自己62岁的生涯。[②]

而且,他得到的番薯多数也都栽培失败。但是,仅有一人——松浦屋与兵卫成功栽培了番薯。在他的努力下,番薯栽培以石见为中心,扩大到周边地区。井户平左卫门为解救百姓的疾苦,竟以自己的性命为代价,呕心沥血。为纪念他,1872年(明治五年)在大田市大森那里建设了井户神社,尊奉他为神。此外,除了鸟取县米子市富益神社,中国地区(注:指日本的中国地方,包括山口、冈山、鸟取、岛根、广岛五县)也为了纪念他的功德,建立了

---

① 木户田四郎:《甘藷》(「甘藷」),《国史大辞典 3》,东京:吉川弘文馆,1983年,第829页。
②《甘藷的历史》(「甘藷の歴史」),《日本民众史》(『日本民衆史』)7,第113-125页。

供养塔和彰显碑。

　　另外在埼玉县所泽市中富也有把番薯传入者尊奉为神的事例。在境内,此地的神明社附近,有名为芋神社的神社。据神社方面的报道,此地区本来土地贫瘠,一旦到了夏季,干旱情况较严重,农作物受灾严重。一天,南永井村的豪族吉田弥右卫门听说了番薯的事情,便在1751年得到了种子,并栽培成功。之后,他大力向老百姓普及了番薯。当地人民因此种植了番薯,不仅免除了饥饿,而且开发了军用番薯,得以致富。之后,认证他功绩的神明社的人们,于2006年11月23日,把他和青木昆阳共奉为了甘薯之神,建立了番薯神社,他们的神像手里都抱着番薯。像这样,在日本,把番薯传入者尊奉为神的事例不计其数。

　　此外,四国的爱媛县,为纪念番薯传入者的功劳,还把他们尊奉为地藏菩萨。大三岛人下见吉十郎(1673—1755)便是这样的情况。1673年,下见吉十郎出生于濑户村。婚后生下两男两女,但是四个孩子都在很小的时候夭折了。感觉人生虚无的他,抄写了《法华经》,开始奔波朝拜于全国的66个灵场。1711年在巡礼的路上,他路过了日置郡伊集院村,住在了一个叫土兵卫的农民的家里。在那里他了解到救荒作物番薯,想起自己家乡因是岛屿,土地较少,且土壤贫瘠,经常粮食不足,便有了把番薯带回故乡的想法。当时日置郡是严禁将种子带出的。如果他带出种子的事情被别人发现的话,就会有生命危险。即便这样,他还是偷偷将种子带入了自己的故乡,将其种在了地里,成功栽培了番薯。之后又分给了邻居。① 因为他的恩惠,当地在"享保大饥荒"中也没有出现饿死人员。也可能是为了报答他吧,他之后又有了4个儿子,幸福地度过了余生。1755年82岁的下见吉十郎与世长辞,被葬在了向云寺。

　　当地人民为了报答把自己从饥饿中解救出来的下见吉十郎,将其尊称为芋地藏,并为他制作了在庙里拿着番薯的地藏像。竟有20多个地方供奉这样的地藏像。尤其是大通寺,于1850年(嘉永三年)在境内建造了番薯地藏的纪念碑。1920年,香云寺雕刻了下见吉十郎彰德碑和石像。而且,下见吉十郎的故乡上浦町,在他的忌日,即9月1号会举行甘薯地藏祭。如此这般,下见吉十郎虽然不是神,但在他死后,被人们尊奉为番薯地藏,受到了人们的顶礼膜拜。

　　在将番薯传入我国的对马岛也有类似情况。当地也有对番薯传入者的

---

①《甘薯的历史》(「甘薯の歴史」),第108—110页。

表彰活动。在原田三郎右卫门的故乡久原，人们为了纪念他立了赞德碑。此碑是 1905 年（明治三十八年）5 月，当时担任久原户长的井上义臣发起号召，募款建立的。每年的春分和秋分，村民们都会举行对他的报恩庆典。虽说到目前为止他还没有成为神，但是却是受到当地社会崇拜的英雄，估计以后成为神的可能性较大。

这样的表彰活动，在山城那里也有。那便是被称为番薯宗匠的岛利兵卫。岛利兵卫出生于宝永、正德年间（1704—1716），从事药材买卖，因贩卖了幕府禁止的药草，被流放到了硫磺岛。在那里得知了番薯的效能，熟练掌握了番薯的栽培方法。1716 年，他被免除了罪行，归乡时把种子藏在了头发里，偷偷地将其带入了故乡，并栽培成功，又把番薯分给了邻近的农民，番薯便在此地区得到了种植。① 为纪念他的功德，他们尊称岛利兵卫为番薯总长。他的庙宇位于现在的京都大莲寺。在他的庙碑上刻有琉球芋宗匠岛利兵卫。即"从琉球国传入番薯的伟大的岛利兵卫老师"。

如上所述，中国、冲绳、日本崇拜番薯传入者们。尤其在日本，甚至出现了将番薯传入者们尊奉为神或是地藏菩萨的情况。相比之下，在韩国，这种情况较为稀少。番薯的传入者赵曦，为栽培技术的普及作出杰出贡献的李匡吕、姜必履，别说成为神了，就是连像样的纪念活动也没有。

万幸的是 2013 年开始在江原道原州市地正面，即赵曦的墓地所在地建设"赵曦先生祠堂"，也在加快建设"赵曦墓地纪念馆"。1835 年建造的赵曦神道碑中写道："赵曦作为通信正使前往日本的时候，从日本带来了番薯的种子，并将其栽培于釜山镇和东莱，番薯由此得到了推广。在凶年，番薯作为救荒作物，发挥了很大的作用。"暗含了他是番薯传入者的事实。此外，2013 年 11 月 1 日，韩国番薯产业中央委员会把这天定为了"番薯之日"，并已经决定举行有关赵曦和姜必履的纪念活动。虽然这些措施有些晚，但也是很庆幸的事情。

比较遗憾的一点是，李匡吕似乎没被注意。上文已经提到过，考虑到他对番薯的知识的获取和引进所作的贡献，是可以和赵曦平起平坐，也应视作为番薯栽培作出重大贡献的英雄。本人认为，应该在首次种植番薯的釜山

---

① 横出洋二：《寺田芋与嶋利兵卫——近世南山城的萨摩芋栽培》（「寺田芋と嶋利兵衛－近世南山城の薩摩芋栽培－」），京都：京都民俗学会，2008 年，第 77—78 页。在这一地区的传说中，番薯的传播全是岛利兵卫一个人的贡献。但依照另一种学说，当时以摄家为身份的一条兼良从萨摩藩主收到种子，并把此给自己领地的管理人让他栽培以后，逐渐扩展到旁边地区。详细情况参见坂井健吉《萨摩芋》（『さつまいも』），第 47—48 页。

地区建一个"韩国番薯栽培发源地"纪念碑。当然,相关企业合作进行产品开发十分重要,举行番薯庆典也非常必要。

结　论

　　番薯是朝鲜通信使从日本带入我国的典型植物,原产地为中南美一带,后经哥伦布传入了欧洲,之后经西班牙人和葡萄牙人传入菲律宾和马来群岛,又经中国福建省传入了冲绳,经由种子岛传入鹿儿岛的时候,通过原田三郎右卫门传入了对马岛,当时正担任使者一职的赵曮正好经过此地,发现了番薯,预想其完全可以作为救荒作物,将番薯引进釜山。有很多朝鲜通信使见过番薯,但是,积极地引进番薯,将此物带入本国的就只有赵曮一人。托赵曮的福,饱受饥饿之苦的人们得到了解救。不仅如此,虽然赵曮没有去过济州岛,但作为救荒作物的番薯,也给了济州岛人民很大的帮助。按此说来,赵曮完全可以与把棉花从中国引进韩国、为木棉文化做出卓越的贡献的文益渐相媲美。也有一部分主张北方传入说,认为在从日本引进我国之前,番薯便已经从中国传入了我国,但这并非事实。虽然有关番薯的信息并非从日本,而是从中国那里得到的,但番薯本身并非是从中国传入的。徐志修受李匡吕之托,尝试从中国带回过种子,不过因为管理疏忽,以失败告终。最终,还是赵曮在对马岛购买了种子,随后开始了番薯的栽培史。

　　经朝鲜通信使赵曮传入的番薯定居在了韩国,丢弃了本来的名字감자(甘蔗),有了고구마(番薯)这个名字。开始时共用감자和고구마这两个名字,감자局限于济州、全罗、忠南一带使用,其余的地区更多使用고구마这个名称。之后由于又从中国引进了감자(土豆 potato),人们开始区分감자和고구마,想统一名称的使用问题。结果,今天大部分地区,都使用从对马岛方言演变而来的고구마来指称番薯。番薯离开故乡中南美,经菲律宾和中国传入日本的时候,日本人在给番薯起名字时会在前面加上唐、琉球、萨摩等表示原产地的前缀。而韩国人为与감자区分开来,用了고구마这个名字,고구마内容里暗示了其原产地是对马岛。

　　中国和日本把番薯传入者们尊奉为神,韩国却没有这样的情况。尤其是包含冲绳在内的日本,把番薯传入者们尊奉为神的倾向十分严重。不仅有很多人被称为番薯之神,将他们尊奉为神的提议和对他们的表彰活动也十分活跃。

　　与此相比,我们不仅没有建立相关的祠堂,就连表彰活动也很少举行。最近开始举行活动,以纪念他们的功绩。为解救百姓的疾苦,不遗余力地拿到种子,并进行多次试验,最终栽培试验成功,后又把番薯种植推广到各地的他们,理应成为我们信仰崇拜的对象。因此,韩国番薯产业中央协会提出的把 11 月 1 日作为番薯之日的纪念活动的建议,令我们期待万分。

参考文献(作者姓名均为音译)

金权涅:《我国古代农业书籍——以考证特殊作物的引入年代为中心》《庆尚大学论文集》第 30 集,《生农系编》,庆尚大学,1991 年。

金东仁:《土豆》,汉城图书,1935 年。

金松泰:《红薯的语源和传入路径》,《乡土史报》第 4 集,蔚山乡土史研究会,1992 年。

金仁兼著、李民秀译:《日东壮游歌》,探求新书,1981 年。

金在胜:《红薯传入朝鲜》,《东西史学》第 8 集,韩国东西史学会,2001 年。

南玉著、金宝京译、李慧纯监修:《日观记——用笔尖分开富士山的清风》,素明出版,2006 年。

朴德圭:《中国历史故事 4 合本》,日送书,2008 年。

孙晋泰:《甘藷传播考》,《孙晋泰先生全集》第 2 集,太学社,1981 年。

安英熙:《"土豆"的翻译——土豆成为红薯的故事》,《日本语文学》第 36 集,日本语文学会,2007 年。

李盛雨:《韩国食品文化史》,教文社,1984 年。

赵曬:《海槎日记》,《海行总载》卷 7,民族文化推进会,1989 年。

赵铉默、朴英恩、赵知弘、金胜涅:《土豆在韩国在来种的历史考察》,*Horticulture Environment and Biotechnology* 第 44 集,韩国园艺学会,2003 年。

李翊燮、全光贤、李光浩、李炳根、崔明玉:《韩国语言地图》,太学社,2008 年。

李真熙:《韩国和日本文化》,乙酉文化社,1982 年。

李贤日:《李匡吕的实心实学和经世学》,《民族文化史研究》第 35 集,民族文化史学会,2007 年。

廉程燮:《朝鲜后期红薯的引入和栽培法的整理过程》,《韩国史研究》第 134 集,韩国史研究会,2006 年。

吴沐京:《朝鲜后期利用厚生学的展开和变迁》,《安东文化》第 16 集,安东大学安东文化研究所,1995 年。

　　吴洙京:《关于散佚的姜氏甘藷谱——资料介绍和其实学史意义》,《韩国实学研究》第 26 集,韩国实学学会,2013 年。

　　元重举著、金景淑译、李慧纯监修:《乘槎录——与日本相遇的朝鲜后期知识分子》,素明出版,2006 年。

　　玄基荣:《玄基荣小说集·顺伊三寸》,创作和批判社,1979 年。

　　石田磨柱:《甘薯大王野国总官》(『甘藷大王野国総官』),秋田文化出版,1992 年。

　　内林政夫:《哥伦布时代以前波利尼西亚的萨摩芋概观》(「コロンブス以前からポリネシアにあったサツマイモー概観」),《药学杂志》(『藥學雜誌』)126,日本药学会,2006 年。

　　木户田四郎:《甘藷》(「甘藷」),《国史大辞典 3》,吉川弘文馆,1983 年。

　　小仓进平:《朝鲜语方言研究》(『朝鮮語方言の研究』),岩波书店 1944 年复刻板,亚细亚文化社,1973 年。

　　仲尾宏等:《朝鲜通信使及其时代》(『朝鮮通信使とその時代』),明石书店,2001 年。

　　长崎县教育会对马部会编:《对马人物志》(『対馬人物志』),村田书店,1977 年。

　　德留秋辉:《田芋文化马萨摩芋文化》(「田芋の文化と薩摩芋の文化」),《鹿儿岛民具》(『鹿児島民具』)(通号 18),鹿儿岛民具学会,2006 年。

　　长璋吉等编译:《朝鲜短篇小说选(上)》,岩波书店,1984 年。

　　坂井健吉:《萨摩芋》(『さつまいも』),法政大学出版局,1999 年。

　　篠田统:《种藷谱与朝鲜的甘藷》(「種藷譜と朝鮮の甘藷」),《朝鲜学报44》(『朝鮮學報 44』),朝鲜学会,1967 年。

　　宫本常一:《甘藷的历史》(「甘藷の歷史」),《日本民众史》(『日本民衆史』)7,未来社,1993 年。

　　横出洋二:《寺田芋与嶋利兵卫——近世南山城的萨摩芋栽培》(「寺田芋と嶋利兵衛—近世南山城の薩摩芋栽培—」),《京都民俗》(『京都民俗』)25,京都民俗学会,2008 年。

(复旦大学外文学院　王国艳　译)

1811 年对马岛易地通聘关联绘画研究

郑恩主(韩国 韩国学中央研究院)

序 论

1811 年的辛未通信使行,与以往相比,最大的不同在于外交礼仪场所的转变,即由原先的江户转到了对马岛府中。这种礼仪场所转变的现象,朝鲜称之为"易地通信",日本则称作"易地聘礼"。① 此次使臣团只派遣了两使——正使和副使,没有从事官陪同,使臣团的规模只有 336 人,这与历代的使行团规模相比人数有所减少(见文末附表 1)。

在通信使行得以急速推进的 19 世纪,近代国际秩序与传统外交观念不期而遇。在西方势力逐步侵占东方主权的急速变化中,随着东亚中华世界秩序的瓦解和西方近代国际秩序的再确立,国家之间也必将经历新一轮的大规模转变。② 韩国和日本都因为天灾而导致财政恶化,人民食不果腹的问题日益严重,如何应对这些内忧外患已成了当务之急。③ 在这种大的时代背景下,通信使行的作用也只能逐步衰退。在韩日两国的对外关系中,依

---

① 题目中的"易地通聘",是统称朝鲜方面前往日本的通信使行,以及日本方面的迎接聘礼。

② 姜相圭:《19 世纪东亚的典型转换与韩半岛"礼仪"和"富强"间的冲突紧张》,《社会和历史》71,韩国社会史学社,2006 年,第 49—64 页。

③《承政院日记》卷 1773,正祖二十一年二月十日条;《朝鲜纯祖实录》卷 6,纯祖四年六月十三日条;卷 9,纯祖六年五月十四日条;卷 10,纯祖七年五月二十日条。

靠传统方式来维持的交邻体制,其作用也越来越不显著。因此可以说,东亚国家之间的外交关系紧张感的消失是造成通信使行延期和易地通信的最重要原因。①

　　自 1786 年 12 月德川幕府第 10 任将军德川家治的死亡消息传到朝鲜,派遣通信使的请求就被数次延期。但是在关系到通信使团派遣的经济问题上,经过对马藩长达 20 多年的不懈交涉,最终决定于 1811 年 5 月在对马进行易地聘礼。

　　1811 年通信使团一行自 3 月 29 日到达对马府中,到 6 月 27 日乘船离开期间,进行了图书的交换、飨应等重要的外交礼仪。与此同时,以笔谈和绘画为中心的文化交流也异常活跃(见文末附表 2)。自 1764 年第 11 次通信使行以后,在长达 47 年的漫长岁月中,朝鲜通信使团的奉旨来访反映出了时代的变迁和危机感,这极大地引起了日本画师们对通信使团的关心,因此自 1811 年通信使行以后,就留下了许多的记录和绘画。②

　　鉴于此,本文主要以当时的通信使行录和草场佩川的《津岛日记》等日本人的回忆录,以及日本方面制作的聘礼记录画、通信使团在日本遗留下来的书画为研究中心,探究 1811 年朝鲜通信使团的对马藩易地通聘和文化交流。通信使团相关的记录画与当时的外交礼仪有着密切的关系,通信使团和日本人交流的痕迹可以通过他们在当地遗留下来的众多书画作品得以确认。本研究将对仅通过文献记录难以推定的通信使团一行的文化交流现象,以可以再构的绘画资料为实证进行研究。从这一方面来讲,本文具有学术价值和意义。

一　1811 年易地通信使行始末

　　1786 年闰 7 月,第 10 任幕府将军德川家治死亡,次年 4 月 15 日德川家齐(1773—1841)继位。随后幕府命宗义功(1773—1813)于 1787 年 3 月向朝鲜派遣告讣大差倭。当年 7 月,为了将新将军继位的消息告诉朝鲜,又派遣了告庆大差倭。③

①孙承喆:《近世的朝鲜与日本》(『近世の朝鮮と日本』),东京:明石书店,1998 年,第 303—326 页。
②辛基秀:《丰富多彩的文化度记录画》(「彩な文化度の記録画」),《大系朝鲜通信使》(『大系朝鮮通信使』)卷 8,东京:明石书店,1993 年,第 82 页。至于有关 1811 年通信使行的文献资料的介绍及梳理,参见申路思:《1811 年辛未通信使行和韩日文化交流——以笔谈和唱酬为中心》,成均馆大学校博士学位论文,2011 年,第 44—68 页。
③郑章植:《1811 年易地通信和通信使》,《日本文化学报》26,韩国日本文化学会,2005 年,第 367—386 页。

德川家治的死亡消息先是在 1786 年 10 月传到东莱府倭馆训导那里。① 对这一消息,朝鲜担心如果按照幕府将军就任三年之内日本必邀请朝鲜派遣通信使团的惯例,就必须要准备好通信使团礼单上的人参。②

然而,幕府直到将军就任一年后的 1788 年 3 月才按照前例下令对马藩向朝鲜发出派遣通信使团的邀请。但三个月之后,幕府又下令将通信使团的派遣延期。对马藩在当年 10 月将通信使请退差倭作为延聘使来传达书契,但朝鲜方面对之没有作答。③ 之后 1791 年幕府老中松平定信(1759—1829)④命令对马家老禁止通信使团到江户,改在对马举行聘礼。与此同时,为了通信使团相关的议定,向朝鲜派出了议聘大差倭,但是朝鲜方面以这是规定以外的差倭为由拒绝了。⑤

朝鲜之所以否定日本对马易地聘礼交涉,主要原因在于希望通过与江户的往来收集日本国内的情报,通过与幕府将军交换国书来进一步确认友好,并且通过在江户与幕府高官的直接面谈来牵制对马。与此同时,在对马岛进行的易地聘礼,一方面提升了对马藩的地位,另一方面却也致使类似国书伪造等对马岛主的奸计破灭。⑥

之后 1792 年 7 月将军的世子竹千代出生,大森繁右卫门于 1793 年以告庆大差倭正官的身份到达朝鲜东莱府。他完成任务后也一直留在倭馆,并与平田隼人、馆守户田赖母一同摸索有关易地通聘的妥协点。1793 年 6 月 24 日竹千代一去世,9 月 15 日将军德川家齐便立庶子德川家庆(1793—1853)为世子。对马藩以此为契机,分别于 1794 年 2 月和 5 月向朝鲜派遣了告讣差倭和告庆大差倭,随后派遣护迎裁判到朝鲜,并请求渡海译官的派遣。1796 年 2 月朝鲜方面为了发送致贺兼问慰吊慰,派遣了

①《朝鲜正祖实录》卷 22,正祖十年十月六日条。
②同上,正祖十年十月十一日条。
③孙承喆:《近世的朝鲜与日本》,第 303—326 页。
④松平定信为第八代幕府将军德川吉宗之孙子,他所主导的宽政改革,贯穿于 1787 至 1793 年,就是他为第十一代将军德川家齐的老中首座在任的期间。他以德川吉宗的享保改革为模式,对之前的重商主义政策与兰学保持明显排斥的态度,禁止阳明学之类的异学,强迫老百姓勤俭节约,这一系列的思想控制政策导致经济、文化停滞,结果在失去幕府信赖的情况下于 1793 年走下政治历史舞台。
⑤1609 年,朝鲜与日本修订己酉约条,限制与对马岛的贸易船舶只数量为 20 船,并奠定对马岛作为朝鲜与日本之间外交交涉桥梁的角色。这时暂时许可差倭的往来,但之后在 1682 年修订的壬戌约条,除了每年 8 次定期派遣的使倭以及以告讣、告庆、漂民领来、信使请来为目的的差倭之外,其他差倭的往来都受到禁止。《朝鲜正祖实录》卷 33,正祖十五年十一月二十四日条。
⑥郑章植:《1811 年易地通信和通信使》,第 372—374 页。

渡海译官朴俊汉、崔昌谦、林瑞茂,他们于 8 月 29 日到达了对马府中,并在滞留了两个月之后于 12 月 13 日返回了釜山。1797 年春朴俊汉作为讲定译官访问东莱,并与倭馆馆守户田赖母就易地通聘问题进行了交涉。结果发生了所谓的"奸译书契伪造事件"①,即缔结了以 1797 年 9 月终止通信使团江户入城和在对马进行易地通聘为前提,并将通信使团的派遣延期到 1807 年的协定。收受贿赂的朴俊汉等讲定译官一行人伪造书契事件的真相直到 1805 年才被揭发,参与书契伪造事件的有罪官员被斩首示众。②

以后朝鲜为了防范对马藩的奸计,也为了掌握控幕府的意图,将译官直接派往江户,主张"译官江户入送论"。这一举措意义重大,因为即使不向江户派遣使行团,在以后的交涉中也可以抓住主导权,这不仅可以减轻朝鲜经济负担,也有利于摸索出有利于两国长期维持交邻关系的方向。③1808 年 4 月对马再次请求易地通聘,可朝鲜直到 1809 年 2 月 24 日才在司译院进行推选,并于 1809 年 5 月派遣了堂上译官玄义洵、堂下译官卞文圭,通信使面谈堂上译官崔昔到达对马,与幕府代表会面,决定了易地可否的问题。④

朝鲜渡海译官一行乘着骑船和卜船各一艘,与译官护迎裁判重松此面一起,在 1809 年 6 月 27 日从釜山出发,于 7 月 5 日到达了对马府中。从 7 月 15 日开始,从江户派遣来的官员和渡海而来的朝鲜译官在岛主邸宅就易地通信问题进行交涉。⑤ 来自对马的玄义洵一行会见了幕府的使者远山景晋(1752—1837),确认了幕府缩减通信使团费用的意图,并认定了《通信使

①仲尾宏:《文化通信使的意义》(「文化通信使の意義」),《大系朝鲜通信使》(『大系朝鲜通信使』)卷 8,第 91—92 页。

②《朝鲜纯祖实录》卷 7,纯祖五年九月十一日条。

③岩方久彦:《1811 年对马岛易地通信研究》,《韩日关系史研究》23,韩日关系史学会,2005 年,第 153—159 页。辛未使行当中礼单的费用为 19712 两,与癸未实行的 35840 两相比,大幅度减少,这时因为朝鲜方面从异地使行起,试图降低使行经费。比如,户曹所需的人参总共是 64 斤,主要分配在礼单 41 斤与盘缠 23 斤,这一经费已经超过使行总经费的一半。但与癸未使行当中为礼单人参的 94 斤相比,可以说是大幅度节约。金德珍:《1811 年通信使的使行费用与户曹的经济负担》,《历史和经济》第 55 集,釜山庆南史学会,2005 年,第 24—28 页。

④《日省录》,纯祖五年八月二十一日条,纯祖八年四月二十一日条,纯祖八年八月六日条,纯祖九年五月十二日条。

⑤《朝鲜纯祖实录》卷 12,纯祖九年十一月十五日条。

信行节目》，随后返回，于 12 月 2 日向朝廷禀报了情况。^① 之后 1810 年 11 月 11 日礼曹报告了两国间协议达成的降定条目 31 项。主要与聘礼与礼典的程序、使行的准备以及礼物的经费削减密切相关，而且把改善在这期间通信使行中经常发生的问题作为主要内容。^② 即遵守易地通信的降定，使臣不进入江户就能在对马州见到并传达国书和书契，派遣江户的接待官员 6 名到对马来，按照惯例准备有关使臣私礼上所需要的各种杂物，称幕府的将军为"大君"，称倭使和对马主为"贵大君"，朝鲜使臣三人中除去从事官，只派遣上使和副使，通信使团的人员未达到 350 人，骑船和卜船各 2 艘共 4 艘渡海，除去马上才还带了精通文章和书画的人，这些都值得注意。

1811 年日本方面提起易地通信的表层理由主要有三个。一是迫于对外的通商压力要注重海防。1792 年俄罗斯 Adam Laxman(1766—1796)带领日本的移民一起来到了北海道要求通商。1804 年俄罗斯派遣 Nikolai Rezanov(1764—1807)一行来强烈要求履行过去的通商约定。后来随着 1806 年和 1807 年 Nikolai Khvostov 袭击虾夷（现在的关东地方）事件和 1808 年英国军舰 Phaeton 号入侵长崎事件的发生，幕府就强化了对沿海诸藩的海防。^③

二是由于洪水和干旱凶年持续，导致幕府的财政不断恶化，^④就连江户也在劳政方面出现了农民军蜂起和骚乱的情况，这些都是难以确定通信使团安定的重要原因。但是通过计算接待通信使团的支出，我们发现对马藩虽然举办了通信使团的聘礼，但经济上不但没有遭受打击，也没有出现费用大幅缩减的迹象。^⑤ 1811 年幕府对对马藩的财政支援多于往常。首先是以通信使团聘礼的名义，对马藩在手当金 5 万两的基础上又收到了特别手当金 3 万两，合计黄金 8 万两。其中，为了辛未通信使团的降定交涉，接收了以接待访问对马的朝鲜译官一行为名目的黄金 3 万两，使得幕府的财政援

①值得注意的是，从 1805 年起，对马岛主虽然明知易地通信将会导致的财政负担，但还是在幕府财政支持之下，花五年的时间修建以东武广殿为名的非常之雄壮的客馆，并使其村民向参与讲定的江户官人一行 159 名提供鱼菜、柴炭等公物，因此对马岛村民的怨声载道。《朝鲜纯祖实录》卷 12，纯祖九年十二月二日条。

②《朝鲜纯祖实录》卷 13，纯祖十年十一月十一日条；柳相弼：《东槎录·两国讲定》。

③高津泰：《终北录》（早稻田大学图书馆藏）；仲尾宏：《文化通信使的意义》（「文化通信使の意義」），《大系朝鲜通信使》卷 8，第 88 页。

④《通信使初謄录》这一书籍记录了当时因遭遇凶年日本财政情况相当困难之事。（《通信使初謄录》1789 年 3 月 7 日条）

⑤至于对马藩的财政收入当中与朝鲜的贸易利润，参见《朝鲜后期对日贸易上的弊害和纪事条约的缔结》，《韩日关系史研究》22，2005 年，第 92 页。

助金共达黄金 11 万两。[①]

　　另一方面作为易地通信的大背景,日本知识分子对于朝鲜和世界的认识变化也值得注意。主要是在幕府体制下,"武威"日本的国体支撑着幕府将军拥有着绝对的统治地位,这就造就了日本知识分子的本国中心主义;与此同时他们也存在着对西方文明崇尚的自信感。[②] 壬辰倭乱之后的 1636 年是朝鲜通信使团被派遣到日本最早的一年,也正逢明清鼎革这一东亚国际秩序急变时期。为此朝鲜一方面想牵制清朝,另一方面也为了掌握日本局势,于是派遣通信使团去日本。对马则通过通信使团获得了对朝鲜贸易的经济利益。

　　但是自 18 世纪开始,围绕外交礼仪问题引发的冲突时有发生。这可以说是以日本为中心的东亚世界再认识的"日本型华夷意识"和朝鲜"中华主义"之间的冲突。[③] 自 1711 年幕府儒者新井白石(1657—1725)开始,与朝鲜通信使团的聘礼相关的两国之间的矛盾便显现出来,特别是在 1811 年的朝鲜通信使行中这种矛盾尤为凸显。通过长崎这一窗口,日本是在东亚国家中最早接受西方文明的国家,但是壬辰倭乱之后日本过分夸示军事的地位,并提出所谓的"日本型华夷意识",即将明朝和清朝的交替作为"华夷变态"的幻影,17 世纪的幕藩制理应顺从天意,同等对待日本的天皇和中国的皇帝。这可以作为矛盾冲突的根源。[④]

　　特别是 18 世纪初在第 8 代将军德川吉宗(1716—1745)的大力支持下,从荷兰传过来的兰学在江户、大阪、京都扎根落户,这使得日本积累了西方的天文、历学、世界地理、历史、兵学等众多情报,这对掌握巨变的国际形势

①江户的对马藩邸向幕府进行通信使接待费用的汇报。当时对马岛的有关通信使接待的机构,例如江户勘定奉行所、来聘方、表书札方、奥书札方、膳方、作事方,对 1811 年辛未通信使节访问时对马岛付出的接待费用留下较为详细的记载。这些记载当中包括从 1805 年起对马岛报销接待费用、幕府支付记载及收钱时的发票、会计账册等资料,使我们得以详细理解 1811 年的接待费用。李薰:《朝鲜通信使接待和对马藩的财政——以 1811 年辛未通信使为中心》,《历史和经济》55,釜山庆南史学社,2005 年,第 100—104 页、第 131—132 页。

②关于江户时代儒学者的朝鲜观,参见金仙熙:《江户时期朱子学者的"武威日本"认识与朝鲜观——以新井白石、雨森芳洲和中井竹山为中心》(「江戸期朱子学者の「武威日本」認識と朝鮮觀——新井白石,雨森芳洲,中井竹山を中心に」),《广岛大学大学院教育学研究科纪要》(「廣島大學大學院教育學研究科紀要」)第 51 号,2002 年,第 375—383 页。

③孙承喆:《朝鲜时代韩日关系史研究》,首尔:知性之泉出版社,1994 年,第 229—261 页。

④荒野泰典:《近世日本与东亚》(「近世日本と東アジア」),东京:东京大学出版会,1988 年,第 29—66 页;曹永禄:《朝鲜的小中华观——以明清交替期东亚三国的天下观的变化为中心》,《历史学报》第 149 集,历史学会,1996 年,第 126—130 页。

十分有利。① 西川如见（1648—1724）在《增补华夷通商考》中普及了五大洲的地理概念，并指出世界有 129 个国家。还有认为世界有 82 个国家的新井白石的《采览异言》（1713）和《西洋纪闻》（1715）、寺岛良安（1654—?）的《和汉三才图会》（1713）、高桥景保（1785—1829）的《新订万国全图》（1810）等广为流传，这些都使得江户后期极大地拓宽了国际视野，深化了对本国的自觉。② 1811 年幕府为了专门翻译和研究荷兰的书籍，在主管幕府编历和测量的天文方内设置了蛮书和解御用，这表明兰学作为公学已经得到了广泛认同。随着以喜好兰学的武士阶层和町人为中心的民间兰学学习所数量的不断增加，兰学不仅在实用领域及西方科学的全部领域，甚至在作为根基的近代社会精神方面，影响也逐步扩大。③

二 通信使聘礼关联绘画

（一）通信使船和对马馆所

　　1811 年通信使团的行程是从釜山的永嘉台下出发，途径对马的佐须奈浦（480 里）、大浦（20 里）、鳄浦（10 里）、险峻的丰浦，最终到达泉浦、西泊浦（50 里）、琴浦（50 里）、芳浦（100 里）、鸭濑浦、对马府中（70 里）。通信使团一行的船只由佐须奈浦到达对马府中，来自对马藩的漕船和护行船便开始引领通行使团的船只。即，为了引领正使和副使的 4 艘骑船和卜船，派遣了引领正使的骑船 16 艘和卜船 9 艘，引领副使的骑船 15 艘和卜船 9 艘，总计 49 艘。护行差倭如果包含迎聘参判使所乘坐的船只的话总共动员了 21 艘船。④ 实际上堂上译官玄斌在笔谈中询问了入岛的日本人员和船只的数目，从陪同 3000 人、船只 100 多艘的回答来看，当时日本漕船的规模相当庞大。⑤

　　根据草场佩川（1787—1867）的《津岛日记》，通信使团从对马出发的时

---

①林荌泽：《日本兰学的发展和近代实学的确立》，《江户时代的实学和文化》，京畿道：京畿文化财团，2005 年，第 87—80 页。

②朴熏：《18 世纪末—19 世纪初日本的战国式世界观和海外扩张论》，《无中国的中华》，仁川：仁荷大学出版部，2009 年，第 329—330 页。

③林荌泽：《日本兰学的发展和近代实学的确立》，第 79—85 页。

④郑成一：《关于参加对马岛易地聘礼的通信使一行》，《湖南文化研究》20，全南大学湖南学研究院，1991 年，第 111—115 页。

⑤关于松崎慊堂编《接鲜瘖语》当中的笔谈，参见李元植：《1811 年对州易地聘礼和文化交流》，《朝鲜通信史研究》14，朝鲜通信史学社，2012 年，第 130—134 页。

候,有骑船 2 艘、卜船 2 艘、岛主的各挽船 20 余艘前来护送,大夫乘坐的 2 艘隼船一直到达了釜山浦。当时草场佩川因为乘坐的是小船,和通行使团的距离十分近,就绘制出了插画,并保留至今。从这些插画中可以窥探出当时日本在护送通行使团时所动员的漕船和护行船的规模。据《津岛日记》记载,为了详细了解通信使团船只的总体规模,可以参照船的仰面图以及附录所记的船的规模(图1)。《朝鲜船对马入凑图》中描绘了 4 艘通信使船停泊在对马府中严原的场景。虽然省略了幕府上使、副使和通信使团留宿之地的名称,但是大致是在"小仓样御旅馆"、"此奥胁坂样御旅馆"、"此下朝鲜屋敷"之地,并且有记载说是鼋山的大岩石高达数百丈。另外船舱附近停泊着 4 艘朝鲜的船只。

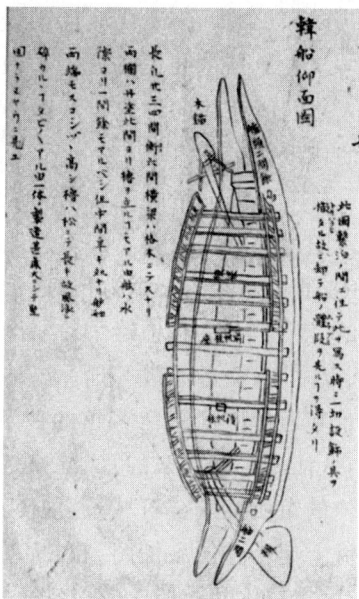

图 1　草场佩川《韩船仰面图》,
《津岛日记》

草场佩川的《津岛日记》算是有关 1811 年朝鲜通信使团聘礼的最具代表性的著作。草场佩川①与受幕府指令作为朝鲜通信使团接待官员的古贺精里(1750—1817)②一起到对马,将 1811 年 5 月 15 日至 7 月 4 日将近 2 个月的时间里接待通信使团的所见所闻以日记的形式详细记录下来,用文字难以说明的部分则通过插画来补充。在《津岛日记》上卷的最后,古贺精里写了这样一段话:"虽然当时出版的有关通信使团笔谈集的作品多达数十本,但是犹如富岳山和金刚山之间的优劣竞争一样,能够在笔谈集作品中批判由于接受了朝鲜人错误的信息而使得日本文人们陷入错误判断的现状的作品确是为数不多的。为此我想将草场佩川和樋口淄川

---

①草场佩川的名字为鞾,字为棣芳、璐助,号为佩川。他是肥前多久侯出身,从长崎的江越绣浦学到沈铨(1682—1760)的画风,擅长于南宗画,尤其是墨竹画。他还在 23 岁时前往江户,从昌平黉学经学,以精里为师。之后他担任多久侯、佐贺藩儒、藩校弘道馆教授等高官。他作为诗人受到的评价也很高,与朝鲜通信使屡次进行笔谈。他的现存著作有《佩川诗钞》一书。

②古贺精里(1750—1817)为江户后期的儒学者,亦是宽政三博士之一。他本来姓刘,是归化汉人的后裔。他阳明学造诣很深,在 25 岁时前往京都留学,以福井小车、西依成斋为师学朱子学。曾在 1791 年讲读幕府经书,并在 1796 年担任幕府儒官。平生留下较多著作,其中包括诗文集二十卷。

(1785—1865)①两人反驳的谬误以及这些过去的错误加以整理以作前车之鉴。"此笔谈的目的与其说是教育不如说是拨乱反正，即反驳并纠正日本文人之间所存在的谬论。从这一方面可以很好地窥探出日本文人对通信使团的认识。

《津岛日记》里收录了对马府中图、中浦寓舍图说、客馆图、对马全图，并且以图说的形式收录了与对马藩通信使团接待相关联的通信使团的馆所、船舶，通信使团的行列队伍，通信使团服饰等史料，意义重大。《津岛日记》中的《对马全岛图》描绘了对马全景的地图。《府中图》中详细地记载了金石城、以酊庵、使者屋敷等地。《府中凑图》呈现了4艘通信使船停泊在府中的场景和通信使团留宿客馆的位置。《诸宦员旅寓图》记录了通信使团的客馆，从江户派遣而来的官员的职责和姓名，并用黑红两色标记了出来。江户上使的馆所位于金石城，通信使团的客馆也被鲜明地标记了出来。在《金石故城上使小仓侯旅馆图》和《胁坂侯旅馆图》中，详细地描写了幕府上使和副使、家老留宿的馆所。《客馆图》描绘了改造国分寺后建造而成的通信使团的馆所。在这幅作品中，通信使团的下官、中官、上官、上上官、制述官、书记、正使和副使居住的位置都用房间来区分。正使、副使、上上官、制述官、书记等住在最里面的厢房，由前面的走廊连接而成的建筑是上官的房间。右边偏房是中官住的，下官的番所在离中官所住房间不远的里面一个房间。

《津岛日记》中《朝鲜人带来诸色品目》一节中，详细记录了5月10日通信使团下官们以买卖为目的带来物品的价格，这一点十分引人注目。物种主要有色轴笔、砚石、墨、雪花纸、菊花纸、花席、扇、团扇、壮纸、松毯、豹皮、油制烟袋、烟管、生油、油布、吐绵细、蜡制帛袱、木绵、手操上下、白布、枣、胡桃子、松实、杖竹、罗宇竹、胡麻油、人参、覃参、皮鞘小刀、参叶、香母子、钞锣、楮鞘、土锅、大油纸、茶碗壶、虎皮等物品。草场佩川把下官们的这种买卖行为理解成是模仿派遣到中国的燕行使节一行在会同馆举办的会同馆开市活动。他也绘制了自己购买的松毯以作纪念。

伊藤家的有关1811年通行使团的记录画多数都流传下来。原本是下关的大长老伊藤杢之允和1811年为了通信使团对马聘礼而从幕府派遣来的官吏们同行。当时伊藤杢之允让同行的画家绘制了《朝鲜船图》、《朝鲜船

---

①樋口淄川，姓樋口，名太，字子弘，号淄川。他于1811年在对马岛接待朝鲜通信节，并留下有关记载，称《对州日记》。樋口淄川后来成为高津氏的养子，改姓名为高津淄川，以此名闻名。

对马入凑图》、《对州城下图》、《幕府上使客馆图》、《朝鲜半岛远望图》等作品。《朝鲜船图》中船首上画有龙头,在通信使船上悬挂有白茅,以此来保护停泊的船只。新建成的朝鲜 4 艘船只于 1811 年 3 月 12 日从釜山出发,在此受到了来自对马的迎聘参判使的引领和护卫,最终于 3 月 29 日到达了府中。

《朝鲜人渡海船之图》将从釜山出发航海到对马的通信使团的船只制作成单独的木版画,其左侧刻有正使、副使的名字和字号,由此可以看出这幅图是以 1811 年通行使团出使对马为据而绘制的图(图 2)。船首的龙头部分犹如南宋楼阁龙船一般夸张逼真。据记载,朝鲜通行使船的长度是 25 间,胴幅是 8 间。此木版画的发行处为对马岛大町的三木屋喜左卫门,售卖处是江户。这些都显现出了当时日本人对通信使团的关心。

图 2 《朝鲜人渡海船之图》,木版画,神户市立博物馆

名护屋城博物馆所藏的《对马国图》是 1811 年嶋田甚之丞所绘的对马全图。此地图把从釜山到对马府中的海路路线全部用红色标出,并详细记录了和通信使团路线相关的港口和地方的地名。此外,还记载了这样的内容:从佐须奈渡经朝鲜的船只有着严格的限行制度,因为上对马和下对马之间的海峡十分狭窄,大约 14 米以上的船只便无法通行。

《对州御城下之图》也是嶋田甚之丞之作,在其作品左侧下端刻有“文化八辛未年四月,对州江致渡海撰之,嶋田甚之丞”的字样。从图上可以看到,对马岛街路十分狭隘,所以人们都住在幽深的山峡中,房屋都在高高的绝壁之上,由岩石和鹅卵石层层构成的登城之间,以及设有船舱来稽查出入人员的情况。① 实际上放眼观察一下,画作的重点是宗家城的栈原馆、作为通信

---

①《朝鲜纯祖实录》卷 12,纯祖九年十二月二日条。

使团客馆的国分寺,以及幕府派来的官员的住所金石城等。

(二)通信使登城行列图

1811 年对马通信使团的外交礼仪首先是幕府的上官访问通信使团的客馆,并举行客馆慰劳仪式,接着在对马岛主的府邸进行传达朝鲜国王国书的传命仪和关白宴享,并在此进行接受幕府将军的回答国书的回答书仪(见表 1)。关白茶礼原本和传命仪在同一天进行,但是在 1711 年接待礼仪变革之后就改在其他日子进行。

表 1　通信使外交仪式的日期

日期	场所	主要内容	日期	场所	主要内容
4.4	客馆	岛主通信使来谒	5.22	岛主府邸	国书查对,传达
4.9	客馆	岛主使臣与上上官熟供	5.26	岛主府邸	关白宴飨仪 (江户设宴依据)
4.11	客馆	岛主上官与次官熟供	6.15	岛主府邸	关白的回答书仪
4.13	客馆	岛主中官与下官熟供	6.18	客馆	江户使臣供礼单,熟供
5.13	客馆	江户使臣通信客馆来谒	6.19	岛主府邸	岛主下船宴, 江户使臣送别宴

典据:柳相弼《东槎录》

遵照幕府的命令,日本方面任命小仓藩主小笠源忠固为上使,寺社奉行龙野藩主胁坂安董为副使、大学头林述斋(1768—1841)为书记。随行的有松崎慊堂(1771—1844)、古贺精里、肥前的草场佩川、会津的樋口淄川、画师巨野泉右(1774—1837)。同行的还有作为属官的幕臣冈本花亭(1767—1850)、铃木椿亭等人,作为学人的加贺的三宅橘园(1767—1819)。在江户,以目付佐野肥后守为首的松山惣右卫门等众多役人的头目于 1811 年 1 月 27 日出发,并于 3 月 8 日到达了对马府中。第二批队伍出发的有大目付井上美浓守、勘定奉行柳生膳正、目付远山左卫门尉等人,他们于 2 月 12 日从江户出发并于 4 月 4 日到达了对马府中。

5 月 22 日通信使团到达了对马岛主的府邸,举行了传达国书的聘仪仪式。当时幕府上使和副上使的登城队列卤簿在《津岛日记》中除了班次的描写外只有很少的体现。首先熊毛大枪在前,其后有来回步行的 15 人经过。再往后就是上使的仪驾队经过,周围是身着狩衣的人物护卫,而其两边则由身着素袍的人物来护卫,他们身后上使的仪仗队驶来,除了多出了引马、3 名布衣骑马人物和两具笼以外,其他的都和平常一样。

　　朝鲜使节团的登城行列卤簿首先出现的是一支对马宗家队伍，其次裁判役、出马役、真文役都骑马而来，除此以外，通事们也紧随其后。上中官和从者，手举旗子和长矛的下官们也是一大半都骑着马并各自派遣马部 2 人出来。上上官的马部也和前面一致。国书轿和两使的车旁跟随着役人和通事们。队伍的最后摆有长柄 20 条、两具笼 50 荷，紧随其后的虽然有人马役等骑马、驾笼等大多数的人，但是行列图却省略了位于队伍最后的以宗家大夫为首的大部分日本人的行队。草场佩川为了留下通信使团卤簿的证据，便在行队经过的时候画了出来。前后的行列仅是大致的描绘，行列中间出现的岛吏、马士比较多，而且为了最小化描绘，蔽仗队也是有选择的省略。不仅如此，为了体现服饰和仪仗的形制，采用区分向背的方法来描写行列。

　　《津岛日记》中的通信使团行列图又称作"信使卤簿图"，骑马的下官手持 4 个清道旗、2 个令旗、偃月刀等仪仗物有序地登场（图 3）。接着来了 2 名吹唱，骑马的都训导以及骑马的 12 人演出乐队也相继登场。草场佩川虽然描绘了 4 名马上鼓手，但是这次附加了如图所示的步行的说明。紧随 4 名鼓手之后的也是步行的敲铮子、锣和鼓的人物们。接着个高的下官手举纛旗，1 名骑马人物和 3 名手撑形名旗的步行人物也相继登场。随后是三穴铳手、炮手和骑马的军官们。2 名小童、通事站在前面，其间国书轿登场。

图 3　草场佩川《信使卤簿图》（部分），《津岛日记》

接着骑马的人物手举 2 把巡视旗登场,配有鞍装的引马后面有一双大伞,紧跟着的是小童以及太平箫、胡弓、横笛、尺八、铮子、鞨鼓、大鼓的乐队。其后还有小童紧跟,在两官的旁边登场的是身着朝服的正使。堂上译官、2 名使奴子按顺序出场,军官也在最后紧跟。在描写技巧上,主要是用彩色来部分强调旗帜、仪仗和通事、正使的屋轿,人物的举止和表情也十分自然。卤簿的情况,一般来说,经过几轮之后仪仗队的人数就会有增减,顺序也会不固定,和享保来聘的数目相比,减少了三分之二。副使卤簿只是省略图画,描绘出了班列图说。

尼崎市教育委员会收藏的《朝鲜人来聘行列图》,在其卷头处写着"辛未年春朝鲜人来聘行列次第",从中可以看出这是 1811 年访问对马的通信使团一行的行列图。以对马藩家老为首领,按照通词、小通词、清道旗、乐士、刑名旗的顺序排列。后面是国书轿,随后还有两使的行列排开来,最后是日本奉行的行列,人物之间的间隔十分紧密。

福冈市博物馆收藏的《朝鲜通信使行列图卷》中,在对马藩卤簿上虽然描绘出了承载着清道旗、刑名旗、乐队、国书的龙亭,但是三使中因为废除了从事官的缘故,因此只能看到两使的行列。和尼崎市教育委员会的收藏本相比较,本卷没有缩减行列并且按照服装和色彩的原样描绘(图 4)。

图 4 《朝鲜通信使行列图卷》(部分),27.0 厘米×2333.0 厘米,福冈市博物馆

此外,有关 1811 年通信使团登城行列的木版画也大多流传了下来。因为时隔 40 余年才来访的通信使团对于日本国内的市民来讲也是一个接触异国风俗的绝好机会,所以木版画的制作十分丰富。

东京都立图书馆收藏的《朝鲜人来朝行列图》描绘了 1811 年的行列,是用 7 幅木版画绘制而成的木版画集。江户时期的浮世绘师石川丰清绘制了手抄本。根据刊记记载,发行处是对马的三木屋喜左卫门,销售处是江户的西村屋源六。木板上刻有正使和副使的名字,从中可以推测出这是第 12 次通信使团行列。

《朝鲜人来朝行列之记》是描写 1811 年访问对马的通信使团一行的行列的木版画集,由十返舍一九作序文,由江户后期浮世绘师二代喜多川歌麿绘制,将包括正使和副使在内的行列按照顺序一一描绘出来。行列的上侧虽然记有职名和人数,但是图画和记录却是不相符的。《朝鲜人来朝行列之记》的出版是在朝鲜通信使团一行于 6 月 19 日归国半年后的事情。最下面都附有《朝鲜人来聘略年号附》,记载了从第 1 次到第 11 次历代朝鲜通信使团的三使和第 12 次正使和副使的姓名。卷末还标有"画图喜多川歌麿,笔耕判治晋瓶书"的字样,从中可以表明作画者和笔写者。值得注目的是根据刊记记载,是由江户的西村屋源六和对马的三木屋喜左卫门共同出版,由江户的鹤屋金助销售。

(三)外交仪式和通信使人物服饰

1811 年 5 月 22 日,国书经再次确认后,其传命仪式在对马岛岛主的官邸中举行。草场佩川在《津岛日记》中采用平行透视画法描绘了当时的情景。对马岛藩主的府邸有三层高台。首先第一层高台的中央是里门,左侧可以看到下马处。高台上,左侧是町奉行的办公的番所,一共 17 间。第二层高台的入口设有下驾处。顺着台阶而上,通过左侧的门,设有供屋,供随从者暂时停留。从供屋正面长长的台阶上去,就会看到与飨应所相连接的行廊,行廊的左侧是飨应所,右侧是番所。番所和官厨之间所有的通道都挂有幕布。

表 2 外交仪礼时通信使服饰

职衔	国书传命仪和国书回答仪	关白宴享仪	职衔	岛主来谒使臣仪和熟供仪	
				行礼时	出行时
正使,副使	金冠朝服	黑团领	正使,副使	卧龙冠,鹤氅衣	时服
军官	戎服,櫜鞬	戎服,櫜鞬	三首译	乌冠,青袍	红团领
上上官以下诸上官	黑团领	黑团领	裨将	戎服,刀鞭	戎服,櫜鞬
上上官以下诸上官	黑团领	黑团领	通引	青袍	青袍

典据:金履乔《辛未通信日录》,国书传命仪,关白宴享仪

这时候,两使官员都穿着金冠朝服,乘六人轿;诸译和诸官佩戴黑团领;

所有军官的戎服上佩戴裕裢,穿靴子(见表 4)。江户城一共有九道门,对马藩主的府邸只有三道门,所以下马的位置会有所不同。第一道门外,上官以下的官员下马,在门内将旗鼓枪剑放在左右两边,上上官和制述官在第二道门前下驾,佩纛,节钺,日伞,左右两名罗将。两使在第三道门外下轿。抬国书的轿子也就到了第三道门,带着译官的对马岛藩主和两名老中从玄关前中庭的两侧进去,在第三道门内,拦下抬国书的轿子,戍役兵士取下国书,将它供奉在外歇厅的桌上。① 在龙亭子里供奉之后,将别幅函放在白盘上再盖上红绸,两位使臣陪行,诸官跟在后面,军官和印信通引前面带路。岛主站在庭西恭敬相迎,两位以酊庵僧人站在庭东侧恭敬相迎,六位江户官站在庭中央恭敬相迎,相互作揖。② 国书和别幅供奉于广间北边的龛室上层,印章放在龛室下层。两使面西而立,岛主和两位以酊庵进来,相互作揖。两使席地而坐,诸官排列成行。江户的两位使臣走进来,第二次相互作揖,然后席地而坐,两国使臣之间寒暄问安,茶礼过后相互作揖告别,各自返回馆所。③ 当时的外交文书有朝鲜国王纯宗的国书和礼曹参判尹序东寄给幕府正使小笠源忠固的书契。朝鲜国王的国书封印图式都被记录下来,特别是图式成为其他通信使相关的记录中没有的重要史料。国书宽三尺一寸(94 厘米),长一尺三寸(39 厘米),封印国书的折幅 13 厘米。封印面写着"日本国大君殿下奉书",折过去的一面,左右的封印线内写着"朝鲜国王李讼谨封",名字上盖有"为政以德"的御宝。

1811 年 5 月 22 日,对马岛上管理通信使聘礼的丰前小仓藩主小笠原忠固和副使胁坂安董在对马岛藩主府邸接受朝鲜国王的国书,6 月 15 日将军德川家齐将回答国书交给朝鲜的通信使。小仓藩的官吏以日记的形式将这些内容记录下来,即《对州御滞留日记》。④

收藏在大阪市立博物馆里的一卷《朝鲜人物写实》是 1811 年近藤子文描绘的访问对马岛的通信使一行(图 5)。近藤子文以医官身份和副使龙野藩主一起出行。主要描写了国书传达和回复时正使、副使所穿的朝服以及在客馆时所穿的公服,制述官等上官们的服装是明道巾或高厚冠上儒服加

① 金履乔:《辛未通信日录》,辛未五月二十二日国书传命仪条;草场佩川:《津岛日记》,书函受取之次第。
② 上使小笠大膳大夫、胁坂中务太夫、井上美浓守等都身着衣冠,林大学头、栖生主膳正、远山左右卫门、尉佐野肥后守着大纹,松山总右卫门身着布衣。
③ 柳相弼:《东槎录》,1811 年 5 月 22 日条。
④《朝鲜纯祖实录》卷 11,纯祖八年五月三十日条。

身。佩川描写的通信使悠闲从容不古板,而这里两使的仪容庄重严谨,如泥塑一般,两使的表情多少有些僵硬。还对身后配弓和箭袋的军官,拿着扇子、耷拉着脑袋的美少年的流行服饰,从各个层面进行了描写。

图 5　近藤子文《朝鲜人物写实》国书传命仪 正使、上上官、军官部分,
1811 年,35.0 厘米×1040.3 厘米,大阪市立博物馆

上判事卞文圭头戴纱帽,随身佩戴浅绿色团领、胸背、角带,做拱手状,两手插在团领里。上官的军官许升身长七尺三寸,两米多高的巨人,背着弓箭,腰间别大刀。头戴红檐黑帽,整体印象比较威严庄重。再向下,从侧面、背面、正面生动地描写了乐队演奏喇叭、笛、瑟、法螺贝、太平箫的场面。除此之外,中官毡帽上装饰的孔雀毛,举着烟斗的模样,甚至连他吐出的灰白色烟气都描写了下来。还描绘了扎辫子的小童和使令的背影。下官和其他人物有所不同,帽子拿在手里,袒露胸脯,虽稍显粗鲁,但是多了几分自由奔放。这部作品非常重视通信使的服饰的描绘。并利用粗重的线条将着力点放在了个性突出的人物的面部。

东京国立博物馆收藏的《朝鲜人物正写》卷末有这样的记载:江户 1829年知仙峰子临摹了 1811 年近藤子文在对马岛的画作,所以这幅画是以大阪市立博物馆收藏的《朝鲜人物正写》为原本,在江户创作的摹本(图 6)。原本在人物表情和服饰上用粗重的线条和阴影变化果敢地进行描绘,而临摹本相对的淡化了色彩线条描写,也有了图式化转变。

图 6　知仙峰子《朝鲜人物正写》国书传命仪 正使、上上官、军官部分,
1829 年摹写,30.3 厘米×984.0 厘米,东京国立博物馆

  蓬左文库收藏有《朝鲜人物旗仗轿舆之图》(图7)。1811年幕府副使龙野藩主胁坂安董在对马岛严原迎接朝鲜使节,随行的猪饲正谷详细刻画了朝鲜人的服饰和前后左右的模样,连旗仗和轿舆也进行了描画。猪饲正谷是从远处大体观察了通信使的服饰,所以并没有很细致入微,而是整体刻画。和国书传命日相同,两使身着金冠朝服,飨应日要身着有胸背的绿色团领戴乌纱帽。上上官在聘礼日着绿色团领带乌纱帽。两使车前军官的服饰大多是青色,也有淡黄色,笠上粘有白色的翎或孔雀翎。通事的服饰特点是红色的翎后面写着笠字。司令的服饰多是浅黄色或白色,腰间系有铃铛。乐师穿浅红色麻布衣服,小童则把辫子扎在后面。除此之外,还描绘了绸缎上画着龙云的2支形名旗,4支联合的清道旗、巡视旗、令旗等,用大红色绢绣文字的仪仗旗等,对旗子的大小和样式也进行了详细的描述。

图7 《朝鲜人物旗仗轿舆之图》,国书传命仪服饰部分,
35.0厘米×603.0厘米,蓬左文库

  与此相关的国史编纂委员会收藏的《通信使一行着服之图》,虽然无法推断其具体的制作时间,但从正使和副使之后没有从事官直接画的上上官这一点,可以看出就是描绘的1811年通信使一行。《通信使一行着服之图》画了国书传命式和飨应式的服饰。和《朝鲜人物旗仗轿舆之图》相比,不同的是飨应式的正使、副使、上上官都身着粉红色时服。所有的人物根据其官衔的高低一一刻画,避免了重复,如果是相同的服饰就从侧面或者背面进行描绘。另外,画上还有传命式上作拱手姿势的人物,根据人物官衔的高低描

写其手上不同的仪仗和持物,这也是这幅画一个鲜明特色。 相反的飨应式上的服饰则主要描写了坐席时的姿态。

在《津岛日记》中,6 月 15 日,国书回答仪式和国书传命仪式相统一。草场佩川对回答文书的图式也进行了描绘。和朝鲜国书不同的是,江户将军的回答书长一尺二寸七分(38.5 厘米),宽三尺一寸七折半(94.2 厘米),文书的特色是先左右对折,然后再上下对折。封面图上左右都写着"朝鲜国王殿下敬复",密封线上写着"日本国源家齐谨封",名字上加盖将军的红印。放文书的国书函先用银铸造再在上面用赤铜贴上绪付座,刷上黑色的漆,用金子做角面,然后再用银将绪付座贴上,最后将二重函的图式和文书带长的图式一起画上。

6 月 15 日别幅中还记载了幕府将军向朝鲜国王赠送的 10 双画屏风,10 副鞍具,3 副纸砚匣,50 匹染缯,100 端彩绸。其中最引人注目的是画屏风。这 10 双画屏风分别是狩野伊川(1775—1828)画的《赖信海渡之图》、《义家雁列之图》、《四季大和山水》,狩野右清(1786—1840)画的《唐船图》、《古木梅月》,狩野探信(1785—1835)画的《赖朝富士牧狩》,狩野洞白(1772—1821)画的《樱钉菊亭》,住吉内记画的《堂上放鹰》、《内垣代付舞乐左青海波》、《林台古散手贵德狛鉾打毬》。除此之外,狩野融川(1778—1815)等的作品也包含其中。[1]

(四)接待通信使的飨应

1811 年闰 3 月 29 日,待通信使一行一到达对马岛府中,用三汁九菜招待两使和上上官,两汁七菜来招待上官和次官,一汁五菜来招待中官和下官。

4 月 9 日,对通信使的客馆慰劳仪在客馆举行。因客馆空间狭小,第一天只限正使和副使,还有堂上译官参加,对马藩主宗义功(1785—1812)身穿狩衣,带领家老氏江左织、多田左膳、小野直卫前往客馆,接待员井上美浓守、栖生主膳正、远山左右卫门、尉佐野肥后守随行。当日接待员为两使和上上官奉上的熟供就是七五三膳。4 月 11 日又为 24 名上官、7 名次官准备飨宴,为他们奉上的熟供也是七五三膳。4 月 13 日,设下船宴招待 15 名小

---

①在《古画备考》卷 45 朝鲜屏风笔者当中的朝鲜来聘之节被造候御屏风画笔者名单上,有包括狩野融川(1778-1815)、狩野安仙(? —1718)两人,在《通航一览》当中,却有包含狩野友川(1810—1831)、狩野青青、板屋桂意、狩野洞琳(1789—1880)四人。林煌编:《通航一览》卷 102,朝鲜国部 78,东京:国书刊行会,1913 年,第 203 页。

童、154 名中官、134 名下官,小童和中官用五五三膳,下官用两汁七菜。[①]
为了准备飨宴,除了派遣御飨应御料理请负人、町料理人、头取石井次兵卫
外,还从大阪向江户派遣了 56 名料理师,一共 70 多人。

5 月 26 日,对马藩主在自己官邸设关白宴享。朝鲜通信使中正使和副
使以下、上官以上的官员穿戴整齐,与江户的上使、副使以及两名以酊庵僧
侣共同参加。上使小笠大膳大夫、胁坂中务大夫、井上美浓守穿戴狩衣,林
大学头、栖生主膳正、远山左右卫门、尉佐野肥后守着大纹,松山总右卫门则
穿布衣。对马藩主府邸的下马、下驾、下轿等程序和传命仪式相同。两名使
臣进入广间,上上官、军官、通引以下的守在广间外。通引接过印信,两名使
臣和江户的两名使臣相互作揖两次,然后席地而坐。藩主坐在下段,首先摆
上七五三味床,三次进饭三次水浇饭结束后,摆上安酒床,然后大家举起酒
樽一起浅饮后,撤掉安酒床,再摆上水果和茶,结束之后作揖两次。在广间
外宴请剩下的通信使们。上上官在扇子间,上判事、制述官、良医在休息所,
军官和上官在外广间里享用七五三味床。在新建屋里招待次官三汁十一
菜,在新建屋里招待中官果子(馒头)、招待下官赤饭(小豆饭)。[②] 与当时江
户将军的仪礼膳上的五五三膳、两汁七菜相比,幕府为了招待通信使费尽心
力。飨应式料理的总费用共计金 5323 两。[③]

名古屋市蓬左文库收藏的《朝鲜人御飨应七五三膳部图》是 1810 年 12
月猪饲正谷根据石井治兵卫膳部制作的见本创作的(图 8)。一共创作了两
本,一本上献给了龙野藩主,一本捐赠给了御文库。在日本,用 7、5、3 吉祥
数字规定菜肴数,本料理上 7 道菜,第二次料理上 5 道菜,第三次料理上 3
道菜,这就是七五三膳。这幅画就是 1811 年在对马岛上为招待通信使正使
和副使、上上官的飨应料理制成的见本。画中本料理和第二次料理上了 7
道菜,第三次料理上了 5 道菜,第四次料理和第五次料理上了 3 道菜,这就
是最好的证明。从本料理开始到最后的茶礼,一共准备了 29 道料理,是非
常豪华的飨应。

《朝鲜人御用信乐长野村烧物雏形控》是 1810 年订购对马岛聘礼所使
用的食器的记录单。通过添加图画,记录了食器的种类、规格以及数量。大

---

① 李薰:《朝鲜通信使接待和对马藩的财政——以 1811 年辛未通信使为中心》,《历史和经济》55,第
119 页,表 6。
② 柳相弼:《东槎录》,1811 年 5 月 26 日条;草场佩川:《津岛日记》御飨应之次第条。
③ 李薰:《朝鲜通信使接待和对马藩的财政——以 1811 年辛未通信使为中心》,《历史和经济》55,第
100—134 页。

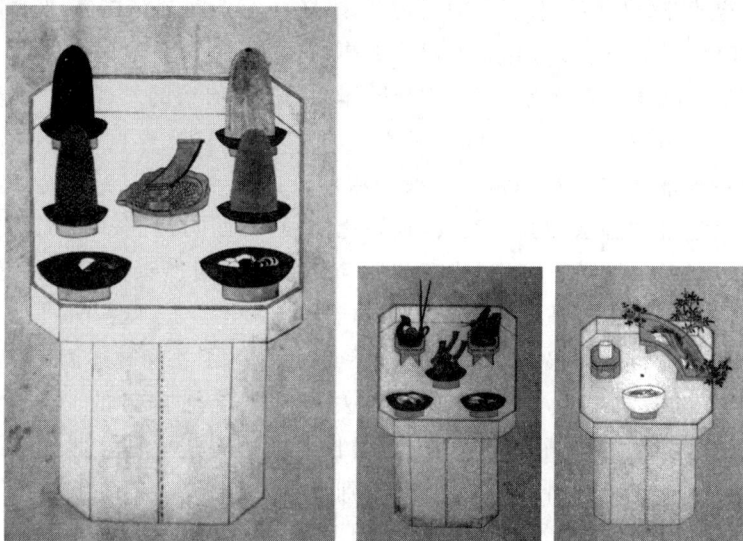

图 8 《朝鲜人御飨应七五三膳部图》部分,1810 年,
30.3 厘米×21.0 厘米,蓬左文库

量订购了铜饭碗、有盖子的碗、盘子、酒杯、饭桶、饭勺等,一共 16 种 4370
件。与日本本土普遍使用的工具不同,这时的碗的特征是用软土所制,非常
轻薄。

装饰两使住处的屏风六幅(六尺六枚折屏风),伊万里生产的烧锦手膳
部通 41 种,下官的住处使用的图画盘子等等 30 种瓷器,这些加起来所用的
费用达到了金 318 两(银 19 贯 86 匁 7 分 5 厘)。①

三 通信使节在日本留下的朝鲜绘画

(一)通信使和日本文人之间笔谈时的书画交流

在朝鲜的通信使之间,文人的正式交流也是从 1811 年 6 月 21 日开始的。
在此之前,以酊庵僧人和朝鲜的文人曾经通过非正式的见面以及书信来交
流。② 这是因为幕府严格限制了在对马藩进行的日本文人与朝鲜文人的笔谈

---

① 此文中的金银加钱比率,是直接引用史料文献当中的数字。当时金银汇率为金一两等于银六十
  匁。关于具体汇率的计算方法,参见郑成一《朝鲜后期对日贸易的开展过程和其特点的研究——
  以 1790—1870 年为中心》,全南大学经济学博士学位论文,1991 年,第 117 页。
② 至于 1811 年朝鲜文士与日本文士的接触以及有关典故,参见申路思《1811 年辛未通信使行和韩
  日文化交流——以笔谈和唱酬为中心》,第 119—120 页,表 12。

酬唱。这就像《津岛日记》下卷中所述:为了防止笔谈时妄论国体,妨碍公事,对通信使溜须拍马以及诽谤日本民俗的事情出现,提前著述《拟答拟问》、《后师录》等,防止与通信使笔谈时出现与国体无关的不必要的发言。①

根据松崎慊堂的《接鲜瘴语》记载,6 月 15 日跟随大学问家林述斋入岛的绘师白河藩巨野泉祐(1774—1837)将所画的山水图赠送给了金履乔,金履乔高兴地说:"画法和画境兼具,是如此精妙,就如同到了一个清凉舒爽的地方,竟忘记了暑热。"这时林述斋与通信使在笔谈时所谈的主要话题是清朝与朝鲜的关系以及清朝考证学的影响。②

林述斋又将巨野泉祐的画作赠与了金善臣,为了答谢林述斋,金善臣又把金祖淳的墨宝当做礼物转赠了回去。金善臣把自己的画与金正喜(1786—1856)的三幅画一起送给了樵隐长老李廷龢。与通信使书记金善臣私交甚笃的金正喜作诗广叙旧闻,并寄到日本,说大阪的名僧当中定会有理解的人,诗中提及了古贺精里、三宅橘园、谷文晁等等。精里求得朝鲜的《退溪书节要》并进行了撰写,金正喜评价说,这个作品的笔法醇厚而又高雅,并把古贺精里的对联悬挂在了自己的书房里。而且,他评价说三宅橘园对古学兴起具有重大的意义,评价说其作品非常俊逸,金正喜非常喜欢三宅橘园给李铉相的送诗,感动颇深,因而将作品重新誊写并珍藏起来。尤其在评价谷文晁的画作时说道:"手艺绝妙,手法与董其昌相似,字体写得极好,光泽圆润,就仿佛雾气朦胧一般。欣赏名山图时,富士山仿佛就近在眼前。"③所以金正喜 1807 年看到发行的谷文晁的木版画集《日本名山图会》时,在其中看到了富士山,并作了题诗。④

---

① 《拟答拟问》为预测与朝鲜文人笔谈时的问答,古贺精里的儿子古贺侗庵担任拟答部分的书写,而草场佩川与樋口淄川撰拟问部分。《后师录》里的主要内容是,对与通信使的笔谈及酬唱内容进行分析并加以议论。这一书籍记载到 50 多个笔谈和酬唱,前半部分由草场佩川撰,后半部分由樋口淄川撰。参见申路思:《1811 年辛未通信使行和韩日文化交流——以笔谈和唱酬为中心》,第 115—118 页。

② 至于松崎慊堂著《接鲜瘴语》当中的笔谈,参见李元植:《1811 年对州易地聘礼和文化交流》,《朝鲜通信史研究》14,第 130—134 页。

③ "精里(古贺朴)尽老学,远溯洛闽余。因之及我邦,节要退溪书。笔法亦淳古,想必其人如。俊逸三宅邦,超拔出等夷。觥觥说古义,下士大笑之。声闻遂不及,海云渺远思。文晁妙画谛,恰似董思白。淋漓善用墨,烟翠浓欲滴。流观名山图,富士在几席。"金正喜:《阮堂全集》卷 9,《仿怀人诗体历叙旧闻转寄和舶大板浪华间诸名胜当有知之者》。

④ 谷文晁为文人画家,曾在 1802 年画出 88 座日本名山,其地理范围贯穿于北海道樽前山与九州岛岛樱岛岳。《日本名山图会》便是他作品制作而成的木版画。卷首载有 1802 年东读柴邦彦的序、1804 年南部川元善的跋文及谷文晁的款识,提到具体刻画的时期。卷末有载 1807 年南部川元善的儿子川村博所写的刊行经纬。

除此之外,松崎慊堂还送给制述官李铉相以及一些朝鲜文人挂川藩御用绘师村松以弘(1772—1839)绘制的实景图和画扇,金善臣在欣赏到谷文晁的《墨竹图》和《达摩渡海图》之后创作了两首题画诗《题损卦竹枝文晁画》和《题泛禅文晁画》,流传至今。①

表 5　客馆笔谈时通信使服饰

职衔	服饰	职衔	服饰
正使,副使	卧龙冠,程子冠,东坡冠(具缨子),鹤氅衣	伴倘,礼单直,盘缠直	战笠(银鐕子象毛孔雀羽具),挟袖快子,缠带
堂上堂下官,制述官,医员,写字官,画员,书记	程子冠,东坡冠(具缨子),青袍	理马	军服(只刀鞭)
军官	军服	奴子	战笠(内拱聪鐕子象毛具),苧布,挟袖快子,缠带

典据:金履乔《辛未通信日录》,一行服色

6 月 21 日通信使在旅馆与古贺精里、佩川、淄川一道拜访了旅馆内诸人,并与他们进行了笔谈。当时笔谈的内容是《对礼余藻》。古贺精里与朝鲜的正使与副使作诗,并写出了作品《桃花酒》。佩川也与朝鲜正使与副使见了面,同时也见了其他朝鲜人,但却因为制述官李铉相抱病在身未能见到。书记在东坡冠外戴着天蓝色的布,上判事在高厚冠、方巾的外面穿着白衣布。《津岛日记》的《服饰图》里画有佩川所说到的高厚冠、方巾、东坡冠、明道巾,以及乌纱帽样式的唐巾(见表 5)。根据佩川的注释,高厚冠和唐冠作为正使和副使在仪式当中使用的服饰,是从很远的位置观察所画的,所以画得不够详尽清晰。方巾与明道巾被介绍为上判事、记述官、书记等的冠饰。别陪行李文哲的前帽是黑色为底,顶上有金具,后面坠有孔雀尾的装饰。记述官、书记等的服饰大多是用天蓝色,与明服相似,腰带差不多是六幅。鞋子是用毛皮做的黄白鼠色的,据说朝鲜人十分崇尚小脚。而扇子上画有金履乔送给他的一些东西,还坠有带着香具的扇锤。扇子上还画有上上官携带的烟管和杂佩,烟管是用罗宇竹烘烤所制成的,长度三到四尺左右。杂牌是放印袋和小柄刀的口袋。

古贺精里知道次上官李文哲因私事到过中国的事情以后,便询问了中

---

① 《接鲜瘄语》(9—10 面),《辛未和韩唱酬录》"辛未端阳月二日通信书记清山"条;金善臣:《清山岛游录》"题损卦竹枝文晁画"条、"题泛禅文晁画"条。再引用自申路思:《1811 年辛未通信使行和韩日文化交流——以笔谈和唱酬为中心》,第 166 页。

国的理学文章名家。① 李文哲于 1808 年秋天来到中国，1809 年春天回国，在这之前他所见的人当中，以张道渥（1757—1829）的诗书画和王汉森的魁伟、曹江（1780—?）的才华为一流，翁方纲（1733—1818）的字体也是在世名家中的最高水平。

6 月 23 日古贺精里将一幅某人画的作品拿给记述官李铉相欣赏，受到了对方的极大赞赏并向李明五展示具有"泉本"字的画轴。泉本是丰洲冈本花亭的亲戚，因为冈本花亭见不到诸位，因而拜托了精里。② 正史金履乔为精里的作品《大学章句纂释》作了序文，李明五为其作了跋文，金善臣为这本书写了后序。③

此外，古贺精里拜托金履乔把自己作序的村上玉水的编著的《李退溪书抄》10 卷转给陶山书院。正因如此，正史金履乔在回国的途中拜访了作为郡守连任的李退溪的远孙李泰淳的驻地梁山，向其展示了从精里处所得的《李退溪书抄》，李泰淳受到了极大的触动，对其进行了精致的编写，保存在了陶山书院。这便是现在陶山书院里《李退溪书抄》的来历。

古贺精里向通信使书记金善臣展示自己的著作《洪浩然传》时，说起了自己的姐姐嫁与朝鲜人洪浩然（1582—1657）六代孙洪安常的缘由。④ 这时金善臣便拜托古贺精里查证一件事，委托其去确认壬辰倭乱时期成为人质的金厚臣的子孙是否在日本，起名为河西并且家族昌盛。

6 月 23 日在客馆，淄川展示了藩校日新馆的画作。日新馆是 1798 年依据会津藩家老田中玄宰的进言而建，于 1803 年在会津若松城西邻完成日新馆校舍的建设，目前是教育藩士子弟的场所。⑤ 好像是因为当时淄川在

---

① 李文哲为锦林君李恺胤的 5 代后孙，被推荐为检书官而参与 1808 年 9 月的使行。《内阁日历》，1808 年 9 月 5 日。

② 《对礼余藻》上（佐贺大学小城锅岛文库本），59 面。

③ 同上，65—67 面。

④ 洪浩然在十二岁时，因丰臣秀吉攻打朝鲜，在战争中失去父母，逃亡到晋州城附近的山洞。后被锅岛直茂收养并带回日本。洪浩然前往佐贺与京都五山留学之后，在佐贺藩作为知行人一石的侍讲，于 1619 年与领主多久安顺的家臣江副某的女儿结婚，以家臣氏的两个女儿为后妻，生洪安实。洪安常为洪浩然的六代孙，他娶了古贺精里的姐姐，但因为她未生儿子，收养古贺精里的次子古贺安胤，即洪安常，号晋城，因洪浩然家乡为晋州。1657 年洪浩然听到藩主死亡的信息之后，于 4 月 8 日召洪安实，留下一个"忍"字和一句"忍则心之宝，不忍身之殃"的话，不久殉节在佐贺市阿弥陀寺，时年 76 岁。

⑤ 会津藩校日新馆的内部，以孔子的大正殿为其中心，有素读所、讲释所、其他校舍，还具备天文台、开版方、文库、水练场。优秀生徒在藩的支持下拿到前往江户或长崎的留学机会，于是养成许多人才。

陆奥会津藩的藩校里为藩主侍讲,才带来这幅画。金善臣将它称之为《东学图》,过去北京国子监辟雍的画中,记载有克制自身的文章,李文哲则将其称之为《日新馆图》并作了题跋。①

6 月 24 日在旅馆里,佩川把《李退溪书抄》首卷 1 册拿给各位通信使看,并拜托通信使为这本书写序跋文。② 李明五赠送给佩川包括菊花图在内的几幅朝鲜画,并拜托他画几幅兰竹。在看过佩川的画法之后,李明五连连称赞。因为之前曾经听过李铉相夸赞金善臣的画作非同凡响,佩川便拜托金善臣,从而有幸收到了他的山水画一幅。③

6 月 25 日,依据佩川的记录,日本果然跟朝鲜一样,宋徽宗的鹰图、苏东坡的墨竹图、米芾的山水画、元赵孟頫的马图等等在当地都颇具有名气,但是赝作也非常多。19 世纪在朝鲜,明代的文徵明、董其昌、马远等人的作品广为人知,清代朱鹤年、唐晟等人的作品也受到了大众认可。

佩川:"昨觊贵画归后展玩,愈觉其风韵佳绝。盖画法阎、陆则貌降,至宋元明清,名手硕匠更仆难数。其轴迹往往传于我东,而余所目击如徽鹰、赵马、苏竹、米山之类赝作甚多。偶有真品,亦唯管中一斑,不足以尽其法。想贵邦多存名迹,在当今谁为巨擘,又崇信何人法乎?"

金善臣:"仆于画家手法龃龉甚矣。但于儿时嗜好,壮后间或涂鸦耳。大抵艺成而下,故世愈下而画愈工致,如欧罗巴画法是中国人所不及。近世明清诸家但脱洒无一点俗气,尝见芦洲百雁图、夏禹驱龙蛇图,俱是明世名家,而俱不详名氏,则中国画之流入我国者即多赝本。真者亦无所依据,以仆所见文徵明、董其昌、马远若干人为明世之大家,清则皆不胜屈,今则朱学年、唐晟辈尤其翘楚耳。"

佩川:"西洋画奇功精致,敝邦亦有做此者,拟得颇巧,唯其油气损风韵,可厌矣。大抵文人之画有韵无法,画人之画又反之,所谓六法具足,而入画禅三昧者盖鲜矣。及今世南苹、莘野、古亭、随庵诸人航来画者,向风,今代寝盛,所谓狩野、土佐二家之外,该古今聚众美者不胵。夷考之,亦不免为吾邦之一体属者。观信园画员写意,亦是贵邦一种风致可观。顾土异风殊,则语且不通,至技艺,亦何怪焉? 盖曲艺末技异

①《对礼余藻》中(佐贺大学小城锅岛文库本),101—113 面。
②《退溪书抄》共有 10 卷,其中有一卷首卷。村上玉水(1729—1776)编纂,他的弟子冈田寒泉(1740—1816)于 1809 年刊行。
③《对礼余藻》中(佐贺大学小城锅岛文库本),111 面。

同何害,如夫学术则毫差千里,不可不慎也。"①

那天,秦东益请求佩川画了好几幅画。在画双帧时,秦东益称赞佩川为天下奇才。佩川为李明五画了芦蟹图,在正使金履乔托金文哲转达的两把扇子上画了两幅菊竹图。为表谢意,金文哲在扇面上写了两句话,并赠送给了佩川。

佩川和金善臣进行了很多启发性的对话,尤其是关于朝鲜的领土和经典的解读方法,与李慪相关的内容等,都与为 1811 年通信使笔谈提前准备的《拟答拟问》的内容有密切的关系。

佩川就朝鲜疆域的东北边界豆满江距离汉城多远、鸭绿江中江和清人互市是否一致、明代长白山的白衣观音等问了问题。对此金善臣说,在白头山顶 40 里之外有一个泽,西边是鸭绿江,东边是豆满江向北流去,黑龙、鸭绿和混同江名字一样但实际不同。白头山的北边边界处是一片极寒之地,四季有雪,因而称之为长白,但是白衣观音这种说法是未经确认的。对此,佩川说虽然朝鲜所说如此,他本人很早之前所看的《金史·帝纪》里也记载有混同江,但是观察地图时,往东北方向流入大海的是混同江,《清一统志》记载混同和黑龙是不一样的名字,其流下处也是不一样的。他对朝鲜与中国的国境有着浓厚的兴趣。

佩川问过去的沈阳即现在的宁古塔是否与俄国接壤,金善臣说宁古塔是清朝爱新觉罗氏的肇基地,和辽东大地相距不过五六百里。佩川就八旗兵的制度和盛京、顺天府的户口提问,又接连问了山海关的制度。而且,就山东、浙江位于何地,从那里出发一路向东是否能到达朝鲜的全罗道和济州等问题进行了提问。佩川地理知识渊博,不仅知道朝鲜与清的西部边界,对沈阳和山海关等中国的边防要塞也知道得十分清楚。甚至对经由西海从中国到达朝鲜的道路也进行了提问,知识渊博程度令人瞩目。

6 月 26 日,通信使乘船即将要出发,正使与副使以及手下在以酊庵②登游,三学士迎接拿出餐具。金善臣和佩川一起谈话。那时他们依依惜别的书信被收录在了《对礼余藻附录》。

---

① 《对礼余藻》中(佐贺大学小城锅岛文库本),75—76 面。
② 以酊庵的名称由来,是因为它在丁酉年修建,该时期的丁酉年包括 1597 年、1657 年、1717 年。玄苏于 1580 年因对马岛主义调的邀请,以日本国王使身份往返朝鲜,对交邻关系起到重要影响。朝鲜僧侣松云于 1606 年前往日本邀请讲和,因此有 1612 年才有三司来访,这时担任松云的接待为五山的硕学长老等,他们还管掌文翰。之后因外交事宜、管理有关文书、参与朝鲜使节接待等需要,于 1635 年将京都东福寺宝胜院玉峰光璘派到对马岛以酊庵,这是持续到 1858 年的京都僧侣的以酊庵轮番制之始。李元植:《1811 年对州易地聘礼和文化交流》,《朝鲜通信史研究》14,第 133—134 页。

佩川将那时候李廷龢的匙箸和盛饭盛汤的食器、羹碗、碟子,以及自己制作的煮物碗上的图像和漆木床画了下来。当时在李廷龢处,招待所用的食物是蛋黄和洪鱼料理。那天结束笔谈时,通信使把书幅诗筒、壮纸、十丈纸,以及有着黄绿紫红色和云纹等颜色的彩笺送给了古贺精里、淄川和佩川。把毛笔和墨送给了古贺精里,制述官李铉相将两面刻着"通信制述佳"和"天下事唯偶然者为佳"两篇文章的一颗冻石印赠与了佩川。

个人收藏《观水声画帖》里收录有正史书记金善臣、渡边玄对(1749—1822)的画作,制述官李铉相、上判事秦东益、写字官皮宗鼎以及李明五等人的文章(图9)。古贺精里为这本书写序文,赖山阳(1781—1832)写了后记,据此可大致掌握他们的交流状况。金善臣在对马严原处滞留时,与幕府儒学者林述斋、古贺精里、松崎慊堂、三宅橘园等人尽情笔谈,留下了《清山岛游录》。李铉相也与林述斋、古贺精里、三宅橘园、草场佩川以及铃木椿亭等进行了笔谈,畅谈了诗文。①

图 9 《观水声画帖》中金善臣的绘画

故事人物图的左上端记载有"重光岁端阳月三日,朝鲜通信书记清山",

---

① 关于朝鲜通信使的接待,参见《对礼余藻》、《对礼余藻外集》、《对礼余藻外集附录》当中对文酬唱与笔谈记录,均收于《精里全集》卷 24—26。

这被认为是 1811 年 5 月 3 日金善臣的作品。作品利用清新的淡彩与轻盈的线条描绘了外出赏春的故事人物。金善臣曾经写了一首诗:"古木发春枝,奇岩客晚滋。时来抱琴坐,尽日看清漪。"这首诗与这幅画相映成趣,堪称双璧。渡边玄对的故事人物图右侧上端写有"丁丑夏夜写于平安客舍,玄对",此画是玄对于 1817 年夏天所作,与通信使的书画一起流传后世。

(二)通信使节的画员李义养的绘画

1811 年通信使节的随行画员只有一个人,就是李义养(1767—1828 年以后)。[1] 柳相弼《东槎录》中收录的《江户例出银子分派秩》中有这样的记录:关白在上户给上官、次官、小童共 2150 两银子,其中军官 10 名,书记 2 名,次上通事 2 名,押物官 2 名,医员 2 名,画师 2 名等每人各 67 两 5 钱。金履乔的《辛未通信日录》中写道:"上官 20 名每人给 67 两 4 钱 5 分",由此看来画师两名也就是画员和写字官。[2]

作为幕府的儒者,古贺精里同书记草场佩川是 1811 年同朝鲜通信使节进行文化交流的核心人物。画员李义养在对马所作《江南雨后图》中引用了唐戴叔伦(732—789)的诗句题画——"江南雨初歇,山暗云犹湿,尔信写",画中右上角还有精里于 1816 年写的题笺,内容如下:

> 向余赴对马岛与韩客接也,丹丘草场生从行。生有文才,傍善绘事,韩客争求之,正副使以下,扇舌绢素,陆续寄请。发帆前,至累日夜,废百事应副之。是时尔信亦随聘使来。邦人持其画诣余万,乞题言者踵相接。以示生,则云,无六法不足观已。竣役,生归丹丘,则无称其工画者。因想尔信还韩,其无闻于世,恐倍草场生。俚语曰,物出乡贵人出乡贱。若生与尔信,则与俚语相反,亦可笑也。独此尔信山水,则觉有佳韵,盖其合作。余题数语,使友野仁第藏。辩非诶也。

这里值得注意的是,为了满足通信使节的求画要求,在他们离开前,佩川熬了好几个晚上为他们作画。让人联想到了之前的通信使行中金明国等朝鲜画员为了满足日本人的要求所吃的苦头。同时佩川贬低日本人得到的李义养的画作,评价它没什么了不起的,这也是对历代通信使节画员的评价中从来没有的。

---

[1] 关于 1811 年通信使画员李义养的家族及人脉的研究,参见黄银英:《关于 1811 年辛未通信使随行画员李义养》,《江原史学》第 22、23 集,江原大学校史学会,2008 年,第 157—170 页。这一文章中提到李义养与李寿民一同访日,但没提出文献证据(第 161 页)。

[2] 柳相弼:《东槎录》,"江户例出银子分派秩";金履乔:《辛未通信日录》,"关白若君所送银"。

　　精里对佩川和李义养的画作在异国他乡要比在本国更受欢迎的现象感到惊叹,他认为李义养在朝鲜也不会有很大名气的论断也是饶有趣味的。他认为李义养的作品中自己题诗的这幅山水画极具韵味,给了朋友收藏,但是却并不认为朝鲜画家李义养所有的画作都具有格调。因此精里的题笺中显示出 19 世纪初日本知识分子对朝鲜画家的认识与 18 世纪时显著不同,给人一种当时的日本知识分子对朝鲜绘画的评价有所降低的印象。

　　釜山博物馆收藏的李义养的《仿谷文晁山水图》右下方,有"朝鲜信园,尔信"的落款。右上方是次上判事秦东益的题诗:"仿谷文晁画。海外墨缘转法轮,信园风味亦清新。写山青眼今何似,画里人应梦里人。朝鲜清翁评。"(图 10)由此可以看出这幅画是李义养模仿江户时代晚期画家谷文晁(1763—1840)的《仿董北苑笔意山水图》所作(图 11)。除此之外,个人收藏的《富士蓬莱山图》上也题跋"仿谷文晁画",说明此画也是李义养是模仿谷文晁作品所作的。此画参照谷文晁所画的郁郁葱葱的富士山,描绘了经常和富士山作比较的朝鲜金刚山的全景。这些作品让人联想到朝鲜的画家经常模仿中国画家的作品,可以说明在 19 世纪初期通信使行文化方面的传播在日本国内已经有所消退。谷文晁是江户时代晚期画家,父亲谷麓谷(1729—1809)是田安家的家臣,又是汉诗作家。谷文晁受到松平定信的重用,负责《集古十种》①的插图绘制工作等等,是江户时代文人画坛的泰斗级人物。他通过向狩野派的加藤文丽(1706—1782),长崎派的渡边玄对、铃木芙蓉(1752—1816)学习古画的临摹与写生,以此为基础,创造了融合南宗画、北宗画、洋画等技巧的独特画风。李义养模仿的这幅画作的画风也是起源于五代董源的山水画风而反映清初传统山水画派画风的典型南宗画风。

　　太田南亩(1749—1833)②的《杏园诗集续编》中收录了制述官李显相的《杏园诗抄题》,《南亩集》中收录了李义养画的松鹰的题诗《题韩人尔信所画松鹰》。诗是这样写的:"韩客画胡鹰,松高眼有棱。徒收千里翼,闲对五山僧。"从中可以知道南亩是在以酊庵看到的李义养的画作。幽玄斋收藏的落款为"尔信"的《鹰图》中描绘了落在高耸的峭壁顶上的雄鹰的形象。还有落款为

①《集古十种》这一书籍,由松平定信及学者柴野栗山、广濑蒙斋、屋代弘贤、鹈饲贵重,以及家臣谷文晁等画师来进行编纂。他们将总计 1859 件文物,分作十种(碑铭、钟铭、兵器、铜器、乐器、文房、印玺、匾额、肖像、书画),花了大约 4 年的时间,在 1800 年首次刊行之后屡次增补,最终版本为 85 卷。参与编纂事宜的画家访问奥州至九州岛各处的寺社并对书画与古器物进行田野调查。
②太田南亩为江户中后期的下级武士,同时作为狂歌师、作者、学者而活跃,当时的知识分子以他为中心,克服武士阶层的身份级别,在书坛和文坛进行活跃交流。

图 10　李义养《仿谷文晁山
水图》，釜山博物馆

图 11　谷文晁《放董北苑
笔意山水图》

"朝鲜国尔信"的《鹰图》描绘了坐在松树上俯视下方的雄鹰的形象(图 12)。

洞松美术馆收藏的李义养《虎图》中落款为："辛未仲夏朝鲜国李义养尔
信写"，从中可知这是 1811 年在日本创作完成的(图 13)。图画中刻画了坐
在松树下岩谷的石头上咆哮的老虎形象。从总体上看，对于岩质的描绘采
用了斧劈皴的处理方式，同幽玄斋收藏版本中淡墨的手法所画出的氛围不
同。幽玄斋收藏的《虎图》中落款为"朝鲜尔信"，描绘咆哮的老虎的民俗画
画风更明显——与众不同地选用了竹子而不是松树来作为老虎的背景。

朝鲜画员在日本创作的作品一般都会在画中表明朝鲜国的国籍，但是
描绘驻足在柳树下骏马的《柳下骏马图》中却只标记了李义养的字"尔信"。

李义养结束在对马各地的通信使行，归国一年后，即 1812 年，将通信使
行的主要路程以图画的形式记录下来，编写成了《李信园写生帖》。画册中
包括了二十幅使行相关画作以及以通信使行为背景所画的对马岛水程、佐
须浦、西浦、对马岛府中等四幅画。也就是描绘从釜山浦出发经水路到达对

图 12　李义养《鹰图》，
　　　涧松美术馆

图 13　李义养《虎图》，
　　　涧松美术馆

马为止，期间船停靠的主要浦口以及对马府中的画作。尤其是《对马岛府中》落款"壬申春中信园李义养写"表明了画作完成的时间。画面中对马的样子一目了然，还描绘了即将靠岸的四艘通信使船，是一副实景山水画。

（三）作为礼物随带的朝鲜绘画

1811 年通信使行中要注意的是，虽然同行的人员中有画员李义养，但是李寿民（1783—1839）、尹持汉、申润福（1758—?）、李寅文（1745—1821）等画家的作品还是作为礼物由次上通事秦东益、写字官皮宗鼎等人携带前往日本。这主要是为了满足日本对朝鲜绘画的需求。

蕙园申润福为 1811 年的通信使行所画的 4 幅故事图上有写字官皮宗

鼎的题诗,因此可以推断皮宗鼎将这些画作为赠物带去了日本。① 故事图中《七纵七擒图》是以诸葛亮七擒孟获的故事为素材,在绢本上用水墨进行色彩渲染绘制而成的作品。右上方皮宗鼎的笔迹写着:"神机妙算的军士们最后也不得不服从他的命令。现在虽然无从得知他到底下了什么命令,但是可以知道这位的道德相当高尚。"文字的下方写着"朝鲜国蕙园写京师画员",表明此画是图画署画员申润福所画。除此之外,上判事秦东益题笺的李寅文所作《竹石图》也在1811年传到日本。

李寿民、尹持汉的名字虽然没有出现在通信使行的名录中,但是他们的画作有很多流传到日本。最具代表的是尹持汉、李寿民②的画同秦东益的诗共同构成的作品所装裱的慈照院的《朝鲜书画贴交小屏风》(图14)。附有秦东益诗句的尹持汉的作品流传在很多地方,从这点来看通过秦东益在日本传播的可能性极大。相国寺慈照院是大量培养在朝鲜外交史上肩负重

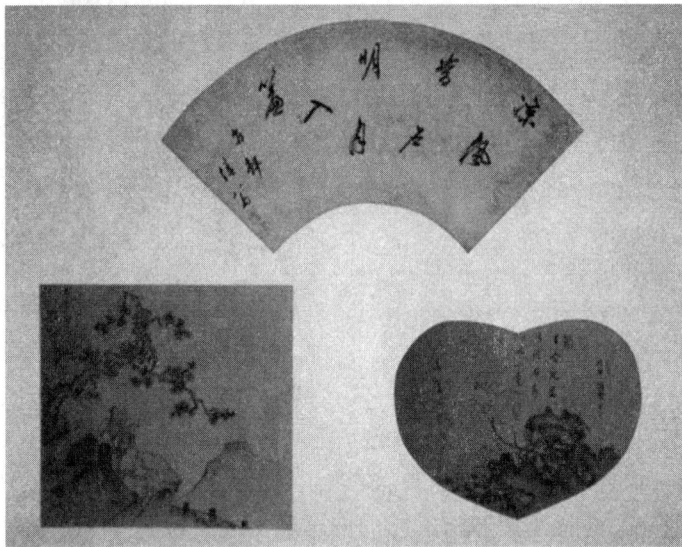

图14 尹持汉、李寿民的画和金善臣的诗,
《朝鲜书画贴交小屏风》,慈照院

要作用的以酊庵轮番僧的寺院,其所藏的《朝鲜书画贴交小屏风》是集中通

---

① 这一作品是车吉辰先生在2008年在日本买的。《从日本返回的早润福〈故事图〉》(「日本から戻った申潤福「故事図」」),收于《民团新闻》(「民団新聞」)2008年10月8日。

② 李寿民,字君先,号焦园,在1802年至1835年的三十多年间作为差备待令画员,参与到奎章阁主导的衣柜制作活动。李寿民的作品流传很少,现存作品当中以1819年的《夏日酒宴》为其代表。曾祖父为以画员身份参与1748年通信使行的李圣麟。

信使节给轮番僧们的书画,以百衲屏形式装饰而成的。

除此之外,幽玄斋中也传入了许多尹持汉的作品。有画在扇面上的《墨梅》、《山水图》、《花鸟图》,描绘松树下豹子的《豹图》,以及描绘松树下老虎的《虎图》。所有作品都有"朝鲜槐园"、"朝鲜槐园写"、"朝鲜国槐园"等落款。槐园尹持汉虽然在朝鲜绘画史上不为多少人所知,但他却是继以画员身份同行的李义养之后在日本有大量作品传入的画家,因而受到关注。

李寿民的作品在国内流传的并不多,在日本现存的他的作品中可以看出其作品特征,这一点来说极具意义。现存的所有他的作品中都有"朝鲜蕉园"的落款。《雪山骑驴图》以雪中探梅为素材,让人联想到骑着毛驴,带着童子,踏雪寻梅的唐代诗人孟浩然的故事。《树下人物图》的落款为"朝鲜蕉园"。大阪市立博物馆收藏的《虎图》描绘松树下的老虎形象,具有很强的民俗画色彩。东京国立博物馆收藏的《松鹰图》是用绢本水墨完成的画作。幽玄斋收藏的《松鹰图》下部中间是用墨书写的"朝鲜蕉园",其构图和描绘形式同东京国立博物馆收藏的《松鹰图》相似。

图 15　荷潭《寿老人图》,大阪历史博物馆

收藏在大阪历史博物馆有古贺精里诗的《寿老人图》是道释人物画的一种,描绘的是松树下拱手作揖的寿老人,落款为"朝鲜国人荷潭写"(图 15)。这里的荷潭到底是谁虽然无从知晓,但是落款下方印有"士文氏"的白文方印。此作品是精里卒年 1817 年以前所作,通过当时的通信使行将其作品介

绍到日本的可能性极大。① 精里的题诗:"贪富憎贫何日休,不求却是巧于求。顽然身似酒胡子,与物无争得自由。"与诗句的内容相对应,画中描绘了袖手面拱的长头南极老人,腰间揣着葫芦瓶,摆脱世间物欲的神仙的形象。荷潭的另一作品《母子猿图》是绢本淡彩的作品,落款为"朝鲜荷潭"。用硬笔和青绿勾画巨大石头上坐着的猴子母子俯视下方的形象,从色彩以及画风上推测,是 19 世纪创作的作品。

1811 年通信使画员李义养外,李寅文、申润福、尹持汉、李寿民、荷潭的作品也流入日本,通信使行的名录中没有他们的名字,他们并没有直接随行,但是可以看出通过通信使节,很多朝鲜画家的作品流入日本。

结 论

19 世纪东亚的旧有秩序观念和与之截然不同的对外秩序观念——近代国际秩序彼此碰撞。随着传统中华秩序的瓦解和西方近代国际秩序的再确立,国家之间也必须经历新一轮的典范转换过程。通信使行的作用也只能逐步衰退。依靠传统方式而维持的交邻体制也越来越起不到显著的作用。

自 1786 年 12 月第十代将军德川家治的死亡消息传到朝鲜,派遣通信使团的请求就被数次延期。但是在关系到通信使团派遣的经济问题上,经过对马藩长达 20 多年的不懈交涉,最终决定于 1811 年 5 月在对马进行易地聘礼。自 1764 年第 11 次通信使行以后,在长达 47 年的漫长岁月中,朝鲜通信使团的奉旨来访反映了时代的变迁和危机感,这极大地引起了日本画师们的关心,为此自 1811 年通信使行以后,就留下了许多的记录和绘画。

1811 年通信使团的行程是从釜山的永嘉台下出发,途径对马的佐须奈浦、大浦、鳄浦、险峻的丰浦,最终到达泉浦、西泊浦、琴浦、芳浦、鸭濑浦、对马府中。通行使团一行的船只由釜山到达对马府中的时候,来自对马藩的漕船和护行船引领着通行使团的船只。这时有关通信使团的路线地图和通信使船的图画就被保留了下来,从中可以窥探出日本人对通行使团的关心。

1811 年对马通信使团的外交礼仪首先是幕府的上官访问通信使团的客馆,并遵照将军的意思举行客馆慰劳仪式,接着在对马岛主的府邸进行传

---

① 有些人推断荷潭是金时让(1581—1643)、李教翼(1807—?)等人,但考虑其画风与制作时期,这种主张有待商榷。《朝鲜通信使与民画屏风》(『朝鮮通信使と民画屛風』),大阪:大阪历史博物館,2001 年,第 63 页;《时隔 500 年后的回乡——从日本寻回的朝鲜画作》,首尔:学古斋,2010 年,第 77 页、第 120—121 页。

达朝鲜国王国书的传命仪和关白茶礼,并在此进行了接受幕府将军的回答国书的回答书仪。这时转移到对马藩主的府邸进行的通信使团的登城行列图,其写本有好几本保留了下来,木刻本也制作了,不仅在对马就连江户也有销售。

当时以使行为背景制作而成的人物服饰图最少有 4 幅以上得以保留至今,其中一部分在江户也被描摹过。外交礼仪上通信使团的服饰引起了日本层面的极大兴趣,从中可以看出通信使团的服饰是能够维系汉族文化最为重要的一点。有关通信使团的飨应是从到达对马的闰 3 月 29 日和 4 月 9 日一直到 4 月 13 日为止经过了 3 轮并按照职责进行的。之后的 5 月 26 日,在对马岛主的府邸也举办了关白宴享。当时招待上上官以上的是用七五三味床,这与当时作为江户将军的仪礼膳的五五三膳、二汁七菜相比,可以看出对通信使团的招待倾注了不同寻常的努力。

朝鲜通信使和江户文人们的正式接触虽然起于 6 月 21 日,但是在这之前以酊庵的僧侣和朝鲜文人之间就有着非正式的会面或是书信往来。这是因为幕府和对马方面对朝鲜文人和日本文人之间的笔谈酬唱有着严格的限制。为了防止在笔谈中出现肆意评论国体、妨碍公事、对通信使阿谀奉承、肆意诽谤日本风俗等行为,事先拟草了《拟答拟问》、《后师录》等,以警戒在和通信使笔谈期间可能出现的有关国体的不必要的言论。

古贺精里作为幕府的儒者和书记草场佩川都是 1811 年在和朝鲜通信使进行文化交流中的核心人物。古贺精里将自己作序言、村上玉水作编著的《李退溪书抄》10 卷拜托正使转交给道山书院。在将自己写的《洪浩然传》一书给金善臣看时,提到了自己的姐姐和朝鲜人洪浩然的第 6 代孙洪安常喜结连理的事由。而且在给樋口淄川看自己在客馆藩校日新馆所作的画时,收到了金善臣和李文哲为此画所作的题跋。

通过通信使和日本文人们的笔谈可以确定这样一种事实,即当时在日本和朝鲜一样,宋徽宗的鹰图、苏东坡的墨竹图、米芾的山水画、元朝赵孟頫的马图都十分有人气,但是赝品也很多。19 世纪朝鲜,明代文徵明、董其昌、马远等人的作品也是声名远扬,明朝末年朱鹤年、唐晟等人的作品也得到了认可。

古贺精里对草场佩川和朝鲜画员李义养的画作在异国比在本国更受欢迎的现象感到十分惊讶,他认为李义养在朝鲜也不会有很大的名气。从古贺精里为李义养《江南雨后图》所作题笺中就可以看出,19 世纪初日本知识分子对朝鲜绘画的认识与 18 世纪有着显著的差异,在日本知识分子之间似乎存在着贬低朝鲜文化的倾向。釜山博物馆收藏的《仿谷文晁山水图》和《富士蓬莱山图》是仿照日本文人画家谷文晁的绘画所作,日本人的作品对李义养的作品多少产生了一定的影响,这可以看作是一种文化逆转现象。

　　而且 19 世纪初除了通信使画员李义养之外,李寅文、申润福、尹持汉、李寿民、荷潭等朝鲜人的绘画作品也是通过通信使节流入日本的朝鲜绘画作品,这说明 1811 年通信使行对两国绘画史的交流有着举足轻重的作用。

表 6　1811 年朝鲜通信使座目

分类	职务	姓名	职位	生年	字	号
使臣(2)	上使	金履乔	吏曹参判,知制教	1764	公世	竹里
	副使	李勉求	通训大夫,弘文馆典翰,知制教,经筵试读官奉春秋馆编修官	1757	子余	南霞
上上官(3)	1 当役官	玄义洵	知中枢府事	1765	敬夫	坦坦轩
	2 当役官	玄斌	大护军	1762	阳元	一迟
	3 当役官	崔昔	同知中枢府事	1768	明远	菊斋
上官(24)	制述官	李显相	奉常寺金正	1768	相之	太华
	军官	具毅和	前营将		子弘	
		李一愚	前府使	1756	千虑	钦斋
		李勉玄	尚衣院主簿			
		李运植	前内乘	1768	士广	笑囮
		郑宅升	前五卫将			
		许乘	前营将			
		金最行	前县监			
		柳相弼	前郡守			
		赵晚锡	通德郎	1770	君弼	源泉
	壮士军官	文永喆	副司勇		汝贤	
	书记	李明五	通德郎	1762	士纬	泊翁
		金善臣	副司勇	1763	季良	清山
	上通词	崔仁民	前直长	1769	章叔	听碧
		卞文圭	前判官	1765	玉汝	梅轩
	次上通词	金祖庆	前奉事	1782	子佑	青莲
		秦东益	前判官	1782	直哉	清翁
	押物通词	洪得俊	前判官	1775	仲纬	经园
		赵行伦	副司猛	1775	子佑	春莲

（续）

分类	职务	姓名	职位	生年	字	号
上官(24)	汉学	李仪龙	前金正	1747	云卿	沧海
	良医	朴景郁	副司勇	1768	圣拜	吾所
		金镇周	前司勇	1767	汝安	活元斋
	写字官	皮宗鼎	上护军	1763	子童	东冈
	画员	李义养	副司勇	1767	尔信	信园
次官(7)	伴人	李文哲	进士		君善	菊隐
		孙圣甲	闲良			
	别陪行	金万亨	幼学			
	喂鹰	郑锡祜	大邱贡生			
	理马	白起福				
升次官(9)	骑船将	房斗宗，张彦明				
	卜船将	金汉璧(明)，金倚(履)一				
	都训导	李宜(英)俊，朴秀亮				
	乡书记	边胄臣，金龙汉				
	礼单直	张世隆				
	盘缠直	金继贤，边得麟				
中官(172)	小童	崔仁周(柱)、李仁馥、黄翼中、崔泰宗、河一清、金喆俊、金常英、金百润、崔南远、孙启(癸)得、金宗汉、金兴得、河仁光、金世兴、金永彬				
	小通事	朴遇春、金宗福、金日佑、朴守雄、金客常、李馥采、李千成许道仁、朴春彦				
		使奴子4名，一行奴30名，刀尺5名，吸唱4名，吹手12名，节钺手4名，形名手2名，兼定军40名，罗将(使令)14名，砲手4名，沙工16名，风乐手12名				
下官(119)		雇立格军30名，元格军88名，屠牛匠1名				
总人数		336人				

典据：金履乔《辛未通信日录》，一行座目；参照郑成一：《关于参加对马岛易地聘礼的通信使一行》，《湖南文化研究》20

表 7　1811 年通信使行主要日程

日期	主要内容	日期	主要内容
1811.2.12	辞朝后汉城出发	4.9	江户接待官熟供仪
2.26	荣川朝阳阁钱宴	4.11	上官和次官熟供仪
3.1	东莱到着	4.12	李中和、李内乘海晏寺访问

（续）

日期	主要内容	日期	主要内容
3.3	釜山到着	4.13	中官和下官熟供
3.6	国书查对	4.15	江户上使到着(5.1. 江户副使到着)
3.8	在客舍的赐宴	4.24	书记、制述官海晏寺访问
3.9	在永嘉台接受一行的誓戒，延神祭	5.13	江户慰问使入客馆仪，岛主因为身病儿子岩千代行
3.12	在永嘉台海神祭举行	5.22	国书查对和传达
3.16	乘船原定日或者乘船迟延	5.26	在岛主府邸关白宴享仪(依江户设宴)
3.20	卜物搜检	6.3	西山寺访问
3.22	乘船改定日，因为风势不顺到釜山浦还泊	6.15	关白的回答国书接受
闰3.12	辰时发船，护行差倭和裁判倭总共17支护行	6.18	江户接待官熟供仪
闰3.13	午时对马岛佐须浦到着	6.19	在岛主府邸下船宴仪，江户使臣乘船发行
闰3.14	佐须浦馆所滞留	6.21	别下程
闰3.15	在佐须浦迎接官和大差倭来访再拜	6.24	上船宴权停
闰3.21	西泊浦到着	6.25	乘船，荷物用船积发船延期
闰3.22	西泊浦西福寺访问	6.27	对马府中发船，和泉浦到着
闰3.26	两使留宿在西泊浦板本五郎左卫门的舍宅		
闰3.28	经过琴浦、芳浦在鸭濑浦碇泊	6.29	和泉浦出发，大浦到达东莱
闰3.29	对马府中到达，状启封发	7.2	釜山浦碇泊
4.2	给护行奉行、迎接官、护送奉行送去各种礼物	7.6	东莱府到着
4.3	朝鲜漂流民25名接见	7.11	东莱府出发(复路)
4.4	岛主来谒使臣仪	7.25	兴仁门外止宿
4.7	制述、书记和李内乘、李进士去以酊庵书写应对	7.26	归京复命

典据:柳相弼《东槎录》

参考文献

史料

《纯祖实录》

《正祖实录》

《承政院日记》

《日省录》

柳相弼:《东槎录》

高津泰:《终北录》,早稻田大学图书馆藏

金履乔:《辛未通信日录》

金正喜:《阮堂全集》,卷 9

林煒编:《通航一览》,卷 102,国书刊行会,1913 年

草场佩川:《津岛日记》,佐贺大学小城文库藏

《古画备考》卷 45《朝鲜屏风笔者》

《对礼余藻》,佐贺大学小城锅岛文库藏

韩语论文

姜相圭:《19 世纪东亚的典型转换与韩半岛"礼仪"和"富强"间的冲突紧张》,《社会和历史》71,韩国社会史学社,2006 年。

金德珍:《1811 年通信使的使行费用与户曹的经济负担》,《历史和经济》55 辑,釜山庆南史学社,2005 年。

朴薰:《18 世纪末—19 世纪初日本的战国式世界观和海外扩张论》,《无中国的中华》,仁和大学出版部,2009 年。

孙承喆:《朝鲜时代韩日关系史研究》,首尔:知性之泉出版社,1994 年。

申路思:《1811 年辛未通信使行和韩日文化交流——以笔谈和唱酬为中心》,成均馆大学博士学位论文,2011 年。

岩方久彦:《1811 年对马岛易地通信研究》,高丽大学研究院硕士论文,2004 年。

李薰:《朝鲜通信使接待和对马藩的财政——以 1811 年辛未通信使为中心》,《历史和经济》55,釜山庆南史学社,2005 年。

李承敏:《朝鲜后期对日贸易上的弊害和纪事条约的缔结》,《韩日关系史研究》22,2005 年。

李元植:《1811 年对州易地聘礼和文化交流》,《朝鲜通信史研究》14,朝鲜通信史学社,2012 年。

林荧泽:《日本兰学的发展和近代实学的确立》,《江户时代的实学和文化》,京畿文化财团,2005 年。

郑成一:《关于参加对马岛易地聘礼的通信使一行》,《湖南文化研究》20,全南大学湖南学研究院,1991 年。

郑成一:《朝鲜后期对日贸易的开展过程和其特点的研究——以 1790—1870 年为中心》,全南大学经济学博士学位论文,1991 年。

郑章植:《1811 年易地通信和通信使》,《日本文化学报》26,韩国日本文化学会,2005 年。

曹永禄:《朝鲜的小中华观——以明清交替期东亚三国的天下观的变化为中心》,《历史学报》149,历史学会,1996 年。

《时隔 500 年后的回乡——从日本寻回的朝鲜画作》,学古斋,2010 年。

《小仓文库所藏的韩国文化遗产——日本东京国立博物馆收藏》,国立文化遗产研究所,2005 年。

《朝鲜通信史——江户时代寄给 21 世纪的信》,朝鲜通信社文化产业振兴委员会编,2004 年。

日语论文

金仙熙:《江户时期朱子学者的"武威日本"认识与朝鲜观——以新井白石、雨森芳洲和中井竹山为中心》(「江戸期朱子学者の「武威日本」認識と朝鮮観——新井白石,雨森芳洲,中井竹山を中心に」),《广岛大学大学院教育学研究科纪要》(『広島大学大学院教育学研究科紀要』)第 51 号,2002 年。

孙承喆:《近世的朝鲜与日本》(『近世の朝鮮と日本』),明石书店,1998 年。

辛基秀:《丰富多彩的文化度记录画》(「彩な文化度の記録画」),《大系朝鲜通信使》(『大系朝鮮通信使』)卷 8,明石书店,1993 年。

岩方久彦:《1811 年对马岛易地通信研究》,《朝日关系史研究》(『韓日関係史研究』)23,韩日关系史学会,2005 年。

仲尾宏:《文化通信使的意义》(「文化通信使の意义」),《大系朝鲜通信使》(『大系朝鮮通信使』)卷 8,明石书店,1993 年。

荒野泰典:《近世日本与东亚》(『近世日本と東アジア』),东京大学出版会,1988 年。

《朝鲜通信使与民画屏风》(『朝鮮通信使と民画屏風』),大坂历史博物馆,2001 年。

《宗家记录与朝鲜通信使展——江户时代的日朝交流》(『宗家記録と朝

鲜通信使展—江户時代の日朝交流」),朝日新闻社,1992 年。

《朝鲜通信使——善邻友好的使节团》(『朝鲜通信使——善隣友好の使節団』),大坂市立博物馆,1994 年。

（于美灵　译）

圣贤·皇帝·神仙
——由朝鲜通信使材料再论徽宗朝的政治文化

邵小龙（复旦大学）

在中国历史上,没有几位皇帝能像宋徽宗赵佶那样,让后人以双重标准进行评价。徽宗因为有亡国之咎,所以获得的社会政治评价并不高,元代人在《宋史》中甚至称他"玩物而丧志"[①]。但徽宗以其艺术才能和鉴赏品味,在艺术史上又具有重要的地位。仅《宣和睿览册》所收的画作,就达一万余幅,可谓盛极一时。关于徽宗时期的艺术创作,南宋邓椿在《画继》中已有评鉴,现代学者谢稚柳、徐邦达、薄松年等亦有论述。[②] 由于徽宗在位期间宠信方士与道教徒,并创作了大量的祥瑞画,因此近来一些有关徽宗时期的如《听琴图》《瑞鹤图》《五色鹦鹉图》等画作的研究,都结合徽宗时期的政治、宗教加以综合分析。[③]

---

① 《宋史》卷 22《徽宗纪》,北京:中华书局,1977 年,第 418 页。

② 参谢稚柳:《赵佶〈听琴图〉和他的真笔问题》,《文物参考资料》1957 年第 3 期;徐邦达:《宋徽宗赵佶亲笔画与代笔画的考辨》,《故宫博物院院刊》1979 年第 1 期;薄松年:《宋徽宗时期的宫廷美术研究》,《美术研究》1981 年第 2 期;徐邦达:《徽宗赵佶》,同作者著《古书画伪讹考辨》,南京:江苏古籍出版社,1984 年,第 217—233 页;谢稚柳:《宋徽宗全集叙论》,《上海博物馆集刊》1987 年第 4 期。

③ 参石慢(Peter C. Sturman),"Cranes above Kaifeng:The Auspicious Image at the Count of Hui-zong",*Ars Orientalis*,vol. 20,1990,pp. 33—68;王正华:《〈听琴图〉的政治意涵:徽宗朝画院风格与意义网络》,《台湾大学美术史研究集刊》1998 年第 5 期,后收入同作者著《艺术、权力与消费:中国艺术史研究的一个面向》,杭州:中国美术学院出版社,2011 年,第 69—126 页;李福顺:《宋徽宗

一 渡海观宝

明万历三十五年(1607),朝鲜国王在壬辰战争之后,派遣人员出使日本。其中的副使庆暹在出使归来,将使行途中各种事宜的记录结集为《海槎录》。这部著作中大量涉及日本在江户初期的基本情况,甚至许多内容还与中国文化有关。[①]据庆暹记载,朝鲜使团在日本对马岛太守家中,便见到了两幅徽宗时期的画作:

> 壁间有一古簇画白鹰,画上有赞。赞曰:御笔淋漓,写快鹰儿。金睛作眼,玉雪为衣。刚翮似剑,利爪如锥。何当解索,万里高飞。恭承宠命,仅作赞辞。宣化殿学士蔡攸赞云。是宋徽宗所写也。[②]

又记载:

> 壁上画簇,乃南极老人缩坐之形也。画上有赞曰:东华帝君,南极老人。寿我皇祚,八万千春。政和甲午,书于宝篆宫云。末端有御书二字,字下着押,押上有玺迹。而岁久模糊,未辨其画,以其年号考之,乃宋徽宗所写也。[③]

此外,江户晚期的文士草场佩川(1787—1867)在其诗作中,也对徽宗所绘的白鹰图有所记载:

> 满幅风霜夹翼生,雄心不忘击云程。慨他平昔描渠手,束在胡奴五国城。[④]

草场佩川曾于1811年在对马岛接待朝鲜通信使,其所言的《白鹰图》或许与庆暹所见一致。但是通过草场佩川与朝鲜通信使团成员的笔谈,就可

与祥瑞画》,《中国书画》2003 年第 12 期;余辉:《宋徽宗花鸟画中的道教意识——兼探〈五色鹦鹉图〉》,上海博物馆编《翰墨荟萃:细读美国藏中国五代宋元书画珍品》,北京:北京大学出版社,2012 年,第 238—253 页。毕嘉珍(Maggie Bickford), "Huizong's Painting: Art and the Art of Emperorship", in Patricia B. Ebrey and Maggie Bickford eds., *Emperor Huizong and Late Northern Song China: The Politics of Culture and Politics*, Cambridge and London: Harvard University Press, 2006, pp. 453－513。伊佩霞(Patricia B. Ebrey), *Accumulating Culture: the Collections of Emperor Huizong*, Seattle : University of Washington Press, 2008。Patricia B. Ebrey, *Emperor Huizong*, Cambridge and London: Harvard University Press, 2014。

① 详参王鑫磊:《朝鲜时代赴日通信使文献价值的再发现》,北京大学历史学系等编《朝鲜·韩国历史研究》第 15 辑,延吉:延边大学出版社,2014 年,第 139—140 页;亦见王鑫磊:《同文书史:从韩国汉文文献看近世中国》,上海:复旦大学出版社,2015 年,第 133—134 页。

② 庆暹:《海槎录》卷上,《大系朝鲜通信使》第一卷,东京:明石书店,1996 年,第 165 页。

③ 同上。

④ 草场佩川:《观徽宗白鹰图作》,《佩川诗草》卷 2,嘉永六年刻本,第 12 页。

以知道徽宗画的鹰连同苏轼的墨竹、米芾的山水以及赵孟頫的马,在当时的日本和朝鲜都颇受欢迎,当然其中也不乏赝品。① 《海槎录》中所记的宣化殿,当作宣和殿。徽宗于政和五年(1115)设宣和殿,命蔡攸为学士,政和七年(1117)又加封蔡攸为宣和殿大学士。②

据内藤湖南介绍,从前日本的大名如果没有收藏徽宗皇帝所画的苍鹰,声名就不够显赫。③ 另外对马岛属于沟通日本和朝鲜的要冲,其地方长官收藏有宋徽宗的画作,并非奇事。徽宗本人最擅长花鸟画,一生中画的鹰最多。④ 据1748年出使日本的朝鲜使团书状官曹命采在《奉使日本时闻见录》的描述,日本本土不产虎豹、鹰鹯与莺鹊,在朝鲜国王送给日本幕府将军的礼物中就有鹰,因此日本人对异邦所产的鹰或许视为珍奇。另外飞鸟时代的孝德天皇和天武天皇的年号中分别有白雉和白凤,似乎受到中国的影响,在古代日本文化观念中白色的动物也与吉祥有关。⑤ 鹰作为猛禽的一种,往往也会成为权势与武力的象征。

上述第二幅画作为释道画,应绘于徽宗政和四年(1114),根据画上的赞辞,原画中有东华帝君和南极老人,后来将南极仙翁单独装裱,可能是为祈祷国祚绵延而作。

"靖康之变"以后,徽宗时期的画作多有遗散,其后高宗又于民间广为搜集,目前所传世的徽宗画作,主要有《瑞鹤图》、《听琴图》、《祥龙石图》、《芙蓉锦鸡图》、《五色鹦鹉图》、《腊梅山禽图》等。由于现在未能看到与庆暹的记载相对应的画作,因此这两幅作品的真伪依然难以确定。事实上在台北、巴黎和美国的艺术馆及博物馆内,都收藏有托名徽宗的鹰图。⑥ 但是结合上文所提及的两幅画作的内容及其赞词,我们认为与其艺术史价值相比较,这两幅画在政治史上的意义更为重要,因此笔者希望能够通过这些材料,对徽宗时期的政治文化作进一步的分析。

---

① 参郑恩主:《1811年对马易地通聘有关的绘画研究》,《第二届"从周边看中国"国际学术研讨会论文集》,复旦大学文史研究院,2014年,第286、293页。
② 黄以周等辑注,顾吉辰点校:《续资治通鉴长编拾补》卷36,北京:中华书局,2004年,第1147页。
③ 内藤湖南著、栾殿武译:《中国绘画史》,北京:中华书局,2008年,第71页。
④ 内藤湖南著、夏应元等译:《中国史通论:内藤湖南博士中国史学著作选译》,北京:社会科学文献出版社,2004年,第419页。
⑤ 邹晓翔:《"法兴"私年号的由来与"白凤"年号之谜》,《现代日本经济》1990年第2期。
⑥ 参张其凤:《宋徽宗与文人画》,北京:荣宝斋出版社,2008年,第277—295页。

二 封圣与封神

我们结合相关的历史记载,就可以基本判定《白鹰图》很可能是作于徽宗时期的一幅祥瑞画。因为徽宗时期花鸟画的创作主题之一,就是细致表现各种祥瑞。祥瑞为上天所降的显示吉祥的符号,在传统中国社会,长期以来祥瑞不仅表示统治的合法性和正当性,更是王权的象征。据《画继》记载,徽宗对各种祥瑞皆"写之丹青……赋之咏歌,载之图绘",《宣和睿览册》中专有一册收录各种纯白的禽兽,因此画作中的白鹰可能就是瑞相的一种。①据《史记·封禅书》记载,有仙人及不死药的蓬莱、方丈、瀛州三神山,其物禽兽尽为白色。《后汉书·南蛮西南夷列传》又记载:"交趾之南有越裳国。周公居摄六年,制礼作乐,天下和平,越裳以三象重译而献白雉。"据《唐六典》记载的各等瑞相中,白色的瑞相就有白马赤髦、白马朱鬣、白象、白狼、白狐、白鹿、白麞、白兕、白鸠、白乌、白雉、雉白首、白雀、白兔等。②五代时期,张承奉割据瓜、沙二州自立,有人献上《白雀歌》,以粉饰当时的太平景象,其序曰:

> 伏以金山天子殿下,上禀灵符,特受玄黄之册;下副人望,而南面为君。继五凉之中兴,拥八州之胜地。十二冕旒,渐睹龙飞之化;出警入跸,将城(成)万乘之舞。八备萧韶,以像尧阶之舞,承白雀之瑞,膺周文之德。③

在这篇简短的序文中,作者不仅表达了当地民众拥戴张氏称帝的心愿,而且将张承奉与传世的儒家圣贤相结合。鹰虽然在唐代被视为凶禽,不在祥瑞之列,但在曹议金执掌归义军时期,白鹰已经被作为祥瑞。因此余欣教授认为这一观点可能与开元之际东夷入贡白鹰、以为盛世之兆的观念有关。④至太平兴国九年,白色瑞物中又加入白鹇、白鹳鸽、白山雀、白鼠、白山鸦、白鹭鸶、白鹞等,而霸、濮、潞、晋、夏等州的贡物便是白鹰。⑤白鹰本为游猎而进贡,但苏颋《双白鹰赞》却在序文中赋予其明君"宝贤重谷,尊儒养艾",天下升平,万方入贡的政治意象。因此,我们大致也可以确定《白鹰图》

---

① 邓椿撰、黄苗子点校:《画继》卷1,北京:人民美术出版社,1964年,第3页。
② 李林甫等撰、陈仲夫点校:《唐六典》卷4,北京:中华书局,1992年,第114—115页。
③ 颜廷亮:《敦煌西汉金山国文学考述》,兰州:甘肃人民出版社,2009年,第145页;部分字句从余欣:《符瑞与地方性政权的合法构建:归义军时期敦煌瑞应考》一文。
④ 余欣:《符瑞与地方性政权的合法构建:归义军时期敦煌瑞应考》,《中华文史论丛》2010年第4期。
⑤ 王应麟辑:《玉海》卷200,扬州:广陵书社,2003年,第3664—3665页。

的创作,大致是出自表现祥瑞的意愿。

而且,我们将《白鹰图》与徽宗创作的其他画作相联系,还可以发现画中白鹰的意义不止于祥瑞。结合上文的论述,这只白鹰可能是来自东夷或高丽的贡物。在《听琴图》、《祥龙石图》和《五色鹦鹉图》中,不仅有地方上所进贡的奇石,而且出现了生于异域的茉莉花以及出自南海的五色鹦鹉等物件。① 强调写实细腻画风的徽宗,其画作的许多细节在被精致展现的同时,其中的许多物象也被赋予了更多的涵义。与上文所言的白鹰一样,徽宗画中的五色鹦鹉也兼备贡物与祥瑞两重意义。② 而在《芙蓉锦鸡图》和《听琴图》中,徽宗又试图通过画作中的诗和乐治的场景,努力将自己与尧、舜、周公、孔子等圣贤联系起来。③ 因此徽宗时期祥瑞呈现常态化的趋势,④也显示了其试图对上古圣贤有所超越的心理。

另外一幅画中表现的东华帝君,更是与徽宗后来提倡的"神霄说"有关。据史料记载,徽宗在梦中曾受东华帝君所召游神霄宫,其后林灵素见幸于徽宗,进而提出"神霄说"。据林灵素所言,"天有九霄,而神霄为最高,其治曰府。神霄玉清王者,上帝之长子,主南方,号长生大帝君,陛下是也。既下降于世,其弟号青华帝君者,主东方,摄领之。"⑤其中青华帝君便是东华帝君,中国古代以五色配五方,其中东方为青色,故名。另据《长编纪事本末》记载,林灵素于法会上宣讲青华帝君白昼降临之事,言徽宗与青华帝君蹑空腾云而行,从者朱紫不可悉记。政和七年(1117)二月,徽宗下令改天下天宁万寿宫为神霄玉清宫,随之又诏令寺院改为神霄玉清万寿宫,于宫内设长生大

---

① 《艺文类聚》卷 91 引《吴时外国传》曰:扶南东有涨海,海中有洲,出五色鹦鹉。《旧唐书》卷 197《林邑传》也记载贞观五年,林邑献五色鹦鹉之事。茉莉花原产于域外,最早见于西汉陆贾的《南越行纪》,详参劳费尔(Berthold Laufer)著,林筠英译:《中国伊朗编》,北京:商务印书馆,1964 年,第 154—159 页;王正华:《〈听琴图〉的政治意涵:徽宗朝画院风格与意义网络》,《台湾大学美术史研究集刊》1998 年第 5 期。

② 关于五色鸟的论述,详参孙英刚:《祥瑞抑或羽孽:五色大鸟与中古时代的政治宣传》,《史林》2012年第 4 期,后收入同作者著《神文时代:谶纬、术数与中古政治研究》,上海:上海古籍出版社,2014年,第 217—241 页

③ 徽宗在《芙蓉锦鸡图》上题诗:"秋劲拒霜盛,峨冠锦羽鸡。已知全五德,安逸胜凫鹥。"《凫鹥》为《诗经》中的一首,大致作于周成王时期,主要歌颂当时的太平盛世,其中多次出现祈求福禄之辞。

④ 参韦兵:《异常天象与徽宗朝政治:权力博弈中的皇帝、权臣与占星术士》,《国学研究》第 28 卷,北京:北京大学出版社,2011 年,第 122—127 页。方诚峰:《祥瑞与北宋徽宗朝的政治文化》,载《中华文史论丛》2011 年第 4 期;方诚峰:《北宋晚期的政治体制与政治文化》,北京:北京大学出版社,2015 年,第 239—277 页。蒙方老师此前惠示未刊稿,特致谢忱!

⑤ 《宋史》卷 462《方技下·林灵素》,第 13528—13529 页。

帝君和青华帝君像。① 重和元年(1118)五月,又以"青华帝君八月九日生辰为元成节"②。由此可见徽宗对"神霄说"的重视,也就不难理解这幅画产生的背景以及画中赞词的意义

三 为权力祈祷

其实徽宗的许多政令和决策,都与当时的方士和道教徒有很大的联系。陆游在《家世旧闻》中记载:

> 元符中,哲宗尝遣人密问嗣。(徐)神翁曰:"吉人君子。""吉人"者,上名也,于是召至都下。上用太宗见陈抟故事,御绦褐,即便殿,以宾礼接之。③

此外《铁围山丛谈》④、《虚静冲和先生徐神翁语录》与《宋稗类钞》中俱有类似记载。

另据《续资治通鉴长编拾补》记载:

> 上为端王时,太史局有郭天信者,言王当有天下。及得位,言验得宠。⑤

关于此事的记载亦见于《宋史》卷351《张商英传》及卷462《郭天信传》。上文中的徐神翁便是方士徐守信,其后来曾为蔡京举荐,一时颇得徽宗宠信。郭天信供职于太史局,因而通晓方术,其关于端王可为帝的预言后来也得以应验,徽宗即位后郭天信及其子荣登高位。虽然难以确定徽宗在继位之前即与方士有所往来,但是徽宗对徐守信及郭天信的礼遇,确实证明徽宗对方术的倚重。

又据《挥麈录·后录》记载,徽宗即位之初皇嗣不广,因此茅山派道士刘混康建议"京城东北隅地叶堪舆,倘形势加以少高,当有多男之祥"。又记载:"(徽宗)始命为数仞岗阜,已而后宫占熊不绝,上甚以为喜,繇是崇信道教,土木之工兴矣。一时佞幸,因而逢迎,遂竭国力而经营之,是为艮岳。"⑥

皇嗣问题本为国之大事,徽宗相信刘混康的堪舆之术,不惜民力大规模

---

① 杨仲良撰、李之亮校点:《皇宋通鉴长编纪事本末》卷127,哈尔滨:黑龙江人民出版社,2006年,第2131—2132页。

② 《宋史》卷21《徽宗纪》,第400页。

③ 陆游撰、孔凡礼点校:《家世旧闻》,北京:中华书局,1993年,第217页。

④ 《铁围山丛谈》卷1记作"徐守真",恐非是,"真""信"二字相近之故,见蔡絛撰,冯惠民、沈锡麟点校:《铁围山丛谈》卷1,北京:中华书局,1983年,第1页。

⑤ 黄以周等辑注、顾吉辰点校:《续资治通鉴长编拾补》,第955页。

⑥ 王明清:《挥麈录·后录》卷2,上海:上海书店出版社点校本,2009年,第56—57页。

修建苑囿宫室,以借此来维护后嗣传衍。一如徐守信与郭天信,徽宗对刘混康亦甚为礼遇,史载崇宁二年(1103),徽宗建天宁万寿宫,赐刘混康葆真观妙先生之号,崇宁五年(1106)七月,又升为六字。①

虽然徽宗时期有许多方士和道教徒都曾被封赏,并且徽宗通过一系列政策提高道教的地位,促进道教的进一步发展,其中包括诏令道士、女冠序位在僧、尼上,命人整理刊刻道经,增置道官、道阶和道职等,但徽宗迷信道教并非为求其长生之术,蔡條《铁围山丛谈》记载方士刘栋向徽宗献上其所遇韩真人丹:

> 其状如蜡,以手指揭取而服之,翌日则有生无穷也。上曰:"汝师赐汝长年丹,而朕夺之,非朕志也。"当帘前还之。②

由此可见,徽宗对以外丹求长生并无兴趣,对长生久视之道也不甚热衷。综观徽宗所宠任的道教徒与方士,很多都出身于下层,徽宗个人颇好驱鬼、预言、占梦、降神之术,而其即位后先后任用的徐守信、郭天信、刘混康、王老志、王仔昔、林灵素、张继先、魏汉津等,多因预言、堪舆、祈雨、禳灾等术而见幸。进而言之,徽宗个人相对于形而上者之道,更趋向于各种奇异的方术,并且期望以这些方术来求得国家的安定。③

除此之外,徽宗时期还向民间广泛访求商周时期的古器物,并仿照三代的吉金又铸造了许多青铜器,还将部分铜器赏赐于身边的宠臣。徽宗时期铸造的铜器不仅在形制上一仍三代之制,而且铸造于政和年间并赏赐给童贯的政和鼎与政和壶上的铭文也广泛采用商周铭文的写法。④ 因此,"子子孙孙永宝用"等在西周中期流行的铜器铭文,又开始出现在徽宗朝的礼器上面。⑤

这一现象并非是出自偶然,而是有深层次的原因。因为徽宗对这些器物都寄托了一定的期望,希望通过国之重器寄托自己对国家长治久安的期望。徽宗在《九鼎记》中便写道:

> 镕冶之夕,中夜起视,炎光属天,一铸而就。上则日、月、星辰、云物,中则宗庙、朝廷、臣民,下则山川、原隰、坟衍。承以神人,盘以蛟龙,

---

① 杨仲良撰、李之亮点校:《皇宋通鉴长编纪事本末》卷127,第2142页。

② 蔡條撰、冯惠民、沈锡麟点校:《铁围山丛谈》卷1,第6页。

③ 金中枢先生指出徽宗崇尚道教,正是因为迷信方术,参金中枢:《论北宋末年之崇尚道教》(上),《新亚学报》第7卷第2期,1964年;后收入《宋史研究集》第七辑,台北:"国立编译馆",1974年,第291—392页。

④ 陈芳妹:《宋古器物学的兴起与宋仿古铜器》,《台湾大学美术史研究集刊》2001年第10期。

⑤ 方诚峰:《祥瑞与北宋徽宗朝的政治文化》,《中华文史论丛》2011年第4期。

饰以黄金,覆以重屋。既而群鹤来仪,翔舞其上,甘露感格于重屋之下。不迁之器,万世永固。

……

于以赞天地之化,协乾坤之用,道四时之和,遂品物之宜,消水旱之变,弭甲兵之患,一夷夏之心,定世祚之永。①

正如有学者指出,徽宗朝廷习惯于用最理想的词汇来理解世界,因此徽宗所推崇现实主义是要表现吉祥的场景和主题。② 徽宗十分赞许画院生徒王希孟所绘的《千里江山图》,并将这幅画赐予蔡京。画中营构出太湖周边的江南景色,包含了各种住宅、宫观、磨坊和桥梁,但是在画中却明显省去了具有军事防御作用的堡、寨等设施。③ 画中的江南虽然是北宋广袤国土的反映,然而堡、寨等军事设施必然会影响到整个画面中平安祥和的氛围,表现出社会的不安定,被创作者在"写实"思想的指导下彻底舍弃了④。因此如果将"万世永固"与《南极老人图》的赞词及《腊梅山禽图》题诗中的"千秋指白头"相联系,便可以看出,将国家命运寄托于各种方术的徽宗,正是试图通过这些理想的方式来为国家祈福,使国运能够长久延续。

四 父兄之业与祖宗之法

大约从宋太宗开始,就陆续有将帝王神化的事件。据《宣和画谱》记载,北宋人物画家武宗元于洛阳上清宫画三十六天帝时,就以太宗的御容绘制了赤明阳和天帝,象征赵宋以火德为正。真宗游览洛阳上清宫时,看到绘像后惊叹不已。后来,在一幅菩萨像中,真宗也现身其中,成为菩萨的侍从。⑤ "澶渊之盟"以后,真宗更是借封禅、求天书和崇奉圣祖等运动,以"镇服四方,夸示戎狄",提高自己的权威。⑥ 据《续资治通鉴长编》记载:

先是八日,上梦景德中所睹神人传玉皇之命云:"先令汝祖赵某授汝天书,将见汝,如唐朝恭奉玄元皇帝。"翌日夜,复梦神人传天尊言:

<hr>

① 刘琳等校点:《宋会要辑稿·舆服六》,上海:上海古籍出版社,2014年,第2289页。
② 姜斐德(Alfreda Murck):《宋代诗画中的政治隐情》,北京:中华书局,2009年,第163页。
③ 详参杨新:《关于〈千里江山图〉》、傅熹年:《王希孟〈千里江山图〉中的北宋建筑》,二文皆载《故宫博物院院刊》1979年第2期。
④ 参傅熹年:《王希孟〈千里江山图〉中的北宋建筑》,《故宫博物院院刊》1979年第2期,第54页。
⑤ 郭若虚撰、黄苗子点校:《图画见闻志》卷3,北京:人民美术出版社,1964年,第61页。
⑥ 相关分析见陈学霖:《欧阳修〈正统论〉新释》,同作者著:《宋史论集》,台北:东大图书有限公司,1993年,第145页。

"吾坐西,当斜设六位。"即于延恩殿设道场。是日,五鼓一筹,先闻异香,少顷,黄光自东南至,掩蔽灯烛。俄见灵仙仪卫,所执器物皆有光明。天尊至,冠服如原始天尊。又六人皆秉圭四人仙衣,二人通天冠、绛纱袍。上再拜阶下。俄有黄雾起,须臾雾散,天尊与六人皆就坐,侍从在东阶。上升西阶,再拜。又欲拜六人,天尊令揖不拜。命设榻,召上坐,饮碧玉汤,甘白如乳。天尊曰:"吾人皇九人中一人也,是赵之始祖,再降,乃轩辕黄帝,凡世所知少典之子,非也。母感电梦天人,生于寿丘。后唐时,七月一日下降,总治下方,主赵氏之族,今已百年。皇帝善为抚育苍生,无殆前志。"即离坐,乘云而去。①

如此一来,宋皇室的始祖便成为黄帝的后裔,并于后唐时来到凡间产生赵氏一族。因当世的皇帝善于抚育苍生,因此感动天尊再次降临世间。真宗君臣共同谋划并参与的这次活动可谓一举多得,不仅神化了皇室的地位,将赵氏宗族与上天的神圣相联系,而且将真宗推为治国贤君,一洗景德年间的澶渊之耻。真宗这些借封禅、降神来暗示太平的行为,也不会完全不对徽宗产生影响。

作为哲宗继承人的徽宗在即位之初,就面临树立权威的问题。哲宗驾崩以后,关于立谁为帝的问题上,向太后和章惇的意见还发生了分歧。史载:

> 皇太后哭谕宰相章惇等,惇等皆哭。皇太后曰:"邦家不幸,大行皇帝无子,天下事须早定。"惇厉声曰:"在礼律,当立母弟简王。"皇太后曰:"神宗诸子,申王虽长,缘有目疾。次即端王当立。"惇又曰:"论长幼之序,则申王为长;论礼律,则同母之弟简王当立。"皇太后曰:"俱是神宗之子,岂容如此分别?于次端王当立。兼先帝尝言端王有福寿,且仁孝,不同诸王。"于是知枢密院事曾布曰:"章惇未尝与众商量,皇太后圣谕极当。"尚书左丞蔡卞曰:"当依圣旨。"中书侍郎许将亦曰:"合依圣旨。"惇默然。②

徽宗继位以后,自然要通过一系列活动,努力证明自己正当获取统绪。徽宗登基之初,由向太后和曾布共同辅佐,向太后同情元祐旧党,而曾布主张调和新党和旧党之间的矛盾,徽宗折中并用,力图消解朝廷中的党争,但是最终的结果却让徽宗难以满意。如何使皇帝的权威能从大臣们的互相争

①李焘:《续资治通鉴长编》卷 79,北京:中华书局点校本,2004 年,第 1797—1798 页。
②《续资治通鉴长编》卷 520,第 12357 页;亦见《宋史》卷 19《徽宗纪》,第 357—358 页。

斗中确立,便成为父兄留给徽宗的一大难题。崇宁元年(1102)朝廷协考钟律,方士魏汉津献乐议,言及黄帝、夏禹声为律,身为度之说,以徽宗中指定黄钟之律,并制大晟乐。崇宁三年(1104)正月,魏汉津又向徽宗建议铸造九鼎和帝座大钟,崇宁四年(1105)三月九鼎铸成,魏汉津被徽宗赐号冲显处士。① 鼎不仅是因政治清明出现的祥瑞,而且是三代圣贤功成以君九州的象征,《史记》记载:

> 昔大帝兴神鼎一,一者一统,天地万物所系终也。黄帝作宝鼎三,象天地人也。禹收九牧之金,铸九鼎、皆尝鬺烹上帝鬼神。遭圣则兴,迁于夏商。周德衰,宋之社亡,鼎乃沦伏而不见。②

制大晟乐、铸造九鼎等事件,不仅彰显了徽宗的功业,而且提高了徽宗的地位,使其成为与黄帝、夏禹比肩的圣贤。政和三年(1113)十一月,徽宗更是通过与蔡絛的唱和表演,借天神降临,使礼乐改革进一步合法化。③

在日常的活动中,徽宗仍不忘借机树立权威,暗示自己为地位的不二人选。政和五年(1115),徽宗在赐宴时,向在座的大臣展示《龙翔池鸂鶒图》,群臣"皆起立环观,无不仰圣文、睹奎画,赞叹乎天下之至神至精也"④。据《宋会要》记载,宣和四年(1122)三月二日,徽宗驾临秘书省,同行的还有蔡京、梁师成等大小各级官员,赐茶之后皇帝赏赐各级官员观赏御府收藏的书画,徽宗就书案斜倚观之,案设于御榻前。随后左右近侍拿出徽宗御制的书画赏赐与臣子,大臣获赐御书画各二轴、十体画一册,从官以下俱得御画、行草、草书各一纸。蔡京之子蔡攸另出历代皇帝御书、徽宗所摹名画、古画与法书,从官等人聚而观之。徽宗见官员人数太多,无法看到画作,诏左右多设书案,使下级官员皆能观画。当日观画、被赐画的臣子共有六十五人,包含贵戚及各级官员。在这一过程中,不仅可以让众大臣欣赏到皇帝高超的艺术技艺,而且获取了人心,进而树立了徽宗个人的权威。其间,徽宗还邀众大臣共赏由他临摹的《北齐文轩王幸晋阳图》。徽宗此举有特殊的政治考量。北齐文宣帝高洋为北齐的开国皇帝,高洋虽在即位之前便有多种迹象表明其可为一国之君,但是高洋身为高欢次子,以韬光养晦自处,世人皆以

---

① 《宋史》卷 128《乐志三》,第 2998 页;《宋史》卷 462《方技下·魏汉津》,第 13526 页。

② 《史记》卷 12《孝武本纪》,北京:中华书局,2013 年,第 585 页。

③ 陈均:《九朝编年备要》卷 28,台北:台湾商务印书馆,1986 年影印本,第 758 页下栏;杨仲良撰、李之亮校点:《皇宋通鉴长编纪事本末》卷 127,第 2131—2132 页;周辉撰、刘永翔校注:《清波杂志校注》卷 11"郊坛瑞应",北京:中华书局,1994 年,第 461—462 页。

④ 邓椿撰、黄苗子点校:《画继》卷 1,第 2—3 页。

为高洋不如其兄高澄。高澄突然遇害身亡后,高洋入晋阳稳定大局,世人方知其才。其后不久,高洋以禅让为名,夺取东魏政权。徽宗隐约以高洋比自己,虽然曾经不是帝位的当然继承人,但无论就命定或帝才而言,都是无可怀疑的人选,最终成就父兄未尽的事业。[1]

林灵素入宫之后,将徽宗奉为"长生大帝君"、"神霄玉清王",并且蔡京、童贯、刘贵妃等都被林灵素封为神灵,在林灵素的安排之下,形成了一个以徽宗为中心的神仙团体。徽宗对林灵素的行为也颇为中意。政和七年(1117)正月,秘书省奏称徽宗为"教主道君皇帝",成为与元始天尊、南华真人、张天师等并列的道教宗师。[2] 同年四月徽宗又发肺腑之言:

> 朕每澄神默朝上帝,亲受宸命,订正讹俗。朕乃昊天上帝元子,为太霄帝君,睹中华被金狄之教盛行,焚指炼臂,舍身以求正觉,朕甚悯焉。遂哀恳上帝,愿为人主,令天下归于正道。帝允所请,令弟青华帝君权朕太霄之府。朕夙夜惊惧,尚虑我教所订未周,卿等表章,册朕为教主道君皇帝,只可教门章疏用,不可令天下混用。[3]

徽宗不仅以教主的身份自居,而且给王黼等大臣授箓,希望以此逐渐实现集权,并且通过道教来积聚人心,他不仅在崇道的基础上对道教加以改革,设立道学和道阶,还称佛教为金狄之教,试图借青华帝君之名改除魔髡,[4]将佛教并入道教,与崇奉佛教的金相对抗,并进而收复幽云十六州,完成祖宗及父兄的心愿。一如神宗与哲宗朝,徽宗当政时期也有一定的改革,只不过徽宗的改革更强调一时之盛。神宗、哲宗和徽宗三朝都力求"三代之治",不过神宗和哲宗时期尽管变革充满了反覆,但是其施政方针都是力求务实,希望在制度层面有所改善;而徽宗却在尽全力营造"圣治"和"圣时"。徽宗在即位后启用新党人物蔡京为宰相,崇宁之初在蔡京的主持之下,徽宗也曾对宗室、冗官、国用、商旅、盐泽、赋调、尹牧等有所设计,但是改革的成果也多为徽宗所享用。仅供徽宗日常欣赏把玩的《宣和睿览册》便累计有千册,共一万五千幅图。其中内容不仅包括桧芝、珠莲、金柑、骈竹、瓜花、米禽、赤乌、白鹊、天鹿、文禽等特殊的动物和植物,而且有素馨、茉莉、天竺、娑

---

① 王正华:《〈听琴图〉的政治意涵:徽宗朝画院风格与意义网络》,《台湾大学美术史研究集刊》1998年第 5 期。

② 杨仲良撰、李之亮点校:《皇宋通鉴长编纪事本末》卷 127,第 2131 页;黄以周等辑注、顾吉辰点校:《续资治通鉴长编拾补》卷 36,第 1138—1139 页。

③ 杨仲良撰、李之亮点校:《皇宋通鉴长编纪事本末》卷 127,第 2131—2132 页;黄以周等辑注、顾吉辰点校:《续资治通鉴长编拾补》卷 36,第 1142 页。

④ 志磐撰、释道法校注:《佛祖统纪校注》卷 47,上海:上海古籍出版社,2012 年,第 1108 页。

罗等域外的物产。其不断营造的艮岳更是：

> 设洞庭、湖口、丝溪、仇池之深渊，与泗滨、林虑、灵壁、芙蓉之诸山，取瑰奇特异瑶琨之石。即姑苏、武林、明、越之壤，荆、楚、江、湘、南粤之野，移枇杷、橙柚、橘柑、榔栝、荔枝之木，金蛾、玉羞、虎耳、凤尾、素馨、渠邹、末利、含笑之草，不以土地之殊，风气之异，悉生成长，养于雕栏曲槛。①

可谓将天下胜景集于一处，使汴京成为容纳四方物产的大都会。艮岳建成以后，不仅使徽宗对方术更为倚重，而且也满足了他富有四海的期许。纵观徽宗时期的各种举措，如制作大晟乐，数次铸造九鼎；重订音律，修建明堂；重铸三代鼎彝，以画作的形式表现各种祥瑞，以及搜集各类铜器、玉器和古琴等，凡此种种，都或多或少与徽宗的自我标榜有关，自己可与黄帝、尧、舜、夏禹、周文、周武等三代圣名之君相比的功业。甚至在礼乐祭祀制度、画院绘画风格等方面，徽宗都对前朝表示出不满，并在此基础上加以变革，使之能够统一在自己独特的见解和意志之下。而且徽宗也不断以个人的举措，命臣下先后撰成《大观茶论》、《大观本草》、《宣和书谱》、《宣和画谱》和《宣和博古图》，试图通过各种物质文化的展现，来说明其当政的时代为前所未有之盛世。

结语：回归抑或衰落？复兴还是结束？

大致也是从仁宗朝开始，北宋的君臣试图通过努力，能够超越汉唐之治，回归到三代那样的盛世。② 这样的期望似乎也贯彻了仁宗、神宗、哲宗、徽宗和孝宗数朝。相对而言，徽宗也有效开展了"一道德，同风俗"的改革，使新法得以继续开展。也是由于大臣们屡屡通过天象灾异等对天子进行诤谏，使得皇帝的意志难以全面展开。同时基于新旧两党大臣之间的排挤和

---

① 王明清：《挥麈录·后录》卷2，第57页。
② 相关的分析见余英时：《朱熹的历史世界：宋代士大夫政治文化的研究》，北京：三联书店，2011年，第36—38页；包弼德(Peter K. Bol)，"Emperor Can Claim Antiquity Too：Emperorship and Autocracy Under the New Policies"，in *Emperor Huizong and Late Northern Song China*；*The Politics of Culture and Politics*，Cambridge. MA and London：Harvard Vnicersity Asia Center，2006，pp. 175—205。

倾轧,迫使皇帝将言事的权力加以控制。通过这些举措,徽宗用祥瑞代替了天象,①进而与林灵素合作,将权力进一步集中。由于靖康之变的发生,使徽宗难以逃脱亡国的责任,后世通过对北宋灭亡的反思,将徽宗斥为昏君,并将其所作的改革全盘否定。② 然而徽宗本人对许多方术都极为信赖,而且将之上升到国家层面。因此,在历史叙述中成为失语者的徽宗,远非一般所认为的昏君。他不仅能够熟练运用各种国家方术,而且善于通过各种活动推行个人意志。③ 同时徽宗从政、教、礼、乐、艺等方面所开展的前无古人、纷繁复杂的变革,又与宋代"回向三代"的运动有关。结合上文的论述,徽宗个人试图效法和超越的对象,是尧、舜、夏禹、商汤、周文、周武等三代的明君圣主,而其所开展革新同时也引出了北宋末期儒家是否复兴的问题。④ 众所周知,徽宗时期由于元祐党人的确立,使得蔡京等人借此排除异己,除新学以外,儒学的其他派别被迫转入民间。朱熹便痛切地指出:"蔡京用事,方禁士毋得挟元祐书,制师生收司连坐法,犯者罪至流徙。名为一道德者,而实以钳天下之口。"又讲到刘勉之当时为读二程著作,在深夜等待"同舍生皆熟寐",方"下帷然膏,潜抄而默颂之"⑤,足见当时学术禁锢之严苛。但也不可否认,徽宗时期礼乐的改革并非完全出自道教徒,⑥兴谶纬、行封禅、定制礼乐、营造祥瑞等似乎可以理解为儒学复兴过程中形而下的趋向。同时,我们应该看到徽宗在执政期间始终伴随着一种紧张,其对佛教所开展的整合与改变这一行为,恐怕很难讲与宋代排除夷教的背景毫无联系。基于这样的认识,我们也就可以理解徽宗在取得正统地位以后,依然要在天子与圣

---

① 相关分析见王瑞来:《论宋代相权》,《历史研究》1985 年第 2 期;葛兆光:《拆了门槛就无内无外——读余英时先生〈朱熹的历史世界〉及其评论》、《回到历史场景——以宋代两个关键词为例谈哲学史与思想史的分野》,二文同载作者著《古代中国的历史、思想与宗教》,北京:北京师范大学出版社,2006 年,第 153—154 页,第 162 页,第 169 页。韦兵:《异常天象与徽宗朝政治:权力博弈中的皇帝、权臣与占星术士》,《国学研究》第 28 卷,第 122—127 页。

② 详见谢一峰:《重访宋徽宗》,载《读书》2015 年第 7 期。

③ 何忠礼教授便指出,徽宗在位二十余年,蔡京等人擅权的程度相当有限。其势力远未摆脱皇权所能控制的范围。徽宗对宰臣腐败非常宽容,对有可能威胁皇权的行为则十分警觉,经常任命相互间矛盾很深的大臣出任宰相。详参何忠礼:《宋代政治史》,杭州:浙江大学出版社,2007 年,第 249 页。

④ 此观点主要见于方诚峰:《祥瑞与北宋徽宗朝的政治文化》,《中华文史论丛》2011 年第 4 期。

⑤ 朱熹:《聘士刘公先生墓表》,《朱子全书》第 24 册,上海:上海古籍出版社,合肥:安徽教育出版社,2010 年,第 4191 页。

⑥ 真宗朝封禅、降天书等活动,未必全与道教有关,秦始皇时参与封禅的主要是儒生,参与真宗封禅的王钦若、刘承珪等并非道教徒,而徽宗宠信的魏汉津、徐知常等人也非正式的道教徒,只能归为方士。

人的身份之上,进而获取教主的头衔。① 而且徽宗巧妙利用金狄语义之间的转换,将佛教的不正当性与北方的敌国相联系。而与儒学复兴相关的一个问题,又是北宋中期以来谶纬、德运终始、授国玺等学说的消解,②但是我们似乎也可以看到,在这一时期伴随着儒学的萧条,这些原本附着于儒学知识内的技与术,反而变得异常活跃。本文开篇所提到的两幅画,就是这样一种思想之下的产物。

①徽宗在内禅之后,依然强调自己"教主"的身份,这往往成为许多学者评价徽宗至死佞道的依据,但是其背后的原因正有待深入分析。

②参刘浦江:《"五德终始"说之终结——兼论宋代以降传统政治文化的嬗变》,《中国社会科学》2006年第2期;孙英刚:《神文时代:谶纬、术数与中古政治研究》,上海:上海古籍出版社,2004年,第8页。

综合讨论

开幕式

杨志刚(主持人,复旦大学文史研究院):尊敬的各位来宾、各位朋友,女士们、先生们,大家早上好。第二届"从周边看中国——以朝鲜通信使文献为中心"国际学术研讨会现在开始。首先,请允许我代表文史研究院所有的老师和同学对与会嘉宾的到来表示热烈的欢迎和衷心的感谢。"从周边看中国"是我们文史研究院一个基本的研究方向,经过这几年的努力,已经成为我们最有影响也是成果最密集的一个领域。第一届研讨会举办于2007年的12月,也就是我们文史研究院成立的当年,这个会议的论文集早已由中华书局出版。相隔七年,我们来举行第二届研讨会,同时也是为了配合《朝鲜通信使文献选编》的出版。再次感谢各位代表的莅临。下面我们按照议程首先请复旦大学文史研究院的葛兆光教授致辞。

葛兆光(复旦大学文史研究院):各位女士、各位先生,我不是来致辞,而是来介绍一下我们对于朝鲜通信使文献做的一些工作。大概在四年以前,我们出版了李朝朝鲜的燕行文献选编,出版了以后我们就有一个计划,想出版朝鲜通信使的文献,于是我们曾经到韩国去寻求一些支持。但是无论在中国还是在韩国,对于中国要整理和出版朝鲜通信使文献,很多的朋友觉得有点不太理解。所以我们首先就要跟大家介绍的一点就是中国学界为什么需要朝鲜通信使的文献。毫无疑问,朝鲜通信使的文献主要涉及的是当时的朝鲜和日本。它当时主要是被作为日韩关系史的文献来研究的。但是我们经过一些研究,觉得每个国家包括中国在内,和日本、韩国一样,都可以运用这些文献对自己国家的历史和自己国家在东亚的关系网络里面的作用进行研究。无论是在商贸往来、政治交往还是文化比赛这几方面,中国实际上都是一个潜在的因素。在日本和朝鲜的外交往来中,中国有时候会隐隐地成为影响力。所以我们提出了一个说法,在朝鲜和日本的交往里面,在朝鲜通信使的文献里面,中国是一个并不在场的"在场的"国家。从中国的学界来讲,可能会把注意的焦点比较多地集中在通过朝鲜通信使文献怎么样来重新认识中国。这是我们做的这方面研究的最主要的目的,也许这点跟韩国、日本学者不太一样。但是通过韩国、日本的眼睛来重新认识中国对于我们很重要,所以我们就组织出版这一套书。经过了几年的努力,我们现在终于把这一套书印刷出来,同时也召开了这样一个会。负责出版这套书的是复旦大学出版社的朋友们。那么我们先给大家介绍复旦大学出版社的总编辑孙晶女士。我就把我们的工作情况向大家做一个报告。谢谢大家!

杨志刚(主持人,复旦大学文史研究院):谢谢葛兆光教授的支持。葛老师在这一套文献汇编前面有一篇很长的导言性质的文字,概括了朝鲜通信使文献的意义。下面我们有请京都大学名誉教授夫马进先生致辞。

夫马进(日本京都大学名誉教授):大家好。这次能够得到复旦大学文史研究院的邀请来参加学术研讨会,我感到非常荣幸。因为葛教授让我做一个发言,那么我就在这里简单地介绍一下我对于通信使的出版事业所了解的一些情况。2008 年我在韩国的首尔出版了《燕行使和通信使》文献,在2010 年的时候我在中国通过复旦大学文史研究院出版了中文名字叫做《朝鲜燕行使和朝鲜通信使》的一本专著。对于大多数的中国读者来说,朝鲜燕行使和朝鲜通信使恐怕都是在阅读这本书时才首次接触的。然而仅仅过去了四年,今天在上海就召开了这个以通信使为主题的研讨会。事实上在今年五月,我也到了高丽大学,就是在我旁边的这位崔教授所在的高丽大学,也召开了通信使的学术研讨会。我是一名历史学者,我从来都不知道历史在四年当中会发生这么大的变化。三年前我在这里碰到一位法学院的老师,这位老师说您所进行的这个研究是非常冷门的,但是我觉得通信使的研究恐怕会变成一个热闹的研究。我介绍一个我自己最近研究中的一个心得。在十几年前韩国的学者出版了《燕行录全集》,后来我也在日本出版了《燕行录全集日本所藏篇》。通过这样的出版事业,我现在手中可以获得的文献大大地增加了,文献的量大大地丰富了。就像现在中国也出版了通信使的文献,但是我看到了这十年来的研究状况后也有一丝不安。对于研究者来说,文献当然是至关重要的,研究者能够获得文献是应该有的状况,但是我看到这十年来在中国出版的有关燕行录的研究内容,我觉得很多的研究都过于关注细节了。我非常怀疑如此关注细节的研究对于生活在现代的我们而言,对于思考我们现在所生活的这个状况,对于思考我们自身,到底有什么意义。新文献的出版理所当然地会带来新的研究成果,但是这些成果是不是真正能够对生活在现代的我们的思考有所裨益,这是我的问题。就像刚才葛兆光教授在致辞当中讲到的通信使的文献可以帮助我们理解中国在东亚究竟是一个怎么样的国家。所以我们的研究不应该仅仅停留在可以从通信使文献中获得很多益处的国际交流方面,同时我们也应该通过这个文献来理解东亚的国际构造。非常惭愧的是我自己作为一个学者,其实也没有太大的建树,所以这是我心中的一个学问研究的目标。我们用这个目标来相互鼓励,不能仅仅停留在文献的细部解读上,而且要通过这样的文献产生一个更好的宏观的认识。以上就是我非常简单的致辞。

杨志刚(主持人,复旦大学文史研究院):谢谢夫马进教授。刚才夫马老师感叹,这四年历史变化快,其实我们对比第一届和第二届"从周边看中国"研讨会参会的代表和提交论文的作者名单,这七年我们也感觉变化真是快。下面我们有请来自韩国高丽大学的崔溶澈教授致辞。

崔溶澈(韩国高丽大学):各位来宾大家好。今天在复旦大学隆重举办朝鲜通信使国际会议,我对此表示衷心的祝贺。我作为韩国学者的代表,在本次会议致辞更是感到万分荣幸。韩中日三个国家由于地理关系自古以来就有非常频繁的交流,而且三个国家的关系有一个复杂的历史。韩国作为地处中国和日本之间的半岛国家,历来兼具大陆文化和海洋文化的双重性格,韩国人的活动性也是越发突出,三国时期就有丰富活跃的海上活动,且缓缓进行了海外交流,并且通过丝绸之路与大陆的西域地区也进行过沟通,高丽时期也通过海上活动与中国东南部地区有密切的往来。朝鲜时期由于明朝的对外锁国没有很多的交流,但是朝鲜每年都甄派遣明使使团,所以留存大量的朝天录和燕行录。相较来说与日本的交流比较少,而在壬辰倭乱之后因为德川幕府期望共建两国和平,朝鲜通信使的使团访问日本的活动还是持续了两百多年。当时朝鲜往来于中国和日本之间,成为东亚交流的核心之地。复旦大学文史研究院在过去几年里一直致力于"从周边看中国"的大型研究课题,自然而然会关注到邻国韩国和日本的交流活动,直至朝鲜时代燕行使和通信使的活动以及文献的研究。原来关于燕行录和日本使行录的研究只是韩国学的一个重要分支,而现在已经成为一个国际性的热闹话题了。复旦大学文史研究院作为核心研究基地,其学术活动受到世界的瞩目。韩国学者也知道随着韩国跟随世界化之日起,要积极致力于世界学术界的交流与合作,文史研究院在过去数年间开展的燕行录和朝鲜通信使的研究,从韩国学的立场来说也是一项国际化研究成果。最近韩、中、日三国的关系变得比较微妙。2012 年是中日建交四十周年,同时也是韩中建交二十周年,可谓意义深远。众人都期待韩、中、日三国以过去积累的相互理解为基础,并结合在经济文化方面的交流,建立东亚文化的一个共同体,成为世界中心的能量,让大家备受鼓舞。然而好事多磨,世事并非那么一帆风顺,突如其来的政治紧张局势致使纯学术性的交流也不得不中断,经过了一段时间后才得以重新开始,但是我们内心的惋惜不那么容易磨去。虽然满怀伤感,但是为了相互间的信任还是应该继续人员交流和文化沟通。我们可以从壬辰倭乱之后朝鲜通信使的持续和长年与日本开展的活动中找到这个理由。朝鲜通信使的目的是建立两国之间永久的和平,通过文化的传播和沟通建立相互的信赖。只有在保证长久的和平条件下,文化会如一朵朵花般盛开,通过积极的交流合作才能达到共同的繁荣。所以无论是个人还是国家都要和周边加强沟通,只有赤诚相待才能相互理解和珍惜。朝鲜通信使派遣的 200 年间,东亚地区保持长久的和平,而中断派遣以后逐渐地疏远,最终导致 20 世纪初东亚悲剧史的产生。我自己也是一直以来都关注东亚的文化交流,而且期待韩、中、日三国之间以各种各样的形式进行人员交流、物质交流以及思想文化的交流。本人对具有不同语言和思想的异国人之间相互交流时如何敞开心扉传达自身感情非常感兴趣。当时的使臣作为高端的上层文人,通过共同的文字,也就是汉字,来进行笔谈,并作汉诗来互相唱酬。而中层文人不通汉字,通过考试成为译官,在学习了汉语后进行口头沟通。朝鲜通信使的使团在日本境内逗留期间的公事、私事都通过译官来处理,所以对他们的活动和著作有待更进一步的研究。我自己也专攻语言和文学,今后会对这个方面更加关注。今天韩、中、日三国的二十二位研究朝鲜通信使的专家选择在复旦大学齐聚一堂,在两天内将对朝鲜通信使的问题展开深层次的发言和讨论。虽然我们是在讨论往事,但其实是放眼于当今和未来的世界,期望今后和平共处,共同繁荣。衷心希望本次会议能够继续指明方向,成为新的契机。最后预祝大会圆满成功。

杨志刚(主持人,复旦大学文史研究院):谢谢崔溶澈教授。在开幕式快要结束之前,我想再介绍的是本次研讨会有五场论文发表。我想特别要介绍的是今天三场的主持人,一位是来自日本法政大学的渡边浩教授,一位是来自日本东京大学的大木康教授,还有一位是来自香港城市大学的李孝悌教授。最后,祝愿与会代表在复旦大学参会期间身心愉快,身体安康。谢谢大家。

第一场　讨论部分

渡边浩(主持人,日本政法大学):我们这场研讨会是 10:10 左右开始的,所以现在到 12:10 左右进行讨论。现在开始讨论吧,有问题的请举手。

河宇凤(韩国全北大学校):向段志强老师询问一下关于修信使的派遣的问题,您说是有三次,但据我所知共有四次。1882 年的第二次使行由朴泳孝为修信使,他是与当时的韩国王室有关系的人,而且他属于开化派,另外第四次修信使处于从修信使到公使的转换时期,所以也是非常重要的。最后一点是作为开化派的人,他也和金绮秀一样也出版过一本书,但是您的报告缺少了这方面的记载,所以要请教一下。

段志强(复旦大学文史研究院):谢谢河教授告诉我,非常感谢您。我自己的专业领域与通信使文献可以说毫无关系,所以我依赖一些汉语的学术作品来写成我这篇文章。您提到的消息我会认真核查,以后如果在这方面还有继续的话,我会再认真地重新来做这篇文章,谢谢您。

王鑫磊(复旦大学文史研究院):我的问题是接着河教授刚才提的问题来说的。河教授提到有四次修信使,那您在报告中讲到 1881 年也有一次修信使。以我的经验来看,我不知道 1881 年的那次您指的是以哪个人为代表?因为在我的印象中 1881 年派遣的使团不是以修信使为名的,而是一个在韩国称为"绅士游览团"的由十二个朝鲜官员组成的考察团。我想询问的是关于"看见现代国家"这个问题,其实在派遣"绅士游览团"的那次活动当中,十二位朝鲜官员留下了大约二十几部的文献,其中大约十几部文献以观察记的名义写成,另外还有大概十几部以每一个人日记体的形式书写,它一般的名字叫做闻见、视见。这些文献现在都藏在韩国奎章阁图书馆,我印象中还没有发表或出版过。这部分如果能够补充到您这个"看见现代国家"问题当中的话,我觉得是一个非常重要的文献补充。

段志强(复旦大学文史研究院):谢谢鑫磊的提示,你告诉了我我不知道的东西。当然,观察记是非常重要的研究资料,可是我有自己的一点补充。我之所以用"看见"而不用"观察",强调的是第一印象。东亚三国派出过很多的考察团,可是这样的考察团出发之前有计划,回来之后认真地撰写他们的观察记录,这样让他们留下的记录实际上受到很多因素的制约。像金绮秀到日本,福泽谕吉第一次到美国,郭嵩焘到英国,他们看到的是毫无心理准备的东西。这就是我为什么强调《日东记游》和《行中闻见别单》的区别的原因。谢谢你。

黄修志:我想请教一下韩文钟老师。非常感谢您的演讲,您在里面谈到对马岛对对马岛本身和朝鲜两个方面的作用,朝鲜是怎样认识对马岛的,对马岛是怎样认识自己的作用的,基本上是一种各取所需的心态。但是我想请问一下,对于日本幕府来说,它是如何认识对马岛在通信使关系中的角色和作用的?

韩文钟(韩国全北大学校):谢谢你的提问。首先看朝鲜前期日本幕府、朝鲜和对马岛的关系。在朝鲜前期,日本幕府不能有效地控制对马岛这种地方势力,幕府的控制权力不能达到对马岛,在朝鲜和对马岛的外交关系中幕府没有扮演任何角色。到了朝鲜后期,德川幕府加强了对地方势力的控制,因此在朝鲜和日本的外交当中德川幕府有了能力控制对马岛。经过1636 年的"柳川一件",幕府掌握了对马岛的外交权力。目前几乎没有对于朝鲜前期日本幕府怎么去认识对马岛的研究。另外对于朝鲜政府怎么认识幕府以及朝鲜政府怎么认识对马岛,这个问题还是期待今后有更多的学者进行进一步的研究。

夫马进(日本京都大学名誉教授):首先非常感谢三位教授精彩的报告。那我这里要提三个问题。第一个问题可以同时请韩教授和关教授来回答,就是通信使这个"信"字到底是什么意思? 在我看来这个"信"字是书信、国书的意思,通信使是带着国王的国书的使节。那么这个"信"字里面有没有信赖关系的"信",这是我想问的第一点。第二点是,在关教授的论文当中,提到了朝鲜的使节有很多的名称,比如有回礼使、敬差使、通信使等。考虑到其他的名称,如何来理解通信使这种名称? 第三点是在中国的外交历史上有北宋和辽之间的国信使,或者叫信使,那么朝鲜王朝使用"通信使"来称呼派往日本的使节,这样的一种命名方式是不是和中国的外交势力有一种关系? 因为高丽时代也好,朝鲜时代也好,我觉得很难认为他们不考虑到中国的外交势力而孤立地使用"通信使"这个名称的。两位怎么看?

关周一(日本宫崎大学):首先是通信使这个名称的固定。在日本的时代上来说,应该是在足利义教的时候基本上开始对朝鲜派往日本的使节用通信使这个名称。我认为这个通信使中的"信"就像夫马先生所说的那样,它是国书、书信的意思,并没有信赖关系的意思。但是我认为"通信使"是日本的用法,而跟中国的用法没有太多的关系。跟通信使相比较的这个回礼使最初的意思是对于日本所派遣到朝鲜的使节表示感谢而派遣到日本去的使节所用的名称。当时使用"回礼使"的时候日朝关系还没有安定,还不是一种稳定的外交关系,所以用"回礼使"。刚才夫马先生提到的我的文章中,这里面所用的名称是针对幕府将军派来的使节所使用的。在近世,江户也好,室町也好,只要日朝关系稳定的话,朝鲜派往日本的使节就用通信使这个名称,所以我觉得这个是衡量两国关系是否稳定的一个标志。

夫马进(日本京都大学前教授):还有一个问题,通信使和中国的国信使、信使之间有没有关系?

关周一(日本宫崎大学):大概只是正好文字一样而已。朝鲜方面用通信使这一名称的用意可能和中国北宋与辽之间的国信使、信使的意思并不同。

夫马进(日本京都大学前教授):实际上高丽时代朝鲜方面就已经开始用通信使了,而高丽时代的日朝关系其实并不稳定。

韩文钟(韩国全北大学校):关于通信使的非常多的名称并不是跟两国之间的稳定性有关系,而是跟朝鲜政府的对日政策有非常紧密的关系。朝鲜对日政策的改革之前关于通信使存在许多的名称,但是朝鲜政府进行改革之后向幕府派遣的使节就叫做通信使,向对马岛派遣的使节就叫敬差官。朝鲜前期除了向幕府将军之外,向对马岛及日本的地方势力、琉球,甚至向女真,派遣了通信使或者信使。派往这些地区的使节也使用通信使的名称。因此在整个东亚世界的脉络当中理解这个朝鲜前期的通信使不仅包括向幕府将军派遣的使节,还会包括向周边国家和地区派遣的朝鲜使节。但是到了朝鲜后期,通信使只有朝鲜政府向幕府派遣的使节的意思。

渡边浩(主持人,日本政法大学):时间已经到了。非常感谢三位发言人,也感谢大家的合作。另外跟大家一起,我想感谢两位翻译员,太辛苦了。第一场现在结束。谢谢。

第二场　讨论部分

大木康(主持人,日本东京大学):今天下午第二场的讨论,三篇文章都是围绕一个案例或者是一个文献或者是一个具体的礼仪之争,所以可以说是一个个案研究。

米谷均(日本早稻田大学):我想请教朱老师一个问题。刚才您提到围绕己亥东征的朝鲜和日本的交往当中,和这件事情没有关系的中国人也在其中发挥了重要的作用。我想提示除了有被掳去日本的一些中国人以外，还有元末的政治难民因为亡命到了日本。比如我所知道的就有修佛殿的陆仁。如果您能注意到这些人的话，我觉得可能更有意思。第二个问题我想问黄修志老师。您在介绍的事例当中说这个原因是由丁应泰拿到了一本《海东诸国纪》引起的。我想了解一下他是怎么拿到这本书籍的。您有所介绍，但是我想了解得更详细一些。

黄修志(鲁东大学)：我简单说一下。实际上我在后面回答了这个问题。因为当时国王非常怀疑丁应泰是怎么得到这本书的，实际上这就预示着在丁应泰案结束之后朝鲜会展开一个彻底的调查。调查的时候发现丁应泰曾经给陪伴他的两个朝鲜官员列了一个书目，想要收集朝鲜的一些书，《海东诸国纪》就在这个书目当中。因为这个案件，朝鲜政府就处决了当时陪伴丁应泰的两个朝鲜官员。一个直接被乱棒打死了，另外一个直接被流放了。谢谢。

米谷均(日本早稻田大学)：最后一个问题是问张佳老师的。您在论文中介绍了五拜、四拜和再拜的规定。实际上在明朝的发展过程当中对于五拜、四拜的规定也有所发展。16 世纪的遣明使在中国实际行的是五拜礼，是不是因为对皇帝是五拜礼，所以对日本只要四拜就可以了，有没有这样的想法？另外，朝鲜通信使对日本幕府将军行的是四拜礼，它所依据的经典，当然有可能是《大明会典》，如果您知道他们所依据的具体的经典是什么，请您告诉我，谢谢。

张佳(复旦大学文史研究院)：好，谢谢米谷老师。洪武四年对于礼制的重新整理的一个大背景是当时要迅速去除蒙古化的影响，重建中国有关的礼制。当然关于明代的拜礼前后是有演变的，但它的基本框架确定于洪武四年。洪武五年有一个新的规范，就是对洪武四年的规定更加细致化而已。那么为什么通信使要对幕府将军行四拜之礼，是因为按照两国对等的原则，通信使觐见将军和觐见国君一样，都是国君。通信使在国内对国君要行四拜礼。为何通信使在国内要向朝鲜国君行四拜礼，因为在明代的宗藩体系里面明朝授予朝鲜亲王级别的特殊待遇，而按照洪武四年制定的礼仪，面见亲王的时候需要行四拜礼。当然，在明代所涉及的宗藩体系里日本的地位要低于朝鲜，日本是和琉球对等的。一个明显的例证是当年万历政府册封丰臣秀吉时赐予丰臣秀吉的皮弁服，也就是一种帽子，它是七缝，七缝的皮弁服只用于郡王一级，而赐予朝鲜国王的皮弁服是九缝的，用于亲王一级。

咸泳大(韩国首尔大学校)：你好，我是韩国首尔大学的咸泳大。我想向张佳老师提问。您最后讲的韩国和日本知识分子有的一种意识,您说这个典故是中国的"礼记",而且您说这个是属于中国的一个东西。我想说的是这些儒家的经典,我指的是属于儒家的文化,而且也不能说"论语"是中国的一个东西。因为您说"礼记"属于中国这个逻辑当中有一个国家的概念,但是我觉得应该要以文明的概念把握儒家文化的问题以及意识的问题。因为这样的话,如果把中国看成一个国家的话,那么清朝也是继承中国的一个国家,但是朝鲜并不这样对待清朝,因此我还是觉得要以文明的概念看待这些日本和朝鲜知识分子的意识问题。

张佳(复旦大学文史研究院):好,非常感谢您的提醒,这也是我自己常常反思的一个问题。有时候我也觉得如果放在一个更长的时间段来看,东亚中、日、韩三国实际上在共享一个文明传统,很难说这个文明传统到底是属于哪个国家的。但是我觉得具体到朝鲜通信使,那如果把它放到具体的历史情境下,必须要看到朝鲜通信使之所以表现出那样的文化形态,是和明代有非常的关系。因为我们知道元代和高丽时代是蒙古风非常强的时代,之所以它们会转向,是因为中间出了一个明朝。明朝建立之后马上是李氏朝鲜建立,李氏朝鲜马上仿照明朝进行了一系列迅猛的文化礼仪改革,造成了今天我们所看到的朝鲜通信使里面表现出的种种文化样态。我觉得这个意识因素,如果谈到这一点的话,通信使也受到很多中国,或者说很多明代的文化影响,似乎也不是非常过分。不过我觉得您的提醒是非常有必要的,非常感谢您。

大木康(主持人,日本东京大学):我们的讨论非常热烈,现在我们是在讨论这个影响到底是一个中华文明的影响还是明朝的影响还是中国的因素。这个是讨论越来越有意思的地方,非常想把这个讨论继续深入下去,但是因为接下去还有第三场讨论,所以我们只能在这里打住了。我想要感谢今天发言的三位学者,也非常感谢提问和谈自己感想的学者,谢谢大家。最后也感谢为我们第二场讨论做翻译的两位译员。谢谢诸位。

第三场　讨论部分

李孝悌(主持人,香港城市大学):好,谢谢。我们现在开放讨论。

黄修志(鲁东大学):我问一下米谷均老师。您的论文有一个事件我特别感兴趣,您提到在 1405 年的时候明朝的使臣和朝鲜的使臣在京都偶遇邂逅,您稍微提了一点。我就想问一下,在 15 世纪初,无论是中国和朝鲜之间、中国和日本之间还是朝鲜和日本之间,关系都是特别紧张。您说在那个时候朝鲜极力地回避这个事情,那么有没有什么史料表现出当时明朝对这个事情是作何反应的?我看到后来这些使臣回到朝鲜之后因为泄密都被问罪了,是不是背后明朝因为这个事情而训斥了朝鲜?谢谢。

米谷均(日本早稻田大学):其实朝鲜通信使对朝鲜王朝是隐瞒了在东肆偶遇的这件事情。这件事情是因为明朝向朝鲜王朝去质询所以才会败露,然后朝鲜通信使才会被问罪。在木村拓的论文当中有详细的记载。在东寺遇到的时候朝鲜方面的翻译被明使带走了,而且明朝朝廷向朝鲜王朝的质询是问罪,说是不是朝鲜和日本要联合起来攻打明朝,所以是非常严重的一个问责。也就是说,黄修志老师您发表当中讲到当时明朝怀疑日本和朝鲜是不是想联合在一起对付明朝,实际上15世纪的时候这种怀疑就已经存在了。

渡边浩(日本法政大学):今天听了刚才三位报告者的研究内容,特别是前两位的报告,当中其实是关注到了明朝对日朝的关系是非常在意的,而且这种在意是关注到细节的,并且不断地加以干涉,而朝鲜对于明朝的在意也非常在意。实际上类似的事情到19世纪末的时候,朝鲜要和美国签订条约时,李鸿章曾经说过虽然朝鲜是清国的属国,但是它同时也是自主的,所以不干涉他们和美国之间签订条约的这件事情。也就是说,清朝和明朝的态度实际上还是很不一样的。那我这里想问的一个问题是,就是因为清朝和明朝的不同才会有不同的态度呢,还是因为实际上朝贡关系也是对应各种具体不同的国际形势会采取各种变通的或者有弹性的一种制度?

米谷均(日本早稻田大学):明和清的这种差异性,我自己读了朝鲜王朝的实录也有这种印象,就是朝鲜王朝对明的反应通常是有些过敏的,它过度地在意明朝的反应。其实明朝对朝鲜的这种干涉反而倒不是非常常见的事情,而是朝鲜自己过于在意了。我想这个和朝鲜建国之初李成桂的出身,明朝对他的质疑有关,这使得朝鲜王朝对明朝对自己的认可非常在乎。朝鲜对于清朝对自己王权正当性认可的重视程度,没有像对于明朝的重视程度那么高,所以它在明朝时总是想要证明它没有和日本勾结在一起。

钱云(复旦大学):我没有办法提供明清之间是不是存在这样的差异,因为我自己的阅读和专业并不在这一块,但是我想关于明代的部分我们可以做一些补充。比如说我刚刚在报告当中提到的《明史·朝鲜传》和《万历野获编》里有关于明朝对待日本的措施,他们的一些看法。然后另外一个是我自己有关于《宋史》的研究。明代有相当多重修《宋史》的行为,除了早期王洙要把《宋史》里面的《外国传》改为《夷服传》以外,其实在明代的中期以后相当重修研究《宋史》,包括柯维骐、王惟俭等等,他们还是要用《外国传》这样一个名词。我想这个也是能够代表明代对于周边其实是有一定的克制,或者也是可以看做所谓朝贡体系当中一定的弹性。我想这个可能作为一个补充。

咸泳大(韩国首尔大学校):我的问题是针对不在场的徐凡老师的论文报告的。我简单说一下我的感想以及进行补充,另外我希望这个内容在明天的讨论中进一步展开。我要讲的是关于道德困境的内容。当时民众遭遇了壬辰倭乱,从非支配阶层的观念来说这是国家支配阶层剥夺很多非支配阶层的生命的一个非常残酷的事情。朝鲜、日本、中国三个国家也都是这样的逻辑。但是徐凡先生讨论的时候采用了支配阶层的观念来讨论民众所处的一些道德困境。我个人认为壬辰倭乱中民众所处的这些道德困境是以国家的名义或者将新明确的一些道德观念强加给他们。因此我希望今后的研究还是要脱离这种支配阶层的立场而转换成民众的观念,多关注民众非常常规的状况。虽然徐凡先生不在场,但是我希望有跟他通过笔谈来交流的机会。

米谷均(日本早稻田大学):因为我也关注过这个问题,所以我想在这里做一点补充。在当时实际上成为俘虏本身就是一种罪,因为被俘虏是不应该主动选择的一种命运,只有战死才是光荣的,活着被俘虏本身就是一种很深的罪。除非他们能够通过自己的力量从敌人的营中跑出来,否则他们是很难被故国所原谅的。也就是说,当时的被支配阶层他们的命运就是这样的悲惨。但是日本对他们被俘虏的人好像完全都不关心,而朝鲜对他们被俘虏的人是有关心的,这是日朝之间一个重要的差异。

关周一(日本宫崎大学):我想对刚才渡边先生提出的问题作一点我的回答。实际上19世纪以后东亚发生了很大变化,因为欧洲的势力开始影响这个地区,日本和清朝都开始进入了一个和他国签订条约的时代,而在朝贡时代是不存在条约这样一种外交方式的。虽然李鸿章说了朝鲜虽是藩属国但它是自主的,可是他同时也要求朝鲜在和美国签订条约的时候署上它是清国的藩属国,所以它对朝鲜是清朝的藩属国在新的时代里面还是强调的。

李孝悌(主持人,香港城市大学):我们今天这场到这里,大家辛苦了。

第四场　讨论部分

夫马进(主持人,日本京都大学前教授):刚才有四位先生作了非常精彩的报告。时间有限，不能听更加深入的解说，非常遗憾。但接下去我们有30分钟的讨论时间，希望大家积极参与。

米谷均（日本早稻田大学）：据我所知，日本有一个宋朝的石碑拓本，由宝历度的通信使带回了朝鲜，然后又由燕行使带去了清朝，后来到了明治时期，杨守敬告诉日本有这样的事情，有这样一个通过通信使进行的文物交流的事例。

河宇凤（韩国全北大学校）：有很多文物通过通信使，首先从日本转到朝鲜后来又转到清朝，所以这边可以看到日本、朝鲜和清朝三个国家文物的传播。

郑恩主（韩国学中央研究院）：我想向河教授提问。你在PPT里介绍通信使的人员时说画师有两人，写字官也有两人，但是您的论文里的数字与PPT的数字有一些不同。因为我的专业知识，是关于朝鲜通信使艺术方面的研究，据我所知写字官与画员各只有一个人。

河宇凤（韩国全北大学校）：根据昨天发表的韩文钟教授的论文里面收录的写字官和画员的的人数分别是两个人和一个人，但是我认为可能是不同时期人员也有所变化。尤其是到了朝鲜后期，随着频繁的绘画交流，有可能增多了人数。

郑恩主（韩国学中央研究院）：据我所知18世纪的《通文馆志》中可以看到写字官和画员各有一个人。而且据我所知朝鲜后期也保持这样的人数。如果有特别的事情，东莱府会带来一个非常善于绘画的人，但是他们并不是以画员的身份随通信使过去的。

河宇凤（韩国全北大学校）：首先回答郑教授的这个问题。我个人认为《通文馆志》有很多不足之处，所以如果对通信使行的人员加以要考察要参考《增正交邻志》，我认为这个《增正交邻志》比较具有正规性。还有在很多的使行录当中也可以看到关于使行人员的具体的数字。

夫马进（日本京都大学前教授）：关于《通文馆志》，我非常同意河教授的观点，它确实是一个重要的史料，但是这个史料当中所有的信息不一定都是可以信赖的，其实还是有一些跟事实有出入。特别是1719年之前它的官制和事实情况还是比较相符的，但是1719年之后就没有经过随时地改写，所以之后有很多发展变化的情况没有在《通文馆志》里表现出来。

韩文钟（韩国全北大学校）：关于这个画员和写字官的人数，《增正交邻志》，我记得是写字官有两个人，画员有一个人。我并没有跟其他的史料进行确认，因此我不知道跟其他史料是否符合。但据我所知写字官有两个人，画员有一个人。我想向具老师提问。笔谈唱和包括很多主题,也同时反映着知识分子间相互的一些好奇和关心,因此是具有重要性的史料。我想请具老师向大家介绍一下笔谈由哪些主题来构成以及不同时期有没有主题上的变化。

具智贤(韩国鲜文大学校):18世纪以前的通信使笔谈基本上以诗文唱和为主,因此笔谈的内容不是很多,这个时期的交流主要是日本的文士受大名之命通过诗、书、画等的努力来证明自己的能力。比如在1682年对马岛要求日本文士多作诗歌,还要办理自己的名片,要取号,要把姓改为一字。因为很多日本人的姓由两字构成,但是对马岛要求把两字姓的一个字去掉。总的来说,18世纪以前的笔谈因为当时日本文士的汉文没有达到能够与朝鲜的文士进行非常长的笔谈的水平,因此朝鲜人见到新井白石感到非常惊讶。因为他不仅提到了非常多的中国典故和儒家经典,而且与当时一起喝酒唱吟的三个朝鲜使节都进行了交流。到了18世纪,笔谈唱和的主题以博物学为主题,因此经常涉及到本草或药草这些医药的方面。或者朝鲜的使臣亲自带来自己获得的鱼、贝这些东西,问日本文士它们的名称。可以说18世纪是笔谈崛起的一个时期。日本文士对朝鲜的科举制度、书籍、交通工具等都非常感兴趣,而且这个时期进行了非常实质性的对话。这反映了当时日本文士的汉文水平已经足够与朝鲜文士进行这种实质性的对话。

王鑫磊(复旦大学文史研究院):这个问题我一定想问咸泳大教授,因为我们两篇文章中其实有很多内容相关联的地方。我的文章更多呈现的是当时朝鲜跟日本人之间对话或者互相观感当中一些非理性的认识,相对于您文章当中"理性"一词。刚才您由于时间关系最后理性对话的这一部分内容没有展开更多的解说,我想是不是可以对于这部分再有一个简要的补充说明。

咸泳大(韩国首尔大学校):新井白石在朝鲜的史书中受到了非常高的评价,他以及他的诗歌在朝鲜使臣看来是一个非常高的水平。因此在1711年朝鲜使臣的复命书里也可以看到对新井白石非常高的评价。我觉得新井白石非常具有一个朝日之间理性对话的可能性和前提,但是同时这个理性对话没有成功的一个原因是朝鲜和日本都保持一种要获得胜利的观念在里面,而不是真心地对待对方。

夫马进(主持人,日本京都大学前教授):非常感谢大家,今天上午的讨论会就进行到这里。我没有安排好时间,使大家的讨论能够充分地进行下去。时间已经到了,我们只能结束这第四场的分组讨论会。

第五场 讨论部分

崔溶澈(主持人,韩国高丽大学校):谢谢邵小龙非常准确地掌握时间,所以我们可以有更多的时间进行讨论。第五场发表主要是关于朝鲜通信使的物质文化,请大家对这些物质文化或者文物多多提问。

王鑫磊(复旦大学文史研究院):我有一个简单的问题想问一下邵小龙。你提到朝鲜人在日本看到的这两幅画,我想问一下这两种画的主题,《白鹰图》和《南极仙人图》,在中国所存的或者现在可以看到的宋徽宗画作中相关的类似的主题有没有? 你了解过吗?

邵小龙(复旦大学文史研究院):谢谢王老师的提问。当时文献记载徽宗时期创作的作品包括代笔的作品非常多,但是现在流传下来的也就只有十幅左右。就是说刚才我在幻灯片里展示的《五色鹦鹉图》、《听琴图》等现在大部分收藏在国外的博物馆或是艺术馆中。有学者对它们的政治意义作了一些分析。

朱莉丽(复旦大学文史研究院):我有两个问题想要问郑恩主老师。刚才您在PPT里展现了日本画师对朝鲜使节的肖像画。可能因为您有一部分是用韩语报告的,有可能是我听漏掉了,因为我觉得这两幅画关于朝鲜使节的绘画形象非常接近。他们是根据什么来画这个画像的呢? 两个的构图如此接近,是有一个共同的依据还是看着人画的? 这点我不太明白。

郑恩主(韩国学中央研究院):首先请看右边的这个作品。日本画师在跟随朝鲜使团来到对马岛之后对朝鲜使节进行了绘制,因此这可以说是一个原本。左边的画是日本画师按照原本进行了摹仿,所以左边的画是右边的摹本。

朱莉丽(复旦大学文史研究院):谢谢郑老师。第二个问题其实不能算是问题,可能是我个人的好奇心吧。因为在朝鲜通信使给日本的礼物之中每次都有鹰子这样一种东西,我想问一下这种鹰是什么样的鹰,是不是像邵小龙展示的画里提到的那种鹰还是鱼鹰或其他的什么鹰,有没有这方面的图像?

郑恩主(韩国学中央研究院):朝鲜通信使带来的这些画反映当地人的要求,根据当地人的要求给他们作画。因为当时日本人会要求朝鲜的画员画很多的鹰,所以朝鲜的画员会画很多的鹰给这些日本人。但朝鲜画员所画的鹰并不是白鹰图,因为韩国没有白鹰,而朝鲜画员所画的鹰是一种朝鲜传统的鹰。

张佳(复旦大学文史研究院):您好。我有一个问题也是来问郑老师的。郑老师您这些图让我大开眼界,非常感谢您。但我有一个问题,您认为这些图的写实性如何?是完全真实呢还是掺杂了某些绘画者的想像。因为我可以举一个类似的例子,在乾隆时期马戛尔尼英国使团来华的时候也有随行的画家,也画有大量的作品,而且这些画作长时间以来被作为史料使用,但后来证明这些画作里面很多是画家的想像。同样地,我在这些作品里面也看到一些不符合常规的地方,我不知道是朝鲜对中国之处的改造还是说画家出了问题。比如说这一幅《正使朝服图》,这幅图跟中国的制度是有很大的区别的,或者说跟我看到的很多朝鲜人自己画的画像之间是有很大区别的。这是正使所戴的帽子,叫梁冠,是朝服的帽子,但问题是他下面穿的衣服却是元明时期官员平时办公时穿的常服。包括前面还有些图画,我不知道是不是可以以此来发问。同样地,这两幅画也是非常奇怪的,也是跟我所了解的制度以及我所看到的朝鲜人自己的画像不太一样。比如穿红色衣服的这位,他的帽子跟衣服的样式是对的,但问题是他红色的衣服上竟然有补子,就是中间画的那个,不同的官员有不同的补子,按照制度这是朝服,朝服上面是没有补子的。同样地左边那个灰衣人的画像,如果从纱帽来看他穿的应该是常服,但按照制度常服下面不应该穿交领而应该穿圆领,而且似乎朝鲜也没有在交领的衣服上配上补子的例子。我认为这个无论跟朝鲜还是中国的制度都不太一样。前面还有些东西似乎也跟制度不同。比如这个记录下来的朝鲜国王书信的格套我觉得很奇怪。"朝鲜国王"这几个字写得很高,然后"奉书日本国大君","日本国大君"写得要比"朝鲜国王"低三个字。在今天看来这是无关紧要的,但在古代这是一个非常重要的礼节,似乎不能这样写吧。所以就让我对这些图像的写实性产生了一定的疑问。

郑恩主(韩国学中央研究院):这些画基本上是实际性的,也是基于想象的,但是因为这些画员在非常远的地方进行观察,因此会在细节方面发生很多的错误。我认为你是按照清代的职官服进行一些比较,但是这个与朝鲜通信使使行中的绘画有截然不同的目的。而且因为朝鲜使臣穿的官服象征着对中华文明的继承,日本对朝鲜通信使进行绘制的时候会把自己对汉文化的热情和愿望显现出来。

听众:我来自南京大学,我姓郑,想向邵老师提问。您提到两幅徽宗的作品以及它背后的道教思想和意义,非常感谢您的报告。但是我要指出的是这个作品传入到对马岛的过程中还有一些部分要加以考虑。我根据一些文献现在要假设一下徽宗作品传入到对马岛的一个途径。首先在 1117 年高丽人金富轼去看徽宗的花鸟画,徽宗给高丽的使臣两幅画,他带了回来。因为在《宣和奉使高丽图经》里面讲在高丽可以看到很多中国徽宗和蔡京的画和书法。有没有这个留下来,壬辰倭乱的时候日本人拿走了。

邵小龙(复旦大学文史研究院):谢谢您的提问。徽宗时期,高丽确实与宋又有了交往,但《奉使高丽图经》里面的记载我个人确实没有留意。至于您后面提到的这些我想也有一定的道理。

邓菲(复旦大学文史研究院):能不能接着南京大学的郑先生再问一个问题。既是问邵小龙同时可能也涉及郑恩主老师的一些材料。我很同意邵小龙的观点,我觉得那两幅画很有趣,但是很多值得考虑的地方。因为像郑恩主老师这里写到,1811年的时候朝鲜和日本一样流行很多画,比如说徽宗的鹰图、苏东坡的墨竹等等,很多是仿品,所以我对它的真实性是质疑的。而且我其实想考虑的就是北宋时期当然跟高丽王朝有非常多的交流,但是这两幅画有没有可能是从这个渠道传到高丽然后再间接到对马,我觉得这个可能比较复杂。江户时代的大名很多收藏中国画。这个渠道在当时是非常多元的,不一定是一个间接的,也有可能有一些其他的。我对这幅画的真实性很怀疑,可是我觉得如果它是伪作的话就更有趣了。因为如果是伪作的话,我很期待可以做的是关于日本和朝鲜对它的接收。为什么这个图很多可能是动物画,且冠名到徽宗身上?他们对它的看法跟徽宗当时制作时的政治态度,或者你提到的有跟宗教有关,当然是不一样的。那如果你能从他们的笔谈,从当时人对徽宗鹰图的看法和观点去研究,我觉得可能更有趣一点。这是我的一点意见。

邵小龙(复旦大学文史研究院):谢谢邓老师的提醒。因为时间的关系,我就简单作一个回应。这两幅画我个人的态度也觉得不真,但是即使是一个虚像,我觉得应该也是有一个实像作参考的。至于传播和交流的问题,我觉得越是晚近的材料处理的时候越是要小心,可能要花更多工夫去找一些具体的证据来说明这个事情。最后要取决于材料来讨论这个问题。谢谢大家。

崔溶澈(主持人,韩国高丽大学校):因为时间的关系,我们这个激烈的讨论就要到这里结束了。但是我认为文化交流作为一个人与人之间、工具与工具之间的交流,如果要找到物质文化传播的途径,不仅要考虑语言和文学方面的资料,还要依赖很多方面的新材料,这样才可以真正把握文化交流的面貌。讨论结束,谢谢大家。

综合部分

葛兆光（主持人，复旦大学文史研究院）：最后一场综合讨论现在开始。我虽然没有全部参加这个会议，但是我大概看了这 16 篇论文。大家很辛苦。我们这个讨论自由发言，没有主题限制。当然都是围绕朝鲜通信使的文献。在讨论之前我也先讲一下我有一些希望大家能够讨论的问题。第一个问题是通过朝鲜通信使的文献，我们看到 15 世纪到 19 世纪日本、朝鲜和中国互相认识和文化交流有一些变化，那么为什么会有这些变化？第二个问题是对于朝鲜通信使的文献，日本学者、韩国学者和中国学者研究的问题意识和论述立场会不会有不一样，为什么会不一样？第三个问题是我们现在编辑出版这一套《朝鲜通信使文献选编》，今后我们也还会推动这方面的研究，我希望日本学者、韩国学者来讨论一下我们下一步的研究应该怎样进行，我们三个国家的学者能不能进一步地合作与交流。另外，从方法上，我们可不可以进一步把通信使文献、燕行文献、中国出使的记录和日本派往明朝的使者的文献互相结合起来，做一个综合的研究？这样是不是可以描述一个更立体更完整的东亚世界？希望各位提供一些意见和建议。现在我们开放讨论，哪一位想要发言请举手。

崔溶澈（韩国高丽大学校）：感谢大家给我第一个发言的机会。我一直很好奇的是具老师发表的关于笔谈的这个题目。这些都是在日本刊行的笔谈唱和集，可以看到日本对这两国进行记载的时候把韩国记载成韩而不是朝鲜，所以我猜想日本对朝鲜记载的时候一直用"韩"这个字。我来补充一下，比如 1719 年日本对朝鲜使节进行记载的时候用桑韩或者和韩两个字，并在 1764 年记载朝鲜的时候用倭韩这两个字。

具智贤（韩国鲜文大学校）：首先对这个桑韩我来解释一下，这个"桑"指的是扶桑，是古代日本的一个地名，"韩"也是古代朝鲜一个地名或者王朝的名字，因此可以看到日本进行记载的时候习惯性地采用古代的地域名称。而且在日语当中"国"字是藩国的而不是国家的意思，所以没有用"国"字来对国家进行记载。但是在两国的知识分子之间这个问题引起了非常激烈的争论，比如在一个笔谈唱和集中提到要用正确的国名进行记载。

黄修志（鲁东大学）：我对葛老师提出的三个问题特别感兴趣。这三个问题是高屋建瓴式的。我根据自己浅显的研究心得想一下这三个研究问题。首先要回答第一个问题和第三个问题，实际上是结合在一块的。葛老师提出为什么在 15 和 19 世纪三国之间的认识和交流有一些变化，第三个问题是我们如何使用更多的文献来进行比较系统的研究。根据我的研究经验,实际上一种更好的方法是多多聚焦于朝鲜。因为我觉得对于朝鲜来说,它的认识和变化的一个现实根源就是它的政治逻辑,它政体的构造。根据我的心得,朝鲜的政治逻辑有四种权力在支配着它。首先是皇权,第二是王权,第三是士权,最后一种我用一个词,叫霸权。朝鲜的政治逻辑是王权是核心,皇权是对华的,而霸权是对夷的,士权是对内的。这种逻辑就是王权始终是动力、核心。我们知道朝鲜的王权始终是特别脆弱的。不同的时代产生不同的社会观念,它就涉及王权怎么样从其他三种权力的束缚当中解脱出来。到了朝鲜后期,它被士权严重地绑架了。所以我们可以看到尽管到了仁祖反正之后,它采取的一套政策仍然是现实主义的。因为它已经被士权绑架了,所以还是走了现实主义的路线。所以我觉得这是一个产生变化的重要原因。我们对于朝鲜的政治构造、政治逻辑有一个视角延伸的话,那么自然而然我们的史料就会进一步地去扩充。我觉得这也是我对第三个问题的回应。关于第二个问题,作为一个中国的研究者,我为什么研究立场或者问题意识不一样,有什么不一样,就我个人来说,还是对中外研究的一种重寻秩序的现实的关怀。比如说昨天晚上欢迎宴上我跟几位老师交流的时候,因为我其他的语种也不是很好,英语稍微流利一些,所以我跟几个老师要么就是用英语交流,要么就是像以前一样在本子上进行笔谈,用汉语书写。我感觉到中美两国的势力对我们的现实世界仍有很大的影响。我们现在所面临的各种问题仍然是和中美在东亚的角逐有关系。好,谢谢。

河宇凤(韩国全北大学校):首先我来说一下我对这个会议的感想以及对葛兆光老师所提问题的简单回答。我的回答有时可能会涉及方法论的问题。首先我对昨天钱先生的论文比较感兴趣,因为她所提到的中国的世界秩序,还有中国的世界秩序的一个时间性的弹性。我也非常赞同这个观点,而且我觉得这是一个非常精彩的观点。在我考察朝贡册封体系的时候,就感到朝贡册封的体系在三个国家文化交流的背后有一个控制的作用。朝鲜的外交体系也可以分成事大与交邻。事大可以说是中国的册封体系之下的一个外交体系,但是关于交邻,我觉得朝鲜通过这个体系逐渐地展现了自己的国际观念,因为交邻是朝鲜针对女真、日本、东南亚等国家展开的独自的外交。因此在交邻外交当中可以看到朝鲜自己的国际观念、国际秩序。这个国际观念在整个交邻体系上得到了实践。最后我要说的是,论及册封关系和文化交流,我觉得这是两个非常重要的方面。虽然两者之间有时会有非常紧张的关系,但是我觉得还是要在一种实际上的时间上的观点来把握这两个主题。另外,今天早上咸泳大教授和王鑫磊教授发表的内容都涉及文化交流以及笔谈上发生的一些外交纠纷,他们展现出非常强烈的一种比试态度。所以咸泳大教授提出了韩国和日本之间是否可能存在理性对话的问题。虽然这些记载确实展现出非常强烈的比试或者文化比赛的感情,但是这个也关乎颜面。这个时期朝鲜和日本之间的交流一开始的时候就像咸泳大教授和王鑫磊教授所说的那样给人非常负面的印象,但是我认为到了18世纪朝鲜和日本对双方的理解程度越来越高,对对方的了解达到了一个非常成熟的阶段。这个也可以用文化相对主义的观点来把握这些笔谈或者朝日文化交流的场景。在18世纪之后的笔谈或者记载中可以看到朝日双方对对方比较客观的评价。因此我总结来说,朝鲜和日本之间双方的认识也是经过了一个非常长的演变过程。表面上可能觉得朝鲜和日本人在批判,但是对这个文献做出更加详细的分析可以看到双方了解对方的程度越来越高。我认为通信使可以作沟通。考虑到现在的东亚政治或是经济共同体,其背后仍有很多文化和思想方面的因素。因此我认为通信使可以作为现在的东亚三国之间值得借鉴的一种外交模式。

具智贤(韩国鲜文大学校):因为我的问题跟河教授刚才的问题在很多方面是相同的,因此我就简单地补充几句话。首先我要说关于日本剃发的问题。朝鲜把日本人的剃发视为蛮夷之国的形制。但是我想大家尝试到燕行使的文献当中去寻找有没有朝鲜使节对清朝的剃发批判或批评的场面。在我看到的记载当中几乎没有对清朝的剃发进行批判的。这可能是因为朝鲜没有把清朝的人视为蛮夷。在朝鲜使节来到日本之后跟日本人说清国也变成了蛮夷之国。这是考虑到朝鲜通信使的使行录和燕行录的读者的问题。因为朝鲜没有打算给日本人看通信使的使行录,使行录流传到日本的可能性也非常低,因此这些使行录是针对朝鲜的而不是公开到外部。因为朝鲜一年有三次或四次派遣燕行使前往北京,而且清朝基本上也懂汉文,因此朝鲜不得不考虑清朝有可能读到燕行录。所以总的来说我觉得表面有什么样的批判或者批评是完全不重要的,而是要把握内在的内容。我觉得最好的方式是把三个国家放在一起进行比较。要真正把握使行当中出现的批判内容的话,同时也要找到朝鲜使节对日本在于认可、承认或者同等的部分进行整体的研究,还要与清朝和朝鲜之间的燕行录一起比较。

王鑫磊(复旦大学文史研究院):谢谢具老师提出的这些内容。我完全同意您最后说的那个观点,就是我们对于这些文献也好,对东亚的历史问题也好,一定要把中、日、韩纳入到一个整体来看。就您提出的两个具体问题,我可能会跟您有一点点不同的意见。我简单地说一下,然后可能因为时间关系,我们可以在会后再讨论。一个是您提到在朝鲜往中国方面的燕行使似乎对清朝的剃发风俗没有太多的批评。就我自己看燕行录的情况来说,我觉得实际上这些批评也是有的,而且也不少,这我们可以继续沟通。另外您说朝鲜人到日本去写的这些批评性的文字,他们认为是不会被日本人看到的。他们写的时候可能是这么想的,但是我在论文当中其实也提到实际状况不是这个样子的。因为很多写这些文献的记述官都是很有名的学者,他们写了这些书之后在朝鲜被大量地传抄。当时在朝鲜和日本之间有一个釜山一对马这样一个书籍交换的途径,包括申维瀚在大阪的时候也说看到很多朝鲜人写的这种类似日本行记的文献,所以他当时也担心说我们这些话被日本人看到了怎么办。这说明日本是能够看到朝鲜的批评的。这是两点我对您刚才提出的具体问题的回复。

具智贤(韩国鲜文大学校):关于清朝剃发的问题我也不是很了解,我希望今后在这个方面有更多的研究。您的第二个问题是针对朝鲜书籍在日本的流通,您提到的我猜应该是申叔舟的《海东诸国纪》,这本书在日本被刊行了。关于壬辰倭乱的书《惩毖录》也在日本刊行过。这两本都是朝鲜前期出版的书。但是《海行总载》基本上收集的都是 1764 年之后朝鲜使节到日本的一些日记,因此日本看到这些的可能性几乎是没有的。我再说一下我阅读的笔谈唱和集当中日本的一个文士对韩国的记述官提出能不能把您带来的使行录借给我一下,但是这个记述官说我没有了,结果没有借给他。因此从这里就可以看到朝鲜使节对使行录非常保密。

王鑫磊(复旦大学文史研究院):我虽然很想回应,但是觉得时间太少了,我们会后再交流。我在这里再简短地谈一点我对这个会议的想法。可能要从会议组织的那时候谈起。我们现在讨论的是通信使的文献,实际上韩国和日本对通信使文献的研究要比中国丰富得多。我们当时在召开这个会议的时候就考虑到这一点,然后我负责邀请韩国方面的学者的时候发出了六封邀请函,结果六位学者全部很爽快地答应来参会,我对韩国学者这种乐于跟中国方面进行交流的态度非常地钦佩也非常地感谢。对日本学者也是一样。从这次会议韩国学者和日本学者发表的内容来看,我个人也确实在通信使文献研究这方面得到了非常多的启发,也是一个非常好的学习机会。我想我这边其他的一些同事还有中国方面的学者也应该跟我有同样的感受。另外我还是想提一个问题,也是跟刚才葛老师提出的第二个问题相关的。在对通信使文献研究的问题上,包括我们这次会议当中,虽然我们的会议非常和谐，但是我也能够感受到对于同样一个问题，三个国家的研究多多少少都会有自己的一些立场和出发点。我想这是难以避免的一个情况。但是我觉得正是因为会有这样的情况，所以像现在这样交流的机会才更加的重要。最后我想说，其实也是引用之前咸泳大先生提出的，理性对话的条件是不要有胜负心，不要去争谁好谁不好。我觉得放弃了这样一种胜负心之后，东亚三国关于共同历史的研究才能取得更大的成就。大概就是这些了，谢谢大家。

具智贤（韩国鲜文大学校）：因为我的专业是朝鲜和中国之间的燕行录研究，所以收到王鑫磊老师邮件的时候我也认为这封邮件是关于燕行录的。再次仔细阅读这封邮件，才发现不是燕行录而是朝鲜通信使。我收到第二封邮件的时候就看到这个会议的名字是"从周边看中国"，因此我非常期待通过这个通信使的会议可以对这三个国家的关系进行更加进一步的讨论。我觉得我现在要说的这个内容与葛兆光老师的第二个有关方法论和今后研究方向的问题非常符合。虽然这个会议做出了很多努力，要把朝鲜通信使和中国联系起来，但是我个人还是感觉有很多的不足之处。因为一直到现在关于通信使的研究是针对日本和韩国两个国家的，宏观史观的研究是针对东亚三国，所以我可以察觉到在这个研究途径中有非常多的困难。因为我一直对文化史非常感兴趣，所以我觉得最后的发表者邵先生的发言还是有很多可以讨论的空间。他的发表展示出朝鲜通信使和中国的关系是非常重要的，日本在幕府的锁国政策之下还是跟其他国家存在通商的关系。我想指出这期间就曾经有过一个中国画家来到日本。最后我想介绍一下我的结论，在我所提及到的笔谈唱和集当中可以看到朝鲜和日本的文士对于中国和朝鲜的国界进行记载的部分，并可以看到日本文士和朝鲜文士对于中国的国情进行笔谈，所以如果对笔谈唱和集的细节加以关注，我觉得可以找到更多有关中国的因素。

郑恩主（韩国学中央研究院）：首先我参加这个会议非常高兴，还有我想向咸泳大教授提两个简单的问题。因为您提及到洪大容和朴趾源这些人的交流，但是我觉得这些外交的记载可以分为官方和民间两种通道，而且民间通道的记载更加丰富，数量更多。因此我想问一下咸泳大老师，您有没有对民间通道的外交文献或者记载有所了解？第二个问题是通信使的记载有没有对朝鲜和日本的文学和思想史方面有所影响？据我所知，朝鲜后期清朝对朝鲜文化的影响是非常大的，而且当时有很多民间的交流。

葛兆光（主持人，复旦大学文史研究院）：我想这个问题非常复杂，私下讨论比较好。因为时间已经超过了，我们还是按照时间安排来结束这场讨论。我们还有最后一件事情，复旦大学文史研究院要成立一个"从周边看中国"工作室，所以我们最后利用好这五分钟时间。我简单说一下"从周边看中国"工作室的来源。这是我们一直在推动的一个工作方向。在我们复旦大学文史研究院，虽然只有两位真正地完全去做日本研究和韩国研究的学者，但是我们始终希望：第一，推动其他领域各个学者，比如思想文化史、政治制度史、艺术图像史各个方面的学者来介入；其次，我们也希望日本的学者、韩国的学者一起来参与这件事情。所以今天我们成立这个"从周边看中国"工作室，是为了促进将来东亚各个国家的学术合作。那么我们现在就请夫马进先生和文史研究院的院长杨志刚教授一起来揭牌。谢谢夫马先生，谢谢杨志刚教授。经过两天的会议大家都很辛苦了，我们的会议就到此结束。谢谢大家。